翻开这一页

与这些有趣的灵魂结伴而行

一起跨越人生的高山和大海

特别鸣谢

《千古风流人物》受访嘉宾

（排名不分先后）

武汉大学教授　钟书林

中南大学教授　杨　雨

郑州大学教授　史建群

河南大学教授　程遂营

郑州大学教授　王士祥

山东大学教授　孙学堂

山东大学教授　刘　培

陕西师范大学教授　于赓哲

陕西师范大学教授　王双怀

河南师范大学教授　周相录

江西上饶师范学院教授　汲　军

江西九江陶渊明纪念馆馆长　帅美华

中南民族大学教授、中国李清照辛弃疾学会会长　王兆鹏

中国苏轼研究会顾问、中国欧阳修研究学会名誉会长　刘尚荣

四川江油市李白纪念馆副馆长　左彩龙

河南省白居易故里研究会副会长　白坤堂

黄冈市东坡文化研究会副秘书长　冯　扬

福建武夷山柳永故里文化学者　常桂旭

黄冈市东坡文化研究会副会长　郭杏芳

诸城市苏轼文化研究会会员　乔云峰

眉山三苏祠博物馆苏学学者　徐　丽

博爱县李商隐研究会会长　宋金鼎

中国李清照辛弃疾学会　邹卫平

绍兴陆游研究会会长　高利华

甘肃天水杜甫研究会　聂大授

济南稼轩书院院长　马　涛

核雕工艺美术师　周　频

跨山海

14位古代诗词偶像的真实人生

《千古风流人物》项目组 著

中原出版传媒集团
中原传媒股份公司

大象出版社
河南教育电子音像出版社
Henan Education Electronic & AudioVisual Press
·郑州·

图书在版编目（CIP）数据

跨山海 : 14 位古代诗词偶像的真实人生 /《千古风流人物》项目组著 . -- 郑州 : 大象出版社 , 2022.9（2023.3 重印）
ISBN 978-7-5711-1508-1

Ⅰ . ①跨… Ⅱ . ①千… Ⅲ . ①诗人—生平事迹—中国—古代 Ⅳ . ① K825.6

中国版本图书馆 CIP 数据核字（2022）第 121447 号

跨山海：14 位古代诗词偶像的真实人生

KUASHANHAI：14WEI GUDAISHICIOUXIANG DE ZHENSHIRENSHENG

《千古风流人物》项目组 著

出 版 人 汪林中
策　　划 张瑞芳 张桂枝
责任编辑 陈 灼 王 扬 高 莉
责任校对 张绍纳 安德华 牛志远
装帧设计 张 敏

出版发行 大象出版社（郑州市郑东新区祥盛街 27 号 邮政编码 450016）
发行科 0371-63863551 总编室 0371-65597936
网　　址 www.daxiang.cn
印　　刷 河北中科印刷科技发展有限公司
经　　销 各地新华书店经销
开　　本 690mm × 980mm 1/16
印　　张 28
字　　数 310 千字
版　　次 2022 年 9 月第 1 版 2023 年 3 月第 2 次印刷
定　　价 88.00 元

印厂地址 河北省沧州市肃宁县尚村镇肃留路东侧
邮政编码 062350 电话 0317-5118666

《千古风流人物》纪录片
主创人员名单

总策划 雷　琨
出品人 张　煜
总监制 张瑞芳
制片人 王子龙
总导演 海金星
艺术总监 王遥远

导演 / 撰稿组 崔向忠　宗文静　李曼曼　房　倩
王遥远　张治军　叶　静
摄影组 岳　川　赛　明　魏振东　毋增辉
卢遇林　王堂威　张　祥　李世琳
包装组 邢东明　陈　晶　郭　珍　郭文杰
制片组 王迎茂　刘佳敏
剧　照 王子金　王春播
文字 / 图片整理 李培培　张梦迪
解　说 苏　扬
剪辑指导 钱　方
责任编辑 冯德海　李明霞　李　萌
监　制 翟永勇

出　品 中原出版传媒集团
中原传媒股份公司
河南教育电子音像出版社

联合摄制 河南教育电子音像出版社
河南华之杰文化传播有限公司

感谢所有提供支持的机构和个人
《千古风流人物》纪录片推广合作
咨询电话：0371-66315835
手机：13939005577

序言

于赓哲

《千古风流人物》是河南教育电子音像出版社出品的一部大型历史文化纪录片，共50集，每集约25分钟。甫一播出，好评如潮，在各个平台上都创造了播放量新高。

如今趁热打铁，大象出版社要将剧集内容打造成文稿，书名《跨山海：14位古代诗词偶像的真实人生》，让纪录片从电子回归文字。我曾经受制作方的邀请，出镜讲解了几位人物，现在再受邀请，成此序言，感谢这个机会，让我能一抒胸襟。

这部纪录片聚焦了十四位中国历史上现象级的文化名人，但是与以往泛泛而论的人物介绍不一样，这部片子是人性的剖析，是不留情面的全方位审视，是走进这些古人内心、展现人性复杂的一种尝试。

这里我不打算就每一集的内容和每一位人物做出点评，只是想说说自己对古代文人的一点认知。这部片子实际上是在帮助大家找到一种视角，让被语文课本规训出来的空洞的“优秀”“性格洒脱”“忧国忧民”等词汇找到具体的“抓点”，从而更加深刻地领悟这些人物。史学界经常倡导“了解之同情”，我们的文化常见的一个缺陷就是为尊者讳，我们总是用现代视角和现代思维去“套”古人，当发现他们有不符合我们价值观的行为时往往或者曲解，或者隐晦，更不要说现在网络文化中还有“粉圈”思维，以一种教徒崇拜的心理为偶像辩护。人都是复杂集合体，每个人都有他的局限性，对这些局限性，更多的是需要我们去了解其时代背景，了解他们那些不符合我们价值观的行为在那时候是否“出格”，了解他们的行为动机。由此可以明白他们无法按照我们心目中的“完人”标准来生活，他们身上总有一些跨越时间、种族、文化的闪光点是持久不变的、令我们永远心潮澎湃的。

所以，我们大可直面曹植在政治方面的幼稚和行为不谨，直面李白的官瘾，直面杜甫的卑躬屈膝，直面杜牧在青楼的徜徉，直面李商隐在爱情方面的薄情，直面辛弃疾远没有我们想象中那么长久的军旅生涯。知道他们并不是从呱呱落地开始就向着“伟大”前进，而是在才华、尊严、荣誉、自尊、彷徨、诱惑、自利、利益之间来回碰撞和抉择，最终才选择了放弃“小我”、走向“真我”的人生道路。

他们没有一个人知道自己未来的“伟大地位”，有的人生前名声响亮且自负，有的人则是身后才被人们发现其价值。他们都有软弱的时候，都有对自己行为的掩饰或夸大，都有自身利益方面的考量，但是为什么他们身上这些行为没有让他们泯然于芸芸众生呢？到片子里寻找答案，到本书中寻找答案。设身处地，我们才能知道拂去泥沙的明珠终究有多么难能可贵，也就更能感受到，在各种诱惑或者精神、肉体双重打击之下，他们还能活出如此精彩、被千古传颂的人生是有多么不易。有缺点的伟大才是站得住脚的伟大。

他们打动我们的，除了那些美得不可方物的文字之外，还有就是那种可以跨越古今和种族的人性之美。我记得在拍摄的时候，导演忽然问了我一句：为什么在国外，人们对杜甫更感兴趣，对李白的评价不如国内这么高？思考之后，我说：国外对这两位唐代文学 top2（前两名）的评价不是完全出自于文学本身，李白与杜甫的诗歌一样优秀，不分伯仲，但是李白诗歌更加飘逸，更加洒脱，更加“形而上”，再好的翻译都是一种损伤，他的文字之美，必须是母语是汉语的人才可以领悟，正如我们中国人也无法完全掌握莎士比亚之美一样；而杜甫，他的文字翻译成外文固然也会有损伤，但是，他自身颠沛流离的生涯和由此带来的悲天悯人、对草根民众的关怀是一种人性之美，战争中发出的那些声嘶力竭的呼喊是人性之光，这种美和光是跨越种族和国家的，能够引发更广泛的共鸣。

其实，片子中哪一位不是先有人性之美，才有文字之美呢？我看过一些对这部纪录片的评价，有人调侃说展现了很多人的“糗事”，其实那不是糗事，那是人的一体两面，经得住史料、逻辑仔细剖析的人物，才最终能站立得住。只有经受得住这种审视目光考验的人物，才能担得起“千古风流”的评价。所以，请拿起这本书，走进他们的内心世界吧。

（**于赓哲**，陕西师范大学历史文化学院教授，博士生导师。主要从事中国古代史及医疗社会史研究，出版多部唐代历史研究著作。在《中国社会科学》《历史研究》《中国史研究》等期刊发表学术论文数十篇，其中多篇被《中国人民大学复印报刊资料》《高等学校文科学术文摘》等转载。多次获省部级学术奖励，2007年入选“新世纪优秀人才支持计划”。）

目录

第四章　杜甫　则诗人以来，未有如子美者

第五章　白居易　盛年中隐，头白乐天

第六章　杜牧　晚唐周郎杜樊川

第七章　李商隐　忍剪凌云一寸心

第八章　李煜　做个才人真绝代，可怜薄命做君王

第九章　柳永　可曾饮水？可曾读词？

第十章　欧阳修　千古文章，不过醉翁

如果他只是一个平庸无奇的曹氏子弟，也许还能在一块不算大的封地里平淡地度过余生；如果他是一个才华出众的异姓士人，也许还能在曹氏政权里大放光彩。但现实没有那么多如果，有些事情从一出生就注定了。

第一章 曹植

萁豆同根，相煎何急？

第一节　棠棣之殇

曹魏初立这几年，外部仍旧征伐不断，内部却蒸蒸日上。

魏黄初四年（223 年）五月，曹丕以“会节气”之名将一众曹氏藩王召回京师洛阳。

接到诏令的曹植，内心宛如密室里透进一缕阳光。他对皇兄能给他这样一个机会十分感激。因为这不只是一次简单的朝觐，而是一种待遇，这种待遇对他来说是与曹丕冰释前嫌的信号。

同时应诏的还有曹彰、曹彪等兄弟，自延康元年（220 年）被迁至封地后，这是他们首次来京。分别三年后，曹氏兄弟们终于得以会面。

看着曹植向自己进献歌功颂德的诗文，曹丕很是愉悦。他很喜欢看到三弟这种卑躬屈膝、俯首低眉的样子，当年英姿勃发、意气飞扬的曹子建不见了，自己面前的人俨然是一只被驯服的家兔。

从曹植身上，他看到了征服的力量。

不管背地里怎样，明面上兄弟相见的时光甚是开心。一日，曹丕以公务余暇为由邀任城王曹彰下棋，面对皇帝的邀请，曹彰只能答应。

没过多久，宫内便传出曹彰离奇暴毙的消息，整个京师一片哗然。转眼之间，猛将突然殒命，这不能不令人惊疑。

听到消息后的曹植一瞬间就明白了，骨肉相残才是这次“会节气”的目的。曹植又一次预感到危险正向自己逼来，接下来会有什么事情发生，他不敢往下想了。

收起恐慌，曹植挥泪作诔文，文中仅以寥寥数语追思曹彰的义德与功绩。至于自己的感受，也只是在序文中轻轻带过。文中闪烁其词、欲言又止，可知他必有难言之痛。

将崇懿迹，等号齐鲁。
如何奄忽，命不是与。
仁者悼没，兼彼殊类。
矧我同生，能不憯悴。

——曹植《任城王诔序》节选

黄河流经山东东阿境内时，到达下游最窄的河段——艾山卡口。在卡口左岸有一座风光秀丽的小山丘，远远望去，这座海拔仅 82 米的小山形似一只静卧在黄河之畔的甲鱼，故名鱼山。

鱼山虽然不高，规模也不大，但在当地有较高的知名度，因为它安葬着一颗不朽的诗魂。

曹植是曹操嫡出的第三子，生于豪门、长于乱世的他从小就被寄予厚望。为了这一份寄托，曹操为其取名植，字子建，是希望他有所作为，建功立业。

曹植也未让曹操失望，自小就展示出了极高的文学天赋，其聪明程度一度被曹操认为是最像自己的儿子。

曹植十岁的时候就很会写文章，写得非常精彩。他曾经把一首诗送给他的父亲看，他父亲怀疑这一部作品是别人代笔的。他在文学方面的造诣、才华，用我们现在的话来讲是“天赋异禀”。曹植少年时在文学上的造诣，使曹操早年对他非常钟爱。

（武汉大学教授 钟书林）

年少时的曹植得到了曹操的细心栽培，二人一同征战四方。在战火和硝烟中洗礼过的曹植意气风发，既有贵族少爷的高贵与昂扬，也怀揣着年轻人对未来的热血与激情。

在那个“乱石穿空，惊涛拍岸”的时代，曹植的理想与抱负很大程度上受到父亲曹操的影响。他目睹着父亲的英姿与智谋，也渴望成为一个像父亲那样具有政治影响力的人物。

青年时代的曹植有两篇比较有名的作品，一篇是《白马篇》。《白马篇》里写到了他希望能够上阵杀敌，表现了“视死

忽如归”的英雄气概，这是他青年时候的梦想。另外一篇作品是《与杨德祖书》。杨德祖就是杨修。曹植在这一封书信中说，大丈夫在世应该建金石之功，立不朽之功业，扬名万世，而不是做一个文学家。

（武汉大学教授 钟书林）

建安十八年（213 年）五月，汉献帝册封曹操为魏公，加九锡、建魏国，定都于邺城。此时关于继承人的问题，也被众臣提上了议事日程。

长子曹昂死后，最有资格的继承人自然就是曹丕了。但这时曹操似乎把“立嫡以长”的惯例抛到了脑后，迟迟不肯确立太子，他究竟是如何盘算的呢？众臣揣测不透，曹丕更是惴惴不安。

我们知道曹操是一位非常成熟的政治家，他在选择继承人的时候是比较慎重的，传统的思想对他束缚不大，所以他不一定会选曹丕。他要在几个儿子中考察，谁最适合做他的接班人，能够把他的事业传承下去。

（郑州大学教授 史建群）

在曹操看来，通过长时间的观察和考验，才能从诸子中培养和选定自己满意的继承人、一个真正的政治家。

然而，在考验的过程中，曹操悄悄地在曹植身上加了砝码。

面对曹彰的暴毙，曹植心中愧疚万分，不仅有无法直言的苦闷，也因昔日父亲灵柩前的抉择。

汉建安二十五年（220 年）正月，曹操在洛阳病危，曹植赶到时没有见到父亲最后一面。悲痛之际，比他早到的哥哥曹彰却私下对他说："父亲去世前急召我前来，就是要立你为太子。"

在立嗣的问题上，曹彰一直是站在曹植这边的，他这一番话虽不是曹操本意，却是兄弟二人放手一搏的机会。曹植十分明白若与手握兵权的曹彰合力，未尝不可与曹丕一争高下。

许久，曹植终于按捺住心中翻涌，对曹彰说道："你没见到袁氏兄弟的下场吗？"

曹植以袁氏兄弟为说辞，并非不想夺嫡，而是念及骨肉相残会毁掉曹家，他不得不选择放弃。而这一放弃，也促成了今日的悲剧。

汉建安十九年（214 年）春，历时三年的关中马超叛乱终于被曹操平息，一直随军征战的曹植也被徙封为临淄侯，这次徙封的曹家子弟唯曹植一人。

曹操的这一举动引起了群臣的猜测，这极有可能是主公开始考虑竞逐太子候选人的信号。

面对如此局势，另一位候选人曹丕更是不安。他有一位淡漠礼法、不按常理出牌的父亲，又有一位才华远甚于自己的胞弟，这使原来应该属于他的储嗣之位变得岌岌可危。

曹丕其实是一个很能干的人。他年轻的时候，无论是文学才能还是骑马射箭的军事才能，都已经展露出来。他不仅是建安文学的代表人物之一，而且在很年轻的时候就开始跟着他的父亲作战、处理一些政务。另外，曹丕嫡长子的地位对于他争储也是有利的。

（郑州大学教授 史建群）

汉建安二十一年（216 年），六十二岁的曹操晋爵魏王。从这时开始，他的立嗣之事已迫在眉睫。然而，曹丕和曹植却给他出了一道难题，儿子们太优秀也是个令人头痛的问题，他挑来挑去，无从抉择。

和历史上诸多因为昏庸而导致储嗣之争的帝王不同，曹操为立嗣而挑起丕、植之争，在他看来似乎是明智之举。

他本想给这两个优秀的儿子营造一个平等竞争的机会，但最终却造成兄弟之间持久的、不可调和的矛盾，在双方亲信的策划下，上演了一幕幕尔虞我诈、钩心斗角的活剧。

按照《三国志》的记载，曹丕是一个工于心计的人。当时在宫廷中，他处处都表现得中规中矩，完全是一个典型的、非常符合当时人们心中君主标准的形象。

（郑州大学教授 史建群）

魏黄初四年（223 年）六月，对于曹彰的死，曹丕并没有多大反应，只是下诏时简单说了一句："任城王有疾，薨逝于府邸。""会节气"典礼则照常举行，宴会上一片祥和。

酒过三巡后，曹丕兴起，宣布要玩一个诗文游戏，要求大家都把真本事拿出来，不能敷衍搪塞，输者将接受惩罚。看着进来的侍卫，大殿里的气氛顿时紧张起来。

曹丕的杀机就是冲着曹植而来，他也不想掩饰，随后便以曹植才思敏捷为由，要他第一个登场。为了加大难度，还要求七步之内必须成诗，诗的内容要表达兄弟之情，但字面上又不能有与兄弟相关的文字。

曹丕话音刚落，所有人的目光都投向了曹植。该来的早晚都会来，曹彰死的那一刻，曹植就想到了会有今天。

顷刻间，曹植便走出了第一步，全场肃静，落针成雷。

煮豆持作羹，漉菽以为汁。
其在釜下燃，豆在釜中泣。
本自同根生，相煎何太急？

——曹植《七步诗》

曹丕听罢，不仅被诗中的内容触动，更被曹植这完美的作答所折服，无奈只能作罢。

《七步诗》表现了他对宫廷斗争、兄弟相残感到心痛，真实地再现了曹魏政权立储之时、曹丕登基之后，曹丕与曹植兄弟内斗的情况。

（武汉大学教授 钟书林）

如果说曹植继承了曹操的绝世文才和浪漫气质，那么曹丕则继承了他的政治权谋和实用主义。

《七步诗》成了救命诗，它是曹植人生遭际和心灵感受的结晶。千百年来，这首诗也成为人们劝诫规避兄弟阋墙、自相残杀的常用典故。

曹丕和曹植的斗争，代表了两大政治阵容的斗争。曹植这边主要是丁氏兄弟和杨修；曹丕那边的阵容则比较强大。当时曹丕可能受到了集团内部一些小人的唆使，让曹植在七步之内写出诗歌，于是有了《七步诗》的典故。

（武汉大学教授 钟书林）

“会节气”一事终于结束了，这是曹植自“司马门事件”后，离死亡最近的一次。

东汉末年，天灾人祸不断。汉建安二十二年（217 年），一场大瘟疫蔓延在黄河两岸地区，在这场疫情中，建安诸子全军覆没。先是好友王粲病故，年过花甲的陈琳也一病不起，刘桢、应玚、徐干相继染病，撒手人寰。在疫病的肆虐下，曹植刚刚半岁的女儿也夭折了。

这一年对二十六岁的曹植来说是多灾多难的，自己的妻子被曹操下令处死。一系列遭遇让曹植看到了生命的脆弱，争权夺利不如活得逍遥洒脱。

九月的一天，曹植驱车来到了一家酒馆，此地位于城南一处偏僻的巷子里，十分幽静，非常适合饮酒消愁。

此时的曹植最能被一个人理解，他就是五百年后的李白。李白晚年对曹植钦佩不已，感慨其悲凉大义，写下闻名于世的《将进酒》，聊表慰藉的同时，也替自己难过。

李白桀骜不驯的性格在曹植那里找到了楷模。在他看来，曹植若当上太子，那将是曹魏天下的幸事，但曹植却不争，任其兄曹丕计谋用尽。而他李太白天生有用之材，本当位至相卿，却也"大道如青天，我独不得出"。

醉酒的曹植驱车在城内狂奔，此时的他也许是最自由的。

邺城王宫经过曹家十多年的扩建，其规模已是相当可观。曹操当了魏王以后，享天子之制，在王宫外也修了一座司马门，此门只有天子或者天子使者才能使用，诸侯或大臣奉皇帝命令才能从此门进入，而且必须下马步行。

驱车至此的曹植酒意正酣，不顾禁卫们的劝阻，驾车夜闯司马门，驰骋御道。这一时刻，天马行空的曹植释放了压抑已久的情感，也亲手埋葬了自己的前途。

> 自汉代以来，司马门具有非常重要的政治象征意义，在这种情况下，他闯司马门实际上是犯了当时政治上的大忌，是非常严重的错误。
>
> **（郑州大学教授 史建群）**

曹操听到这个消息后大为震怒，这在恪守严刑峻法的他看来是不能容忍的。盛怒之下，主管宫门禁卫事务的公车司马令当即被处死。

曹植开司马门行驰道一事，使他失去了父亲的信任。同年十月，曹操立曹丕为太子。从此，曹植告别了昂扬奋发的人生阶段，陷入难以自拔的苦闷和浓浓的悲愁之中。

第二节　洛水惊鸿

曹植身上背负了太多沉重的东西，尽管这并不是他所能选择的。他的才华在为他赢得赞誉和赏识的同时，也把他裹挟进了权力斗争的中心。

人生路径的转变，与他自己的错误有关，也缘于身在帝王家的不幸。

如果他只是一个平庸无奇的曹氏子弟，也许还能在一块不算大的封地里平淡地度过余生；如果他是一个才华出众的异姓士人，也许还能在曹氏政权里大放光彩。

但现实没有那么多如果，有些事情从一出生就注定了。

随着曹丕的顺利上位，因立太子而上演的一出出戏码也戛然落幕，曹植的生活又回到最初，继续当他的临淄侯。周围的气氛却悄然起了变化，一些曾看好他、支持他的人开始疏远他、冷落他。

然而，这个时候的曹植又是一个幸运的失败者。对于“夜闯司马门”这件事，曹操并没有过多惩罚他，反而给他增邑五千户，加上原来的五千户，曹植成为曹家子弟中独一无二的“万户侯”。

> 曹操在这个时候封曹植为万户侯，其实是他内心已经对曹植有点失望了。因为夜闯司马门这个事件，说明曹植在政治上不成熟，但是还没有对他完全绝望，封他为万户侯，实际上既是对他在经济上的一种补偿，同时也在告诉曹植，你如果能够表现比较好的话，还是会有一些希望的。
>
> （郑州大学教授　史建群）

希望很快来了。

建安二十四年（219 年）七月，刘备占领汉中自立为王，而镇守荆州的关羽受到刘备的鼓舞，大举北伐。关羽气势如虹，围曹仁于樊城，斩庞德、擒于禁，水淹七军，威震华夏。

面对如此情形，曹操使出令所有人都感到意外的一招：任命曹植为南中郎将，行征虏将军，急速南下救援曹仁。

此时的曹丕内心极度紧张。为了巩固自己的太子之位，他很快制定了一个方案。

当天，曹丕亲自对曹植进行一番勉励，并要在出发前为他设宴饯行。父亲的信任、兄长的鼓励让曹植大受感动，信心倍增。

临出发前，曹植来到太子府参加哥哥为他摆设的宴席。一醉泯恩仇，曹植再一次用酒消弭了兄弟间的干戈。这一醉，似乎醉得恰到好处：曹丕的太子之位铁定牢固，曹植却从此万劫不复。

> 《三国志》里面的记载比较简单，曹植在出征救曹仁的前夕喝醉了酒。后来《三国志》的裴松之注引用了《魏氏春秋》的记载，就比较详细一些。在曹植受父命去救曹仁的前天晚上，被他的哥哥曹丕逼着喝醉了。如果真按《魏氏春秋》的记载来看，这一次应该是曹丕的阴谋。
>
> （武汉大学教授 钟书林）

无论历史的真相是什么，无论其中有多少的隐情和故事，我们终究看到了一个令人痛心的结局。

建安二十五年（220年）正月，曹操病逝于洛阳，曹丕顺理成章继承了曹操的一切权力。同年逼迫汉献帝禅位，建立曹魏政权，改元黄初，定都洛阳。

曹操去世后，曹植便彻底失去了依靠。大规模的清洗行动开始了。先是曹植的好友及幕僚丁氏兄弟被诛杀满门，而后曹丕下令各诸侯王立即回藩国，曹植首当其冲。

为了对诸侯们严加管制，朝廷特派“监国谒者”跟随，目的就是监视诸侯的言行。

> 在曹植身边的是一个叫作灌均的人，灌均有一次向曹丕报告，曹植喝醉了酒“劫胁使者”。对此史书没有明确的记载，我们也无从猜测。这件事给了曹丕一个制裁曹植的借口，曹丕让曹植马上回到京城，准备处罚他，幸好有卞太后求情，曹植才得以

保全性命。

（郑州大学教授 史建群）

一个人的一生在某一方面失败了，往往会在另一方面取得成功。

魏黄初三年（222 年）四月，三十一岁的曹植结束了洛阳的囚禁生活，遣返封地。途经洛水，车马暂歇。此时一阵微风吹起，恍惚之间有位伊人映入眼帘，一切如梦如幻。

梦醒时分，曹植把这次美妙的相遇写成了一篇文章。

在这篇文章里，他于洛水之畔邂逅了传说中的伏羲之女洛神，烟波浩渺中，洛神那如朝阳般新鲜的一瞥瞬间击中了他的内心。他对这位佳人的风采神姿极尽描摹，字里行间充斥着强烈的倾慕之情。

这就是中国文学史上有名的《洛神赋》。

很多人都知道，《洛神赋》的背后隐藏着一段有悖伦理的故事。据说曹植对曹丕的妻子甄氏怀有仰慕之情，《洛神赋》里的洛神暗指甄氏，曹植通过描写洛神来释放自己内心深处被压抑已久的炽热情感。

唐代著名学者李善在《昭明文选》的注解里讲了这么一个故事：最初想娶甄氏的是曹植，结果却被曹丕抢了先，因此曹植一直对甄氏念念不忘。

在甄氏死后，曹植入朝觐见曹丕，曹丕拿出甄氏曾用过的玉枕给他看，曹植睹物思人，不觉潸然泪下。

几天后，甄氏之子曹叡宴请曹植，干脆把这个枕头送给他。曹植揣着枕头返回封地，途经洛水时梦见与甄氏相会，有感而发，遂作《感甄赋》。后明帝见之，改为《洛神赋》。

这是一个凄美感人的故事，千百年来人们为它的真伪众说纷纭。

有人认为，这件事基本上是不可能的。原因之一是有乱伦之嫌，甄氏是他的嫂嫂，汉代又比较讲究孝道；另外一个原因是，从年龄上来讲，甄氏要比曹植大上十岁。

（武汉大学教授 钟书林）

唐代诗人李商隐有著名的《无题》诗，其中有一首这样写道：“贾氏窥帘韩掾少，宓妃留枕魏王才。”其中的“宓妃留枕”即是曹植与甄氏的情感纠葛。

也许，这样的猜测在某种程度上迎合了人们对浪漫与悲伤爱情的幻想，才会被后世的艺术家们所接受。

在曹植的眼中，洛神翩若惊鸿，婉若游龙，秾纤得衷，修短合度，柔情绰态，媚于语言。洛神的风姿无法用语言来表达。

读过《洛神赋》的人都知道，赋中有着情真意切的心绪和细致描摹，让人很难相信曹植只是一时兴起去歌颂一位虚无缥缈的仙子，而不是在寄情隐喻。

有人认为这个记载是不真实的，但李善离曹魏的时代比较近，他作的注可能是有依据的，还是要尊重李善注，毕竟我们找不出更多证据来否定这件事。当然，把它当成故事来理解也是非常好的。

（武汉大学教授 钟书林）

有人说洛神指的是魏文帝曹丕，在古代“香草美人”的诗歌传统中往往将君主比作美人，这也是曹植哀叹自己不能被曹丕所信任。

也有人说洛神指的是曹植的亡妻崔氏。在政治失意中，曹植分外怀念和妻子共度的那段无忧无虑的时光。

洛神到底是谁？这永远是个谜，或许只有穿越时空与曹子建会上一面，才能了解其中一二。

当曹植遇到甄氏时，她已经被曹操许配给了曹丕。但曹丕贪恋权位又城府极深，甄氏过得并不如意。热情洒脱的曹植就像一道光，照亮了她的生命。在曹植眼中，甄氏更像一个关爱自己的姐姐。他们谈诗书，谈歌赋，谈人生，却独独未敢谈爱情。

曹丕继位后，甄氏变成甄妃，一道宫墙隔绝了两个人的联系。曹植未曾料到，再次入宫却听到甄氏触怒曹丕而被赐死的噩耗，以及死时“被发覆面，以糠塞口”的惨状。

曹植对此无比悲恸，再结合自己政治上的遭遇，写出了字字都是真情，让人动容的《洛神赋》。

曹植对甄氏的情感未必是爱情，更可能是一种亲情。他在《洛神赋》里面把她想象成洛神一样的美女，这是文学的一种虚构。从另一个角度来讲，他也有可能是为甄氏的这种美的消逝而鸣不平。

（武汉大学教授　钟书林）

洛神是不是甄氏，对于史学研究之外的人来说，又有什么关系呢？大家都只不过在找一个寄托而已，这本身就是艺术留给我们的最大慰藉。

世界需要杀伐战斗，也需要几缕温存。

一千八百年前，洛水河畔，曹植和洛神的故事感动了后代东晋画师顾恺之，他将曹植奇幻的文字想象变成了千古卓绝的画作——《洛神赋图》。

在画中，站在岸边的曹植表情凝滞，注视着远方水波上的洛神。洛神梳着高高的云髻，被风吹起的衣带给人一种飘飘欲仙之感。她欲去还留，顾盼之间流露出倾慕之情，却因人神有别，最终在云端渐去。此情难尽的曹植留在岸边，最后依依不忍地离去。

在曹植笔下，洛神是一个温和的仙子，人和神之间的界限被模糊了。她既有人的情欲，又有神的纯净，被世人想象着、歌唱着、远远地看着。

> 《洛神赋》继承了屈原《九歌》、宋玉《神女赋》的写作风格，都是写女子的美貌。楚辞中更多地运用了比兴手法，《洛神赋》则改变了这一传统，运用了铺陈手法。运用直接的细节描摹，在艺术修辞方面进行了全面的铺写，既站在前人的肩膀上，又把对女子美貌的书写渲染到一个更高的艺术高度。
>
> （武汉大学教授 钟书林）

一路悲伤的曹植终于来到了封地——鄄城，然而没多久又被改封到更加贫瘠的雍丘。

曹丕在位的七年里，曹植一共被改封四次，迁居三次，好不容易在一个地方经营得稍有起色，过不了多久一切又得从头再来。

在如此境遇中，曹植有道不尽的苦闷，一身才华无处施展，只能蜷缩于一座座小城。

时光荏苒，曹植的报国之心也在岁月中一点点消逝。在他将要放弃时，现实又给了他一点希望。

魏黄初七年（226 年）五月，曹丕驾崩，太子曹叡即位，大赦天下。

在诸多侄儿中，曹植最疼爱的便是曹叡。他性格沉静，好学笃思，而且还是甄氏所生。曹植为侄儿当上皇帝感到由衷高兴，不觉心中充满期待，多年的雄才伟志有望实现了。

恰好在这个时候出了一件事，当魏明帝出征长安的时候，有人传言，皇帝死了。这时一些从驾的大臣包括朝中的一些大臣，都想拥立曹植为新的皇帝。流言传开后不久，魏明帝回来了，这件事情就无声无息地结束了。但这件事给魏明帝曹叡敲响了警钟，曹植在朝臣中还是很有影响力的。因此，魏明帝对曹植有了更深的戒心。

（郑州大学教授 史建群）

曹叡在位初期正是诸葛亮大举北伐的时候，危难之际，曹植渴望自己的才能得以施展，他曾多次慷慨激昂地上书曹叡，要求给予政治上的任用。

但是，曹叡只是口头上给予嘉许而已，并没有任何起用他这位皇叔的迹象。

明知国家有难，蜀国大军压境，曹植却成了闲散人，唯有光阴如常磨蚀着他的生命。

曹植的抱负是非常高的，他不愿意做一个文学家，他认为辞赋是一种小道，真正扬名后世要靠建金石之功，这是他人生的目标，文学家只是他的一个副业。

（武汉大学教授 钟书林）

曹植生在帝王之家，他的结局早已注定。

在这种备受压迫的环境中，曹植终日郁郁寡欢，忧愤成疾，于太和六年（232 年）十一月离开了人世，年仅四十一岁。

在曹操走后的第十二年、曹丕走后的第六年，曹植也追随父兄而去，在政治上已经结束了十二年的建安时代，终于在文学上也画上了句号。

高大的松树下，一人微胖，长髯，葛巾，宽袍，衣带飘然。他左手持杖、右手把菊、风气高逸的神态，在人们心中静静保持了千年。但真正的陶渊明，似乎从来不是画里这位飘然超绝的隐士。

第二章 陶渊明

和光同尘，桃源归心

第一节　归去来

义熙元年（405 年）的一个冬夜，彭泽县令正在奋笔疾书。

他从未像今夜一样清醒，四十多年来所有的内心挣扎，都随着笔尖的飞舞，渐渐消逝。

这位县令，名叫陶渊明。他写的不是文告，也不是上疏，而是一份宣言。这或许是中国历史上最著名的辞职宣言，它就是《归去来兮辞》。

一千多年以后，有一个辞职的理由异常火爆——世界那么大，我想去看看。

但是，与想去看世界的激情和期盼相比，陶渊明所向往的，却是回归田园——那也是他出生的地方，江州浔阳郡的柴桑县（今江西九江）一个名叫上京里的村庄。

今天，我们翻开任何一本中国历史，只要写到东晋，几乎都会出现陶渊明的曾祖父陶侃的名字。

陶侃的机缘来自于西晋的灭亡，北方世家大族纷纷逃亡江南，以建康（今江苏南京）为首都建立东晋，出身贫寒的陶侃，靠着个人的军功和奋斗，成为立国元勋，主管八州军事，官至大司马。

这位大英雄级别的曾祖，无疑在少年陶渊明的心中，树立起一个高大伟岸的标杆。

尽管陶渊明出生时，浔阳陶氏早已全然不及顶级望族——“王谢”两家的煊赫，但家族中人想要求得一官半职，仍然不算难事。少时的陶渊明，也有机会受到士族教育的熏陶。

无忧无虑的日子很快过去，陶渊明八岁那年，父亲的突然离世让原本不算大富大贵的一家人很快陷入了衣食无依的境地，母亲孟氏只能带着他回到娘家，投奔自己的父亲——孟嘉。

陶渊明的外祖父孟嘉是一位魏晋时的名士，非常有才学，他写文章的时候文不加点。在陶渊明所写的他外祖父的传记中也曾提到，他的外祖父有一种渐近自然的追求。而陶渊明是“性本爱丘山”的性格，骨子里也一定程度上受他外祖父孟嘉的影响。

（武汉大学教授 钟书林）

陶侃的进取、孟嘉的逍遥，两种生活理念，在少年的心中不停激荡。

少时壮且厉，抚剑独行游。
谁言行游近？张掖至幽州。

——陶渊明《拟古·其八》节选

古代的张掖在河西走廊，即大西北。幽州，在今天的北京地区。一个在大西北，一个在华北，这些地方在东晋时都不属于汉族的统治区域。由此可见，陶渊明要仗剑侠行天下，不仅有儒家建功立业的抱负，同时还有侠客行的英雄气胆。

（武汉大学教授 钟书林）

那是公元 3 世纪末，三国鼎立的时代刚刚结束，西晋王朝就陷入了长达 16 年的八王之乱。

当八王的人头成为第一批祭品，滴血的弓刀和狂暴的铁骑继之而起，将一度称雄东亚的中国撕成两半。五胡纵横北方，先后建立起十六个主要的割据政权，被后世称为十六国；而西晋士族则退守南方，建立了由王、谢、桓、庾等几个世家大族轮流把持朝政的东晋。

公元 383 年，在那场堪称南北对决的淝水之战中，东晋在权臣谢安的指挥下，奇迹般地取得了胜利，得以继续偏安东南。

就在淝水战场风声鹤唳的这一年，陶渊明十九岁。

时代的波澜，还未来得及席卷这位初出茅庐的少年。他虽然也渴望自己能像外祖父孟嘉那样潇洒不羁，活出本真的自我，但也还怀揣着像曾祖陶侃那样，大济苍生，建立一番事业的理想。

孟子说：“仕非为贫也，而有时乎为贫。”

二十九岁那年，陶渊明第一次走上仕途，出任江州祭酒。虽然原因之一，是要在“亲老家贫”时奉养年迈的母亲，但他对于未来仍充满了美好的设想。

江州祭酒可能是掌管教育、教化、文化这一类的官员。东晋实行的是门阀制度，一个年轻人出仕就能做到江州祭酒这样的高位，没有陶侃的社会声望是不可能的。所以陶渊明后来回忆自己的做官生涯，都会用一种迷雾弹的形式来解释：我自己早年做官，是为了更好地侍奉双亲。其实，他真正希望的是能够按照儒家所说的那样大济苍生，这是他的本心。

（武汉大学教授 钟书林）

此时的江州刺史，是书圣王羲之的次子王凝之。这位出身顶级名门——琅邪王氏的贵族公子，虽然大权在握，却很难称得上才华高妙的人，更算不上魏晋风流的代表者。

王凝之是一个狂热的宗教信徒，据史书的记载，他对家族的宗教“五斗米教（道）”的狂热，甚至到了一种迷信的地步，在治国理政方面，应该是才能不足的。

（武汉大学教授 钟书林）

就在王凝之痴迷于“五斗米道”时，东晋王朝正陷入这样的危局：晋孝武帝被自己的妃子捂死。幼子司马德宗即位，史称晋安帝，但是朝廷的执政大权，却落入孝武帝的弟弟——太傅司马道子和他十六岁的儿子司马元显手中。

面对朝廷的巨震和那位不靠谱的上司王凝之，陶渊明无奈地第一次写了辞职信。

公元 399 年，就在陶渊明辞职后不久，掌握大权的司马元显强制征发江东八郡以充兵役，引发了东汉以来南方规模最大的一次农民起义。

起义军作乱，时任会稽内史的王凝之把守朝廷门户，非但不积极备战，反而在厅堂设置神位，祈求鬼兵助阵。

公元 399 年，会稽郡失守，王凝之与诸子一同被起义军所杀。

卸任归家的陶渊明，幸运地逃过了兵乱中的血光之灾。但他的家庭在这几年间也发生了重大的变故：在长子陶俨出生后的第二年，他的结发妻子便去世了。

陶渊明续娶了第三任夫人翟氏，据成书于唐初的《南史·列传》说："其妻翟氏，志趣亦同，能安苦节，夫耕于前，妻锄于后云。"两人的家庭生活，想必是幸福和谐的。大约在这段时间，陶渊明闲居家中，写下了一篇别具一格、情思摇荡的《闲情赋》。

愿在衣而为领，承华首之余芳；悲罗襟之宵离，怨秋夜之未央！愿在裳而为带，束窈窕之纤身；嗟温凉之异气，或脱故而服新！愿在发而为泽，刷玄鬓于颓肩；悲佳人之屡沐，从白水而枯煎！愿在眉而为黛，随瞻视以闲扬；悲脂粉之尚鲜，或取毁于华妆！……愿在丝而为履，附素足以周旋；悲行止之有节，空委弃于床前！

——陶渊明《闲情赋》节选

我愿做她衣衫的领子，承接那可爱的头残留的芳香；可悲的是她晚上要脱掉衣服，秋夜漫长，使我惆怅。我愿化为她罗裙上的衣带，揽束她轻盈的腰身，可叹气温常变，她随时可能换上新裳。我愿成为她云发中的发膏，让她柔顺的黑发披散香肩；然而佳人常常洗发，发膏也会一去不回。我愿做她细眉上的黛色，随着她的眉目，顾盼四方，可她施粉讲求新鲜，

换妆之时我必毁于一旦。……我愿做她脚下的绢鞋，随着她雪白的双足走呀走呀，可叹她走走停停，忽而上床睡觉，把我丢弃在地上。

陶渊明向往美人，也吟咏壮士。他有缠绵的情思，更不乏豪言壮语：

君子死知己，提剑出燕京。
素骥鸣广陌，慷慨送我行。
雄发指危冠，猛气冲长缨。

——陶渊明《咏荆轲》节选

他怀着这样的理想与热忱，等待良主的出现。很快，六年的光阴便过去了。

三十多岁的陶渊明，已经是五个儿子的父亲。人类的幼崽是很可爱，但如何满足这些嗷嗷待哺的嘴巴，却成为摆在他面前的现实问题。

好在不久前，大将军桓玄曾派人带着亲笔信，礼聘他到自己帐下任职，陶渊明便打算前去赴任。

桓玄和陶渊明的家族关系特别密切，他们是世交，他的父亲桓温和陶渊明的曾祖父陶侃关系特别好。陶渊明做江州祭酒做得不满意，又想真正地施展自己的才华和抱负，在这种情况之下，就主动选择了在桓玄帐下效劳。

（武汉大学教授 钟书林）

公元 399 年，江州刺史桓玄节节取胜，他早已不满足于只占据江州一地。在迫使朝廷任命自己兼任荆州刺史，以荆、江两州为根据地后，更是野心勃勃地图谋天下。

陶渊明是这场巨变的见证者。公元 401 年的冬天，随着母亲去世的消息传来，他以回乡居丧为理由，再度从仕途中解脱出来。

穿上春天的衣服，晃晃悠悠走到东郊，山峦刚刚从朝雾里探出头来，天空浮动着薄薄的轻云，微风从南方吹来，那些幼苗在风中，好像长出了飞翔的翅膀。

浩浩茫茫的湖水，荡涤尽世间的尘埃，人的本心啊，多么容易满足，还想那么多干什么呢，只要有一杯酒，便可以怡然自乐。

迈迈时运，穆穆良朝。
袭我春服，薄言东郊。
山涤余霭，宇暧微霄。
有风自南，翼彼新苗。

——陶渊明《时运·其一》

洋洋平潭，乃漱乃濯。
邈邈遐景，载欣载瞩。
人亦有言，称心易足。
挥兹一觞，陶然自乐。

——陶渊明《时运·其二》

延目中流，悠想清沂。
童冠齐业，闲咏以归。
我爱其静，寤寐交挥。
但恨殊世，邈不可追。

——陶渊明《时运·其三》

《时运》篇里用的典故出自《论语》。孔子召集了一批学生，谈他们各自的理想，轮到曾皙（即曾点）说，他的理想是暮春三月，冠者五六人，童子六七人，一起在大自然当中享受春天的美好，这当然也是陶渊明的理想。但是他心里又很矛盾，为什么会有这种矛盾呢？因为当时正处于桓玄称帝、刘裕讨伐桓玄的关键时期。国家的命运、百姓的命运正处于混乱、水火交融当中。陶渊明的人生已经到了四十岁。孔子讲，一个人到四十岁的时候如果还默默无闻，这一辈子就完了。后来陶渊明在他的诗里化用孔子的话："四十无闻，斯不足畏。"

（武汉大学教授 钟书林）

一再地奔赴官场，正是陶渊明的可爱之处。丁忧三年期满，他怀着"四十无闻，斯不足畏"的观念，再一次主动出仕了。

国家何时才能平定叛乱，重获安宁呢？

这一年的六月，陶渊明远赴京口（今江苏镇江），他这次选择投奔的对象正是准备讨伐桓玄的另一股势力——刘裕。

公元 404 年六月，桓玄兵败被杀，晋安帝复位。

此时的刘裕，以平叛桓玄的功劳，俨然成了东晋臣子的楷模，但实际上，大权在握的他，也想推翻晋室，建立自己的政权。

看透世事的陶渊明，一定也觉察到刘裕的野心丝毫不亚于桓玄，他很快又转身，投入建威将军刘敬宣的幕府。

用今天的话说，你不断地跳槽，目的是什么？当然是希望能够有用武之地。但是很遗憾，陶渊明遇上的主子要么就是王凝之这种昏聩的上司，要么就是桓玄、刘裕这种野心家。让人没有想到的是，刘敬宣作为门阀出身的贵族，根本就不是刘裕的对手。最后刘敬宣被逼无奈派陶渊明到京都上表，自己请求免官。这件事情对陶渊明的触动最大，像刘敬宣这样有雄厚政治资本的世家门阀子弟，都被刘裕逼得无路可走，想在这样的政治环境中有一番作为，是很难的。

（武汉大学教授 钟书林）

陶渊明生活的时代，距离西晋灭亡才过去了不到一百年。但此时的东晋王朝，已然步入垂死的暮年。

身居皇室的司马家族摇摇欲坠，只能任由权臣互斗，豪强厮杀。在篡与乱交替的世道中，人人自危，能够活着尚且不易，流连仕途又能改变什么呢？

随着刘敬宣的解职，陶渊明再次辞去职务，返回了故乡。

公元 405 年秋天，四十一岁的陶渊明，最后一次求官。

由于家中太过贫穷，他在叔叔陶夔的引荐下，做起了彭泽县令。

其实陶渊明在做第五次官——彭泽令时是很勉强的，也是很物质的。赤裸裸地说，就是为了讨一点粮食去酿酒。

（武汉大学教授 钟书林）

彭泽离家只有一百余里，县里有一百亩公田，种什么随意，收成全部归自己。

看到这样一大片可以由自己随意支配土地、好酒的陶县令，第一个想法便是多种些能够酿酒的秫米，春夏之际便可以大口痛饮。但这个提议却遭到了陶夫人的强烈反对，毕竟酒不能代替粮食，全家人还指望填饱肚子。最终，夫妻二人达成了妥协的条件：二顷五十亩种上秫米，另外五十亩种上粳稻。

遗憾的是，才过去八十多天，种下的粮食还没有收获，陶渊明就又决定辞职了。这个故事，在中国几乎家喻户晓。

据说陶渊明在做县令的时候，上面派了一个督邮到县里视察工作。办公室的人交代陶渊明必须束带拜见督邮，陶渊明一听，就甩下一句“不为一点俸禄，就给这号人点头哈腰”，然后扔下官帽辞职了。

（江西九江陶渊明纪念馆馆长 帅美华）

陶渊明已经完全丧失了过去的那种政治热情，过去所有的牢骚、所有的不满，都借这次机会迸发出来了。他说不愿意为五斗米而折腰，是表示了与官场彻底的诀别。

（武汉大学教授 钟书林）

生命之所以可贵，正是在于它只有一次，到底该去追求什么呢?

他一生五次为官，三次都在军中。仕与隐，也像是驻扎在他心中的两支军队。当他来到了不惑之年，才从那剧烈的冲突中挣脱出来，寻得了内心的安宁。

密网裁而鱼骇，宏罗制而鸟惊。
彼达人之善觉，乃逃禄而归耕。

——陶渊明《感士不遇赋》节选

归去来兮，田园将芜胡不归？既自以心为形役，奚惆怅而独悲？悟已往之不谏，知来者之可追。实迷途其未远，觉今是而昨非。舟遥遥以轻飏，风飘飘而吹衣。

——陶渊明《归去来兮辞》节选

历尽劫波，那个曾经抚剑独行的少年，似乎还在。

第二节　田园居

对于田园生活，中国人似乎总有一种特殊的情感。即便不能实现归隐山林的愿望，我们也会想方设法将诗化的田园搬到城市之中。

结庐在人境，而无车马喧。
问君何能尔？心远地自偏。
采菊东篱下，悠然见南山。
山气日夕佳，飞鸟相与还。

——陶渊明《饮酒·其五》节选

如果没有东晋陶渊明富有诗意的描绘，我们心目中的田园，还会像今天这样美得动人心弦吗？

辞去彭泽县令，成为陶渊明一生的分水岭。在此之前，他时官时隐，在生计与追求自己的本心之间辗转纠结。在此之后，他种田、饮酒、写诗、生活，成为庐山脚下一个真正的农夫。

从彭泽归来后的第二年，陶渊明四十二岁，写下了《归园田居》五首。诗人笔下的田园，洋溢着生活的气息：

方宅十余亩，草屋八九间。
榆柳荫后檐，桃李罗堂前。
暧暧远人村，依依墟里烟。
狗吠深巷中，鸡鸣桑树巅。

——陶渊明《归园田居·其一》节选

他的住房，大概可以算得上是中等人家的庭院，只是一家七口，再加上僮仆一二，如何自给自足，维持日常的开销，是个现实问题。

在南山的山脚下，陶渊明种下一片豆子。

但他种田的技术显然还有些蹩脚：野草长得茂盛，豆苗却很稀少。每天天没亮，就要到田里清除杂草，直到月亮升起来，才披着满身的露水回家。

种豆南山下，草盛豆苗稀。
晨兴理荒秽，带月荷锄归。
道狭草木长，夕露沾我衣。
衣沾不足惜，但使愿无违。
——陶渊明《归园田居·其三》

坚持下去，需要莫大的勇气，他只是希望，能够不违背自己的内心。

我们很难想象，当疲惫的诗人放下锄头拿起笔，心中还能萌发出那样动人的诗意。

在六朝贵族社会当中，像陶渊明这种出身的人一般不会去做农民，放下贵族身份去躬耕，需要很大的勇气。所以后来有些人瞧不起他，就说他的诗写得像田家翁的话。

（武汉大学教授 钟书林）

公元 408 年（义熙四年），陶渊明四十四岁，也是他归隐田园的第四年。

六月里，一场不经意的大火将他的方宅和草屋烧得一干二净。原本还算衣食无忧的一家人只能寄居在渔船上，靠亲朋好友的接济过活。

陶渊明辞官前说，吾不能为五斗米折腰。而今空空的米缸、辘辘的饥肠，却逼迫着他要出门乞食。

饥来驱我去，不知竟何之。
行行至斯里，叩门拙言辞。
——陶渊明《乞食》节选

好在遇到的邻人善解人意，慷慨相赠，为他的窘迫解围。因为谈得来，两人一直聊到傍晚，酒喝得高兴，陶渊明也赋诗相赠。

最后，他还不忘打趣地说，无才的我，只能死后再报答这恩惠了。

后来的人特别不能够理解他，为什么放着好好的官不做，而要流落到乞食的地步，这是很寒酸的。苏东坡说他“饥饿常在身前，但是功名常在身后”。他因为这样的一种坚守，赢得了后人的尊敬。

（武汉大学教授 钟书林）

公元 1080 年，北宋文学家苏轼在被贬至黄州后曾躬耕于东坡，他便常常将那里比作是陶渊明的田园。

东坡先生毫不掩饰对偶像的崇拜之情，他甚至这样写道：“梦中了了醉中醒。只渊明，是前生。”

原来，那位文坛巨匠也曾在人生困惑之时手捧陶诗，怦然心动。在他心中，李白、杜甫、他自己，无论走过多少名山大川，写尽了悲欢离合，也只是接近了陶诗的境界而已。

其实陶渊明在南北朝钟嵘的《诗品》里只是中品，就是一个很普通的诗人。到了宋代，苏轼特别欣赏崇拜陶渊明。他唱和了陶渊明的每一首诗，不仅自己唱和，还让弟弟苏辙、秦观等弟子们一起唱和。就这样让陶渊明成了一个现象级的人物。

（中南民族大学教授 王兆鹏）

陶渊明面对人生的坎坷遭遇，有一种不断自我疗伤、恢复的能力。所以苏东坡到了晚年特别能够体会到陶诗的真髓。因为苏东坡后来不断地被贬谪，特别是在他晚年到了海南岛、生活最艰难的那段岁月中，每当他身体不舒服的时候，就要读一下陶诗，而且不敢多读，日读陶诗一首，害怕读完以后没有机会读了。陶诗里有很多写得非常精彩的句子，“纵浪大化中，不喜亦不惧”。外界表扬我也好，批评我也罢，我一切看淡，顺其自然。

（武汉大学教授 钟书林）

每体中不佳，辄取读，不过一篇，惟恐读尽后，无以自遣耳。

——苏轼《书渊明羲农去我久诗》节选

陶渊明一生大部分时间都是在庐山附近度过的，但他几乎从未写过那些名山大川。近千年来，诗人述说房前屋后风景的朴素诗句，却成了中国文人所向往的、审美的至高境界。

许多诗人甚至追寻他的足迹，开启了一个新的诗歌流派——田园诗派。

可惜的是，陶渊明在自己的时代里，还不曾遇到这些为他胸中诗意一见倾心的朋友。

他只是时常对着自己的身影干杯，很快便醉了，之后总要挥毫题写几句，以供自己取乐：

栖栖失群鸟，日暮犹独飞。徘徊无定止，夜夜声转悲。
厉响思清远，去来何依依。因值孤生松，敛翮遥来归。
劲风无荣木，此荫独不衰。托身已得所，千载不相违。

——陶渊明《饮酒·其四》

独鸟，就是找不到志同道合的人。《饮酒二十首》写于晋宋易代之际，那个时候，明眼人一看就知道东晋快灭亡了。很多陶渊明过去的朋友都投奔了新政府，只有陶渊明归隐下来了，他觉得没有知音。借酒一方面表达知音不赏，另一方面躲避政治的灾祸。譬如他在《饮酒·二十》里面所说的“君当恕醉人”，你应该宽恕我这个喝醉酒的人，前面我写了这么多，都是酒疯子的话，当不得真的。

（武汉大学教授 钟书林）

那是一个饮酒成风的年代，以竹林七贤为代表的魏晋名士们，聚在一起，把酒喝得惊天动地。

陶渊明似乎与他们不同，他乐于自斟自饮，有时，也会请亲朋到自己家里畅饮一番，但作为主人，却常常是自己先醉了，之后便直接告诉客人：我醉欲眠，卿可去。

当一顶小小的乌纱换成了宽大的布衣，陶公归隐的日子里，一个个朝廷仍在变更。他的一生经历了三个朝代十个皇帝。

滚滚红尘的阵阵厮杀，在陶渊明看来，也许都不如窗前一阵蒙蒙的时雨，一簇霭霭的停云。

偶尔还有人送来好酒，劝他做官，仍旧都被他拒绝了。

他心中的理想生活，应该是这样：

昔欲居南村，非为卜其宅。
闻多素心人，乐与数晨夕。
怀此颇有年，今日从兹役。
敝庐何必广，取足蔽床席。
邻曲时时来，抗言谈在昔。
奇文共欣赏，疑义相与析。

——陶渊明《移居·其一》

一直想住到南村去，不是因为那里宅子风水好，而是因为那里有许多朴素的人。希望和他们度过日日夜夜，住房不一定宽广，有凳子坐，有床睡就可以了。邻居常常来串门，聊起来总有说不完的话，写或者读到什么有趣的文章，大家一起欣赏，不明白的地方就相互启发。

“奇文共欣赏，疑义相与析。”找一批志同道合的人，人数不在于多，大家相互思念了，就聚起来讨论诗文。农忙了，大家就各忙各的。如果相互想起了彼此，马上就披上衣服出去相见，很自然、很潇洒、很随意。另外他说到，自己的劳作也能够养活家人。他有一句名言叫“力耕不吾欺”，用力地去耕作，一定会获得实实在在的收获。干庄稼活就是这样的，它不会欺骗你。

（武汉大学教授 钟书林）

先生不知何许人也，亦不详其姓字，宅边有五柳树，因以为号焉。闲静少言，不慕荣利。好读书，不求甚解；每有会意，便欣然忘食。性嗜酒，家贫不能常得……环堵萧然，不蔽风日；短褐穿结，箪瓢屡空，晏如也……

——陶渊明《五柳先生传》节选

孟夏草木长，绕屋树扶疏。
众鸟欣有托，吾亦爱吾庐。
既耕亦已种，时还读我书。
穷巷隔深辙，颇回故人车。
欢言酌春酒，摘我园中蔬。
微雨从东来，好风与之俱。
泛览周王传，流观山海图。

——陶渊明《读山海经·其一》节选

陶渊明笔下那位不戚戚于贫贱、不汲汲于富贵的五柳先生，大概是他本人最真实的写照。

虽然陶渊明对生活的热爱从未衰退，却也不得不为自己选择的道路付出代价。其中之一，便是很难在清贫的生活之余，给予孩子们士族门第的教育。

在一首题为《责子》的诗中，他就像古往今来每一个望子成龙的父亲一样，忍不住把五个儿子一一数说。那恨铁不成钢的语气，就好像我们的一位老邻居：

白发被两鬓，肌肤不复实。
虽有五男儿，总不好纸笔。
阿舒已二八，懒惰故无匹。
阿宣行志学，而不爱文术。
雍端年十三，不识六与七。
通子垂九龄，但觅梨与栗。
天运苟如此，且进杯中物。

——陶渊明《责子》

他一开篇说“阿舒已二八”，大儿子已经十六岁了，不长进；“阿宣行志学，而不好文术”，二儿子阿宣也已经十五岁了，但是也不上进；小儿子一天只知道玩、找好吃的。所以陶渊明最后说“天运苟如此，且进杯中物”，杯中物就是酒，喝酒是一种自我排遣。这些话其实也体现了他一种幽默的心态：一切有所求，而不强求。

（武汉大学教授 钟书林）

事实上，陶渊明并没有放弃对孩子们的教导，在自己年过五十、感觉身体状况越来越差时，他给五个儿子写下一封书信。信中他回顾了自己的一生，并语重心长地告诫儿子们，要互相友爱，怀着高尚的人生理想生活下去。最后，陶渊明这样写道——《诗》曰：“高山仰止，景行行止。”虽不能尔，至心尚之。

公元 420 年，手握重权的刘裕，终于废掉了东晋的最后一位皇帝，建立宋朝，史称刘宋。至此，两晋时代结束，中国历史打开了南北朝的大门。

消息传到了南村，五十六岁的陶渊明在茅舍里，不知道度过了多少不眠之夜。终于，他提笔写下了一首《桃花源诗》，并为这首诗作下长长的序言：

晋太元中，武陵人捕鱼为业。缘溪行，忘路之远近。忽逢桃花林，夹岸数百步，中无杂树，芳草鲜美，落英缤纷……

…………

……土地平旷，屋舍俨然，有良田、美池、桑竹之属。阡陌交通，鸡犬相闻。其中往来种作，男女衣着，悉如外人。黄发垂髫，并怡然自乐。

一位渔人，偶然间发现了与世隔绝的桃花源。那里没有战争、没有篡位、没有门第，民风淳朴，闲适富足。

既出，得其船，便扶向路，处处志之。及郡下，诣太守，说如此。太守即遣人随其往，寻向所志，遂迷，不复得路。

可是，当渔人离开，再次想要找到这个地方的时候，却怎么也找不到了。

南阳刘子骥，高尚士也，闻之，欣然规往。未果，寻病终。后遂无问津者。

他不禁怀疑，自己是真的到过桃花源，还是做了一场遥不可及的美梦？

陶渊明深情地描绘着桃花源，但他穷尽一生，也没能真正找到那个安乐祥和的净土，只能以纸笔在残酷的现实里为世人编织出一个美丽的乌托邦。

> 归隐以后的陶渊明，仍然对国家、对民族、对百姓保持着和过去一样的关注，他的《咏荆轲》表达了对刘裕篡位的不满。用鲁迅先生的话来讲，也还有“金刚怒目”的一面，也还有“猛志固常在”的一面。除了自我的小的生活之外，仍然还有对国家的情怀。所以鲁迅先生在谈到我们今人怎么去看陶渊明的时候，主张把这二者结合起来看，这二者的结合，才是一个完整的陶渊明。
>
> （武汉大学教授 钟书林）

公元 427 年，江西九江，南山脚下。陶渊明六十三岁，准备告别人世。他亲手为自己写下一篇祭文：

自余为人，逢运之贫。箪瓢屡罄，絺绤冬陈。含欢谷汲，行歌负薪，翳翳柴门，事我宵晨。春秋代谢，有务中园，载耘载耔，乃育乃繁。欣以素牍，和以七弦。冬曝其日，夏濯其泉。勤靡余劳，心有常闲。乐天委分，以至百年。

——陶渊明《自祭文》节选

从我降生人间开始，就有着贫困的命运，可我仍怀着欢快的心情去生活。从春到秋，田园中总是有活可干，无论是捧起书本，还是弹琴歌唱，我都觉得快乐。冬天晒晒太阳，夏天沐浴于清泉。辛勤劳作，不遗余力，听任命运的支配，就这样，度过我的一生。

高大的松树下，一人微胖，长髯，葛巾，宽袍，衣带飘然。他左手持杖、右手把菊、风气高逸的神态，在人们心中静静保持了千年。

但真正的陶渊明，似乎从来不是画里这位飘然超绝的隐士。

他在乱世里壮怀激烈，为夫为父，从未脱离自己的家庭。他奔走官场，他躬耕陇亩，想方设法让家人维持生活。他爱诗，爱酒，爱佳人，还盼望着几个儿子能有出息。

他用一生的行动，告诉我们该如何找到通往宁静生活的道路。就像是一棵树，春天发芽，夏天开花，秋天结果，冬天积攒力量，正是这种永恒淳真的天性，守护着中国人心中最独特的一方净土。

须信此翁未死。到如今凛然生气。
——辛弃疾《水龙吟·老来曾识渊明》节选

时光流逝，如江河入海一去无回；人生苦短，在朝暮间青丝便成白雪。李白是快乐的，也是愁苦的，美酒激荡出他心中汹涌的长啸，让他能够忘却万古的忧思。

第三章　李白

笑，醉，狂

第一节　侠客行

作家刘慈欣在他的科幻小说《诗云》中，讲述了一则这样的故事：

一个宇宙超级生命来到地球，展示了近乎于神的技术，创造出了包含全部可能诗词的星云。但当有人问它，你能作出超越李白的诗句吗？这个生命消耗了无数能量，将所有汉字的每一种排列组合都罗列出来，说道："这里面一定存在超越李白的诗句，可是我无法检索出来。"

他的近千首诗，从盛唐时起就代代相传。在诗歌的世界里，他就像一阵狂风，飘然而来，又忽然而去。他是伟大的诗人，但人们更愿意称呼他为"诗仙"。

海客谈瀛洲，烟涛微茫信难求。
越人语天姥，云霞明灭或可睹。
——李白《梦游天姥吟留别》节选

伊昔升绝顶，下窥天目松。
仙人炼玉处，羽化留馀踪。
——李白《送温处士归黄山白鹅峰旧居》节选

所期就金液，飞步登云车。
愿随夫子天坛上，闲与仙人扫落花。
——李白《寄王屋山人孟大融》节选

遥见仙人彩云里，手把芙蓉朝玉京。
先期汗漫九垓上，愿接卢敖游太清。
——李白《庐山谣寄卢侍御虚舟》节选

仙人居于何处？在李白的心中，他们似乎都住在云雾缭绕的群山里，

而不是烟涛微茫的大海上。不知道这样的信仰，是否和他在群山环抱的四川盆地里度过了自己大部分的童年时光有关。

天上白玉京，十二楼五城。
仙人抚我顶，结发受长生。
——李白《经乱离后天恩流夜郎忆旧游书怀赠江夏韦太守良宰》节选

不过，经许多现代学者考证，这位伟大诗人出生的地方远在中亚碎叶城，也就是今天的吉尔吉斯斯坦境内。当时，那里还是大唐安西都护府的管辖区域。

关于这一点，谭其骧先生、郭沫若先生都有过考证，认为李白家可能早先因为先祖犯罪，被流放到了中亚一带。大概在李白少年或者年轻的时候，他们到了四川江油，然后在那儿定居了下来。

（陕西师范大学教授 于赓哲）

公元 701 年，当地李氏家族的一名妇人，在即将分娩的时候梦见天上的太白金星落入怀中，等到婴儿降生，父亲便以此为他取名为白，字太白。

惊姜之夕，长庚入梦，故生而名白，以太白字之。
——李阳冰《草堂集序》节选

以为士生则桑弧蓬矢，射乎四方，故知大丈夫必有四方之志。

——李白《上安州裴长史书》节选

李白出生在西域，但他的降生故事不仅与大唐皇室认定的先祖——老子李耳诞生时的神迹极为相似，他甚至还在诗文里断定自己的祖籍为陇西成纪（今甘肃天水），是汉代飞将军李广的后裔，自称西凉时期武昭王李暠的九世孙。

不知出于何种原因，即便唐高祖李渊也是李暠的六世孙，终其一生，诗人与大唐的皇族之间始终没有建立起合法的宗亲关系。他的族中似乎无人做官，甚至连父亲李客的名字，也是在李白死后，第一次出现在他的墓志碑文上。

那位化名为“客”的父亲，不辞万里带着全家从西域返回中原，并没有定居在繁华的成都或者文教更为发达的州县，而是选择了相对闭塞的绵州昌隆（今四川江油）青莲乡，其中的原因实在令人费解。

应该是为了隐姓埋名。第一个说法是，李白的父亲作客江油，因此取名李客。第二个说法是，他们可能连李都不姓，而是当时从西域迁来的一些胡人。那时是李唐的天下，他的父亲指着李树说：我们就姓李吧。

（四川江油市李白纪念馆 左彩龙）

他们应该是个商人家族，大概也正因为这个缘故，李白一生中写的关于自己先世的文章，留下来的并不多。在那个时代，商人出身并不是一个多么光荣的出身，与此相比，他的好朋友杜甫就很喜欢写自己的先世如何如何，原因很简单，因为人家连续十三代都是官宦家庭。从这点上来看，李白对自己身世的讳莫如深，也从侧面折射出那个时代重农轻商的思维模式。

（陕西师范大学教授 于赓哲）

多少年来，人们试图搞清这位伟大诗人的身世，最终却陷入更加激烈的争论之中。但有一点毋庸置疑，李白是在中华文明的熏陶中长大的。

雨打灯难灭，风吹色更明。

若飞天上去，定作月边星。

——李白《咏萤火》

“五岁诵六甲，十岁观百家。”大约十五岁时，李白就能效仿司马相如，运用丰富的典故，写出洋洋洒洒的大赋。

司马相如是四川成都人，他出身寒微，不仅凭借才华娶到了大名鼎鼎的才女卓文君，更是汉武帝御座前的风光人物。

年少的李白也渴盼着，有一天自己能够像司马先生一样，成为浪漫故事的主角和皇帝的座上宾。

李白在描绘自己时，就这样说道：

虽长不满七尺，而心雄万夫。

——李白《与韩荆州书》节选

他的身高，大概比古书上形容的英雄人物要矮上一截；但他豪气旺盛，崇尚的是战国时朱亥、侯嬴一样的侠客精神。武艺高强，行侠仗义，慷慨豪迈，不惜一死。

赵客缦胡缨，吴钩霜雪明。银鞍照白马，飒沓如流星。
十步杀一人，千里不留行。事了拂衣去，深藏身与名。
闲过信陵饮，脱剑膝前横。将炙啖朱亥，持觞劝侯嬴。
三杯吐然诺，五岳倒为轻。眼花耳热后，意气素霓生。
救赵挥金槌，邯郸先震惊。千秋二壮士，烜赫大梁城。
纵死侠骨香，不惭世上英。谁能书阁下，白首太玄经。

——李白《侠客行》

我们经常看到这样的说法：李白是一个侠客、剑客。因为他写过“十步杀一人，千里不留行”，很多人就推断李白少年的时候杀过人。甚至还有人问：他既然杀了人，官府为什么不治他的罪？其实李白极有可能没有真的杀过人，他那句“十步杀一人”明显出自《庄子》的“十步一人”。李白虽然学过剑，又号称自己是个侠客，实际上他的武艺恐怕一般般。他曾经在长安城遭到流氓的围攻，是朋友赶来才救了他一命。关于他的长相，魏颢写的《李翰林集序》也好，崔宗之写给他的诗也好，都反复提到过李白的一个面貌特征，就是双眼炯炯有神，“眸子炯然，哆如饿虎”。李白的口才是相当好的，以至于他的那些亲属都夸赞他说，你这五脏都是锦绣文章。

（陕西师范大学教授 于赓哲）

世人常常以为，李白的才华是从天而降的。

春风，明月，江山，三杯美酒下肚，他便能绣口一吐，气象万千。但当一首首好诗一气呵成时，我们应该记得的，还有他那段埋头苦读的光阴。

在四川省的江油市有一座匡山，山上的大明寺，据说就是李白曾经读书习剑的地方。匡山绝顶，因为高出周围诸峰之上，所以又名戴天山。李白听说山上有一处道观，观中有神仙居住，便多次攀上绝顶，想要寻访山野仙踪。

此时，与李白同岁、出身名门的天才少年王维已经高中进士，成为长安城里最耀眼的明星。身在蜀中的李白，虽然没有在访道求仙的路上一去不返，但他的家庭显然缺乏向上的门路。他二十多岁了，没有急于成家，而是用诗句作别匡山，开始了游历巴蜀、拜谒名流的旅程。

秋天，他置身于峨眉山间。已经是入夜时分，半轮明月高悬，流动的江水映照出皎洁的倒影，伴送着诗人东行的小船。

峨眉山月半轮秋，影入平羌江水流。
夜发清溪向三峡，思君不见下渝州。

——李白《峨眉山月歌》

此后，虽然处处有江水，时时有明月，却似乎终不如峨眉山月那样令他难忘了。

公元 724 年的春天，二十四岁的李白决定“仗剑去国，辞亲远游”，他从富饶的天府之国出发，沿着长江一路向东，开始了人生第一次万里之行。

有人说，李白一生写诗近万首，如今留存下来的，大概只有不足十分之一。仅根据现存诗文的记载，他就已经踏足过 206 个州县，攀登过 80 多座大山，游览过 60 多条江河川溪和 20 多个湖潭。全国现有的 34 个省级行政区，千年前的李白凭借舟车和双腿，深度游走了一大半。在湖北江陵（今湖北荆州），他有幸遇到了在此修行的大师司马承祯。

在中国道教史上，司马承祯算得上一个重要的人物，而且很受皇室器重，他曾经被唐玄宗皇帝接到皇宫中。李白之所以去跟他结交，与他本人的宗教信仰密切相关。李白出生的时候，身上就带有道教色彩，再加上他生长的环境是四川盆地，那里信仰道教的氛围相当浓厚。受此影响，李白的一生与道教有莫大的关系。也正出于这个缘故，他经常结交一些道教人士。

（陕西师范大学教授 于赓哲）

此时的司马承祯德高望重，门人弟子众多。李白与他对坐畅谈，却毫不胆怯。这位老者忍不住夸赞他道：有仙风道骨，可与神游八极之表。李白也为这次相遇写了篇长赋，他将自己比作《庄子·逍遥游》中的神鸟大鹏，两人一起展翅高飞，神游八极。

大鹏一日同风起，扶摇直上九万里。
假令风歇时下来，犹能簸却沧溟水。
世人见我恒殊调，闻余大言皆冷笑。
宣父犹能畏后生，丈夫未可轻年少。

——李白《上李邕》

他眼里的长江是黄云万里动风色，白波九道流雪山；他口中的瀑布是飞流直下三千尺，疑是银河落九天。

开元盛世，当时的大城市里，流行的时尚是写诗、醉酒、游侠、求仙。性格豪爽、紧跟潮流的李白，很快便在江南的名城金陵拜访到了许多地方官吏和社会名流。

第二年春天，当他准备启程前往扬州时，送行的朋友竟坐满了江头的酒肆。之后，李白在繁华的扬州停留了一年时间。按照他自己的说法，这一年里，他就像真正的侠客那样，散金三十万。

李白的钱从哪来的呢？只能是他家里给他的。当时他说花了三十万，应当是三十万枚开元通宝。那时正好是开元年间，物价很便宜，物质极大丰富，在长安城中，十五钱可以买一斗米。在东都洛阳，五个开元通宝可以买一斗面。所以你想，花三十万那得办多少事，我怀疑这是有所夸张的。

（陕西师范大学教授 王双怀）

钱财散去，李白居住的客店也从豪华换到普通。这时，一场大病更是把他困在逆旅之中，那些酒肉朋友大概也已经不常来往。时值隆冬，诗人漂泊在外，对于世间的人情冷暖，一定百感交集吧？

床前明月光，疑是地上霜。
举头望明月，低头思故乡。

——李白《静夜思》

那时，故乡的月亮和现在一样清亮，只不过少些孤独罢了。

李白二十六岁，出蜀远游已经两年光景，思乡情切，却依旧没有归家。事实上，他此后的生命里，再也没有回过那个远在四川绵州的青莲乡。在一位被李白称为“孟少府”的朋友的帮助下，诗人的病情才渐渐好转，随后启程前往安州。

大唐安州的治所就在今天的湖北安陆，在那里，李白结束了自己的单身生活。

他交了桃花运，认识了故相许圉师的孙女。故相就是过去唐高宗武则天时期的一个宰相，虽然这个宰相已经去世了，但是他的家族势力仍很大。

（陕西师范大学教授 王双怀）

从李白以后的一些行踪来看，他基本等于是入赘的，李白为什么甘心于此，大概与许家的背景有关。李白有一个短板导致他不能走科举这条路去当官，就是李白的父亲极有可能是一个商人。而《唐六典》《旧唐书》里都有明确的规定，商人子弟不得预于士，就是不能当官，也无法参加正常的科举。因此对于李白来说，当官只能另辟蹊径，科举这条路是走不通的，只有走另外一条路，就是靠别人的举荐。在这种情况下，找一个有官宦背景的妻子，对他来说可能是一条捷径。

（陕西师范大学教授 于赓哲）

婚姻，并没有结束李白四处游历的生活。婚后第二年，当二十七岁的他得知四十岁的大诗人孟浩然在京城进士落榜后要东游江浙，便托人带信，约他在江夏（今湖北武昌）的黄鹤楼相见。

吾爱孟夫子，风流天下闻。
红颜弃轩冕，白首卧松云。
醉月频中圣，迷花不事君。
高山安可仰，徒此揖清芬。

——李白《赠孟浩然》

李白仰慕孟浩然的隐士之风，他的感情强烈而真挚。两人离别在三月，那是春意最浓的时节。李白把孟浩然送上前往扬州的客船，不知过了多久，他仍在那里极目远眺，忽然间才意识到，朋友的一叶扁舟早已消失在江天交汇的地方。

故人西辞黄鹤楼，烟花三月下扬州。
孤帆远影碧空尽，唯见长江天际流。

——李白《黄鹤楼送孟浩然之广陵》

扬州城吞掉了李白的三十万金，但这位才华出众的西蜀侠客并没有记恨，还用自己最真实的情意，赋予了这座城市一首千古佳作。

钱财无所谓，他立志要做的是匡扶社稷的大事。不过在此之前，他必须要找到一位愿意将他向上举荐的贵人。

在安陆，李白信心满满地给地方官吏递上了一封封真情洋溢的自荐信。我看其他人的文章，好像没有烟霞的山峰，没有草树的春景，而我李白的文章，清雄奔放，佳句不断，让人百读不厌。

因谓长史李京之曰："诸人之文，犹山无烟霞，春无草树。李白之文，清雄奔放，名章俊语，络绎间起，光明洞澈，句句动人。"

……

愿君侯惠以大遇，洞天心颜，终乎前恩，再辱英眄。白必能使精诚动天，长虹贯日，直度易水，不以为寒。若赫然作威，加以大怒，不许门下，逐之长途，白既膝行于前，再拜而去，西入秦海，一观国风，永辞君侯，黄鹄举矣。何王公大人之门，不可以弹长剑乎？

——李白《上安州裴长史书》节选

希望您能给我宽厚的待遇，我定会以长虹贯日的精诚之心做您的麾下，即便让我像荆轲一样去刺杀秦王，也在所不惜；但您如果在我面前耀武扬威，不肯接纳在下，那我就给您作揖拜别，去长安自谋前程。试问哪一个王公大人门前，不能让我李某人弹剑高歌呢？

在唐朝，干谒是入仕的一个途径。所谓干谒，就是通过拜访一些有权有势的人，给他们递上自己的大作，希望得到他们的赏识，通过他们把自己推荐到朝廷去做官。这篇上书可以看作李白的求职信，他极尽语言之能事表现自己的才能，也表现了自己的狂傲。

（河南大学教授　程遂营）

李白有经邦济世的理想，他很想当官。要我说，这点无可厚非，我们不能用“有官瘾”来贬低李白。那个时代，知识分子的人生出口是相当狭窄的。不当官做什么呢？不当官，你的抱负到哪里去展现呢？因此，李白也好，杜甫也好，我们可以看到唐朝这批大诗人几乎都有官瘾。因为当官在他们看来是最正当的人生理想。

（陕西师范大学教授　于赓哲）

李白奋笔疾书，他有着超乎寻常的自信，但是干谒的效果并不理想。他四处碰壁，还因为醉后骑马在大街上惊了李长史的驾，冒犯官威，差点入狱。夫人许氏在家里担惊受怕，也许是她催促李白写下了一封悔过书。

白，嵚崎历落可笑人也。虽然，颇尝览千载，观百家，至于圣贤，相似厥众。……白少颇周慎，忝闻义方，入暗室而无欺，属昏行而不变。今小人履疑误形似之迹，君侯流恺悌矜恤之恩。……白孤剑谁托，悲歌自怜，迫于凄惶，席不暇暖。……伏惟君侯明夺秋月，和均韶风，扫尘辞场，振发文雅。……如能伏剑结缨，谢君侯之德。……辞旨狂野，贵露下情，轻干视听，幸乞详览。

——李白《上安州李长史书》节选

只是，这件事在安陆的名利场中几乎成了笑话。甚至有人将书信拿到宴席上朗读，佐酒取乐。在别人的眼中，李白大概形同狂妄的疯子，但他不在乎，他想要得到的，是一次能够一鸣惊人、一飞冲天的机遇。

尽管他也曾在诗里以羡慕的口吻送别他应举考试的朋友们：擅长政务也好，擅长外交也好，都能在朝廷的制举里取得好的前程。但他自己，却似乎始终走不了那条狭窄却笔直的道路。

李白曾经把自己的仕途寄托在不少人的身上。在《与韩荆州书》里甚至把韩荆州比喻为周公，“生不用封万户侯，但愿一识韩荆州”，把他抬高到这样的地步。这些人后来没有在李白的仕途上起到实质性的作用，是有多方面原因的。一方面，这些人都曾经在朝廷风光过，如苏颋、韩荆州、裴宽，后来因为各种原因被贬到了地方，这样才使李白有机会跟他们见面，这部分人的话语权不像以前那么重要了；另一方面，可能也跟李白的狂傲个性有一定的关联。因为在古代，推荐人是要负连带责任的，举荐人本身和被举荐人之间的志同道合、同气相投非常重要。李白身上的那种桀骜不驯、狂傲的个性也许影响了这部分人，使他们不会竭力向朝廷推荐李白。

（河南大学教授 程遂营）

官场的许多事，李白大概都想不通，他决定暂时带着全家隐居到安陆的白兆山，等待时机。

春天，漫山遍野的桃花盛开，山中云遮雾绕。一位上山采药的农夫看到在林间漫步的李白，忍不住好奇发问。这位隐士却神秘一笑，拂袖而去。

问余何意栖碧山，笑而不答心自闲。
桃花流水窅然去，别有天地非人间。

——李白《山中问答》

李白的内心，真的像他的诗句那样闲适吗？他已经快三十岁了，距离自己的人生理想还很遥远。

这一年，他终于下定决心，要隐居到繁华的长安去。

第二节　长安道

一千多年前，这里曾是世界上最繁华的大都市——长安城的所在。

长安西南六十公里处有座终南山，虽然只是秦岭诸峰之一，海拔并不出众，但声名显赫。这里是汉代以来供奉老子的道教圣地，它毗邻都城，大唐皇帝频频驾临，王公大臣和社会名流更对这里趋之若鹜。当时，有个名叫卢藏用的读书人考中进士，先跑去隐居在终南山里，这样的行为让他声名鹊起，终于入朝为官。

隐士不到终南山，隐上千年无人管。那时的终南山上很热闹，诗人、道士、侠客、才子纷纷隐入其中，好像人人都身怀绝技，明天就能飞黄腾达。

公元 730 年的春夏之交，李白第一次来到长安，也在终南山上做起了志在为官的隐士。但此时的李白还不够有名气，他想见到皇帝，或者见到皇帝那位热爱文学和修道的妹妹玉真公主，却苦于没有门路。他从夏天一直待到初秋，经过多方求访，终于有一位姓张的官员愿意帮忙引荐，并安排他住进了终南山里的玉真公主别馆。

玉真公主不是一位简单的公主，她这个人很喜欢文化，很喜欢结交文人。由于她是皇帝的亲妹妹，哪个文人受到了玉真公主的器重和表彰，对这个文人未来的仕途来说是一个利好消息。所以，玉真公主不止一次地在皇帝面前举荐文人。对于李白来说，他第一次入长安的目标就是玉真公主，他希望能够受到玉真公主的赏识，然后由玉真公主把他推荐给皇帝。

（陕西师范大学教授　于赓哲）

这一年的秋天，连绵的阴雨笼罩终南山。不过，这枯藤老树和风雨凄苦在满怀希望的诗人眼中，竟也呈现出美妙的诗意。李白在终南山的延生观写下一首题为《玉真仙人词》的五言诗，来赞颂那位从未谋面的公主：

玉真之仙人，时往太华峰。
清晨鸣天鼓，飙欻腾双龙。
弄电不辍手，行云本无踪。
几时入少室，王母应相逢。

——李白《玉真仙人词》

李白徘徊于荒园，在满怀期待中度过了四十多天。他并不知道，此时的玉真公主正身在华山，终南山的这处别馆，已经有数年芳踪未至。那位张姓官员捎信让李白继续等下去，李白也写诗作为回信，单单从题目来看，就知道他等得确实异常辛苦。

秋坐金张馆，繁阴昼不开。
空烟迷雨色，萧飒望中来。
翳翳昏垫苦，沉沉忧恨催。
清秋何以慰，白酒盈吾杯。
吟咏思管乐，此人已成灰。
独酌聊自勉，谁贵经纶才。
弹剑谢公子，无鱼良可哀。

——李白《玉真公主别馆苦雨赠卫尉张卿二首》（其一）

他当时在玉真公主别馆一住就是好多天，没有人立刻把他举荐给皇帝，还遭遇连阴雨。由于这个别馆在山区里边，遭遇连阴雨之后没有人给李白送吃的，以至于有一阵子连吃饭都堪忧了。为什么李白这一次没有受到器重呢？我们要体谅一下玉真公主，她不大可能故意慢待李白，而是当时天下读书人求见玉真公主的、想受到举荐的，恐怕如过江之鲫一般。我们只能说，那个时候，李白的名气还没有大到足以让玉真公主另眼相待的地步。

（陕西师范大学教授 于赓哲）

李白的等待始终没有结果。他在长安客居几年，再三意图找人举荐，总是以碰壁告终。诗人只能在潇洒的字句里，混迹于古往今来一切时运不济的英雄和才子间，黯然、狼狈、愤愤不平。

清风朗月不用一钱买，玉山自倒非人推。
舒州杓，力士铛，李白与尔同死生。

——李白《襄阳歌》节选

从二十七岁到三十七岁，他隐居、干谒，没有一件事做出成就感，他立志隐给别人看，最终却又只能返回安陆。其间，他写诗自嘲道：

三百六十日，日日醉如泥。
虽为李白妇，何异太常妻。

——李白《赠内》

太常妻指的是什么？汉代时，太常是一个官职，主管祭祀。一位太常天天斋戒，非常敬业，据说他的夫人来了，他觉得她冲撞了神灵，就把他的夫人关到监狱去了。这句“何异太常妻”的意思就是，我照顾不了我的妻子，经常和她分居，不能在一起。她虽然名义上是我的妻子，却和那位太常妻差不多，也是一个人过着寂寞的生活。

（陕西师范大学教授 王双怀）

李白给许氏写的诗里提到了许氏反复向他问安，问他什么时候回来。从这点来看，他们夫妻两人的感情是正常的。那个时代的价值观就是这样，男儿要志在四方。男人出去打拼、出去求官，在那个时代的妇女看来是有抱负、有作为、有想法的。再加上许氏本来就是官宦之后，在这个背景之下，她也不会有太多的怨言。

（陕西师范大学教授 于赓哲）

对于受到冷落的妻子许氏，日日醉酒的李白大概也怀有许多歉意，才会信手写下这首《赠内》来调侃自己。而对自己人生的黄金时代，李白也有了这样的总结：酒隐安陆，蹉跎十年。

今天的山东济宁，在唐代被称作任城。在市区古运河的北岸，有一座太白楼。据说，公元736年，李白曾搬到这里，就居住在太白楼附近。

兰陵美酒郁金香，玉碗盛来琥珀光。
但使主人能醉客，不知何处是他乡。

——李白《客中行》

山东男子历来喜好饮酒，却也将这位四川来的客人推为“酒仙”。他毫不掩饰自己的醉汉形象，在东楼喝醉了，走的时候头巾倒系，踉跄着下了楼，连谁扶他上的马，都能忘得一干二净。

李白为什么到山东去呢？他后来写诗说，他是去山东学剑。这里的山东，不能简单理解成现在的山东省，这里的山指的是崤山。他越走越远，生活越来越困难，经济来源也越来越跟不上了。最终，他把家安在了山东的任城。当然，他把家安顿在这个地方以后，自己又到别的地方去转了。

（陕西师范大学教授 王双怀）

在东鲁泰安府（今山东泰安），李白和五个文人墨客交上了朋友，他们模仿魏晋时代的竹林七贤，合称为“竹溪六逸”。茂竹森森，溪流映带，李白寄情于山水林泉，那是一种理想而浪漫的生存方式。

李白本来就是想在朝廷做官的，他的游历也是在等待机会，但是机会一直不来。他过去有一儿一女，儿子叫作李伯禽，因为山东分封的是周公的儿子伯禽。他还有一个女儿，他给女儿起了一个名字叫平阳。但是他长期在外不在家，是他的夫人许氏一直在操劳家务，一个女人家养两个孩子很不容易，最后他的夫人病逝了。李白在扬州又找了一个南方的姑娘，据说这个姑娘非常悍妒。大概这个姑娘把钱攥得比较紧，不让他大吃大喝，李白就写诗骂她，最后索性离婚了，这是他的第二段婚姻。后来李白回到山东，两个孩子没人管，他就委托一位当地女子来给他照顾孩子。后来他们两个人就住在一块儿了，又生了一个男孩，这个男孩叫作颇黎。

（陕西师范大学教授 王双怀）

白始娶于许，又合于刘，刘诀。次合于鲁一妇人，生子曰颇黎。终娶于宋。

——魏颢《李翰林集序》

跟李白有婚姻以及事实婚姻关系的起码有四个人。李白作风是否有问题，取决于第一任夫人许氏去世的时间。许氏是在李白娶刘氏之前去世的，还是之后呢？如果是之前，那没什么说的，李白这阵已经是鳏夫了；如果是之后，那李白当得上一个“渣男”的称谓。我们现在没办法作判断，李白甚至没有留下关于许氏的悼亡诗。不过这个可以理解，李白一生写了那么多的诗，我们现在能够看到的只是其中一小部分。他也许写过悼亡诗，而且我认为他不可能不写，只是我们现在看不到了而已。

（陕西师范大学教授 于赓哲）

李白生活的常态，飘零在婚姻和家庭之外。他向往王侯，又不想妥协于权贵；他想要自由，又想建立伟大的功业。这样一位热血男儿，似乎永远无法停下四方奔走的脚步。

做官没能成功，不经商也不耕田，即便是在现代，像李白这样满世界乱窜的人应该也是极少数。后人推测，几段婚姻很可能是他离开家乡后的财源之一。我们很难想象，就是这样一个男子，写出了那些千百年来中国人最为向往的爱情诗篇。

燕草如碧丝，秦桑低绿枝。
当君怀归日，是妾断肠时。
春风不相识，何事入罗帏。

——李白《春思》

美人卷珠帘，深坐颦蛾眉。
但见泪痕湿，不知心恨谁。

——李白《怨情》

若耶溪旁采莲女，笑隔荷花共人语。

日照新妆水底明，风飘香袂空中举。
岸上谁家游冶郎，三三五五映垂杨。
紫骝嘶入落花去，见此踟蹰空断肠。

——李白《采莲曲》

妾发初覆额，折花门前剧。
郎骑竹马来，绕床弄青梅。
同居长干里，两小无嫌猜，
十四为君妇，羞颜未尝开。

——李白《长干行·其一》节选

青梅竹马，两小无猜。诗人狂放不羁的诗句之外，竟也藏着这样的细腻之笔。如果不是内心中藏有无限的柔情，简单的笔墨，怎能将青涩的情愫表达得如此生动？

李白在外游历，名声渐渐凸显。不过，按照他的行程安排和当时的交通状况，归家的日子应该寥寥可数。其间，他也不忘托人照顾家庭，等孩子稍大，他又以一个慈父的口吻写信寄回家里：

吴地桑叶绿，吴蚕已三眠。
我家寄东鲁，谁种龟阴田？
春事已不及，江行复茫然。
南风吹归心，飞堕酒楼前。
楼东一株桃，枝叶拂青烟。
此树我所种，别来向三年。
桃今与楼齐，我行尚未旋。
娇女字平阳，折花倚桃边。
折花不见我，泪下如流泉。
小儿名伯禽，与姊亦齐肩。
双行桃树下，抚背复谁怜？
念此失次第，肝肠日忧煎。
裂素写远意，因之汶阳川。

——李白《寄东鲁二稚子》

走的时候，家里种了一棵桃树，如今三年过去了，该是枝繁叶茂，与楼齐高了吧？我还在外漂泊，女儿平阳应该和桃树差不多高了，可以靠在桃树边上摘桃花，弟弟伯禽，个子应该也快赶上姐姐了。一双儿女站在树下，却没有亲生父母的照顾，想到这里，我就心乱如麻。

这是一首诗，也是一封家书。没有李白式的狂放不羁，没有奇特的想象，没有惊人的夸张，只是一个平凡的老父亲，在思念着远方的儿女。

也许，李白的心境与才思真的就像宇宙中无数的谜题一样，无论后人如何揣测和琢磨，伟大的天才都无法被完全参透。但这并不妨碍我们喜爱他的诗句。他是语言创造大师，古往今来，无数人倾慕他的才华，赞叹他的风采。只是，李白已经四十多岁了，仕途还无从谈起。

公元 742 年，是唐朝改元为天宝的第一年。为了迎接盛唐的新气象，正月未过，玄宗皇帝就颁布了这样一道广求贤才的诏书。

前资官及白身人，有儒学博通、文辞秀逸及军谋武艺者，所在具以名荐。

——《旧唐书·玄宗本纪》

无论是平民百姓，还是国家公职人员，只要有一技之长，当地都可以向上实名推荐。李白二十多岁就离家远游，一直在寻找出仕之路，对于他来说，这无疑是一次难得的机遇。

若干年后，五十多岁的李白，诗名已传遍天下。一个名叫魏万（魏颢）的年轻人，在各地寻访他的踪迹，花了两年时间，终于在扬州追上了这位偶像的步伐。李白很感动，写诗送给他：东浮汴河水，访我三千里。

两人泛舟游秦淮，形同忘年之交。临别时，李白把诗稿都交给了魏万（魏颢）。后来，这个年轻人不仅中了进士，还编成了一本《李翰林集》。虽然这本最早的李白诗集并没有流传后世，只有序言被保存了下来，但在序言里，我们仍可以找到李白当年被举荐的蛛丝马迹。

这些记载透露出，让李白进入长安的关键人物，可能正是他的好朋友元丹丘。

“白亦因之入翰林，名动京师。”元丹丘是一个道士，当年李白在川中（四川一带）漫游的时候，就跟这个元丹丘相识。因为

唐朝的朝廷姓李，他们的老祖宗是李耳，所以从唐太宗开始，由老子创立的道教就成为唐朝时期地位最高的宗教。后来在唐朝的宫廷里面，特别是玄宗时期，有很多道教的高士。从这个角度来讲，元丹丘本身可能跟皇室之间就有密切的关联。在不能确定到底是什么原因使李白进入宫廷的情况下，这样一条史料是非常珍贵的线索，它说明元丹丘在李白进入朝廷的过程中起了非常重要的作用。

（河南大学教授 程遂营）

这一年，李白与友人岑勋应邀到元丹丘位于嵩山的颍阳山居做客。那天，李白微醉，为了劝元丹丘与岑勋多喝些酒，他乘兴吟咏。

君不见黄河之水天上来，奔流到海不复回。
君不见高堂明镜悲白发，朝如青丝暮成雪。
人生得意须尽欢，莫使金樽空对月。
天生我材必有用，千金散尽还复来。
烹羊宰牛且为乐，会须一饮三百杯。

——李白《将进酒》节选

谁也不会想到，从他脱口而出的那一刻起，这场山间小聚便注定被铭记入历史，继而被后人长久地向往着。

时光流逝，如江河入海一去无回；人生苦短，在朝暮间青丝便成白雪。李白是快乐的，也是愁苦的，美酒激荡出他心中汹涌的长啸，让他能够忘却万古的忧思。

唐玄宗天宝元年前后，醉心修道的玉真公主奔赴谯郡真源宫参加道教活动，道士元丹丘正好负责修建记录公主言行的石碑。也许正是在这时，公主才通过他的引荐，读到了那篇文采斐然的《玉真仙人词》。

此时的李白正游历于江南水乡。他并不知道，长安城的大明宫里，皇帝和大臣们已经开始传阅他的诗篇。

公元 742 年的秋天，玄宗下令召李白入长安。据说，诏令连下了三次。

当所有的不平都随风消散，李白也即刻忘掉远方的高山大海，奔往南陵（今山东曲阜一带），那里暂住着他的家人。

西去长安，万里之遥，李白的家中，却看不到依依惜别的场景。他终于在家人面前扬眉吐气，得意扬扬的情绪丝毫不加遮掩。

白酒新熟山中归，黄鸡啄黍秋正肥。
呼童烹鸡酌白酒，儿女嬉笑牵人衣。
高歌取醉欲自慰，起舞落日争光辉。
游说万乘苦不早，著鞭跨马涉远道。
会稽愚妇轻买臣，余亦辞家西入秦。
仰天大笑出门去，我辈岂是蓬蒿人。

——李白《南陵别儿童入京》

在四十二岁的李白心中，世上再没有比长安城更伟大的城市了。这一次，他能否在那里实现自己一鸣惊人、治理天下的梦想呢？

第三节　谪仙人

公元742年的秋天，年过四十的李白只身奔赴长安。此时的他有了大唐皇帝的青睐和诏令，已然名动京城。朝廷三品大员贺知章，也惊叹于李白的才华。

两人都是狂放豪迈的诗人和酒徒，虽然相差四十二岁，却一见如故，把酒言欢时竟花光了酒钱。贺知章二话不说，便要解下腰间皇帝御赐的金龟，当作置换美酒的抵押。

这位自称“四明狂客”的老人，如此洒脱的派头，被世人传为金龟换酒的美谈。而贺知章对于李白的风采，也有了一个极高的评价：子，谪仙人也！

噫吁嚱，危乎高哉！蜀道之难，难于上青天！蚕丛及鱼凫，开国何茫然！尔来四万八千岁，不与秦塞通人烟。西当太白有鸟道，可以横绝峨眉巅。地崩山摧壮士死，然后天梯石栈相钩连。

——李白《蜀道难》节选

时间由太古到眼前，盘山百折，孤鸟飞绝。恍恍惚惚、荒芜离奇中，一种神奇的力量带领着我们，自由穿梭在蜀道的地面与高空、过去与现在，驻足在每一个雄奇险峻的角落。

一首《蜀道难》受到了历代文人墨客的追捧，这也是贺知章最为推崇的佳作。他认为，只有从天上被贬谪到世间的仙人，才能具有这样鬼斧神工的眼界与手笔。

李白就是一位伟大的浪漫主义诗人，我们用浪漫来形容他的豪放。形容人的愁绪，他说“白发三千丈，缘愁似个长”。形容楼很高，他说“危楼高百尺，手可摘星辰”。写庐山瀑布，他说“飞流直下三千尺，疑是银河落九天”。庐山瀑布真的有这么好吗？可能没有，但是在他的笔下，庐山瀑布就是如此壮美，他把庐山瀑布的那种神韵写出来了。他写“蜀道之难，难于上青天”，把蜀道也写到了极致，这是一种夸张的手法。所以在李白的笔下，滔滔的黄河、滚滚的长江、巍巍的昆仑、峥嵘的华山，都表现得很有特色。

（陕西师范大学教授 王双怀）

这一天，通往大明宫的道路似乎遍地金光。史书记载，尊贵的玄宗皇帝不仅降辇步迎，亲自走到李白面前，甚至还拉着他坐在尊贵的七宝龙床上，之后又把亲手调弄过的羹汤赐予李白。

天宝中，皇祖下诏，征就金马，降辇步迎如见绮、皓。以七宝床赐食，御手调羹以饭之，谓曰：卿是布衣，名为朕知，非素蓄道义何以及此？

——李阳冰《草堂集序》节选

不参加科举，单单以诗人的身份就能昂首挺胸走进皇宫，成为皇帝的座上宾，在整个中国历史上，李白是第一个，也是唯一的一个。玄宗将这位才华横溢的布衣诗人安排在大唐翰林院。

多少年来，他渴望能一步登天、指点江山。如今，梦想已经近在咫尺。

唐贞元二年（786年），时任翰林学士的韦执谊想要草拟一篇《翰林院故事》，记述本朝从玄宗皇帝设置翰林院起几十年间，翰林学士作为皇帝心腹近臣参与政事的历史。

世人都喜欢称李白为李翰林，这是李白一生最为光荣的称号。但是，韦执谊查遍了当时所有的材料，竟没有找到那个如雷贯耳的名字——李白。经过一番查证，韦执谊只能在书里这样写道：在翰林院里工作过的还有李白。

他只在翰林院里有过一席之地，但具体的工作天差地别。

他不是翰林学士，他是翰林供奉。当时的唐代翰林院有翰林学士院，有翰林院。翰林学士院都是那些德高望重学识渊博的人，是参与朝政的。而翰林供奉，其实就是在皇帝身边充当顾问。

（陕西师范大学教授 王双怀）

说好听点叫作顾问机构，说难听点，其实就是陪皇帝玩的机构。它的设置也很有意思，没有设置在皇城范围内，也没有设置在大明宫的南部，而是设置在了大明宫的内朝。换句话说，就是在后宫里。这个地方距离皇帝居住的地方很近，皇帝随时需要他们，他们随时赶过来伺候皇帝。什么样的人能当翰林供奉呢？必须要有一技之长。比方说，翰林院里有各种待诏：棋待诏，下棋下得好；医药待诏，擅长医术。皇帝身边甚至有斗鸡供奉。李白是因为文学功夫好，皇上看中他的文学才干，把他留在身边当了一个翰林文学待诏，让他专门给自己写诗词歌赋，而不是把他作为经邦济世的政治人才。

（陕西师范大学教授 于赓哲）

春天，大明宫中的牡丹正大片盛开，玄宗携同自己最宠爱的杨玉环漫步在花园。名花与美人交相辉映，玄宗兴致大好，命令宫廷乐师李龟年奏乐助兴。但演奏刚刚开始，就被皇帝叫停。如此新春美景，他对这些陈年旧曲感到不满，于是命人作出新曲，并传诏李白前来填词。

此时的玄宗皇帝已经年过五旬，他的前半生励精图治，大唐帝国在他的治理下呈现出前所未有的兴盛局面。而现在，他只对美人、艺术和神仙感兴趣，别的事很快就会厌倦。

云想衣裳花想容，春风拂槛露华浓。
若非群玉山头见，会向瑶台月下逢。

——李白《清平调·其一》

一枝红艳露凝香，云雨巫山枉断肠。

借问汉宫谁得似，可怜飞燕倚新妆。

——李白《清平调·其二》

名花倾国两相欢，常得君王带笑看。
解释春风无限恨，沉香亭北倚阑干。

——李白《清平调·其三》

民间传言，李白在玄宗的身边，仍然不改酒徒的形象。他宿醉未醒，就将三首《清平调》一挥而就。

这时，发生了两件被世人盛传的大事：皇帝最宠爱的妃子杨玉环为他捧砚、地位最高的宦官高力士为他脱靴。

所谓杨贵妃捧砚，肯定是杜撰。将高力士脱靴描绘得最生动的大概就是《唐才子传》。据说李白有一次醉酒乘驴，冲突了华阴县的官衙，结果被华阴县的县官扣下来了。县官不认识李白，不知道李白是何人。李白说，我走马长安城，贵妃捧砚，力士脱靴，我尚且能在皇宫里骑马行走，不能在华阴县里骑驴吗？华阴的县令这才知道他就是著名的李白，改为以礼相待。故事倒是很生动，但是有些问题。第一，在杨玉环被册封为贵妃之后，应该没有见过李白，哪来的贵妃捧砚呢？第二，李白虽然洒脱，但他在遇到像高力士这样位高权重的人的时候，是否有如此胆量做这样的事情，是很值得怀疑的。那时候的高力士，真正是一人之下万人之上，甚至连太子人选这样的问题都由他来给皇帝提建议。如果真的有贵妃捧砚、龙巾拭吐——李白呕吐的时候，唐玄宗甚至把自己的手巾拿过来给他擦秽物，李白自己或者李白身边的人一定会把它记述下来，用不着在他死后若干年由别人来记述。我们看范传正给李白写的《李公新墓碑》，这可是关于李白生平的一手资料。那里边说当时李白的确受到了恩待，在兴庆池泛舟游玩的时候，皇上叫李白来写诗，而李白当时喝醉了，因此皇帝恩待李白，让高力士扶李白上船，仅此而已。

（陕西师范大学教授 于赓哲）

云想衣裳花想容，李白的梦想，是否也在其中？

尽管有书记载，玄宗曾向李白询问国政，在翰林院中秘密起草诏书，李白即便喝得大醉，也能快速完成。还有记载说，李白起草过和蕃书，可见生于西域的他，很有可能也精通吐蕃文字。但是这些才能，似乎并没给李白带来太多的政治机遇。

长安三年，一千多个日日夜夜里，李白自称醉倒八百天。他曾以为自己会是“帝王师”，却不料在君王眼中，自己只是一个点缀盛世的文学侍从。

公元744年暮春，李白被唐玄宗“赐金放还”。

> 最盛行的说法是因为李白写《清平调》，把杨贵妃比作了赵飞燕。本来就对李白怀恨在心的高力士趁机进谗言，告诉贵妃：李白这是在骂你。贵妃很生气，在皇帝面前说了李白很多坏话，导致李白被赐金放还。实际上这都是稗官野史，以当时两个人地位之悬殊而言，就算高力士真的与李白有矛盾，想整李白，也根本用不着通过杨贵妃。李白之所以在政坛上失意、离开长安，是李白当不上他想当的官。他最想当中书舍人，要知道，中书舍人可是皇帝的机要秘书，嘴一定要牢。嘴不牢的话，二两黄汤一下肚，什么话都说得出来，这样的人，你会任命他当自己的机要秘书吗？我相信任何人都不愿意。范传正给李白写的《李公新墓碑》已经婉转地把原因说清楚了。唐玄宗担心李白喝酒之后“不能不言温室之树”，这句话用了一个汉代的典故。孔光当年给皇帝当近臣，他为人沉稳，而且嘴特别牢。有一次家里人问他：温室殿旁边种了什么树？这样无关痛痒的问题，孔光照样选择了沉默。这个典故说明李白有爱喝酒的毛病，不适合担任中书舍人这样重要的职务。要我说，李白这个性格就不适合当官。
>
> （陕西师范大学教授 于赓哲）

没有贬斥和谴责，玄宗皇帝让李白还乡，还赏赐了丰厚的金银，这对于当时的许多文人来说，可以称得上是一种十分体面的卸任方式。李白不是不想离开，而是想在建立不世的功业之后离开。此时，即便全天下的人都在传唱他的诗歌，这位才子也未必如他想象的那般志得意满。他时而觉得自己就像品行高洁却被诬告成登徒浪子的宋玉；时而感到自己就是仍在盛年就惨遭夫婿遗弃的妇女；最终，他觉得自己更像陇山头上的流水，只能在悲鸣声中离开长安，一去不返。

从此，无论权臣如何在朝堂掀起波澜，他都只能做一位望洋兴叹的谪仙。

大唐洛阳城，号称东都，富庶而繁华。听说被赐金还山的李翰林路过洛阳，三十三岁的文学青年杜甫慕名拜见。此时，李白四十四岁，已经是名满天下的大诗人。在诗歌道路上羽翼未丰的杜甫，显然是他的崇拜者。这是一次奇妙的际遇，两个沦落天涯的大诗人相谈甚欢，他们决意一起游历，到名山大川中寻仙访道、采折瑶草。李白的兴奋，总与神仙有关，而在杜甫的眼中，李太白几乎就是神仙。

王屋山中有一座阳台宫，早在唐代以前，这里就被誉为道家十大洞天之首。它最初修建于公元727年，它的建造者，正是那位曾对李白赞誉有加的修道大师——司马承祯。

然而，当两人渡过黄河，慕名前来追寻司马承祯的脚步时，这位长者却早已仙去。昔日的大鹏鸟至今还没有实现扶摇直上的志向，面对司马承祯在阳台宫内留下的画作，李白怅然若失，他的思绪飘荡在山涧丘壑。山的高远，水的悠长，天地物象的万千变幻，这些景象，大概只有司马承祯在世，才能描绘出来吧。

山高水长，物象千万，非有老笔，清壮可穷。十八日，上阳台书，太白。

——李白《上阳台帖》

如今，当诗仙遗落在人间的一卷《上阳台帖》再次与世人碰面，谁人能不感慨于命运的眷顾，让我们仍能有机会，与这位伟大的天才相隔千年，见字如面。

这篇《上阳台帖》字数不多，但是它的字迹特别有李白的风格，就是那种豪放夸张的风格，因此被当作书法中的瑰宝。

（陕西师范大学教授 王双怀）

公元 744 年晚秋，写过“莫愁前路无知己，天下谁人不识君”的诗人高适与李白、杜甫相遇于陈留，三位大诗人同游，历来被视为文坛佳话。但在当时，这三个人都处在人生失意的时刻：杜甫刚经历了科举落榜；高适两次求仕失败；李白，则被踢出了长安的政治中心。

他们漫游在梁宋（今河南开封、商丘一带），一起登上古吹台遗迹，眺望芒砀山上的浮云，陷入对历史的沉思。这里是汉武帝时梁王的封地，李白喜爱的司马相如，曾在梁王府写下了仙风道骨的《子虚赋》。

浩荡的汴河水早已荡涤了旧国的踪迹，凡人的一生短暂而渺小，或许就应该及时行乐吧？三人痛饮狂歌，用诗句吐露情怀。醉酒的李白，挥笔在墙上写下一首《梁园吟》。

> “梁王宫阙今安在，枚马先归不相待。”梁园宫阙今天已经荒废了，当年的枚乘、司马相如都已经仙逝了。他感叹历史的沧桑，到诗的最后，他又说道：“东山高卧时起来，欲济苍生未应晚。”他想像当年的谢安一样东山再起，海内清一的政治追求始终还在他的心中涌动着。
>
> （河南大学教授　程遂营）

> 有一句话说得好：自古文章憎命达。如果李白和杜甫一生顺风顺水，他们也不会有那么高的文学成就。他们在官场的失意，反过来促进了他们文学才干的激发。我还是觉得，李白不从政是他的福分，也是国家之福。
>
> （陕西师范大学教授　于赓哲）

相传，李白三人走后不久，有人路过这里，看到了写在墙上的诗句，惊叹于作者的才华。在这处随笔被擦掉之前，她花费千金买下了整面墙壁。故事里，愿意千金买壁的女子，是武则天时宰相宗楚客的孙女宗氏。或许正因为这样的缘分，她后来成了李白的最后一任妻子。

一朝去京国，十载客梁园。从四十六岁到五十五岁，李白就以往来便捷的宋州和汴州（今河南商丘、开封）为中心，畅游天下的山山水水。

他曾跑进浙江的天姥山，希望能够寻访到山野仙踪。传说，南朝的大诗人谢灵运进这座山不久就成仙了，但是李白踏遍诸峰，神仙显然都躲起来了，余下的只不过是一场酣梦。后来，他甚至跑到齐州（今山东济南一带）寻找高天师，让天师为他举行道教的授箓仪式，从此成为官方记录在册的道士。他大概以为这样，就可以了却尘缘，超然于成败得失之上，从人生失意的痛苦中永远解脱出来。

公元 745 年的秋天，李白与杜甫重逢在鲁郡东石门（今山东曲阜）。准备去长安继续寻找前程的杜甫，对于曾经那段痛饮狂歌的生活表示出隐隐的忧虑，他写诗赠给李白：又到秋天，我们依旧像蓬草一样四处飘荡，未能如道家葛仙翁一样找到长生的仙丹，只是白白浪费了生命的每一天，我们桀骜不驯，快意一时，到底是为了谁呢？

秋来相顾尚飘蓬，未就丹砂愧葛洪。
痛饮狂歌空度日，飞扬跋扈为谁雄。

——杜甫《赠李白》

李白擅长用诗句表达友谊，他为孟浩然写：吾爱孟夫子，风流天下闻。他为秋浦崔县令写：吾爱崔秋浦，宛然陶令风。但在和杜甫分别时，他却只是轻轻叹道：飞蓬各自远，且尽手中杯。

他面前的年轻人，有清白的家世，有显赫的宗族，他上进而聪慧，仕途运数定然会截然不同吧？此时的李白决不会想到，这位诗坛小友会在之后的岁月里，经历怎样颠沛流离的命运的洗礼。

事实上，杜甫在自己困顿的后半生里，从未停止过对李白的思念，他形容李白的诗句，几乎都成了千古名篇。

昔年有狂客，号尔谪仙人。
笔落惊风雨，诗成泣鬼神。

——杜甫《寄李十二白二十韵》节选

李白一斗诗百篇，长安市上酒家眠。
天子呼来不上船，自称臣是酒中仙。

——杜甫《饮中八仙歌》节选

白也诗无敌，飘然思不群。

清新庾开府，俊逸鲍参军。

——杜甫《春日忆李白》节选

李白，从盛唐走来，举杯提剑，吟唱气象万千。

我本楚狂人，凤歌笑孔丘。
手持绿玉杖，朝别黄鹤楼。
五岳寻仙不辞远，一生好入名山游。

——李白《庐山谣寄卢侍御虚舟》节选

他眼中的天空与大海，河流与山脉，似乎永远都散发着浪漫与俊逸的神采。虽然作诗的才能没能给他带来仕途的成功，但当他站在盛唐的大地上，朝着过去与未来唱出心中所有的喜悦、愤懑与狂想，他的生命本身，已经是一个伟大的奇迹。

一千三百多年过去，我们仍然只有这样一位谪仙人。

第四节　明月魂

在不知道月球的真实面貌之前，中国人对于月亮的印象，是散发着柔和清辉的天上仙境。

举杯邀明月，对影成三人。

——李白《月下独酌·其一》节选

小时不识月，呼作白玉盘。

——李白《古朗月行》节选

长安一片月，万户捣衣声。

——李白《子夜吴歌·秋歌》节选

明月出天山，苍茫云海间。

——李白《关山月》节选

今人不见古时月，今月曾经照古人。

——李白《把酒问月》节选

古往今来，有多少人都向往着那里。

公元 744 年之后，仕途失意的李白，开始了如早年一般的南北漫游。他登上金陵的凤凰台，怀古伤今；山东小吏赠给他鲁酒和汶鱼，他兴奋地大快朵颐；他亲眼看见了冶炼铜矿的奇特景象，震撼于那些意气风发的工匠；有时，他连御寒的衣服都成了问题；当他深夜投宿在农家，这位大喊着“安能摧眉折腰事权贵”的诗人，却恭敬地端起贫寒老妇人给的那碗菰米饭，心中满怀感激。

凤凰台上凤凰游，凤去台空江自流。
吴宫花草埋幽径，晋代衣冠成古丘。
三山半落青天外，二水中分白鹭洲。
总为浮云能蔽日，长安不见使人愁。

——李白《登金陵凤凰台》

鲁酒若琥珀，汶鱼紫锦鳞。
山东豪吏有俊气，手携此物赠远人。
意气相倾两相顾，斗酒双鱼表情素。
双鳃呀呷鳍鬣张，拨剌银盘欲飞去。
呼儿拂几霜刃挥，红肌花落白雪霏。
为君下箸一餐饱，醉著金鞍上马归。

——李白《酬中都小吏携斗酒双鱼于逆旅见赠》

炉火照天地，红星乱紫烟。
赧郎明月夜，歌曲动寒川。

——李白《秋浦歌十七首·其十四》

而我竟何为，寒苦坐相仍。

长风入短袂，两手如怀冰。
故友不相恤，新交宁见矜。

——李白《赠新平少年》节选

我宿五松下，寂寥无所欢。
田家秋作苦，邻女夜舂寒。
跪进雕胡饭，月光明素盘。
令人惭漂母，三谢不能餐。

——李白《宿五松山下荀媪家》

人世间质朴、善良的情感，真正地触动着李白。那些五光十色的生活和人群，全都被他收录进诗里。

在宣州泾县（今安徽泾县），李白乘舟启程，本没有指望有人相送，却意外发现了当地的朋友在岸边踏歌而来的身影，一首《赠汪伦》的小诗，成为千年来表达友情的佳作。

李白乘舟将欲行，忽闻岸上踏歌声。
桃花潭水深千尺，不及汪伦送我情。

——李白《赠汪伦》

这首诗是一首写给草根的诗，汪伦可能是一个普通的老百姓，李白却在这首诗里赋予了很深的感情。很多人觉得这首诗不像唐朝的其他律诗那么规整，但我们从这首诗里看到了李白天真浪漫、自由洒脱的个性。

（河南大学教授 程遂营）

安徽宣城有一座敬亭山。李白跑去看山，一生好入名山游的他，却发现眼前这座并不知名的山就像自己的老朋友。他呆呆地坐着，任时光在山谷的风中流逝。

众鸟高飞尽，孤云独去闲。
相看两不厌，只有敬亭山。

——李白《独坐敬亭山》

当人生巨大的孤独袭来，没有了一向的豪言壮语，在这首安静的五言绝句里，李白似乎找到了灵魂的知己。

宣城有一座北楼，是南朝诗人谢朓做宣州太守时所建。李白登上北楼，给这座古楼重新命名为谢朓楼。

> 在李白的一生中，谢灵运和谢朓这“二谢”是他比较敬仰的两个人物，原因可能是多方面的。一方面，他们的文采好，诗歌写得好。另一方面，他们的仕途比较成功，比如谢朓曾经做过宣城的太守。还有，这两个人都有隐居的意向。人家的人生是比较完美的，跟李白之间产生了共鸣，成了李白向往和追求的目标。
>
> （河南大学教授 程遂营）

谢朓楼上，李白曾为一个名叫李云的亲友送行，面对本应悲伤的场面，一壶美酒下肚，豪迈与飘逸却自李白的心中生长出来。

弃我去者，昨日之日不可留，
乱我心者，今日之日多烦忧。
长风万里送秋雁，对此可以酣高楼。
蓬莱文章建安骨，中间小谢又清发。
俱怀逸兴壮思飞，欲上青天览明月。
抽刀断水水更流，举杯消愁愁更愁。
人生在世不称意，明朝散发弄扁舟。

——李白《宣州谢朓楼饯别校书叔云》

无论身处朝堂还是江湖，李白都有着非凡的自信。他觉得自己迟早会做出惊天动地的事业，需要的只是时间而已。

公元 755 年的秋冬之际，李白正游走在大唐北疆，他想到边塞从军，寻找步入仕途的机遇。但是幽州（今北京）的情形却让他大吃一惊，身兼平卢、范阳、河东三镇节度使的安禄山，竟然在厉兵秣马，这是一个危险的信号。

就在远离朝堂的诗人尚苦于没有机会向长安传达他的担忧时，叛乱的战鼓就已经震动了大明宫。年底，叛军打过了黄河，距离开战仅仅三十三天，东都洛阳沦陷。玄宗皇帝毫无戒备，很快，这场被称为安史之乱的战争风暴，就成了大唐帝国每一个人的噩梦。

几十年国泰民安，刀枪入库，马放南山，突然的叛乱让人猝不及防，地方官非死即降。叛军长驱直入攻陷两京，唐玄宗仓皇逃往四川，结果发生了马嵬兵变，杨贵妃被杀。

（陕西师范大学教授 王双怀）

在突如其来的乱世里，李白的行踪似乎并不重要，他自己也没有像杜甫那样，写下日记式的诗文。我们只知道，安禄山起兵时，他极有可能还停留在梁、宋一带寻求机会，河南河北陷落，他也没有来得及逃走。

亭伯去安在？李陵降未归。
愁容变海色，短服改胡衣。

——李白《奔亡道中五首·其二》

函谷如玉关，几时可生还？
洛阳为易水，嵩岳是燕山。

——李白《奔亡道中五首·其四》节选

此时的玄宗，早已经失去了对天下的控制。在逃亡西蜀的路上，他紧急颁布了一道分制置诏的命令，让驻守各地的皇子，分别领兵对抗叛军。但早在诏书颁布的两天前，太子李亨就已经在灵武（今宁夏灵武）即位，史称唐肃宗。

就在杜甫向着肃宗所在的新朝廷逃去时，函谷关东的李白也被逃难的人群一路裹挟，奔向江南。公元756年，李白终于在庐山上安顿下来。听说大名鼎鼎的诗仙就隐居在附近的庐山上，正在南方积极招揽人才的永王李璘立即派出使者，再三请他出山。五十六岁的李白，义无反顾地把自己投入到一场本已避开的战争，国家的不幸，或许竟是他最后的机遇。

当时唐玄宗任命了多个皇子出镇各路，永王璘直奔唐朝的财富重地，也就是长江的中下游一带。永王璘早就听说过李白的诗名，他当时自辟幕府，想让李白给自己当幕僚。而李白对中央的政局一点都不了解，他只看到皇子永王璘招自己当幕僚，高兴得不得了。他看不到的是，这时唐朝中央的政治局势相当微妙，在新皇帝李亨看来，父亲现在已经是太上皇了，不应该再发号施令，尤其是军事部署之类的重大事务。永王璘出镇江淮，在唐肃宗李亨眼里是不合法的命令。但是永王璘自认为秉承了父皇的命令，他的行为是合法的。兄弟两人的矛盾在这时就开始酝酿，并且很快激化了。

（陕西师范大学教授 于赓哲）

军中的气氛感染着诗人，他也充满激情地书写了十一首《永王东巡歌》：

试借君王玉马鞭，指挥戎虏坐琼筵。
南风一扫胡尘静，西入长安到日边。

——李白《永王东巡歌·其十一》

残酷的战争，似乎就要在诗仙浪漫狂放的诗语中灰飞烟灭了。他无比期待着，永王东行的楼船可以马上跨过大海，直捣安史叛军的范阳老巢。此时，对于平叛充满了必胜信念的李白怎么也不会想到，仅仅两个月后，自己竟然会成为反贼中的一员。

当时唐肃宗命令永王璘回长安，永王不听唐肃宗的召唤，唐肃宗就认为他是反叛了。

（陕西师范大学教授 王双怀）

李白当时为永王璘写了不少录簿、檄文等，甚至把永王璘比作文皇帝，文皇帝就是唐太宗。然而最后永王璘成了叛臣，他的军队成了叛军。终其一生，李白实在是太想实现自己经邦济世的理想了。在诱惑之下丧失了警惕性和判断力，导致自己再一次栽了跟头，而且栽得比前面那次更大。

（陕西师范大学教授 于赓哲）

作为永王李璘的附逆，李白很快便被抓捕归案，投入了位于浔阳（今江西九江）的监狱。

“我李白，誓要学祖逖北伐，志在消灭安史叛军平定中原，现在竟然被人当成了乱臣贼子，天理何在？”

秦赵兴天兵，茫茫九州乱。
感遇明主恩，颇高祖逖言。
过江誓流水，志在清中原。
拔剑击前柱，悲歌难重论。

——李白《南奔书怀》节选

诗人在狱中度过了上百个日夜，他曾被公认为“谪仙人”，但到此时，那些“仙气”似乎早已离他而去。他只能不停地写信，向认识的官员、老友求助，期望还能博得一线生机。巧合的是，那位讨伐永王的主帅，正是曾经与他携手同游的好友高适。这一年，他官拜淮南节度使。对于李白的求助，高适没有作出只言片语的回应。相反，从他流传后世的诗文集来看，这名依靠打败李璘军队而平步青云的诗人，还将李白的名字从他的人生中彻底删除了。

这个时候，帮不帮李白可是立场问题。早年间诗歌唱和这种关系算什么呀，在政治利益面前，什么都不算。这么说吧，人家高适挑边站，站对了，你李白挑错了边，在这种情况之下，高适不会对你伸出援手的。

（陕西师范大学教授 于赓哲）

此时，同样仕途困顿的杜甫，正在战乱中自顾不暇。他四处打听李白的消息，听说老友身陷狱中，愤然写下一首《不见》：

不见李生久，佯狂真可哀。
世人皆欲杀，吾意独怜才。
敏捷诗千首，飘零酒一杯。
匡山读书处，头白好归来。

——杜甫《不见》

这是一颗诗心对另一颗诗心产生的深挚观照。此时，漂泊的诗圣与诗仙，大概早已是惺惺相惜的人生知己。当时，虽然不少人认为李白犯了附逆的大罪，应该诛杀，但在生死攸关的时刻，也有一些人愿意挺身为他说情。

在这个节骨眼儿上，他（李白）的最后一任妻子宗氏想方设法来营救他。

（陕西师范大学教授 王双怀）

还有朝中的一些官员，特别是宋若思、郭子仪等一些朝廷官员前后为他说情，李白才免于一死，从狱中放出来了。

（河南大学教授 程遂营）

李白劫后余生，开始在御史中丞宋若思的府上担任幕僚。他多次为这位宋中丞代笔上书，甚至还用宋若思的口吻再次向肃宗举荐自己。

“臣所荐李白，实审无辜，怀经济之才，抗巢、由之节，文可以变风俗，学可以究天人，一命不沾，四海称屈。”

——李白《为宋中丞自荐表》节选

只是经此一劫，他还能东山再起吗？

公元 758 年的春天，大唐人民都沉浸在庆祝收复洛阳和长安的喜悦氛围里。肃宗与玄宗也先后返回帝都。

在此之前，李白信心满满的奏表并没有得到朝廷的回复。他从宋若思的幕府中辞职而去，病倒宿松山（在今安徽境内）。病中，还不忘向刚从凤翔来到浔阳、都督淮南诸军事的宰相张镐赠诗，请求引荐。只是此时的唐肃宗，不仅在重启针对唐玄宗旧臣的清洗行动，对“永王之乱”遗留问题的处置力度也趋严。

一直到757年的冬天，李白才终于盼来了消息，但朝廷最后的决定，却是将他流放至夜郎（在今贵州一带）。仰天长啸，烈酒一壶，李白更愿意日日醉入梦中。梦里，扁舟渡沧海；梦醒，海月十五圆。他已经在路上漂流了一年多的时间。再向南，流放的终点夜郎就快到了。

在三峡白帝城附近，一则喜讯传来：朝廷因为遭遇大旱大赦天下，赦令中说：“天下现禁的囚徒，死罪从流，流罪以下，一切放免。”年届六十的诗人欣喜若狂，他立即调转船头，顺水向东，还不忘把跃动的心情写进诗里：

朝辞白帝彩云间，千里江陵一日还。
两岸猿声啼不住，轻舟已过万重山。

——李白《早发白帝城》

天下就在眼前，所有的理想和阳光，都将在他的生命中重新展开。

当李白再次抵达江陵时，已经是公元762年。这是安史之乱的最后一年，战争的情势仍不甚乐观，诗人又一次雄心万丈地想要从军报国。他不顾年迈体弱，请求加入大将李光弼的军队，不过这一次，连征兵的军官都不肯收他。

他的一生，除了两次结局惨淡的短暂仕途外，几乎没有过正式的工作。当疾病毫不留情地找上门来时，他一度滞留在金陵（今江苏南京），靠朋友的接济度日。只是那些善意的馈赠，显然难以支撑他病中的开销。此时，曾经那位千金散尽仍豪气冲天的李太白，也只能幽默地慨叹道：

各拔五色毛，意重泰山轻。
赠微所费广，斗水浇长鲸。

——李白《献从叔当涂宰阳冰》节选

安徽境内的这座小县城（古宣州），李白曾经七次造访，并在这里留下五十多首诗篇。他崇拜过建功立业的鲁仲连、诸葛亮，但到了最后，还是想停留在他最仰慕的诗人谢朓最钟情的地方。

公元762年，李白投奔到当涂（今安徽当涂）县令李阳冰处，并寄宿

其家中。在弥留之际，他把平生所作的诗文都托付给这位族叔，请他代为编辑作序。不久，李白便在病中走完了一生。不过，人们似乎并不愿意相信，诗仙潇洒传奇的一生会落下这样平凡、惨淡的句点。

今天的当涂县城外三十里，有一处著名的景点名叫采石矶、牛渚矶，这里也是长江最狭窄的地方。民间盛传，李白并不是病死，而是在这里醉酒泛舟，入水抱月，骑鲸遨游而去。毕竟，当水波泛起，万籁复静，天月一轮，江月一轮，谁又说得清仙人的行踪呢？

只是在很多时候，李白的身上并没有仙气。他一生碰壁，才碰出了伟大的艺术，在被疾病折磨的生命的尾声，他也写出了一生中最悲壮的绝笔：

大鹏飞兮振八裔，
中天摧兮力不济。
馀风激兮万世，
游扶桑兮挂石袂。
后人得之传此，
仲尼亡兮谁为出涕。

——李白《临路歌》

这位伟大的诗人，至死都觉得自己是大鹏，他乘风而起，逆风直上，最终在无情的天地间耗尽了最后一丝能量。他从来没有想过要放弃自己的理想，但他最终留下的，除了自己行年模糊的故事和诗歌外，好像什么都没有。

在李阳冰的帮助之下，他去世之后埋葬在当涂的龙山。后来又过了五十多年的时间，宣歙观察使范传正又把李白的墓从龙山迁到了当涂的青山。青山是李白非常景仰的诗人谢朓曾经住食和读书的地方。与此同时，范传正还试图寻找李白的后人。李白的儿子伯禽已经去世了，还有两个孙女在当地务农。他还有一个孙子，但孙子出游未归不知所终。

（河南大学教授 程遂营）

唐代另一位大诗人白居易曾经来到这里，写下一首沉痛真挚的《李白墓》：

采石江边李白坟，绕田无限草连云。
可怜荒垄穷泉骨，曾有惊天动地文。
但是诗人多薄命，就中沦落不过君。

——白居易《李白墓》

幸运的是，今天的我们还在诵读他的作品，探寻他的一生，祭奠他的逝去。

朝辞白帝彩云间，千里江陵一日还。

——李白《早发白帝城》节选

举杯邀明月，对影成三人。

——李白《月下独酌·其一》节选

或许，天涯沦落的诗仙真的从未离我们远去，他只是在一个洒满清晖的夜，悄悄入梦，去寻找他的故乡了。梦里，皓月清凉，不再只是人间理想。

生者为过客，死者为归人。
天地一逆旅，同悲万古尘。

——李白《拟古十二首·其九》节选

一大批杰出的诗人，你来我往地走上了历史的舞台，他们以天才的笔触、昂扬的激情，将诗歌带入了一个前所未有的黄金时代。当大唐盛世的繁华渐渐滑向深渊，铿锵顿挫、独具风骨的杜诗，也正经受着时代的洗礼，渐渐呈现在世间。

第四章　杜甫

则诗人以来，未有如子美者

第一节　裘马清狂

漫漫时空里，有这样一个人：他形容清瘦，似乎总是眉头紧皱。

朱门酒肉臭，路有冻死骨。

——杜甫《自京赴奉先县咏怀五百字》节选

呜呼一歌兮歌已哀，悲风为我从天来。

——杜甫《乾元中寓居同谷县作歌七首》节选

戎马关山北，凭轩涕泗流。

——杜甫《登岳阳楼》节选

这个人，名叫杜甫，字子美。

杜甫去世时，只有五十九岁，在我们的印象里，他却好像体味过上百年的人世艰辛。

晚年，他写下一篇《百忧集行》。打开诗卷，却是一个无忧无虑的少年，首先跳到了我们的眼前。

忆年十五心尚孩，健如黄犊走复来。
庭前八月梨枣熟，一日上树能千回。
即今倏忽已五十，坐卧只多少行立。
强将笑语供主人，悲见生涯百忧集。
入门依旧四壁空，老妻睹我颜色同。
痴儿不知父子礼，叫怒索饭啼门东。

——杜甫《百忧集行》

在杜甫的记忆里，十几岁的他精力充沛，身体健壮，顽皮一如孩童。少年的欢欣雀跃，来源于衣食无忧的生活。

杜甫出身京兆杜氏，这是一个在唐朝时期非常显赫的家族。杜甫的祖上有不少让他引以自豪的名人，他的远祖可以追溯到西晋时期的杜预，这个人文武双全，既是一位经学家，又是一位政治家。他的爷爷杜审言也是一位唐朝的诗人。在唐朝灿若星河的诗人中，我们觉得他的地位不是特别高，但在初唐的时候，他被称为“文章四友”之一，对唐朝近体诗、五言律诗的发展和成熟起到了非常重要的作用。所以，杜甫说“吾祖诗冠古”，我老祖宗的诗歌就写得非常好，“诗是吾家事”，写诗歌是我们杜家的事。

（河南大学教授 程遂营）

在今天河南巩义的瑶湾村，有几处黄土窑洞，据说是杜甫出生的地方。

那时，他的父亲杜闲刚刚三十出头，母亲则是来自另一个名门望族——清河崔氏的大家闺秀。

虽然杜甫父辈的名望已经不如祖辈，但他的家境仍然殷实，在社会上还拥有诸多特权，其中就包括可以免除赋税和兵役。对于生活在大唐的普通百姓而言，杜甫的人生，足以称得上是“梦幻开局”。唯一的不幸就是母亲的早逝，有一段时间，小杜甫被寄养在洛阳的姑母家。

公元 742 年，杜甫曾为这位姑母写下一篇动人的墓志铭，上面记述了这样一则故事：小时候，我和姑母的儿子同时染上严重的疫病，请来治病的巫人说，只有被安置在卧室东南的孩子才能幸存。姑母就把我和她的孩子交换位置，最后，我幸存了下来，她的孩子却丢掉了性命。

年幼的杜甫还没有记忆，长大后，人们才告诉他这件事。后来他在世间闯荡时，一定总会想起这位无私慈爱的“母亲”。

大约五六岁时，杜甫跟随父亲来到了当时的郾城（今河南漯河）。在那里，小小少年目睹了一场令他终生难忘的剑器浑脱。

浑脱，指的是一种浑脱帽。这种帽子用动物的毛皮做成，它和一些外来的西域文化混合，形成了剑器浑脱舞。剑器浑脱舞的特点就是戴着浑脱帽，手里拿着剑跳舞，在唐代又叫健舞。既然这种舞叫作健舞，可以想见动作一定是雄浑有力的。唐代跳健舞的有男有女，公孙大娘就是一位女舞者中的佼佼者。

（陕西师范大学教授　于赓哲）

昔有佳人公孙氏，一舞剑器动四方。
观者如山色沮丧，天地为之久低昂。
㸌如羿射九日落，矫如群帝骖龙翔。
来如雷霆收震怒，罢如江海凝清光。

——杜甫《观公孙大娘弟子舞剑器行》节选

五十多年后，当杜甫在夔州耳聋多病时，回想儿时所见，依旧历历在目。

在这篇《观公孙大娘弟子舞剑器行》的序言里，他这样写道：落笔走龙蛇的草圣张旭，正是从公孙大娘的舞姿中悟出了书法的神韵，从此更进一步。

我们可以想象，那场充满了雄浑力量与狂野气息的剑器浑脱，也给年幼的杜甫带来了创造性的启迪。

当七岁的他开始学习写诗时，开口便大胆歌颂起神鸟凤凰。此后，他常常以凤凰自比，只是那首傲骨凛然的凤凰诗，却和他少年时代的许多诗文一样，没有流传下来。

杜甫年轻的时候学习非常勤奋努力，当时已经小有名气。他自己也很自负，“读书破万卷，下笔如有神”，这实际上是杜甫对自我的一种赞美。

（陕西师范大学教授　王双怀）

甫昔少年日，早充观国宾。
读书破万卷，下笔如有神。
赋料扬雄敌，诗看子建亲。

——杜甫《奉赠韦左丞丈二十二韵》节选

我的辞赋能和西汉名家扬雄匹敌，诗篇可以与三国才子曹植相近。杜甫十四五岁时，便在洛阳的翰墨场中崭露头角。他对自己文采的评价，就像盛唐时期的许多才子一样，毫不谦逊。

他甚至有机会出入精通音律的岐王李范和玄宗宠臣崔涤的宅邸，并有幸在那里听到头号宫廷音乐家李龟年的歌声。

寻常的同辈，杜甫已然瞧不上眼，他想要结交的朋友，要么是历史中的英雄豪杰，要么是贤能多才的老前辈。于是，我们在他的诗句中看到的是这样一位意气风发的大唐少年：

性豪业嗜酒，嫉恶怀刚肠。
脱略小时辈，结交皆老苍。
饮酣视八极，俗物多茫茫。

——杜甫《壮游》节选

在盛唐的科举考试中，对考卷进行糊名的措施还没有开始普遍实行。如果考官们在阅卷时碰巧认识考生本人，或者认识考生的权贵亲属、引荐者，又或者了解此人的文学声名，他们的判卷就会在很大程度上受到影响。

这样的情形，使得离家漫游、增广见闻、扩大声名成为全社会年轻士子的流行风尚。杜甫的第一次万里之行，便开始于二十岁上下的年纪。那时，大唐正经历着最繁华、最富庶的开元盛世。

经过了开元年间29年的统治，唐王朝达到了一个光辉的顶点。当时社会安定，经济繁荣，文化特别发达，就像杜甫诗中所描写的，“忆昔开元全盛日，小邑犹藏万家室。稻米流脂粟米白，公私仓廪俱丰实。九州道路无豺虎，远行不劳吉日出”。国家太平，社会安定，出门不需要选黄道吉日，人们路不拾遗，社会状况很好。

（陕西师范大学教授 王双怀）

那时，四通八达的道路遍布全国，其中最快捷的要道，要数以洛阳为中心的京杭大运河。杜甫很有可能选择从这里顺流而下。即便如此，旅途中的他，也一定会对我们现代人出行的快速和舒适感到相形见绌。不过，这并不妨碍他成为一名出色的旅行家，从一座名城，到另一座名城。

他还无须忧虑钱财，甚至准备登上浮海的航船，到传说中东海的扶桑岛看上一看。但是，这项远大的计划，杜甫显然没有来得及实现。

四年后，他很可能因为要参加公元 736 年的科举考试，只能恋恋不舍地踏上了回乡的路途。

> 杜甫一生应该至少参加过三次科举考试，都没有考上。第一次落榜对他的影响并不大。在唐代，很少有人第一次考进士科就能考中。三十老明经，五十少进士。五十岁能够考上进士的，都算是年轻的。当然，这有点夸张了。对于当时还很年轻的杜甫来说，第一次没考上是情理之中、意料之中的。第一次科举考试结束之后，他没有受太大的刺激，还到处云游天下。
>
> （陕西师范大学教授　于赓哲）

齐赵（今山西、河北、山东的一部分）之地，山水雄浑，民风粗犷，它位于黄河峡谷的两岸，其名称的由来，可以一直追溯到战国时代。

到了盛唐时期，这片区域的一大部分都属于兖州的管辖范围。杜甫的父亲杜闲正在兖州任职司马，掌管一州的军事，他对儿子的资助一定非常大方，以至于我们在杜甫的诗句中看到了一次堪称奢华的旅行。

放荡齐赵间，裘马颇清狂。
春歌丛台上，冬猎青丘旁。
呼鹰皂枥林，逐兽云雪冈。
射飞曾纵鞚，引臂落鹙鸧。
苏侯据鞍喜，忽如携葛强。

——杜甫《壮游》节选

在益都（今山东青州）的青丘一带，杜甫和友人苏源明衣轻裘，策肥马，豪兴大发的时候，便挽弓骑射。从寒冬到初夏，他纵横在山林间，足有半年之久。

自然间最庄严的色相，就这样在一颗诗心中，慢慢汇聚成了诗意的源泉。

杜甫二十五岁第一次看见了泰山，那是真正的五岳之首。望着横跨齐鲁大地的起伏山脉，磅礴的气度也在他的胸中奔涌：

岱宗夫如何？齐鲁青未了。
造化钟神秀，阴阳割昏晓。
荡胸生曾云，决眦入归鸟。
会当凌绝顶，一览众山小。

——杜甫《望岳》

即将而立之年，杜甫又一次返回老家。这一次，他成婚了，夫人杨氏是司农少卿杨怡的女儿。不过，即便她也出身仕宦之家，即便她与一位伟大的诗人执手偕老，她的芳名，还是如同那个时候的大多数女性一样，并没有流传下来。

婚后的杜甫，在今天洛阳偃师的首阳山脚下，开辟了一处新居，这里也是他的祖茔所在。杜甫的幸福并不短暂，生活的浓重阴影尚未进入这个年轻人的视野，他的性格中也还没有沉痛和悲辛。

公元 743 年，杜甫已年过三十。父辈不可能给他的家庭提供永久的支撑，他必须为自己的仕途经济谋求出路了。

作为一个受儒家思想影响特别深的知识分子，杜甫想做的事是“致君尧舜上，再使风俗淳”。他从小学习的目标就是在将来做一个大官，做一个宰相，辅助皇帝把国家治理好。

（陕西师范大学教授 王双怀）

当时，天下士子奔前程，首选在都城长安，其次便是东都洛阳。杜甫小时曾在洛阳生活，他有时甚至自称洛阳人。但这一次的求仕之旅，却让他对这座人文荟萃的大都市感到失望和厌倦。

二年客东都，所历厌机巧。
野人对膻腥，蔬食常不饱。
岂无青精饭，使我颜色好。
苦乏大药资，山林迹如扫。
李侯金闺彦，脱身事幽讨。

亦有梁宋游，方期拾瑶草。

——杜甫《赠李白》

天宝三载（744年），杜甫不禁对着一位长者讲述起他在东都羁居两年的糟糕体验。这位比他大11岁的长者，正是不久前被皇帝赐金放还、失去官职的大唐诗仙——李白。

每当想到他们两人曾有过这样的交往，我们都特别神往，好像天空中有两个太阳逐渐靠近了一样。不过在那个年代，杜甫自己恐怕没有这个想法，在年轻的杜甫看来，李白就是高山仰止的存在，杜甫应该是李白的迷弟。李白中年的时候非常有名，几乎到了“天下无人不识李白”的地步，而杜甫名声大噪是在他去世之后。元稹受杜甫后人委托为杜甫写墓志铭，他认真地阅读了杜甫的诗作，赫然发现杜甫是一位如此伟大的诗人。那时的风气是扬李而抑杜，但是元稹在文章中反其道而行之，他扬杜而抑李，认为李白的成就达不到杜甫的水平，那个时候杜甫已经去世多年了。

（陕西师范大学教授 于赓哲）

一方面，这两个人有共同的政治理想和追求，另一方面，他们在诗歌方面有共同的爱好。在东都求仕的过程中，杜甫看到的官场情形和他原来想象的不一样，官场上尔虞我诈、投机取巧的行为让他有些看不惯。这刚好和李白的仕途不顺利相互投合，两个人之间产生了共鸣。

（河南大学教授 程遂营）

秋天，杜甫与李白相约，一同离开了洛阳。他们渡过波涛汹涌的黄河，到王屋山顶拜访著名的道士司马承祯，得知仙人已逝的消息，两人一同悲伤。

不久，两次求仕失败，吟唱着“莫愁前路无知己”的高适，也加入进来。三个人生失意的流浪诗人，就这样成就了一次千载难逢的文人雅集。他们醉舞在深夜的梁园（今河南开封），又一同前往剑侠出没的宋州（今河南商丘）。

“醉眠秋共被，携手日同行”，那大概是一段浪漫而放荡的旅程。杜甫时常感到豪气冲天，他甚至用李白的口吻写出许多狂傲的诗句：

白刃仇不义，黄金倾有无。
杀人红尘里，报答在斯须。

——杜甫《遣怀》节选

公元 745 年，杜甫在与两人分别后，拜访了北海（山东益都）太守李邕。开元天宝年间，这位李太守是全国名气最大的人物之一，他与杜甫初次相识在洛阳，此时已是年近七旬的老者。

两位忘年之交一起游历，谈论当时的文坛与政坛，度过了一个愉快的夏天。也许正是在这时，杜甫出仕的意志又重新明确了起来。因为不久后，当他在兖州又与李白重逢时，对于曾经那段寻仙访道的生活，显然有了另一重感受：

秋来相顾尚飘蓬，未就丹砂愧葛洪。
痛饮狂歌空度日，飞扬跋扈为谁雄。

——杜甫《赠李白》

我们像蓬草一样在风中飘荡，也没有像东晋的葛洪那样找到可以使人长生不老的灵丹妙药。我们现在每天狂饮狂歌、白白度日，又飞扬跋扈、桀骜不驯，到底是为了什么？在杜甫的心中，一直还有着“致君尧舜上，再使风俗淳”的政治理想。他觉得，要追求他的政治理想，还有很长的路要走。这也意味着，从此之后两人的人生道路发生了不同方向的改变。

（河南大学教授 程遂营）

“飞蓬各自远，且尽手中杯。”这是两人最后的道别。海阔天空的李白，在之后的旅程中又遇见了许多新的朋友。杜甫的名字，不再在他的诗句中出现。而一往情深的杜甫，却在自己的后半生里不停地怀念着这位诗坛老友。

白也诗无敌，飘然思不群。

——杜甫《春日忆李白》节选

故人入我梦，明我长相忆。

——杜甫《梦李白·其一》节选

笔落惊风雨，诗成泣鬼神。

——杜甫《寄李十二白二十韵》节选

敏捷诗千首，飘零酒一杯。

——杜甫《不见》节选

后世人说：李白从未老去，杜甫未曾年轻。但谁还没有一段裘马清狂的时光呢？

大唐诗歌的两个巅峰曾经并肩而立，又各自飘散。他们孕育在民族血气方刚的盛年，一位吟唱出了盛唐之歌的最高音，另一位将带着我们望向这盛世过后的疾苦人间。

第二节　旅食京华

公元 8 世纪的长安，是世界上第一座人口超过百万的大都市。士子、商人、甚至成群结队的外国人，都竞相来到这里追逐繁华与荣耀。唐玄宗天宝五载（746 年），杜甫三十五岁。身世、出游和交友，都为他做好了踏足长安的准备。

知章骑马似乘船，眼花落井水底眠。
汝阳三斗始朝天，道逢麴车口流涎，恨不移封向酒泉。
左相日兴费万钱，饮如长鲸吸百川，衔杯乐圣称避贤。
宗之潇洒美少年，举觞白眼望青天，皎如玉树临风前。
苏晋长斋绣佛前，醉中往往爱逃禅。
李白一斗诗百篇，长安市上酒家眠。
天子呼来不上船，自称臣是酒中仙。
张旭三杯草圣传，脱帽露顶王公前，挥毫落纸如云烟。
焦遂五斗方卓然，高谈雄辨惊四筵。

——杜甫《饮中八仙歌》

一篇《饮中八仙歌》，写尽了盛唐时代文人士大夫乐观、放达的精神风貌。如果杜甫自己的身上一分狂气也无，又怎能欣赏和描摹出这些超脱凡俗的酒狂之态呢？只是，当世人细细品究这首诗作背后的故事时，难免有了另一重遐思。

《饮中八仙歌》创作的年代正是唐朝最鼎盛的时期，是笙歌鼎沸之时，也是危机酝酿之时。这个时候的政坛比较险恶，尤其在以贤相著称的张九龄等人黯然退去，李林甫等人粉墨登场的背景之下，“饮中八仙”让杜甫想到了另外一个人群，就是“竹林七贤”。魏晋名士竹林七贤，越名教而任自然，自由洒脱奔放。

对于杜甫来说，他心目中的这些唐朝名士跟当年的魏晋名士有得一比。而且，这些名士多多少少都有些官场上的失意。我觉得《饮中八仙歌》是他精神的体现，同时隐隐地也有对时局的忧虑。

（陕西师范大学教授 于赓哲）

那时，一手缔造出开元盛世的唐玄宗已经年过六十，他心满意足地卸下了重担，醉心于寻仙和享乐。朝廷的大半政权都把持在中书令李林甫的手中，这个被后世指责为口蜜腹剑的奸臣，正谄媚在玄宗的身边，权势如日中天。

公元 747 年春天，随着左丞相李适之被贬为宜春太守，以自杀谢幕，杜甫的许多朋友都受到了陷害和排挤。自称“四明狂客”的贺知章上疏请度为道士，归还乡里；年迈的北海太守李邕甚至被杖杀在了任上。饮中八仙的浪漫氛围，似乎渐渐在长安城阴谋和恐怖的笼罩中一扫无余。

当时李林甫当了宰相之后，把那些御史官都叫来，讲了个故事。他说，你们见过立仗马（仪仗马队）吗？立仗马身上珠光宝气，打扮得非常漂亮，供应的是三品官的草料。它为什么能够享受这么好的待遇呢？就是因为它在值班的时候，站在那里不拉不尿也不叫。你们想当好官，就得闭嘴。李林甫一上台就把朝廷的言路阻塞了，然后慢慢地把朝廷的用人权完全掌握在自己手中。一般人不能通过正常的渠道进入仕途，必须要走歪门邪道。走歪门邪道就要干谒，干就是拜访的意思。把诗写好，找到一些名人送过去，让人家先熟悉熟悉。表面上说：请您给我指导一下，看看我的诗有什么毛病。实际是在说：您看，我的诗写得这么好，能不能找机会推荐我一下，让我去做官。

（陕西师范大学教授 王双怀）

杜甫在这里常常怀念着李白，也许是在羡慕他还能遨游江海的潇洒，而他自己却不得不和那样的生活告别。为了继续求取官职，杜甫只能写下许多干谒诗。但当他引经据典写出一篇篇精致的五言排律，投赠给当权的宰相、将军、驸马、京兆尹，竭尽全力赞美对方，说出自己的遭遇和志向时，那些诗篇却像一粒粒砂石投向大海，没能掀起半点波澜。他还没有意识到，随着新年的到来，自己也将亲自品尝到李林甫为整个时代酿下的苦酒。

天宝六载（747 年），大明宫里传出一道诏书，天下“通一艺者”，都可以来长安参加考试。与普通的科举不同，皇帝特别下诏举行的考试称为制举，对于想要进入仕途的人来说，这无疑是天降的机遇。三十六岁的杜甫也报名参加了这次考试。但是，谁能想到，就在这一年，天下学子进京赶考，竟然全军覆没。

“明君在上，野无遗贤。”

> 李林甫说，我们大唐发展到这么繁荣的阶段，天下已经没有什么遗才了，所有有才能的人都已经被我们收罗进来了。李林甫为了证明他野无遗贤的理论，就尽量压制有才能的人。他害怕有才能的人进来以后削弱他的权力，把他的权力夺了。在这种情况下，谁越有才能，谁就是打击的对象，杜甫自然名落孙山。
>
> （陕西师范大学教授 王双怀）

杜甫的父亲大约在这时已经过世了。杜甫在长安闯荡多年，没有官职，更缺乏收入，即便曾经傲骨凛然，此时也不得不卑躬屈膝，在几位高官贵族的府邸上充任宾客，陪着他们诗酒宴游，以维持生计。有时，他甚至需要到山中采挖药材换取银钱。对于这段生活，诗人这样形容：卖药都市，寄食友朋。

天宝九载（750 年）的冬天，当杜甫得知皇帝将要接连举行祭祀太清宫、太庙、南郊的三大典礼时，他决定孤注一掷，把自己精心构思的三篇歌功颂德的赋文投进了延恩匦。

> 这个匦是武则天当政时期为了征求意见而创立的国家专设信箱。它的四面分别有四个盒子，每一边有不同的名字，如延恩、招谏、通玄等。在延恩这一面投进去的信，主要是表现自己才能的。假如你的文章、诗赋、书法写得好，把作品投进去，就有机会得到皇帝的赏识。
>
> （陕西师范大学教授 王双怀）

也许经过这么多年的努力，杜甫在长安的名声和部分人的荐举已经使玄宗皇帝对杜甫及其才能有了一定的了解。即使这个时候延恩匦投赋的作用不是特别明显，但结合杜甫之前的政治活动和诗名的影响，最终还是使他得到了皇帝的召见。

（河南大学教授 程遂营）

玄宗第一次读到那三篇优美的大赋时，会有怎样的反应？杜甫自己在诗中这样写道：天子立刻中断了进食，下令召集群臣。显然，皇帝被打动了，但是献赋之人是否真的才学兼备，还得经过再次检验。

曳裾置醴地，奏赋入明光。
天子废食召，群公会轩裳。

——杜甫《壮游》节选

那是杜甫在长安城里最为闪耀的时刻，名流们都聚集在中书省，宰相李林甫出题，礼部尚书帮助判卷，集贤院的高官们环绕在杜甫周围，而他一人端坐在中间，骄傲地奋笔疾书。在多年后的回忆中，诗人对于那次特别的考试还感到无比自豪：集贤学士如堵墙，观我落笔中书堂。不过，他立即又凄凉地补充道：往时文采动人主，此日饥寒趋路旁。

我们后来发现，这次考试其实并没有使杜甫从此在仕途上飞黄腾达。这可能跟当时特殊的政治环境有一定的关联，特别是跟当权宰相李林甫“野无遗贤”的观念直接相关。这次事件之后，对杜甫来讲只不过是让帝王知道了，名声更大了。但是他仍然只落得一个在吏部待选的境遇，就是有了做官的资格，但还没有任命，只能静静地等待。

（河南大学教授 程遂营）

天宝十载（751 年）的秋天，长安城里阴雨不断。杜甫在租住的旅店里病了足足三个月。他小时候生过病，肺本来就不健康，这次又染上了沉重的疟疾。他只能用质朴的诗句，向几位在患难时仍愿意伸出援手的友人诉说自己的贫病和饥寒：

头白眼暗坐有胝，肉黄皮皱命如线。

——杜甫《病后过王倚饮赠歌》节选

那个曾经漫游吴越、放荡齐赵、醉舞梁园的热血青年，如今竟是这样困顿与伤感。他在长安几年奔波的真实身影，也渐渐在眼前清晰起来：

骑驴十三载，旅食京华春。
朝扣富儿门，暮随肥马尘。
残杯与冷炙，到处潜悲辛。

——杜甫《奉赠韦左丞丈二十二韵》节选

长安的渭水上有一座咸阳桥，连接着通往西域的大道。杜甫在这里亲眼看到了征夫戍卒们出发时的情形，那是撕心裂肺的送别：

车辚辚，马萧萧，行人弓箭各在腰。耶娘妻子走相送，尘埃不见咸阳桥。牵衣顿足拦道哭，哭声直上干云霄。

——杜甫《兵车行》节选

这首诗反映了天宝年间人们厌战的情景。开元年间，很多将士保家卫国，家国情怀非常浓厚。我们读王昌龄的诗：“青海长

云暗雪山，孤城遥望玉门关。黄沙百战穿金甲，不破楼兰终不还。”你看，这种保家卫国的情怀是多么高涨。但是到了天宝年间，唐玄宗开始改变唐代的军事制度，在边疆地区设置十节度，不断地对外用兵。尤其在天宝末年发动了两次对南诏的战争，两次战争使唐朝损兵折将，损失非常惨重。但是杨国忠谎报军情，他把失败说成了胜利。为了证明他说的是对的，又不断地重新征兵，这样不断地征兵造成的失败使人们对朝廷失去了信心。所以人们不愿意当兵，有的人甚至把自己的手、足打伤打残，朝廷知道之后还要治罪。不是人们不爱国，而是人们觉得唐玄宗和李林甫、杨国忠所做的一切都是毫无意义的。

（陕西师范大学教授 王双怀）

君不见，青海头，古来白骨无人收，新鬼烦冤旧鬼哭，天阴雨湿声啾啾。

——杜甫《兵车行》节选

杜甫徘徊在咸阳桥上，人世间的苦难晃动在他的眼前。他感悟，他写诗，也许连他自己都没有立刻察觉，他的诗歌道路正在发生重大的转变。

杜甫出生时，唐诗已经过了近百年的酝酿。

海内存知己，天涯若比邻。

——王勃《送杜少府之任蜀州》节选

宁为百夫长，胜作一书生。

——杨炯《从军行》节选

得成比目何辞死，愿作鸳鸯不羡仙。

——卢照邻《长安古意》节选

此地别燕丹，壮士发冲冠。昔时人已没，今日水犹寒。

——骆宾王《于易水送人》

一大批杰出的诗人你来我往地走上了历史的舞台，他们以天才的笔触、昂扬的激情，将诗歌带入了一个前所未有的黄金时代。当大唐盛世的繁华渐渐滑向深渊，铿锵顿挫、独具风骨的杜诗，也正经受着时代的洗礼，渐渐呈现在世间。

挽弓当挽强，用箭当用长。
射人先射马，擒贼先擒王。
杀人亦有限，列国自有疆。
苟能制侵陵，岂在多杀伤？

——杜甫《前出塞九首·其六》

杜甫用《前出塞九首》，一再地对朝廷连年开边、征战不休的行为提出质疑。

那时候杜甫人微言轻，不可能对皇帝的决策产生任何影响，但是他可以用笔写出自己的隐忧。天宝时期一个重要的历史特点就是对外战争非常地频繁，比如说对吐蕃的、对南诏的、对奚的、对契丹的，可以说是旷日持久，劳民伤财，士兵伤亡惨重。这组诗体现了杜甫的忧国忧民，他忧什么，他忧对外战争太多。这不仅是靡费民力的问题，还会让边将势力坐大。他写这组诗的时候，是一个现实主义派的诗人，他的现实主义是对现实的批判。我们必须得说，这个人真是一个忧国忧民的、时刻把国家和民族的命运放在心头的人。

（陕西师范大学教授 于赓哲）

春日的曲江边上依旧姹紫嫣红，三月初三是上巳节，宫中佳丽鱼贯而出，来到水边饮宴游春。

态浓意远淑且真，肌理细腻骨肉匀。
绣罗衣裳照暮春，蹙金孔雀银麒麟。

——杜甫《丽人行》节选

仕女们体态优美，服饰华丽，贵妃姐妹姿容娇艳，宴饮豪奢。那个继李林甫之后炙手可热的丞相杨国忠，正大摇大摆地骑马随行。杜甫亲眼看

着这样的盛况，只是，当他用七言排律写下那篇《丽人行》的时候，心里一定被咸阳桥上惨痛的别离更深地刺痛着。

在这样的境遇中，只有几位知心的友人尚能慰藉诗人的愁苦。一位是享有诗书画三绝美誉却官职卑微的郑虔，另一位是曾和他在山东游猎的苏源明。三人一起饮酒论文，有时，早年的豪情竟又在杜甫的心里一闪而过。

他的朋友中，还有在军中任职、境况不错的岑参；曾与杜甫携手同游的高适也回到了长安，在此之前，他曾在封丘任职县尉。“拜迎长官心欲碎，鞭挞黎庶令人悲。”那大概是任何一个有良心的文人都难以忍受的官职，杜甫也为他能脱身县尉一职而感到高兴。

有了朋友们的帮助，杜甫的个人生活已经大有改善，他在长安南郊的少陵塬上有了固定的居所，高兴地自称少陵野老，杜陵布衣。

杜陵就是汉宣帝的陵墓，而少陵是他的结发妻子许皇后的陵墓，因为小一些，所以叫作少陵。

（陕西师范大学教授　于赓哲）

长安城的房子很贵，他买不起房子，也租不起房子，就在少陵塬下租了一口窑洞，买了一匹老马，每天早上骑着马进城，晚上骑着马上山，住在窑洞里头。

（陕西师范大学教授　王双怀）

坦白地说，杜甫当然是很想当官的。还是那句话，在那个年代，人生的出口狭窄，经邦济世的理想只有靠当官才能实现，他在等机会。

（陕西师范大学教授 于赓哲）

无论如何，杜甫总算在京城有了他的小屋，终于能把离别多年的家人接到长安团圆，他对未来信心大增。但谁能料到，这一年里，连绵的秋雨竟持续了六十多天，似乎就要冲垮家门。

天降大雨，交通中断，导致长安城内外物价飞涨，这种情况下，越发吃不起粮了。杜甫为了不让孩子们看见别人家吃饭而嘴馋，就让妻子把门关起来，把孩子们关在院子里，不让他们出门。可见，那个时候真的是很穷困。

（陕西师范大学教授 于赓哲）

家人来到长安相聚的日子还不到一年，杜甫却又不得不筹划着把他们暂时送往奉先（今陕西蒲城）投靠亲戚。

屋子里又变得空空荡荡，没有人知道，杜甫在深夜独守着孤灯，写下了多少卑微的请求。

天宝十四载（755 年），已经是诗人在长安漂泊的第十个年头。四十四岁的他，终于等来了朝廷的一纸任命。然而，任命的官职却是河西县（今陕西韩城附近）县尉。

第三节　白头拾遗

公元 755 年，杜甫已经四十四岁。生活的日益艰难，也没能改变他拒任河西县尉的决心。

河西县县尉是一个县的副长官，一般担任治安等职责。县尉每天迎来送往，迎风拍马，少不了官场应酬的事情。而以杜甫这个人的性格，是不愿意做这种事的。他给自己写了一首诗叫《官定后戏赠》，诗里说："不作河西尉，凄凉为折腰，老夫怕趋走，率府且逍遥。"我为什么不做河西尉？因为不愿意为五斗米而折腰。这种整天给你们点头哈腰的事情，我不干。他后来当了右卫率府的兵曹，因为这个官职比较闲，迎来送往的事情也比较少，他觉得这样很逍遥。反正都是小官，俸禄都很微薄，在这种情况之下，干脆选少跟人打交道的官。用现在的话说，杜甫有官场社交恐惧症。

（陕西师范大学教授 于赓哲）

幸好，唐代的任官制度还允许杜甫拒绝他不情愿的职务。

虽然他改任的右卫率府胄曹参军也只是看守兵甲器仗、管理门禁锁钥的八品下闲职，仍与他早年的志向相去甚远，但好在还能继续留在京城，寻求机遇。

杜甫任官后不久，便计划着先赶赴妻儿寄居的奉先探亲，外面已是天寒地冻、草木凋零，但诗人的心情应该是愉快的。

十年的辛苦经营，终于换来如今的一官半职。想到妻子的温存、孩子的笑脸，有谁能料到，迎接风雪归人的不是欢声笑语，而是一片哀号声呢？

他经过华清宫的时候，看到的是“朱门酒肉臭，路有冻死骨”。回到家的时候，他的小儿子已经因饥饿而死，所以他满腔悲愤，写下了《自京赴奉先县咏怀五百字》这样不朽的诗篇。

（陕西师范大学教授 王双怀）

朱门酒肉臭，路有冻死骨。
荣枯咫尺异，惆怅难再述。
…………
入门闻号咷，幼子饥已卒！
吾宁舍一哀，里巷亦呜咽。
…………
默思失业徒，因念远戍卒。
忧端齐终南，澒洞不可掇。
——杜甫《自京赴奉先县咏怀五百字》节选

酒肉奢靡的豪门，途中殒命的乞丐，无生计可寻的百姓，远征戍边的士卒，还有诗人被饥饿夺去生命的孩子。血泪凝结的五百字是一首咏怀长诗，也是杜甫从长安到奉先真实的感想和见闻。

短短十多年间，辉煌的盛世竟如同泡沫般消失了。朝廷连年开边，饥荒不断，小吏的家中也会有人饿死，世上不知还有多少穷苦无依的百姓，在水深火热中翻滚挣扎。

公元 755 年年底，就在杜甫草草安葬幼子之时，一场天下大乱也在大唐领土的北疆拉开了序幕。

身兼平卢、范阳、河东三镇节度使的安禄山联合部将史思明，以“奉密诏讨伐杨国忠”为借口起兵叛乱。

安史之乱的爆发，展现了唐王朝外强中干的本质。中央直管的军队以及中原内地已经空虚，虽然有兵，但是兵的战斗力极差；相反，安禄山一个人兼三镇节度使，掌控了当时唐王朝将近三分之一的兵力，他的军队都是百战雄狮，是多年的边境战争锻炼出来的。所以安禄山提兵南下的时候，唐朝的政府军可以说是望风披靡，甚至有的州县打开武库给民众分发武器时发现，长矛的杆已经被虫蛀断了，弓弦都是断的。武备松弛到这样的地步，导致当时唐朝的官军一溃千里。

（陕西师范大学教授 于赓哲）

短短一个多月，东都洛阳沦陷。安禄山在那里自称大燕皇帝，他的军队已经逼近长安的最后一道防线——潼关。

玄宗立即起用大将哥舒翰为兵马副元帅，率领二十万士兵扼守潼关。

杜甫的长安十年，被迫结束在这场举国震动的战事中。他带着家人从奉先移居到了距离长安稍远一些的白水，寄住在舅父家里。

奉先和白水都在关中的东部，那个时候杜甫对于整个形势还是比较乐观的，因为关中东部就靠近潼关。如果镇守住潼关，让李光弼、郭子仪包抄叛军的后路，由颜杲卿、颜真卿等人在叛军的地盘里掀起起义，用不了多长的时间，安禄山就失去了根据地，断绝了后路，歼灭他指日可待。但是，杨国忠撺掇皇帝赶快出潼关决战。为什么杨国忠这么急？因为他跟哥舒翰是死对头，认为哥舒翰手中始终掌握着兵权又拒不出战，恐怕要不利于他。于是，哥舒翰在万般无奈的情况下出战了。其实哥舒翰心里很明白，坚守才是正道。而且还有一点，哥舒翰这时候因为中风偏瘫，无论体力也好，智力也好，他都已经不是当年那个哥舒翰了。他在灵宝战役当中昏着儿迭出，最后导致大好局面白白葬送。唐朝的主力军在灵宝战役中损失殆尽。

（陕西师范大学教授 于赓哲）

公元756年六月九日，随着哥舒翰在潼关兵败投降，长安危在旦夕，敌军攻势猛烈，奉先、白水都相继沦陷。

这一年的暮春，杜甫也携妻带小，加入了逃难的滚滚人流。

杜甫那时并没有想到，叛军真能打到潼关以西来。突然之间，灵宝战役失败，形势急转直下，他和其他的民众一样，都在仓皇地逃跑。仰赖一位亲属拼命地保护他，一路历尽艰难，这才逃走了。

（陕西师范大学教授 于赓哲）

深夜，杜甫一家还逃亡在荒凉的山野间。

小女儿饿得不住啼哭，啃咬大人的手指，怕被虎狼听到声音，只能捂住她的嘴巴，岂料哭得更厉害了。儿子故意装作懂事，从路边找来两个苦李，要给妹妹吃。

让路途更加艰难的，是连绵不断的雷雨天气，全家只能在泥泞中相互牵扶着行走。在一个日落昏黑的傍晚，他们终于挨到了距离鄜州不远的同家洼，敲开了友人孙宰的家门。

一年后，杜甫将这段经历记录在《彭衙行》这首诗里，质朴而感人。

故人有孙宰，高义薄曾云。
延客已曛黑，张灯启重门。
暖汤濯我足，剪纸招我魂。
从此出妻孥，相视涕阑干。
众雏烂熳睡，唤起沾盘飧。
誓将与夫子，永结为弟昆。

——杜甫《彭衙行》节选

主人点起灯烛，打开家门。煮水给我们洗脚，还不忘了剪些白纸，挂在门外给我们招魂。他预备下丰富的晚餐，唤来妻子儿女，大家相视涕泪纵横。孩子们都疲惫地睡着了，又叫他们醒来一起吃饭。

就在杜甫一家艰难求生时，叛乱的战鼓也彻底震动了大明宫。六月十二日的夜里，玄宗皇帝撇下全城百姓，秘密逃离了长安。

唐玄宗放弃长安城之后，一开始非常地仓促，很多官员、后妃都没有来得及带上。他带着杨国忠、杨贵妃和部分官员从咸阳往西走，那个时候他的目的地就已经是成都了。为什么要去成都呢？因为成都在四川盆地，“蜀道难，难于上青天”，在那个地方可以自保。但最大的问题是，自保是没有问题了，再想从那儿打出来就难了。我们不要忘了，当年诸葛丞相矢志北伐那么多次都没有成功，何况现在已经年老昏聩的唐玄宗，他更不可能做到。

（陕西师范大学教授 于赓哲）

实际上，此刻的玄宗已经失去了对天下的控制。虽然他听从宰相房琯的建议，让驻留各地的几个皇子分别领兵对抗叛军，太子李亨任兵马大元帅。但就在诏书颁布的两天前，握有军权的太子李亨已经自行在灵武登上了皇位，史称唐肃宗。

杜甫刚刚在鄜州城北的羌村把家人安置下来，听说肃宗即位的消息，便决意只身北上，追随新帝。

马嵬坡兵变之后，为什么大家转而支持唐肃宗李亨？不是因为唐肃宗李亨有多么能干，其实从才干这个角度上来说，唐肃宗李亨是一个水平相当一般的人。但是大家都认为，不管换上谁，反正唐玄宗已经不合适了。

（陕西师范大学教授　于赓哲）

国难当头，哪里顾得了家？他把家人安排好就走了，觉得家里暂时没有危险，要去为国效力。他就是逆行者，要去报国，结果被叛军抓住了。

（陕西师范大学教授　王双怀）

叛军把他又带回了长安城，这期间他没有遭受太多的虐待。因为杜甫是个小人物，当时的叛军更看重那些高官，对杜甫的看管并不是很严格。杜甫在那个阶段也写了一些诗作，包括陈陶战役失败之后，他看见叛军回城趾高气扬的样子，可以看出，那时他还是有一定的自由度的。

（陕西师范大学教授　于赓哲）

孟冬十郡良家子，血作陈陶泽中水。
野旷天清无战声，四万义军同日死。
群胡归来血洗箭，仍唱胡歌饮都市。
都人回面向北啼，日夜更望官军至。

——杜甫《悲陈陶》

杜甫与长安的阔别，只不过三四个月的光阴。

那是在九月，城池沦陷大约已有百日，炎夏的大屠杀已经过去，成千上万的尸体致使街巷堵塞，渭水不流。

杜甫在城中四处躲藏，从秋到冬，又从冬到春。他有时潜行曲江，看见细柳新蒲又发出嫩绿，但江头的宫殿都紧紧关闭。在胡骑满城的黄昏，诗人强忍着哭声，写下一首《哀江头》，为曲江唱出一曲动人的挽歌：

少陵野老吞声哭，春日潜行曲江曲。
江头宫殿锁千门，细柳新蒲为谁绿？
忆昔霓旌下南苑，苑中万物生颜色。
昭阳殿里第一人，同辇随君侍君侧。
辇前才人带弓箭，白马嚼啮黄金勒。
翻身向天仰射云，一笑正坠双飞翼。
明眸皓齿今何在？血污游魂归不得。
清渭东流剑阁深，去住彼此无消息。
人生有情泪沾臆，江水江花岂终极！
黄昏胡骑尘满城，欲往城南望城北。

——杜甫《哀江头》

还有那首我们最熟悉的《春望》：

国破山河在，城春草木深。
感时花溅泪，恨别鸟惊心。
烽火连三月，家书抵万金。
白头搔更短，浑欲不胜簪。

——杜甫《春望》

漫天的烽火中，大概很少有人还能收到家书。杜甫时时忧心着家人遭遇不测，不知何时才能互通音信。

大地沉睡，明月高悬。今夜的鄜州，月色应该也很美吧？或许可怜的妻子，也正孤身牵挂着自己。

今夜鄜州月，闺中只独看。
遥怜小儿女，未解忆长安。
香雾云鬟湿，清辉玉臂寒。

何时倚虚幌，双照泪痕干。

——杜甫《月夜》

闺中的每一分思念，杜甫都感同身受，这首《月夜》，便是他写给家人最好的情诗。

公元 757 年正月，安禄山刚做了一年大燕皇帝，就被自己的儿子安庆绪所杀。

叛军内乱无疑是一个好消息，唐军连打几次胜仗，肃宗李亨也从灵武迁到了距离长安更近的凤翔。

杜甫本可以继续隐匿行踪，等待官军收复京都，但他却迫不及待地设法逃离了长安，不是急于归家，而是直奔凤翔。

因为当时国家动荡，正处于用人之时，国家的需要大于小家的利益。虽然自己一家老小是什么状况还不得而知，但是他把国放到了家之上。

（河南大学教授 程遂营）

他还是一心想投奔新皇帝，最后好不容易逮了个机会从金光门，就是西门的方向跑了。据说出门的时候非常惊险，具体细节他没有仔细描述，只是说后来等到长安都收复了，他回到长安路过金光门的时候还是心惊胆战的。为什么呢？就是因为留下了恐怖的记忆。

（陕西师范大学教授 于赓哲）

从长安到凤翔，必须穿过两军对峙的火线，大道不能走，杜甫只能在山林中寻找荒芜的小路前行。如果再被捉住，那必定是性命难保。他觉得自己似乎只能算是暂时活着的人，能走一步，便算一步吧。

西忆岐阳信，无人遂却回。
眼穿当落日，心死著寒灰。
雾树行相引，莲峰望忽开。
所亲惊老瘦，辛苦贼中来。

——杜甫《自京窜至凤翔喜达行在所·其一》

愁思胡笳夕，凄凉汉苑春。
生还今日事，间道暂时人。
司隶章初睹，南阳气已新。
喜心翻倒极，呜咽泪沾巾。

——杜甫《自京窜至凤翔喜达行在所·其二》

死去凭谁报，归来始自怜。
犹瞻太白雪，喜遇武功天。
影静千官里，心苏七校前。
今朝汉社稷，新数中兴年。

——杜甫《自京窜至凤翔喜达行在所·其三》

当他终于抵达凤翔，已经衣袖残破，两只手肘都露在外面，脚上只穿着两只麻鞋，就拜见了新皇帝。为了表示嘉奖，肃宗授命杜甫为左拾遗。

这个左拾遗的官太小了，左拾遗是一个从八品的小官，他的职责是给朝廷提意见，拾遗补阙。

（陕西师范大学教授 王双怀）

杜甫当然有经邦济世的雄心壮志，但是在当时的政坛环境里，杜甫是个不起眼的人物。唐肃宗皇帝也不至于对杜甫格外青睐，给他这样一个官，大致等于一个安慰。你起码是从叛军那里跑到我这来的，忠心可嘉，大概是这样的一种心态。

（陕西师范大学教授 于赓哲）

虽然左拾遗的职位仍然不高，却能近临天子，参与朝政。杜甫新官上任，要把自己满腔的热情奉献给国家。他还没有意识到，在这乱世里，自己即将陷入一场皇位更迭带来的政局动荡之中。

当时唐肃宗在指挥平叛战争，而唐玄宗在四川，他是太上皇，也在发号施令。当时有一个叫房琯的人，是唐玄宗时期留下的宰相。唐肃宗要用房琯，但因为和唐玄宗之间有过节，又对房琯不太放心，想找机会把房琯拿下。后来他终于找到一个机会，因为房琯在前线指挥失误，要贬逐房琯。当时杜甫就给皇帝上疏，替房琯鸣冤叫屈。

（陕西师范大学教授 王双怀）

房琯既是良相，又无重罪，岂能因为一点小小的指控而被贬逐？杜甫上疏直陈，他的言辞铿锵有力，一如他的诗作。

皇帝大怒，转而要将杜甫查办，幸亏有人为他说情，才勉强保住职位。

不过，杜甫很快被授命离开凤翔。此时，距离他出任左拾遗还不足三个月。看来，他并不是一个令人愉快的言官，肃宗的身边，似乎也不需要真正的谏臣。

明公壮年值时危，经济实藉英雄姿。
国之社稷今若是，武定祸乱非公谁。
凤翔千官且饱饭，衣马不复能轻肥。
青袍朝士最困者，白头拾遗徒步归。
人生交契无老少，论交何必先同调。
妻子山中哭向天，须公枥上追风骠。

——杜甫《徒步归行》

杜甫终于要回家了，虽然此时的他连一件体面的朝服都买不起，更别说有能够代步的马匹了。

这是安史之乱的第一年，杜甫不过四十六岁，头发已然花白。开元盛世在他的眼前倏然消散，只留下一片凄凉的惨景。在乱世中四处奔走，能够活着，就是一种偶然。如今还能再次踏入家门，更是如同梦境。

妻子的衣服，已经打满补丁，儿子脸色苍白，见了我就转过身哭，脚丫脏兮兮的，连双袜子都没有。两个小女儿裤子上也都是补丁，短得刚到膝盖。孩子们围在我的身边，怕我再次离去。夜里，我与妻子端着蜡烛把对方看了又看，简直不敢相信，生怕还是在梦里。

公元757年，杜甫把从凤翔一路到羌村的经历和家人团聚的情形，写成了《羌村三首》《北征》等作品，那一年，他把最真挚的诗句都留给了家人：

经年至茅屋，妻子衣百结。
恸哭松声回，悲泉共幽咽。
平生所娇儿，颜色白胜雪。
见耶背面啼，垢腻脚不袜。
床前两小女，补绽才过膝。
海图坼波涛，旧绣移曲折。

——杜甫《北征》节选

邻人满墙头，感叹亦歔欷。
夜阑更秉烛，相对如梦寐。

——杜甫《羌村·其一》节选

晚岁迫偷生，还家少欢趣。
娇儿不离膝，畏我复却去。

——杜甫《羌村·其二》节选

第四节　三吏三别

公元 757 年，大唐在战鼓轰鸣中度过了腥风血雨的一年。年底，官军将士终于暂时收复了长安和洛阳。城中幸存的百姓连续狂欢五天，庆祝新皇肃宗与太上皇玄宗重返帝都。

为了奖励为光复做出贡献、为国尽忠的官员们，朝廷慷慨地列出了长长的提拔名单，没有进入名单的官员则按例进阶，曾在战乱中投奔肃宗的杜甫自然也在其中。

即便战争让大唐帝国千疮百孔，就连京城官员的俸禄也不能按时发放，但再次春风荡漾的曲江还是给杜甫的心中增添了许多明媚。他在这里典当春衣，置换酒钱。眼中又看到了“穿花蛱蝶深深见，点水蜻蜓款款飞”的美景，甚至还生出了“何时诏此金钱会，暂醉佳人锦瑟旁”的雅兴。

苦尽甘来，如果余生再无动荡，或许杜甫也能就此做个安贫乐道的杜拾遗，抑或一位温柔、悦目的大诗人。

这个时候安史之乱还没有被完全平息，新皇帝和老皇帝之间的宫廷斗争仍然在继续。在宦官李辅国的怂恿下，唐肃宗把他的老爹唐玄宗软禁在太极深宫里。与此同时，原来跟老皇帝走得比较近的一批大臣都受到了排挤和打击。房琯被贬邠州（治所在今陕西彬州）刺史，跟房琯走得比较近的一批人也受到了排挤。严武被贬巴州（今四川巴中）刺史，大云寺的一个高僧赞公也被贬离京城，到了秦州（今甘肃天水）。杜甫曾经为房琯案上疏，也被认为是房琯一党，所以也受到了牵连。

（河南大学教授 程遂营）

公元 758 年六月，杜甫收到了调离长安的诏令。去年的四月，杜甫正是冒死从这里逃出，怀着满腔热忱投奔肃宗，如今被无情地放逐，竟然还是从这里走出。他此行的目的地在华州，职位是从七品下的司功参军，管理当地的礼仪庆典、医疗教育。

那是七月的酷暑时节，华州夜里常有毒蝎出没，白天蚊蝇乱飞，许多公文积压在案。杜甫休息不好，饭也吃不下，于是写诗说道：“束带发狂欲大叫。”

七月六日苦炎热，对食暂餐还不能。
每愁夜中自足蝎，况乃秋后转多蝇。
束带发狂欲大叫，簿书何急来相仍。
南望青松架短壑，安得赤脚踏层冰。

——杜甫《早秋苦热堆案相仍》

我们从诗里可以看到，他的官虽然不大，但是管理的事务很多，这些案牍之劳使他很疲惫。与此同时，天气的闷热、生活条件的恶劣使他的内心非常苦闷，“欲发狂”啊。他心里面向往着能到山林里面去，甚至赤着脚踏到冰上，过一种相对自由的生活。这首诗反映了杜甫当时的心境，他距离自己追求的那种“致君尧

舜上，再使风俗淳”的理想很遥远。

（河南大学教授 程遂营）

这时两京收复不久，物价攀升，长安市面上一斗米的价格比开元年间涨了三百多倍。为了填补国家财政的亏空、筹集军费，唐肃宗开始下令铸造以一当十的乾元重宝。第二年三月，朝廷又铸造以一当五十的新币，三钱并行流通，很快便造成了大唐成立以来从未有过的市场混乱和通货膨胀。

在华州考试进士的策问里，杜甫精心准备了许多针对现实状况的考题：

在不把经济负担增加到百姓头上的情况下，用什么办法能够增加政府收入，供给官军？

战争过后，市场上几乎买不到马匹的情况下，怎样提高驿站系统的效率？

国家的复苏迫在眉睫，有没有对于金融改革和粮食储备等方面问题的具体建议？

这些考题完全不同于从前只考文学的试卷，我们可以想见，这位不按套路出题的考官，大概很难受到当地考生的拥戴。

杜甫到华州的时候，安史之乱还没有完全平息。当时河北地区敌我双方争夺很激烈，唐军在郭子仪、李光弼的努力下收复了两京。在这个过程中，北方的回纥曾经有一定的功劳。当时他们约定，打败叛军，中原人民的子女、财宝可以让回纥的士兵任意索取，所以回纥就到处抢掠，给社会造成很大的困扰。虽然他们平叛有功，但最后对社会造成的危害是非常大的，杜甫看到了这一点，非常不满。

（陕西师范大学教授 王双怀）

尽管杜甫在华州积极地为地方长官分析敌我形势，就唐军应该怎样剿灭盘踞邺城（今河北临漳一带）的胡人，提出许多切实可行的建议，但国家的灾难还没有消除，各地官员竟又开始争先恐后地向新帝呈现祥瑞。想到那些无功受禄的官员、沉迷神仙的皇帝，还有自己那虽然中肯但不知何时才能被朝廷采纳的建议，诗人怎能不感到失落和愤慨呢？

公元758年冬末，杜甫请假返回洛阳，看望他在战乱后的故居。洛阳偃师的首阳山下，有杜甫在诗中经常提到的“尸乡土室”，意思是建在祖茔附近的窑洞。这处阔别四五年的老宅，如今已是人烟稀少，一片荒芜。在这样的孤独中，杜甫给远在济州的弟弟写信，告诉他家中的情形：

乱后谁归得，他乡胜故乡。
直为心厄苦，久念与存亡。
汝书犹在壁，汝妾已辞房。
旧犬知愁恨，垂头傍我床。

——杜甫《得舍弟消息》

韭菜，是朋友从自家园子里刚剪下的，叶子还沾着春雨，略点薄盐，正鲜软多汁。黄粱饭虽糙，但有筋道，是特地开炊新煮的，氤氲着温热的情意。杜甫在离开洛阳之前，拜别了二十年的好友——卫八处士。条件有限，朋友只能用这样的一餐作为招待。但故人重逢，相伴话旧，再配上暖酒，大快朵颐都来不及，杜甫又怎么会嫌简陋呢？那些被战乱推得远远的、恍如隔世的生活，似乎一下子又来到了他们的眼前。只可惜，眼前温馨的烛光所照，却是乱世烽火中残存的一角。

人生不相见，动如参与商。
今夕复何夕，共此灯烛光。
少壮能几时，鬓发各已苍。

访旧半为鬼，惊呼热中肠。
焉知二十载，重上君子堂。
昔别君未婚，儿女忽成行。
怡然敬父执，问我来何方。
问答乃未已，儿女罗酒浆。
夜雨剪春韭，新炊间黄粱。
主称会面难，一举累十觞。
十觞亦不醉，感子故意长。
明日隔山岳，世事两茫茫。

——杜甫《赠卫八处士》

大唐乾元元年（758 年）秋冬之季，李唐王朝与安史叛军的战事进入了胶着阶段。朝廷动用举国之力，令平叛有功的郭子仪、李光弼等九位节度使围攻安庆绪退守的相州，希望将其一举剿灭。

这场战役看起来就像是最后的总决战一样，唐朝（官军）的兵力占据优势，据说兵力多达 60 万。但是有一个重大的问题，唐肃宗这位皇帝实际上时刻警惕着军将们，他一方面重用郭子仪、李光弼这些人去平叛，同时又时刻警惕这些人权力坐大，不想再出现第二个安禄山、史思明。在这种情况之下，一个令人百思不得其解的现象就出现了：当时唐朝九节度使出战，不设总指挥，只设监军的宦官。一言以蔽之，没有总司令。双方在战场上对峙的时候刮起了狂风，按理说对双方都有影响，但是唐朝政府军率先溃退。而且，各军之间进退不能协调一致，没有协同进攻，导致这场战役很快惨败，形势急转直下，叛军咸鱼翻身。

（陕西师范大学教授 于赓哲）

此时，距离安史之乱的爆发已经过去了三年光阴。大唐官军再一次全线崩溃，伤亡惨重，东都洛阳一带又陷入了巨大的混乱。为了防止三年前的灾难重演，大将郭子仪誓死保卫陕州，但他的兵员亟待补充，只能四处抽丁。我们不难想象，杜甫是在何种动乱的形势下匆忙赶往华州的。当他路过新安县，看到那里的成年男丁已经没有了，官府只好征用十八岁的

“中男”送往前线。

肥男有母送，瘦男独伶俜。
白水暮东流，青山犹哭声。

——杜甫《新安吏》节选

唐朝鼎盛时期，按照官府自己的统计数据，天宝年间的总人口大概在4500多万，但是这远不及真实数字，真实的数字应该至少在6000万左右。等到安史之乱结束之后，唐朝究竟有多少人口？我们现在没有一个详细的统计数据。原因是什么呢？由于藩镇割据，很多地方不上户口，但是我们起码可以确定，人口大量死亡是不争的事实。整个国家生灵涂炭，遭遇了毁灭性的打击。尤其要请大家注意，安史之乱的主战场在哪里？安史之乱主战场在河北、河南到陕西关中一带，当年是唐朝的腹心之地，是政治、经济、文化的中心地带，这对唐朝是一个摧毁性的打击。

（陕西师范大学教授 于赓哲）

按照唐代颁布的律令，六十为老。但杜甫也眼见垂垂老者丢掉拐杖，拿起刀枪。老人没有抱怨，反而口吐着豪言壮语：子孙都死光了，老头活着还有什么意思！只是当他穿上厚厚的甲胄即将踏上征途时，却听到了老伴的声声哀唤。忧愁又涌上他的心头：天气冷了，寒风刺骨，哭倒在路旁的老妻尚且衣衫单薄，还有谁能照顾她呢？

此去必不归，还闻劝加餐。

——杜甫《垂老别》节选

在《新婚别》中，杜甫描述了他所见到的另一种告别：黄昏成亲的丈夫第二天早晨便要出征，新娘脱下嫁衣，洗去红妆，她在缠绵的别语中勉励夫婿。即便这一去，很难再有回来的希望。

勿为新婚念，努力事戎行。
妇人在军中，兵气恐不扬。

——杜甫《新婚别》节选

杜甫写苦难，鸣哀曲，笔底却不乏豪气。《新安吏》《石壕吏》《潼关吏》《新婚别》《垂老别》《无家别》，这六首诗也成为唐诗中不朽的杰作。他看到天下众生在苦难中翻滚，心生悲悯；但想到曾经的盛世正被践踏在胡人的铁骑下，又怒火满腔。最后，他只能无奈地安慰那些前去保家卫国的戍卒和他们的家人。

只有《石壕吏》是一个例外。

这里地处崤函古道的咽喉处，是由洛阳西行的必经之路。在村子西南山坡上的石壕沟里，还保留着一千多年前崤函古道的旧貌。历史上的崤函古道战乱不断，著名的秦晋崤之战、项羽与秦军之战、刘秀与赤眉之战等，无不让沿途百姓饱尝乱世之苦。石壕村，就是古道上多灾多难村庄的一个缩影。

公元 759 年，杜甫从洛阳返回华州的途中遭遇河南一带的动乱，他经过新安、陕县、潼关，日暮时分来到了石壕村，投宿在农家。夜半有差吏敲门抓丁，这家的老翁急切跳墙逃走。慌张的老妇前去应门，期望可以躲过一劫。她的三个儿子，一个正在邺城戍边，两个刚刚战死。家里只剩下她和儿媳，带着尚在吃奶的孙子。但那样的苦苦哀求，并没能打动官兵。为了家人，老妇自己挺身而出，请命前往军中做饭。凄凉又坚毅的身影，终于投入茫茫的夜色。

夜久语声绝，如闻泣幽咽。
天明登前途，独与老翁别。

——杜甫《石壕吏》节选

在被战火剿灭了温情的岁月里，杜甫亲眼看见了这样的生离死别，他又要踏上满目凄凉的旅途，竟再也说不出什么安慰和劝解的话来了。

> 杜甫那个时候还是一个官员，是华州的司功参军。他路过石壕村的时候，晚上遇到了官吏来抓人，看见了那样的惨景。一方面，他同情这些老百姓的遭遇；另一方面他又想到，不这样搞似乎不行，否则平叛战争就没个头了。所以，他反过来又要去劝慰这些老百姓。“三吏三别”是他在一种矛盾的心境下写出来的，用他的笔为我们描绘了当时战乱时代的小人物。我们光阅读正史，只看到皇帝如何如何，大将军们如何如何，好像这场战争就是他们在下棋一样。实际上，最苦的是百姓。“三吏三别”为什么是伟大的现实主义著作？没有这些诗作，我们到哪去了解战争之下老百姓的伤苦？所以我们才说，这是一组非常令人感怀的诗。它超越语言，超越国别，能够引起人类的共鸣。
>
> （陕西师范大学教授　于赓哲）

《石壕吏》的故事早已结束，但诗人深沉激荡的思想情感一直引导着千百年来的读者，去体会那沉默中的弦外之音。显然，他在写下这样的诗句时，考虑的不再是皇帝与权贵的品位。当人世间无边的苦难，被他用笔墨饱蘸浓情，化为一篇篇刻骨铭心的五言七律，盛唐诗歌也在雄浑浪漫的风骨中，铸就了一颗饱经沧桑的灵魂。

> 杜甫的“诗圣”，是指他用诗歌达到了一种圣人的境界。这种境界是什么，就是齐家治国平天下的思想，就是对老百姓的现实主义的关怀。我们把他叫作现实主义派诗人，就是因为，你要是想看那个年代老百姓的辛苦、老百姓的伤痛、老百姓的心境，在李白的诗歌里见到的并不多，相反，在杜甫的诗歌里比比皆是，这个人的心是朝下的。
>
> （陕西师范大学教授　于赓哲）

公元 759 年夏天，关内久旱不雨，田地里又是一片荒芜。此时，史思明在相州取胜之后杀死安庆绪，回到范阳自称大燕皇帝，准备再次攻取河南。关中战火不休，而朝廷内还在进行排除异己的党争。一个小小的司功参军，还能为这个万方多难的时代做些什么呢？

立秋后不久，杜甫终于决定追随自己的内心，放弃了华州的官职。其实在这十多年里，他正式为官的时间加起来还不到两年半。“罢官亦由人，何事拘形役。”他无心再留恋仕途，也即将开始生命中最为漫长的迁徙。

第五节　有客子美

关中，是一个颇具军事色彩的名字。它南有秦岭作为屏障，北有黄土高原作为庇护，东面则有黄河、崤山的天险。而在关中平原的西面，最重要的一道防线就是陇山。古文献记载说，这里山势陡峭，翻越至少需要七天的时间，从东方过来的人，常常踌躇不前。但是，那些被战乱和饥荒紧紧逼迫着的人，要想西行避难，却必须越过这些绵延的大山。

秦州（今甘肃天水）与长安（今陕西西安）相距近八百里，是大唐陇右道东部的一座重要城市。因为与关中地区隔着高大的山脉，还保持着暂时的平静。在秋风萧瑟的季节，秦州正是用这连绵的群山，考验和欢迎着杜甫一家。杜甫也在这里，开始了他人生以及诗歌创作的新篇章。

> 他在《秦州杂诗》的第一首里，开头两句就说：“满目悲生事，因人作远游。”我听到的、看到的、经历的，都是让我心生悲伤的事情。由于亲人的远游，我就开始慢慢地长途远游了。
>
> （甘肃天水杜甫研究会　聂大授）

> 当时有两个人在秦州，一个是他的族侄杜佐。杜佐说他在那里有一个田庄，田庄里还种了一些果蔬和粮食，基本上可以解决温饱问题。还有一个人是当年在长安跟他关系比较好的高僧，大云寺的赞公，这两个人在那儿，才使他在诗中说“因人作远游”。
>
> （河南大学教授　程遂营）

杜甫刚到秦州，曾短暂地寄居在东柯谷，族侄杜佐的家中。但生活不能全仰仗他人，杜甫不得已又开始了在长安时经营过的采药和卖药的生活。在太平寺的泉水下，他就曾梦想过，如果用这比牛乳还香甜的水灌溉出一片繁荣的药圃，该有多好啊！

秦州的许多幽静之处，都让杜甫有了建一座茅屋长此居住下去的念头。他在僧人赞公的陪同下，多次前往城南的西枝村寻找建立草堂的基地，但是由于囊中羞涩，最终都没有成功。

在生存的压力中，杜甫不得不厚着脸皮一再地写信给杜佐，希望这位族亲能给自己再多送些口粮。

已经过了白露的节气，黄粱熟了，你答应过分些给我，怎么还没来呢？一定是你想把它舂得更细一点，所以才延误了时日吧。我能想象得到，园中青青的绿葵，配上黄粱煮成的粥饭，甜润微黏滑过我的汤匙，那是我最爱的美味呀！

白露黄粱熟，分张素有期。
已应舂得细，颇觉寄来迟。
味岂同金菊，香宜配绿葵。
老人他日爱，正想滑流匙。

——杜甫《佐还山后寄三首·其二》

不久，一位名叫阮昉的隐者给杜甫送来新鲜的薤菜，他高兴无比，又提笔写道：

隐者柴门内，畦蔬绕舍秋。
盈筐承露薤，不待致书求。
束比青刍色，圆齐玉箸头。
衰年关鬲冷，味暖并无忧。

——杜甫《秋日阮隐居致薤三十束》

没有向别人求援，别人主动地送来了三十束新鲜带着露水的鲜薤。薤是什么呢？就是那种长在野地里的野蒜。在唐朝初期的时候，宫廷的诗歌比较多，是那种艳丽的、有一定格律的诗歌。到了盛唐时期，一些田园诗人和边塞诗人开始把个人的理想追求渗入到诗歌里。但在杜甫的诗歌里，或者说从杜甫开始，任何生活里的小事，哪怕是一封家书、一捆青菜、两人的对话，甚至到农家去喝酒等，都可以进入到诗歌里面。这也使杜甫的诗更加贴近老百姓的生活，也是其诗之所以被称为“诗史”的重要原因所在。

（河南大学教授 程遂营）

随着严冬的到来，陇西的茫茫四野让杜甫和家人陷入了衣食无着的境地，诗人也在其中体验着贫穷的每一处细节。柏树籽虽然苦，却不得不吃。天上高高的云霞，也姑且能当作餐饭。没米下锅，用不着生火，早晨连井水都结冰了，一家人缺衣少被，只能蜷曲在冰冷的床板上。最后，杜甫幽默地自嘲道：“囊空恐羞涩，留得一钱看。”

他说，现在我的钱越来越少了，但是如果我的钱袋里边一文不剩、空空如也，那多难堪啊。所以还是要在钱袋里留上一文钱，来把钱袋子看住。杜甫在异常困苦的情况之下，用这样一种幽默的方式来调整自己的心态，增强生活的信心。在我们看来，杜甫的诗好像写的都是愁眉苦脸、艰难困苦，实际上在这样的境遇中，他还有他的幽默、他的童趣。然而透过这些轻松和幽默，我们感受到的是杜甫的苦涩和难堪。

（甘肃天水杜甫研究会 聂大授）

杜甫在秦州度过了他人生中颇为艰难的三个多月。这段时间里，他写下了将近一百首诗作。这些诗篇吟咏秦州的山川风物，抒写个人的情怀，感叹时局的动乱，同情民间的疾苦，描绘着那个万方多难的时代和自己囊空如洗的困窘——那是一个再真实不过的世界。

陇山以西地域广袤的陇右道，从秦汉到唐代一直是汉族和少数民族杂居的区域。大唐自高祖以来，便在陇右设置了都督府和州县。开元年间，又陆续设立了朔方、陇右、河西、安西、北庭等节度使镇守边疆。但在安史之乱中，这些驻扎在陇西的精锐被迫东征。

虽然秦州在公元 763 年才被临近的吐蕃攻陷，但杜甫在这里时，就已经感受到了紧张的气氛。正当他在秦州衣食无着、走投无路时，附近的同谷县有位“佳主人”给他来信，言辞恳切，向他描述了那里环境的优越。

> “佳主人”请杜甫到同谷去做客，说同谷的气候非常温和，物产非常丰富，有良田毗连，有蜂蜜可采，有竹林间的冬笋可以随时食用。尤其还谈到了栗亭（在今甘肃陇南）。所以杜甫在《发秦州》这首诗里面非常欣喜地写道：“无食问乐土，无衣思南州。”他对南下同谷是抱有非常大的希望的。
>
> **（甘肃天水杜甫研究会 聂大授）**

同谷（今甘肃成县）距离秦州大概二百多里路程，杜甫很快便带着他的小队伍出发了。

卤中草木白，青者官盐烟。
官作既有程，煮盐烟在川。
汲井岁榾榾，出车日连连。
自公斗三百，转致斛六千。
君子慎止足，小人苦喧阗。
我何良叹嗟，物理固自然。

——杜甫《盐井》

熊罴咆我东，虎豹号我西。
我后鬼长啸，我前狨又啼。
天寒昏无日，山远道路迷。
驱车石龛下，仲冬见虹霓。
伐竹者谁子，悲歌上云梯。
为官采美箭，五岁供梁齐。
苦云直簳尽，无以充提携。
奈何渔阳骑，飒飒惊蒸黎。

——杜甫《石龛》

在盐井旁，诗人看见煮盐的工人终日劳碌，却收入微薄；在野兽出没的石龛下，诗人看见伐竹的农户唱着悲歌登上山峰采折美箭，但可用的竹子都被采完了，还能怎样应付官府的索求呢？这些细致到每处地名和百姓生活的记录，都出自杜甫的诗句。我们至今仍能清楚地看到，诗人一家走过了怎样艰难的旅途，最终才在同谷境内的飞龙峡凤凰村居住了下来。但奇怪的是，那位曾经给他来信的“佳主人”，却再也没有在他的任何诗句中出现。

写信邀请他的“佳主人”没有了踪影，这个人去哪里了呢？或许他当时由于别的原因离开了同谷，比如发生了变故，或者他躲起来了。当时邀请杜甫，可能是一番随意率性而为的客套话，没有想到现在杜甫真的来了。他可能感到非常难堪，无力接待，所以就避开了。他的信也没有流传下来，我们无从得知他的真实情况。然而，事实是杜甫满怀希望到了同谷以后，陷入了一生中最艰难的困境，他的生活还不如秦州时期了。

（甘肃天水杜甫研究会 聂大授）

如果我们抱着游览的心情前往今天的甘肃成县，会发现那里有着雄奇壮丽的陇西美景，但对于举目无亲的杜甫一家而言，险峻的山川，却成了生存的最大障碍。

有客有客字子美，白头乱发垂过耳。
岁拾橡栗随狙公，天寒日暮山谷里。
中原无书归不得，手脚冻皴皮肉死。
呜呼一歌兮歌已哀，悲风为我从天来！
长镵长镵白木柄，我生托子以为命。
黄独无苗山雪盛，短衣数挽不掩胫。
此时与子空归来，男呻女吟四壁静。
呜呼二歌兮歌始放，邻里为我色惆怅。
有弟有弟在远方，三人各瘦何人强。
生别展转不相见，胡尘暗天道路长。
东飞駕鹅后鹙鸧，安得送我置汝旁。
呜呼三歌兮歌三发，汝归何处收兄骨。
有妹有妹在钟离，良人早殁诸孤痴。
长淮浪高蛟龙怒，十年不见来何时。

——杜甫《乾元中寓居同谷县作歌七首》节选

实际上，他在同谷只住了一个月左右，便高声呼喊出了《乾元中寓居同谷县作歌七首》。从这七首诗里，我们得知，他常常跟随养猴的老头在寒风中捡拾橡栗；也曾在大雪漫山时，身着破旧的短衣，到山上挖黄独的根充饥；但是雪盛无苗，他只能空着两手回家，静听孩子们饥饿的呻吟；他的三个弟弟都远在他乡，彼此不通消息；他的妹妹在钟离成为孀妇，十年不曾相见。

那是农历十二月，一年中最寒冷的日子。由于生活陷入从未有过的绝境，杜甫不得不带着家人再次逃离。

杜甫在路途中时常梦见李白，他怀疑李白已经过世，于是写下两首《梦李白》。他也得知昔日好友郑虔被贬为台州（今浙江台州）司户，在山涧旁耕田，在海角卧病，就像一支宝剑被埋没在土里，永远没有被挖掘出来的希望。与他们相比，自己大概还能算作幸运。

公元 759 年，是杜甫一生中最为艰辛的一年。前半年，他风尘仆仆地奔走在战乱的洛阳道上；后半年，他艰难地跋涉在崎岖的陇蜀途中。我们很难想象，当温暖的成都平原在杜甫的面前展开，他的内心是怎样地百感交集。

初月出不高，众星尚争光。
自古有羁旅，我何苦哀伤。

——杜甫《成都府》节选

我们说，人生很多事情是没有预设的。他（杜甫）也不会想到，本来打算在长安和洛阳求取功名，后来会与成都这座城市结下那么深厚的缘分。在唐朝，除了长安和洛阳之外，还有“扬一益二”的说法。虽然这个说法在杜甫生活的时代可能还没有定型，但益州的治所成都是一座繁华的大都市，应该是公认的。而且就在杜甫到成都之前，因为避安史之乱，玄宗皇帝曾经到过成都，成都的地位急剧地提升，被称为“南京”。之前他在秦州靠的是自己的友人亲人，在成都依靠的是当时的成都府尹和剑南西川节度使裴冕。裴冕原来在朝廷做官，跟杜甫有交集。还有就是跟杜甫关系非常好的高适，在彭州（今四川彭州）做刺史，离成都也不太远。这样一来，多方面的原因促使杜甫继续南下，到了成都这座城市。

（河南大学教授 程遂营）

据说，在杜甫出生前的几个世纪，这座城市就因为进贡给朝廷美丽的织锦而闻名，“锦官城”“锦城”从此成为它的别名，因为织锦在河流中漂洗，所以又有了“锦江”“浣花溪”这些美丽的名字。

绕过一片人烟稀疏、房屋不多的村庄，杜甫的草堂就修筑在浣花溪的北岸。但它决不会像今天这样气派，因为这片从荒芜中开辟出的土地，最初是靠着诗人的奔走呼求和亲朋好友的慷慨接济，才得以向四方扩展的。

在几个月的时间里，杜甫曾向友人萧实请求一百棵桃树秧，向韦续索取绵竹县的绵竹，向何邕要蜀中特有的三年便能成荫的桤木苗，还亲自走到果园坊里向徐卿索求果木秧，无论绿李黄梅都可以。当他向当时涪城县的县尉韦班索要松树苗时，看见韦班家里有个大瓷碗，像霜雪一样洁白，便写诗求取：

大邑烧瓷轻且坚，扣如哀玉锦城传。
君家白碗胜霜雪，急送茅斋也可怜。

——杜甫《又于韦处乞大邑瓷碗》

一个名叫王十五的表弟给他送来建筑费，他更是感动地说：“在他乡多亏表弟帮忙，来往不辞劳苦。”杜甫的草堂终于在暮春时节落成了。他决不会想到，此后千年，这间集百家之力而成的栖身处所，会成为中国文学史上的一处圣地。

根据史书记载，安史之乱前全国户口 900 多万户，到了肃宗上元元年（760 年），只剩下不足 200 万户，损失了四分之三以上。而我们的杜子美却终于远离兵戈扰攘的中原，保得了全家的平安，在异乡的粗茶淡饭间寻找到了幸福的所在。

他的北邻是一位姓崔的退职县令，爱酒能诗，常常踏着蓬蒿来访；南邻的朱山人家种着芋头和栗子，是那样地热情好客；附近卖文为生的斛斯融，常常与他共饮对酌；草堂的窗外，不只有黄鹂和白鹭，还可以望见山巅终年积雪的西岭；春天，当他在浣花溪畔独步，目光所及之处，便是黄四娘家的香花满路。

舍南舍北皆春水，但见群鸥日日来。
花径不曾缘客扫，蓬门今始为君开。

——杜甫《客至》节选

锦里先生乌角巾，园收芋栗未全贫。
惯看宾客儿童喜，得食阶除鸟雀驯。

——杜甫《南邻》节选

故人南郡去，去索作碑钱。
本卖文为活，翻令室倒悬。
荆扉深蔓草，土锉冷疏烟。
老罢休无赖，归来省醉眠。

——杜甫《闻斛斯六官未归》

两个黄鹂鸣翠柳，一行白鹭上青天。
窗含西岭千秋雪，门泊东吴万里船。

——杜甫《绝句》

黄四娘家花满蹊，千朵万朵压枝低。
留连戏蝶时时舞，自在娇莺恰恰啼。

——杜甫《江畔独步寻花》

细雨鱼儿出，微风燕子斜。

——杜甫《水槛遣心二首》节选

好雨知时节，当春乃发生。

——杜甫《春夜喜雨》节选

圆荷浮小叶，细麦落轻花。

——杜甫《为农》节选

我们读着这些诗句，仿佛能听到一首首田园交响曲。原来，杜诗在沉郁顿挫之外，也可以细微到“嫩蕊商量细细开”，轻盈到“自在娇莺恰恰啼”。

那个时候的杜甫也谈不上富裕，只是比较起其他时间的颠沛流离来说，这个阶段内起码还有碗饭吃，还有个草棚子可以安身，对他来说是一段难得的幸福时光了。

（陕西师范大学教授　于赓哲）

不过，真实的田园却不只有诗情画意。杜甫躬耕南亩，还必须具备一个农夫所应有的辛勤。

这一年的八月，一场秋风竟把草堂掀掉了顶。飘散的茅草被南村的群童捡走，杜甫束手无策，只能倚杖叹息。黄昏时分，风定了，墨色的云又聚集起来，雨不住地下了一整夜，漏水的屋里没有下脚的地方。经历了凄风冷雨，杜甫在那样无眠的长夜，却想起了全天下流离失所的人们：

安得广厦千万间，大庇天下寒士俱欢颜！风雨不动安如山。
呜呼！何时眼前突兀见此屋，吾庐独破受冻死亦足！

——杜甫《茅屋为秋风所破歌》节选

历史与苦难，成就了这位独一无二的人间诗圣。如果可以选择，他一定还是希望大唐可以永远盛世太平。

第六节　天地沙鸥

公元 761 年，杜甫在长安时的好友严武成为新任成都尹兼剑南两川节度使。随着这位青年才俊的到来，五十岁的杜甫再不会像从前那样频繁陷入穷困的地步；更可喜的是，并没有一官半职的落魄诗人，还能时常给这位地方最高长官提出建议。

当时天旱不下雨，杜甫就给严武提出一些主张，希望他清理冤狱、鼓励老百姓进行生产等，不知道严武到底听没听他的见解，最后旱情得到了缓解。

（陕西师范大学教授　王双怀）

严武比杜甫小了十几岁，他虽然是一个武将，也喜欢诗歌。杜甫在成都生活期间得到了严武多方面的关照。历史记载，严武曾经给他送米、送面、送一些酒肉，解决他基本的生活问题。

（河南大学教授　程遂营）

但是，这一年的长安百姓仍在一片乱象中煎熬度日。五月三日，被幽禁于太极宫长达十个月的太上皇玄宗在孤独中病死，终年七十八岁；而他那“不孝”的儿子肃宗，竟也在这时陷入危病，不到半个月便撒手人寰，终年五十二岁。

玄宗和肃宗前后脚去世。肃宗之死，伴随着李辅国铲除张皇后的宫廷斗争。张皇后原本是唐肃宗的左膀右臂，当年马嵬坡兵变之后，李辅国以及张良娣，也就是张皇后，都曾经给唐肃宗李亨谏言献策。但是后来这两个人的矛盾非常尖锐，尤其是当时张皇后想拥立越王李系取代现任太子，也就是后来的唐代宗，结果李辅国借此发动政变。那个时候的唐肃宗已经在病榻之上，李辅国把越王李系杀了，把张皇后也杀了，而唐肃宗经此惊吓之后也一命呜呼了。

（陕西师范大学教授 于赓哲）

朝堂的巨震过后，身在成都的严武接到了调任京兆尹的诏令，兼管修建玄宗和肃宗的陵寝。朝廷盛传，只要他能将这些棘手之事处理妥当，就能升任宰相。杜甫一直将严武送到绵州，仍然依依不舍，而这里距离成都东北已经差不多有 130 多公里。他在给严武的送别诗中道明了自己的志向，接着又这样勉励好友：

此生那老蜀？不死会归秦。
公若登台辅，临危莫爱身。

——杜甫《奉送严公入朝十韵》节选

但是，严武刚刚离开，成都少尹徐知道就突然发动兵变，自封为成都尹兼剑南节度使。军阀混战，蜀中道路阻隔，就连进京赴任的严武也一度被困在途中。住在江边草堂的妻子音讯断绝，生死不明，杜甫也只能前往暂时安定的东川治所梓州（今四川三台）去，难道安史之乱的悲剧又要重演吗?

现在让我们越过巴山蜀水，望一望外面的世界。那是一个初冬的早晨，把持朝政的李辅国被人发现头颅不翼而飞；第二年正月，安史叛军首领史朝义的首级也被送往长安。

实际上，那时候的安史叛军基本已经是强弩之末，这个时候的唐朝政府军已经非常强大，而且还有回纥兵的援助。在这种情况下，唐朝政府军最后剿灭了史朝义，河北地区宣告平定。安史之乱被平定的时候，举天下而狂欢，大家都觉得唐朝总算是过了这个坎儿。

（陕西师范大学教授　于赓哲）

给大唐帝国带来噩运的人，终于都得到了应有的下场。至此，安史之乱结束，河南、河北也被正式收复了。其间，杜甫也将妻儿接到了身边：

剑外忽传收蓟北，初闻涕泪满衣裳。
却看妻子愁何在，漫卷诗书喜欲狂。
白日放歌须纵酒，青春作伴好还乡。
即从巴峡穿巫峡，便下襄阳向洛阳。

——杜甫《闻官军收河南河北》

这不仅是一首诗，更是诗人心中勾勒出的回乡路线图。它的情真意切，不知道打动过多少乱世中流亡者的心灵。但是杜甫的狂喜只是昙花一现，混乱的局面并没有真正平息下来。

公元 763 年，吐蕃联络陇右的吐谷浑、党项羌越过陇山，很快占领了长安，代宗匆忙逃往陕州。长安在八年内两度陷落，杜甫心如刀割，而他生活的蜀地也正面临重重危机。

虽然徐知道叛变不久就被镇压下去，但是它导致从未遭遇过兵火之乱的成都平原也变得不平安了。那时有个重要的问题，安史之乱发生之后，唐朝把大量的边防军调到内地勤王，导致边防空虚，“平时安西万里疆，今日边防在凤翔”。当时吐蕃乘虚而入，占据了整个河西走廊，后来又把原先的北庭都护府和安西都护府的地盘都给占了，在这之后，他们也曾经觊觎过剑南道。

（陕西师范大学教授　于赓哲）

杜甫的朋友高适去了剑南道。高适是一个诗人，也有点军事才能，但是他对西南边疆的情况不了解。当时吐蕃人占领了和四川成都交界的三个重要地方，如松州，这些地方的战略地位非常重要。当时杜甫就建议要赶快派兵，要扩充我们的装备，把这些地方收回来，不收回来的话后患无穷。但是高适认为这些地方很偏远，无所谓。高适不接受他的意见，杜甫就写了三首诗表达情况的危急，还专门向朝廷写了奏章，但实际上没有被采纳。连他的朋友都不听他的意见，他还有什么办法呢？报国无门啊。

（陕西师范大学教授 王双怀）

由于和暂代西川节度使的高适意见相左，杜甫似乎不愿再回到成都。他在梓州、绵州、阆州、汉州之间辗转飘零。甚至为阆州刺史代笔，给皇帝呈上了一份奏章，建议朝廷将剑南东川和西川合并在一起，并尽快更换掉高适，派更为得力的人才来驻守巴蜀。但是，杜甫离开蜀地的计划很快就被搁置了。

公元 764 年二月，严武被任命为剑南东西两川节度使，统领整个四川地区的军政事务。杜甫对这位老友的到来感到兴奋，他一口气写成五首七律寄给严武，并在暮春三月再次返回了成都。成都的草堂经过一年零九个月的沉寂，终于又焕发出生机。严武也很快向朝廷推荐杜甫，任职检校工部员外郎，并特享穿绯色官袍、佩银鱼袋的殊荣。

工部相当于现在的建设部，属于中央的六部机构。检校的意思是代理、署理，有这个官品，但不一定是实职。这是唐朝的一个制度，在外地的官员可以署理一些中央的官职。从品阶上来

讲，检校工部员外郎是从六品，当时唐朝的政府规定，品阶和官服是对应的。三品以上大员服紫，赐金鱼袋；四品和五品的服绯，赐银鱼袋；从六品服绿袍，没有鱼袋。但是，严武向朝廷为杜甫特殊申请了绯鱼袋，比他的品阶要高。杜甫在一生之中，都觉得这是一个非常大的荣耀，后来杜甫被称为“杜工部”，就跟这个有关。杜甫一生追求仕途，对于这样的待遇，他感觉非常自豪和骄傲。

（河南大学教授 程遂营）

此时的杜甫已经五十三岁。作为节度使署中的参谋，他在对吐蕃的远征方面提出了不少可行的建议，他的《东西两川说》涉及边疆治理的许多问题；而严武也没让杜甫失望，他在成都整顿军容，很快便收复了失地。

因为草堂修建在城外，杜甫只能长期居住在幕府中。他早年就患有疾病，现在又增添了叫作风痹的病痛，坐得久了，四肢会感到麻痹。在清秋寂静的夜半，他在府中听着长夜不断的角声，写出了一首悲凉的七律：

清秋幕府井梧寒，独宿江城蜡炬残。
永夜角声悲自语，中天月色好谁看。
风尘荏苒音书绝，关塞萧条行路难。
已忍伶俜十年事，强移栖息一枝安。

——杜甫《宿府》

杜甫晚年一直受着疾病的折磨。他有许多慢性病，身体也不太好，晚上还要住到节度使幕府里，不能回家和自己的夫人孩子团聚，那当然就没法跟年轻人比了。还有，当时他虽然只是一个参谋，却用绯袍银鱼袋。在别人看来，这个人地位非常高，跟一般的人不一样，也让人心生嫉妒。一个年龄比较大的人和一帮年轻人争工作岗位，当然会遭到别人的嫉妒。心情不快、身体不好、跟年轻人也不好相处，杜甫觉得自己受到了多方面的约束，所以多次向严武提出要辞职不干。

（河南大学教授 程遂营）

感谢那位拿他当真朋友看待的节度使，杜甫终于带着杜工部的头衔光荣退休了。在美好的春日里，他忙着伐竹除草、修补草堂，享受着难得的欢愉，直到外面传来了严武暴毙的消息。

公元 765 年初夏，杜甫一家终于告别成都，从草堂附近的万里桥出发了。去蜀还乡，走上这条路，杜甫用了五年。在这段时间里，对他影响颇深的李白、房琯都已经去世，他的挚友郑虔死在了被流放的台州，苏源明则饿死在长安；对他照顾有加的高适、严武也相继死去。这可以看作是一段悲伤的旅程吗？

细草微风岸，危樯独夜舟。
星垂平野阔，月涌大江流。
名岂文章著，官应老病休。
飘飘何所似，天地一沙鸥。

——杜甫《旅夜书怀》

此时的他就像一只经验丰富的候鸟，只是身体的状况越来越差，以至于难以支撑长途的旅行。第二年夏天，杜甫一家被迫停留在夔州。唐代的夔州属于山南东道，设有都督府。州治所与后汉初年建起的白帝城相连，就在今天重庆奉节县城东十余里的地方。

这个地方是三国时刘备托孤的白帝城，在杜甫的眼里，也是他非常向往的一个地方。杜甫在夔州之所以能够安顿下来，和夔州当地的地方官柏茂林的邀请也有直接的关系。杜甫到了夔州之后，在那租了一些公田，可能还有一片自己的地，有了基本的生活上的依靠。

（河南大学教授 程遂营）

杜甫在夔州过上了相对富足和安定的日子，他对生活的兴致也空前高涨。山上采摘的卷耳，回来洗净焯过，与瓜薤一起凉拌，他说依稀有橘子味道；夏天用槐叶研碎磨汁，做成一种名叫槐叶冷淘的过水凉面，摆上餐桌总是担心不够吃。

青青高槐叶，采掇付中厨。

新面来近市，汁滓宛相俱。
入鼎资过熟，加餐愁欲无。
碧鲜俱照箸，香饭兼苞芦。
经齿冷于雪，劝人投此珠。

——杜甫《槐叶冷淘》节选

杜甫常常写这些普通的食物，似乎只有熟悉的味道，才能慰藉他客居他乡的愁苦。对于夔州当地的美食，他却感到难以受用，甚至这样写道："异俗吁可怪，斯人难并居，家家养乌鬼，顿顿食黄鱼。"

乌鬼就是今天我们熟悉的可以在水里面捉鱼的鸬鹚。"顿顿吃黄鱼"，什么东西顿顿吃、天天吃，也不好吃了，这种生活习惯他（杜甫）不适应。他在别的诗里面还谈到，这个地方"岁月蛇常见"，而且时不时有老虎出没。吃饭的时候，饭里面老是含有沙子，而且没有井，可能吃的是江水、河水。这里的土地不像中原地区那么肥沃，可能沙土地比较多。这里的生活环境、生活条件与他在成都生活期间繁华都市的生活相比，还是有一定差距的。

（河南大学教授 程遂营）

偏僻的山城，与外面广阔的世界，隔绝成了两个天地。除了歌咏夔州独特的山川风物，杜甫也有了充裕的时间回忆他的青年时代。只是他的身体时好时坏，疟疾、肺病、风痹，还有那让他不得不和酒告别的消渴症，都缠绕着他日渐衰老的身躯。在这样的情形下，杜甫在夔州仍然创作了430多首诗篇，占他现存全部诗作的四分之一以上。

风急天高猿啸哀，渚清沙白鸟飞回。
无边落木萧萧下，不尽长江滚滚来。
万里悲秋常作客，百年多病独登台。
艰难苦恨繁霜鬓，潦倒新停浊酒杯。

——杜甫《登高》

又是一年重阳佳节，那阔别多年的故乡洛阳和充盈着他人生理想的长安，该不会永远只能停留在诗人的记忆和期盼中了吧？

公元 768 年的早春，杜甫的小船终于离开夔州，驶出了险要的三峡。他先抵达荆州，但是北方持续的战乱还是让他不得不暂时放弃了北归的计划，随后几经辗转，到达潭州（今湖南长沙）。在潭州的落花时节，杜甫偶遇了一位故人，他就是开元天宝年间最伟大的音乐家——李龟年。回想起自己十四五岁时与他初识的情形，大唐盛世和半生飘零，仿佛都只在弹指一挥间，杜甫轻轻地慨叹，给他们永逝的韶光留下了一段诗意的悼唁：

岐王宅里寻常见，崔九堂前几度闻。
正是江南好风景，落花时节又逢君。

——杜甫《江南逢李龟年》

也是在这个落英缤纷的四月，潭州城里，兵乱骤起，杜甫一家又仓皇逃离。

他的一生饱经忧患，约有 1500 首诗歌被保留下来，诗中描述了民间的疾苦、时代的波澜和山川的秀丽。而如今，莽莽天地间，竟找不到一处容身之地。当小船飘到耒阳县（今湖南耒阳）境内时，遇到了连绵的大雨，江水猛涨，杜甫和家人连续五天处在断粮的困境中。耒阳的聂县令得到消息，给杜甫一家送来了丰富的酒肉。等到水落了，县令派人四处寻找杜甫时，却再也找不到他的踪迹。他以为杜甫必定是被淹死了，为了纪念这位苦命的诗人，就在耒阳城北建起了一座坟墓。

关于杜甫在哪里去世的，怎么去世的，仍然是一个有争议的问题。一般的说法是，他当时在耒阳这个地方好多天没有吃的，耒阳的聂县令派人给杜甫送来了白酒、牛肉。这个时候，杜甫一家人已经几天没吃东西了，杜甫吃了过量的牛肉和白酒，结果暴病而亡。分析一下，如果真的吃了那么多的酒和肉，从现代医学上来讲，他可能会得急性胰腺炎。当然也有其他的说法，比如说这次杜甫并没有去世，他之所以来到耒阳，是为了寻找他的一个亲人。离开耒阳之后，他又南下寻找他的亲人，还给聂县令写了感谢信。不管怎么样，杜甫的去世是一个历史之谜，耒阳的墓说明他跟耒阳是有一定的关联的。

（河南大学教授 程遂营）

在今天的中国大地上，沿着杜甫曾经走过的漫长旅程，无数地方竞相建起了祠堂。他的家在黄河岸边的巩义窑湾，也在东都洛阳；在长安的少陵塬上，也在陇西的茅草屋里；在成都的浣花溪边，也在夔州的瀼水之畔；最后，却是在湘江上一条潮湿的小船里。

故乡究竟还有多远呢？他已拼尽全力，却似乎再也走不回去。

《风疾舟中伏枕书怀三十六韵奉呈湖南亲友》，这是杜甫生命中留下的最后一首长诗。

公元 770 年的冬天，这位在后世文坛惊天动地的诗人，就这样满心牵挂地消失在了无休的战乱和无尽的漂泊中。

公元 813 年，杜甫去世四十三年后，他的孙子杜嗣业才有了余力，想将杜甫的尸骨搬运回洛阳偃师首阳山下的杜氏祖茔。

杜嗣业在路上遇到诗人元稹，他请求元稹为杜甫写一篇墓志铭。

则诗人以来，未有如子美者。

——元稹《唐故工部员外郎杜君墓系铭并序》节选

年少轻狂随着岁月的流逝逐渐远去，愤世嫉俗随着阅历的增长逐渐平淡，万丈豪情随着社会的锤炼逐渐冷却。相比李白晚年卷入政治旋涡、杜甫一生穷愁潦倒，白居易最后官至刑部尚书，以七十五岁高龄辞世。不得不说，这也是一种人生智慧。

第五章　白居易

盛年中隐，头白乐天

第一节　长恨歌

在天愿作比翼鸟，在地愿为连理枝。
天长地久有时尽，此恨绵绵无绝期。

——白居易《长恨歌》节选

此刻，白居易正感受着刻骨铭心的痛苦。他的这篇《长恨歌》，是对唐玄宗和杨贵妃旷世绝恋的无限同情，也是对安史之乱的深刻反思，更是对自己真挚爱情的哭诉。此时，白居易已经三十五岁，但因牵挂着远方的红颜知己，还没有成家，仍然孑身一人。

他考上科举的时候都二十七八岁了，考上之后做的官不是太理想，又继续刻苦学习考试。他可能以这个为由暂时先不谈结婚的事，实际上是因为湘灵在他心里占的比重太大。

（郑州大学教授　王士祥）

公元772年，唐代宗大历七年，白居易出生于新郑县东郭宅，今河南新郑市城西南的东郭寺。

白居易天资过人，三岁识字，五岁成诗，九岁通声韵，十六岁时一首《赋得古原草送别》惊艳全唐。

离离原上草，一岁一枯荣。
野火烧不尽，春风吹又生。
远芳侵古道，晴翠接荒城。
又送王孙去，萋萋满别情。

——白居易《赋得古原草送别》

意气风发的白居易，曾带着这首诗遍访京城文坛大家，其中就有享有盛名的著作郎顾况。

白居易年轻的时候去拜访朝廷的大臣、著名的诗人顾况。顾况问，你叫什么名字？他说，我叫居易。结果顾况哈哈一笑说，长安米贵，居大不易呀。意思就是，你现在要到长安来了，我可要告诉你，长安物价很贵，住起来可不容易。然而等到读了白居易的诗，看到“春风吹又生”这一句时，顾况击节叫好，说：有这样的文采，住在长安没问题。

（陕西师范大学教授 于赓哲）

年少成名正是春风得意时，白居易也有了让他牵挂一生的女子——湘灵。

那时，白居易一家刚刚搬到符离，他从早到晚读书、写诗、作赋，努力为科举做准备。直到有一天，一抹轻灵的身影闯入了他的世界，看着眼前这天真烂漫的女孩，白居易一见倾心。

安徽符离，因有离山和当地产有符草而得名。或许，白居易的那句“离离原上草”就得益于这个地方。符离古县城夹河而建，古老的濉水东西穿越而过。白居易故居位于老符离东菜园，紧傍濉河，古称毓村，老宅名为东林草堂。

就在草堂旁，略通诗词音律的湘灵与白居易一个写曲一个唱和，一个写诗一个诵读，两人很快便暗生情愫。他的《邻女》就是为那个时候的湘灵而作：

娉婷十五胜天仙，白日姮娥旱地莲。
何处闲教鹦鹉语，碧纱窗下绣床前。

——白居易《邻女》

这些场景都像昨日才发生那般记忆犹新。那段时光，是白居易漫长的一生里最美好、最难忘的。几年后，白居易二十岁了，刚刚行完加冠礼，就迫不及待地向母亲提出了要娶湘灵为妻的请求。

然而母亲却极力反对这门亲事，原因是嫌弃湘灵出身寒微。

封建时代讲究门当户对，门第观念很重。白居易对妈妈说：

妈妈，我喜欢湘灵，我想娶她为妻。白居易的妈妈就说：咱们家是什么人家？你是官身，她就是一个普通丫头，她怎么能配得上你呢？不同意。

（郑州大学教授 王士祥）

为了分开两人，白居易的母亲以求学为名，逼迫白居易离开符离。临行前，白居易与湘灵在濉河旁见了最后一面，并含泪写下《南浦别》：

南浦凄凄别，西风袅袅秋。
一看肠一断，好去莫回头。
——白居易《南浦别》

白居易不能从根本上来否定礼教对婚姻的规定，他仍然认为这一切是合理的、合法的。中国古代的人不像我们一样，认为爱情至上。有情人终成眷属是有条件的，就是要合乎礼的规定。所以你看《西厢记》杂剧里面的崔莺莺和张生，最后不就是合乎礼法了（才能在一起）吗？

（河南师范大学教授 周相录）

白居易天真地以为，母亲横加阻拦，或许只是担心自己沉溺于儿女情长，误了科举功名。所以，为了理想，为了湘灵，白居易日夜苦读。

即便如此，他依旧很刻苦，以至于胳膊肘因为挨着桌子都磨出茧子来。因为练习写字，手也磨出了茧子。另外，他因为读文章、背文章，弄得口舌生疮。

（郑州大学教授 王士祥）

唐贞元十六年（800 年），二十九岁的白居易不负众望，以第四名的成绩考取了进士。更让人喜出望外的是，白居易竟还成为同年进士中最年轻的一位。无论是雁塔题名时还是曲江游宴处，人们都能看到他意气风发的身影。

雁塔是当时对于所有放过佛祖舍利的塔的通称，在这里，雁塔特指唐代的慈恩寺塔。当时白居易考上之后，就到那里去题名，这是遵循了当时的惯例。慈恩寺是当时长安城一等一的大寺，甚至可以称得上是皇家寺庙，非常显赫。新科进士们才有资格在慈恩寺的塔上题名，题完字之后，可以顺便到附近的曲江池进行曲江宴饮，这都是中了进士之后的一系列活动。

（陕西师范大学教授 于赓哲）

白居易进士及第后马上回到家乡，再次请求母亲成全他和湘灵的婚事。然而禀明心迹后，母亲依旧一口拒绝。

他母亲说，你们门不当户不对，千万不能这样做。白居易仍要坚持，她就说，阿随你要是气我，就是不孝。在当时的社会，被说成不孝的人是无立足之地的，白居易被这句“不孝”吓着了。

（河南省白居易故里研究会副会长 白坤堂）

从此以后，执拗的白居易同母亲打起了冷战，他以拒不结婚来无声地抗拒着母亲。而湘灵也将这份感情深深埋藏在心底。

唐宪宗元和元年（806 年），白居易三十五岁，第三次登科，授以周至县尉，正式开始了宦海生涯。

白居易公元 800 年参加考试，那一年考的是进士科，进士在当时属于先科，考上之后也当不了什么官。停了三年，他又考了书判拔萃科，这是吏部科目选（关试），考上以后朝廷才会给一个美差。估计这个美差他还是不满意，又过了一段时间，参加了“才识兼茂，明于体用”科考试，考上之后被任命为周至县尉。

（郑州大学教授 王士祥）

此时，感情不顺的白居易将生活的所有热情都放在了百姓身上。他爱民如子，经常亲自下田了解百姓真正的生活。他为山河高呼，为苍生呐喊。

南风一起，小麦就黄了，田埂上走着健壮的农妇、活泼的小孩儿，迤逦向南岗。白居易上任之初就写了一首诗《观刈麦》：

田家少闲月，五月人倍忙。
夜来南风起，小麦覆陇黄。
妇姑荷箪食，童稚携壶浆，
相随饷田去，丁壮在南冈。
足蒸暑土气，背灼炎天光。
力尽不知热，但惜夏日长。
复有贫妇人，抱子在其旁，
右手秉遗穗，左臂悬敝筐。
听其相顾言，闻者为悲伤。
家田输税尽，拾此充饥肠。
今我何功德，曾不事农桑。
吏禄三百石，岁晏有余粮。
念此私自愧，尽日不能忘。

——白居易《观刈麦》

刈麦就是割麦子，是生产劳动。贵族一般都高高在上，根本就不管劳动人民的死活，但白居易他是关心百姓的。这首诗通过描写观刈麦，表现了他对劳动人民的同情，同时也反映了他的内心世界。

（陕西师范大学教授 王双怀）

“力尽不知热，但惜夏日长”道出农人的坚韧与辛酸：累得筋疲力尽了，还珍惜着夏日里长长的天光。美好的风景变得忧郁，诗人恨不得将目光化作清风，拂过这些汗流浃背的劳苦人。

白居易的高明之处在于，他不仅仅写了农民的痛苦、写到赋税的重压，而且把自己也放到这个故事之中。“今我何功德，曾不事农桑。”农民辛辛苦苦，我自己有什么功德？一年到头不干活，还能“吏禄三百石，岁晏有余粮”。作为一个官员，他不仅能体会到农民的辛苦，同情农民，而且还感到深深的自责。

（河南省白居易故里研究会副会长 白坤堂）

白居易作为分管司户的县尉，不去征收赋税反而跑到田里看农夫，动了恻隐之心写诗自责，这件事传入京城。此时白居易的上级不高兴了，强令白居易抓人，鞭打交不出钱粮的农民。

官场上是官大一级压死人，你白居易的官比人家小，人家命令你做什么，你就得做什么。上级逼着白居易去收税，糟践老百姓，白居易不想做，因为他学的儒家文化是与人向善的，自己小时候也经历过痛苦的日子。他做不到，怎么办？于是他就在家装病。不是我不做，而是我病了做不了，这下你没办法了吧。

（郑州大学教授 王士祥）

虽然上级看出年轻气盛的白居易是在装病，却忌惮他的进士身份，也没有拆穿他。鞭打农夫的事只能交给其他人。白居易乐得清闲，以病人的口吻吟诗说：

欹枕不视事，两日门掩关。
始知吏役身，不病不得闲。
闲意不在远，小亭方丈间。
西檐竹梢上，坐见太白山。
遥愧峰上云，对此尘中颜。

——白居易《病假中南亭闲望》

白居易的俸禄是从哪儿来的？是老百姓给的。他们不种地不盖房子，你吃什么住什么？站在封建官僚的立场上，只有让老百姓生活好了，克扣的机会才能多。当然，白居易不是为了克扣。

（郑州大学教授 王士祥）

县令不管他了，还劝他游山玩水，说是对他的身体有好处。白居易虽目睹了百姓的辛劳与痛苦，但又无法改变现状，他无奈地将满腔抱负暂存于山水之间。

周至这段“摧眉折腰”的经历，给原本志得意满的白居易带来不小的挫败感。深夜梦醒时分，仕途并不顺遂的白居易又想起曾经那段初恋。本以为为官这几年，白居易能忘了湘灵，但是自分开那天起，寸寸相思渐渐入骨，想要忘已不能够。在与湘灵分开的日子里，白居易写过许多首怀念湘灵的诗，其中有一首《长相思》：

十五即相识，今年二十三。
有如女萝草，生在松之侧。
蔓短枝苦高，萦回上不得。
人言人有愿，愿至天必成。
愿作远方兽，步步比肩行。
愿作深山木，枝枝连理生。

——白居易《长相思》节选

“愿作深山木，枝枝连理生”和《长恨歌》里的“在天愿作比翼鸟，在地愿为连理枝”有异曲同工之妙。

（河南师范大学教授 周相录）

仙游寺位于陕西省周至县南，公元 806 年，仕途失意、感情不顺的白居易与几位好友来到这里谈古论今。闲聊中谈及距离仙游寺不远的马嵬驿，50 年前，唐玄宗的皇家卫队在马嵬驿发动了兵变。愤怒的士兵们杀死了专权误国的杨国忠，并且牵连到了杨贵妃。

曾经威名显赫的唐玄宗，也无法拯救自己心爱的女人。据说杨贵妃就是在马嵬驿的一棵梨树下自缢而死。

杨贵妃死后，唐玄宗陷入绵绵无尽的怀念和伤感中，最终郁郁寡欢地死去。

几个人相遇以后聊起这件事，想要给这两人写一些文字。有人写文，有人写小说，白居易就领了写诗歌《长恨歌》的任务。关于这个“恨”字，古人恨和爱是不分家的，“恨”不全是我们今天表达恨意的、否定的意思。这个恨字到底是在恨李杨的爱情，还是赞美李杨的爱情，或许白居易自己也在纠结。

（郑州大学教授 王士祥）

或许是为了祭奠自己真挚却无望的爱情，或许是被50年前宫廷中的那场旷世绝恋所打动，诗人决定用自己的笔演绎出唐玄宗与杨贵妃缠绵悱恻的爱情悲剧。公元806年，一首千古传诵的不朽名篇就此诞生：

杨家有女初长成，养在深闺人未识。
天生丽质难自弃，一朝选在君王侧。
回眸一笑百媚生，六宫粉黛无颜色。

——白居易《长恨歌》节选

写《长恨歌》的主要目的当然还是关心眼下、关心时政。但我们还可以看到，他对唐玄宗和杨贵妃是抱有同情之心的，尤其是杨贵妃。所以他笔下的杨贵妃形象是唯美的，整个诗歌的后半部分充满了中国传统神仙传说的美感，描绘了杨贵妃与唐玄宗的再次相见，写得非常婉转，令人感怀。

（陕西师范大学教授 于赓哲）

“在天愿作比翼鸟，在地愿为连理枝。”或许正是因为白居易将自己对于爱情的切身感触融进了笔端，方才成就了那样一篇凄美动人的《长恨歌》。而诗人对初恋的痴心和牵挂，结为难以言说的伤疤，被深藏在了心底最隐秘的角落里。

他将诗里的感情写得很真切，如果一个人没有丰富的、刻骨的情感经历，很难写出这种让人潸然泪下的文字。白居易把自己的情感经历移植到了这两个人身上，毕竟他也没采访过唐玄宗到底爱不爱杨玉环。他把自己的经历移植到他们俩身上，才能把感情写得那么真挚。上天入地去寻找，找的是杨玉环吗？他是在找自己心中的那个湘灵。

（郑州大学教授 王士祥）

公元808年，白居易已经三十七岁了。这一年母亲再次以死相逼，白居易终于妥协，与同僚杨虞卿的妹妹结为秦晋之好。

世间安得两全法，不负如来不负卿。白居易最终选择了妥协。他把与湘灵这段美好的感情深藏在心底里，以为可以就此别过，不再出现。

> 从白居易母亲的角度来讲，她也很喜欢湘灵。喜欢归喜欢，因为门不当户不对，白居易的母亲也在封建礼教的重压之下屈服了，白居易的母亲也是受害者。有情人终不成眷属，这就是天大的遗憾，白居易和湘灵没有走到一起，这才是真真正正的《长恨歌》。
>
> （河南省白居易故里研究会副会长 白坤堂）

七年后，公元815年，白居易在被贬江州的途中，机缘巧合地又一次见到了日夜思念的湘灵。当得知四十岁的湘灵还未嫁人时，白居易内心十分悲恸。

两人与命运的抗争，最终还是失败了。“在天愿作比翼鸟，在地愿为连理枝。”如此美好幸福的诗句，却起名为《长恨歌》。或许，白居易是在借诗圆梦，但写得越美好，心里的恨与遗憾便越深越长。

江州一别之后，白居易与湘灵彻底失去了联系，再也无缘相见。岁月悠悠，千年过后，不知白居易与湘灵有没有在天上相逢，是不是他还念着诗，她还唱着歌。一如当年，才子年幼，佳人尚小。

第二节　卖炭翁

公元782年，一个深秋的傍晚，天气突变，大雪骤降。十月飘雪在大唐的历史上实属罕见。在皑皑白雪中，年幼的白居易跟着家人，忍饥挨饿，迎着刺骨的寒风艰难前行。

唐代一共289年，其间气候曾经发生很大变化。大体说来，唐代前期——从唐高祖时期到唐玄宗时期属于温暖时期；安史之乱之后，气候开始剧烈地变化，有时候很热，有时候又很冷，有时候冬天无雪，有时候冬天雪很大。

（陕西师范大学教授 王双怀）

天色渐暗，雪越下越大，白居易多么希望能喝上一杯热茶，甚至能寻找到一处遮风挡雪的居所。然而这种想法很快就被飞舞的雪花冲散。多年以后，他回忆起这段颠沛流离的生活，仍然惊魂未定。他曾在《朱陈村》一诗中写道：

孤舟三适楚，羸马四经秦。
昼行有饥色，夜寝无安魂。

——白居易《朱陈村》节选

少年时期经历的颠沛流离，已经深深地印在他的头脑里，所以他能体会到下层百姓的困苦。他在做官以后爱民心很强，跟少年时候过的流离生活有很大关系。

（河南省白居易故里研究会副会长 白坤堂）

公元782年，一家人在父亲白季庚的安排下，辗转来到徐州符离避难。然而好景不长，战火向东蔓延至徐州，白居易又随家人避难江南。五六年的时间里，他们辗转南北，备尝艰辛。

弗洛伊德曾说过：人的创伤经历，尤其是童年创伤，会影响人的一生。有人一生被童年治愈，有人用一生治愈童年，白居易应该属于后者。

所以，看他后来写作的那些能够反映现实的作品，能让人感觉到他和普通人的距离更近了。不像有些人，就算写底层的人民，也是高高在上地往下看，这就是姿态的不同。

（河南师范大学教授 周相录）

漫长的颠沛流离，使年少的白居易切身感受到了劳动人民的疾苦，从此立下“济世为民”的誓言。纵观白居易一生，无论当什么样的官，他都不曾丧失内心的温暖，不曾丧失对百姓的关注，而这一切都源于年少时的这段成长历程。

转眼间二十多年过去，又是一个下雪天，一位年迈的卖炭翁从终南山出发，在寒风刺骨中赶往长安西市。此时，“牛困人饥日已高，市南门外泥中歇”。还没有休息多久，卖炭翁遇到了“奉上面的命令”来买木炭的宦官。

满面尘灰烟火色，两鬓苍苍十指黑。
卖炭得钱何所营？身上衣裳口中食。
可怜身上衣正单，心忧炭贱愿天寒。
夜来城外一尺雪，晓驾炭车辗冰辙。
牛困人饥日已高，市南门外泥中歇。
翩翩两骑来是谁？黄衣使者白衫儿。
手把文书口称敕，回车叱牛牵向北。
一车炭，千余斤，宫使驱将惜不得。
半匹红绡一丈绫，系向牛头充炭直。

——白居易《卖炭翁》节选

“翩翩两骑来是谁？黄衣使者白衫儿。手把文书口称敕，回车叱牛牵向北。”满满一车炭，最终只换来了半匹红绡一丈绫。

当时朝廷里存在一种什么现象呢？在集市上经常会有官人，就是我们今天说的太监，拿着朝廷的敕书，以朝廷需要采买东西为由买老百姓的东西。

（郑州大学教授 王士祥）

到了唐德宗晚年也就是贞元末期，宫市已经愈演愈烈，这个时候已经到了什么地步呢？我看中什么就拿什么。那时候他们还找了一些人专门给他们当帮凶，叫作白望。他们走在市场上，看中什么就把什么拉走，有的时候象征性地给一点钱，有的时候干脆不给钱，在整个市场上造成了广泛的恐慌。

（陕西师范大学教授 于赓哲）

此时，身居朝堂之上的唐宪宗刚即位两年，执政之初，他力图中兴，重用贤良。白居易的学识和文采也很快受到了朝廷的重视。公元 807 年，一纸诏书，白居易得以从周至县回到帝国的心脏长安，并被任命为翰林学士。次年，又提拔为左拾遗。

拾遗官是那个时候的一种谏官，负责为皇帝进谏。皇帝忘了的事，我来提醒一下，这叫拾遗。拾遗有正副之分，也就是左右之分，有左拾遗、右拾遗。拾遗官说话都需要直，这是一个人秉性的体现，他们之中很多人都认为，只要当了这个官，就要履行职责，你有问题我就给你指出来。

（郑州大学教授 王士祥）

安史之乱以后，除了跋扈的藩镇，宦官也逐渐成为大唐的隐患。在唐玄宗之前，宦官的地位很低。到了唐宪宗年间，受皇帝宠信的宦官横行无忌、独断专权，连这种木炭使的小职位也派人插手。

宪宗的上台也被认为与宦官的扶植密切相关，宦官对于唐朝后期的很多皇帝来说都很具有影响力。宦官后来还掌握了中央禁卫军，就是神策军的指挥权。更何况对唐宪宗来说，宦官对他很有帮助，所以唐宪宗终其一生都没有反对过宦官，虽然他最后是死于宦官之手。

（陕西师范大学教授 于赓哲）

身为左拾遗，白居易想通过建言献策使朝政清明、国家中兴，实现自己身为人臣的价值。当白居易目睹了卖炭翁的遭遇，痛恨宦官恣意欺凌、掠夺百姓，《卖炭翁》由此喷薄而出。

“可怜身上衣正单，心忧炭贱愿天寒。”白居易由卖炭翁联想到自己童年的不幸时光，颠沛流离的境遇与卖炭翁的遭遇产生了共鸣。说到底，《卖炭翁》其实是白居易写给自己的安慰，也是写给有共鸣的人。

白居易心中也一定有一个大同世界，他以前为什么愿意说话？就是要为实现那个世界而努力。他在努力的过程中却发现，有些人不想努力，人家不努力还能过得挺好，工资挺高，官当得也挺大。他一努力，不就把别人那盆水给搅乱了吗？所以别人总收拾他。

（郑州大学教授 王士祥）

此时的白居易无所畏惧，想凭一己之力改变世界。在任谏官的三年中，白居易屡上奏章，毫无顾忌地纵议朝弊，批判宦官专权。

白居易任左拾遗时，唐宪宗最宠信的宦官是吐突承璀。他自幼就在东宫陪伴唐宪宗长大。宪宗即位不久，就任命吐突承璀为神策军中尉，掌管皇城禁军。

批评皇帝宠信的宦官，肯定是有风险的。白居易明知道有风险，为了自己心目当中的政治理想，还是甘愿冒一些风险来批评他所认为不正常的社会现象。

（河南师范大学教授 周相录）

好友元稹曾劝白居易识时务，否则将自找没趣，但关心民间疾苦、重振大唐的信念让白居易无所畏惧。除了写《卖炭翁》这样的讽喻诗外，他还频繁上书言事，眼里不揉沙子。

公元 810 年，河北成德节度使拥兵自重，唐宪宗任命吐突承璀为统帅，发兵讨伐。在百官为吐突承璀庆贺时，白居易却上书皇帝，提出反对意见。

让吐突承璀一个宦官头子去领军打仗，历史上可从来没有这样的事情，这样太有损国格了，让外族人觉得你大唐连领兵将领都没有，叫一个宦官头子来领兵。所以白居易坚决反对，他接连上书，上了三道奏状。

（河南省白居易故里研究会副会长 白坤堂）

仗义执言的白居易并不是一个只尚空谈、不通世事的懵懂书生。入仕之初，白居易曾撰成《策林》七十五篇，对包括选官、刑法、财赋等各方面问题提出了应对办法。

作为一个深谙政务的政治家，白居易深知抨击吐突承璀的代价，也知道会得罪唐宪宗。但为了曾经“济世为民”的誓言，白居易还是义无反顾，如飞蛾扑火般弹劾吐突承璀。

对于白居易罢免吐突承璀的苦心劝谏，宪宗根本就听不进去。他仍然一意孤行，任命吐突承璀为讨伐藩镇的统帅。果然不出白居易所料，吐突承璀带兵出师以后，将帅离心，士气不振，很快就战败了。

吐突承璀兵败后，年轻气盛的白居易更加畅所欲言。

唐宪宗觉得我是堂堂一国之主，你白居易怎么能这样说我，我接受不了。他就对宰相李绛说，我确实忍受不了了，我不能再容忍下去了。他的意思就是要治白居易的罪。李绛赶紧替白居易讲情：白居易这样冒死顶撞你，恰恰是他忠于你的表现，是在感恩你的提拔。这样一说，唐宪宗的气才稍微消了。

（河南省白居易故里研究会副会长 白坤堂）

对于白居易的进谏，唐宪宗开始充耳不闻。此时，白居易并没有放弃，大力推行自己的文学主张，“文章合为时而著，歌诗合为事而作”。力求用简洁的语言，击中社会热点和读者痛点。

新乐府运动是唐朝一场很重要的文学运动，也是一场思想运动。乐府诗是从汉朝流传下来的，乐府从民间采集诗歌，老百姓通过歌谣来反映自己的心声。因为这些歌谣要给皇帝听，所以需要配乐。到了白居易的时代，新乐府运动让这种文体尽可能地和音乐脱离，同时又继承了诗经的现实主义精神。以白居易和元稹为代表的新乐府运动倡导者推崇关注民生、抒写民意，主张诗歌应该为现实而创作。

（郑州大学教授 王士祥）

新乐府运动倡导的现实主义诗歌理论，在中国诗坛产生了深远的影响。自晚唐皮日休起，经宋代王禹偁、梅尧臣、陆游诸人，以至晚清黄遵宪，可谓一脉相承。

就在白居易高举新乐府运动旗帜时，他的母亲陈氏在元和六年（811年）去世了。按照当时的制度，白居易回到渭南老家守孝三年，叫作丁忧。丁忧期间，不再担任朝廷任何职务，等于暂时退出官场。

元和九年（814年），三年丁忧期满后白居易返回长安，朝廷给他安排了一个太子左赞善大夫的职位。

太子赞善大夫属于东宫官，史书记载其职务相当于谏议大夫，也是言官的一种。既然是太子东宫的官员，你的主要职责就是匡正太子之得失，换句话说，你建言献策的范围是东宫这个范围内。如果直接去说朝廷当中的那些事，也不是不可以，但是恐怕要多一点思量。

（陕西师范大学教授 于赓哲）

生活像一只潜藏在暗处的野兽，渐渐伸出利爪，伺机而动，而白居易却没有嗅到危险的气息。政敌的打击报复才刚刚开始，更严重的还在后面。

公元815年六月初三的黎明，宰相武元衡像往日一样走出家门前往大明宫上朝，灾难就在这时候降临了。人喊马嘶，声音凄厉尖锐，平生未闻。

正在上朝途中的白居易恰好目睹了这场惊心动魄的刺杀。

当时藩镇的人作乱，有人派出刺客去刺杀武元衡，把他的脑袋提溜走了。宰相的脑袋被人砍了，这是个大事啊，太打脸了。大家都不敢说话，都在思考这个话该怎么说。

（郑州大学教授 王士祥）

刺客暗杀了宰相武元衡之后从容撤退，恐怖气氛笼罩着长安城，通向大明宫的上朝之路空空荡荡。暗杀事件极大地震动了朝野，帝国的官员心怀忧惧，躲在家中不敢上朝。

安史之乱后藩镇割据，大唐帝国四分五裂。为了铲除那些肆意妄为的节度使，宰相武元衡力排众议，主张用兵打击藩镇。

其实，这次刺杀行动的幕后主使就是边镇节度使。杀武元衡既是为了解恨，也是为了削弱主战派的力量。奇怪的是，对于这次刺杀事件，掌权的宦官和旧官僚集团竟然没有及时表态。

这时候，白居易爱说话的老毛病又犯了。身为武元衡的好友，白居易第一个站出来说话了，他上书朝廷要求严惩凶手，为宰相报仇，为朝廷雪耻。

别人都还没说话，作为赞善大夫的白居易憋不住了。有人认为，你都不是干这活的，操这么多心干什么？这叫越职言事。古人讲，你不在这个职位上，知道也别说。白居易没把握住（这个尺度），所以很多人就说，你看，这回抓住白居易的小辫子了吧。与其说是因为这件事被贬，不如说是因为之前的诗歌写得太讽刺，太让人扎心。诗歌的事不能作为贬官的理由，越职言事的理由最适合背这个锅。

（郑州大学教授 王士祥）

白居易的越职进谏，彻底惹怒了早就对他心怀不满的朝廷大臣和宦官吐突承璀。他们在皇帝的耳边煽风点火，污蔑诽谤白居易。

甚至还有人给白居易罗织罪名，说白居易母亲是落井而死。而你白居易却作什么新井诗、赏花诗，这是大不孝。我们知道，在古代，不孝的罪名是很大的。

（河南师范大学教授 周相录）

在政敌的攻击下，白居易被贬为江州刺史。但就在此时，中书舍人王涯又突然补刀，说白居易这种行为简直禽兽不如，不适合做一个州的刺史。在王涯的落井下石之下，朝廷把刚发出的诏书又追了回来，改贬白居易为江州（今江西九江）司马。

说白居易不孝，是有点不合适了。其实都是因为白居易以前写诗讽刺别人，那才是根源。白居易后来也明白了，他是成也诗歌，败也诗歌。

（郑州大学教授 王士祥）

公元 815 年，四十四岁的白居易被赶出京城，贬谪江州。宰相被刺，自己挺身而出，不但无功反而获罪。这对于一个直言敢谏的朝官来说，或许是最大的冤屈。

他的政治理想破灭了。曾经那个风雪中立誓为民的少年也变成满腹惆怅的中年人，孤独地面对这无限寒风。

翻过秦岭，白居易在襄阳弃岸登舟，沿汉水顺流而下。在“逆风吹浪打船声”中，白居易乘坐的小船渐渐驶进了江州。在这里，白居易仿佛看到了几星希望的微光。

第三节　琵琶行

江州，即今天的江西九江，如今高楼林立，富庶繁华。而公元 9 世纪的江州，距大唐都城长安三千里路之遥，偏僻荒凉，炎热潮湿。

白居易被贬江州，确确实实受了很大的冤枉。他的满腔忠君、满腔爱国，只落了个被撵出京城的下场。这件事情放在谁身上能接受得了？

（河南省白居易故里研究会副会长 白坤堂）

浔阳地处偏僻，白居易不适应这里的气候，更不适应那挥散不去的孤独。他见识过世界上最巍峨的大明宫，游览过万国来朝的长安城，也曾有过灿烂的前程，如今都已成为过往。

他的难受、他的苦楚、他的辛酸，只有自己知道。白天与大家分享自己积极向上的状态，晚上可能会躲到被子里自己流眼泪。

（郑州大学教授 王士祥）

公元816年，一个深秋的夜晚，被贬江州的白居易送别朋友，一阵琵琶声引起了他的注意。嘈嘈切切、珠落玉盘之音，使黯然神伤的白居易听到了来自长安的神韵。

忽闻水上琵琶声，主人忘归客不发。
寻声暗问弹者谁，琵琶声停欲语迟。

——白居易《琵琶行》节选

能在偏僻的江州遇到老乡，琵琶女十分高兴，并敞开心扉向白居易讲述起自己曾经的过往。

她从小选入教坊，曾在天子面前献艺，目睹过舞乐齐奏、气派非凡的盛况。

自言本是京城女，家在虾蟆陵下住。
十三学得琵琶成，名属教坊第一部。
曲罢曾教善才服，妆成每被秋娘妒。
五陵年少争缠头，一曲红绡不知数。

——白居易《琵琶行》节选

开元年间，玄宗皇帝从民间选进一些有才有貌、聪明伶俐的女子，让她们专门到皇家艺术学院，也就是教坊，学习诸如琵

琶、箜篌、流行歌舞之类的技艺。这个姑娘就曾在那里学习。

从诗歌里看，第一她应该是学霸级人物，弹奏出来的乐曲能被当时教她的老师佩服；第二是颜值担当，长得漂亮，京城小伙子为她疯狂，还把自己家里的钱可劲往她那儿扔，具体有点像我们今天粉丝的那种疯狂吧。这个姑娘就是用自己的才、用自己的貌出圈的。

（郑州大学教授 王士祥）

弹得一手好琵琶的歌女迅速在长安走红，不少富贵子弟都被她的美貌和歌技所倾倒。春风秋月的美好时光让琵琶女产生一种错觉，以为自己的人生将是永不散场的盛宴。这一刻，白居易和琵琶女感同身受，想起了自己曾经的意气风发。

十六岁，他写出“野火烧不尽，春风吹又生”，震惊诗坛。

二十九岁，他成为同年进士中最年轻的一位。

三十五岁，他又写下名扬天下的《长恨歌》，妇孺皆知。

三十六岁，他被任命为翰林学士，为皇帝起草诏令，做机要秘书。

那时候的白居易，人生一路开挂。生活不曾对他露出青面獠牙，才华和好运的加持也使得他一腔热血，自信满满。

当整个大唐王国都沉浸在歌舞升平中时，镇守北疆的节度使安禄山扯起了叛乱的大旗。大唐帝国开始在风雨中飘摇，乐舞日渐衰微。到了白居易时代，唐宪宗为准备和藩镇开战，宣布禁乐，以示自己励精图治的决心。

弟走从军阿姨死，暮去朝来颜色故。
门前冷落鞍马稀，老大嫁作商人妇。
商人重利轻别离，前月浮梁买茶去。
去来江口守空船，绕船月明江水寒。

——白居易《琵琶行》节选

但是很遗憾，她吃的也是青春饭，赶上了安史之乱，再加上后来的皇帝不太喜欢这种流行的东西，觉得有点娱乐致死，发了条禁令。这些人以后不能再靠演奏吃饭，就得转型养活自己。

（郑州大学教授 王士祥）

安史之乱后，大唐王朝战火频仍，动荡时局下琵琶女离开了皇宫。从小在教坊长大的她，生活里只有琵琶，生活也只教会她弹奏。当面对未来无法想象的艰难时，她选择嫁给一位茶商。然而丈夫重利轻别离，为了生意，把琵琶女抛弃在浔阳江边的一艘小船上。

商人娶她也未必是因为爱情，可能是拿她顶门面的，炫耀自己娶的媳妇曾经是京城的名人。所以她也算是独守空闺，从她的身上可以看到那个时代的现实。

（郑州大学教授 王士祥）

琵琶女的经历，何尝不是白居易的写照？

银瓶乍破水浆迸，铁骑突出刀枪鸣。
曲终收拨当心画，四弦一声如裂帛。
东船西舫悄无言，唯见江心秋月白。
沉吟放拨插弦中，整顿衣裳起敛容。

——白居易《琵琶行》节选

琵琶声如急雨般倾泻而下，宛如战场上的千军万马喊杀不断。终于，随着一声划破天际的高音，琵琶声骤停，一切归于平静。白居易一路开挂的人生也戛然而止。

时局动荡，命运流转，如今琵琶女只能依仗自己在宫廷中学到的技艺卖艺为生。盛世的繁华如同过眼烟云，夜深人静的时候，她常常会陷入沉思，忆起那个给了她无限温暖的大唐长安。

朝堂上的白居易，教坊中的琵琶女，身份地位迥异的二人却在此时此地有着同样黯然的境遇和前路。两个人之间产生了同情和共鸣，“同是天涯沦落人，相逢何必曾相识”的感叹，就此让浔阳江边的邂逅定格成中国诗歌永恒的经典和传奇。

我闻琵琶已叹息，又闻此语重唧唧。
同是天涯沦落人，相逢何必曾相识！

——白居易《琵琶行》节选

“同是天涯沦落人，相逢何必曾相识？”为什么写出这句话来？因为白居易是从京城中被贬谪出去的。为什么今天有那么多北漂？因为京城文化有向心力，大家都觉得在京城机会多。白居易是这样，这个姑娘一定也是这样。否则，她就不会因为自己流落为商人妇而伤心悲叹。两人都是从京城来的，都有才，又都是被迫离开京城的，心里都有向往京城文化的情结。白居易看到这姑娘，就想到了自己命运的悲摧和无奈。

（郑州大学教授 王士祥）

在琵琶女的演奏中，白居易听出了繁华过后巨大落差的无限惆怅。满座的人都哭了，谁还没点不甘心和遗失的美好呢？而白居易是哭得最惨的，“江州司马青衫湿”，他对琵琶女感同身受，也在哭自己的曾经。这一晚，人世间的所有喧嚣都退了场，白居易的视野里只剩下了月光水色。

莫辞更坐弹一曲，为君翻作琵琶行。
感我此言良久立，却坐促弦弦转急。
凄凄不似向前声，满座重闻皆掩泣。
座中泣下谁最多？江州司马青衫湿。

——白居易《琵琶行》节选

他原先追求的人生目标很远大，比如一个人的目标是成为世界首富，但是现在别说当世界首富了，甚至还背着一屁股债，人生目标和现实处境落差太大，心里当然会很痛苦。

（河南师范大学教授 周相录）

白居易不甘于现状，但又不得不屈服于命运的安排。

江州城外不远处有东、西二林寺庙，为了平复苦闷的内心，白居易开始频繁与僧人接触，白天坐禅于东林寺，夜晚住宿于西林寺。

在白居易逝世的前一年，公元 845 年，他把自己的诗集整理了五本，一本给他的外孙谈阁童保存，另一本诗集给侄子阿龟保存；还有三本诗集，一本存在了东林寺，一本存在了洛阳的胜普寺，还有一本存在了苏州的南禅寺。

（河南省白居易故里研究会副会长 白坤堂）

公元817年的农历四月，白居易来到庐山顶上的大林寺寻春赏花，看到了盛开的桃花，白居易雅兴极浓，写下了《游大林寺诗并序》，此诗又名《大林寺桃花》：

人间四月芳菲尽，山寺桃花始盛开。
长恨春归无觅处，不知转入此中来。

——白居易《大林寺桃花》

经历了世事变迁，白居易的诗进入了自由闲适的境界，能在寻常之景中发现独特的美。白居易现存的3000多首诗中，十之七八属于闲适、感伤之类，其中蕴含着浓郁的唯美、忧伤气息，这种内心情感与公元11世纪日本文人的审美情感是相通的，他们视白居易为异代知己。

那个时候我们中国的文化是很开放的，日本曾派遣唐使来唐朝，不管是官方交流还是民间学习都很频繁。白居易的诗歌可能流传到了日本，有一本书叫《源氏物语》，就在很大程度上受到了白居易诗歌的影响。

（郑州大学教授 王士祥）

为了寻求内心的平衡，抚慰受伤的心灵，从容应对从庙堂到江湖的生活落差，白居易积极调整自己的心态，他表现得乐天知命，闲适恬淡。至于曾经繁华的梦，只能埋藏在心底。

庐山春有锦绣谷花，夏有石门涧云，秋有虎溪月，冬有炉峰雪，成为中国文人偏爱的一座山。杜甫在成都盖草堂，白居易在庐山也建了一间草堂，开始在山水中不断寻求灵魂的解脱与精神的超越，“中隐”的思想也开始萌芽。

小隐隐于野，对于他来说日子太苦；大隐隐于朝，对于他来讲又不甘心。所以，他采取了一种中间状态，叫作“中隐”。换句话说，就是不脱离政治生活，保持对国家的关怀，同时还要保持隐士的风骨。

（陕西师范大学教授 于赓哲）

在被贬的数年中，作为饱读儒家经典的文人士大夫，白居易骨子里还是渴望着重新出山，一展抱负。他在写给元稹的《与元九书》中提道：

古人云："穷则独善其身，达则兼济天下。"仆虽不肖，常师此语。大丈夫所守者道，所待者时。

——白居易《与元九书》节选

我不觉得白居易做到了中隐。因为在他那个年代，不参与到政治斗争当中是不可能的，而且他那时声名大噪，哪里有隐的基本条件呢？只能说中隐是白居易的一种人生愿景而已。

（陕西师范大学教授 于赓哲）

白居易在等待时机，一旦"时之来也"，就要"陈力以出"，把积蓄的能量完全释放出来。

公元 816 年的一个秋日，白居易突然收到妻子的堂兄杨虞卿的来信。他从信中得知，朝廷的政治形势发生了重大的变化，唐宪宗顶住重重压力，决意对藩镇用兵，他以力主削藩的裴度为宰相，主持淮西战事。

整个唐代后期最有作为的皇帝应该就是唐宪宗，宪宗上来之后支持主战派如武元衡、裴度等人，并且对藩镇采取了强硬态度。哪怕那时发生了藩镇派刺客刺杀宰相武元衡这样重大的事情，他都矢志不渝，重用主战派大臣，平定了一系列藩镇叛乱，迫使当时最为顽梗的河北三镇归顺。

（陕西师范大学教授 于赓哲）

白居易入仕以来，一直主张削除藩镇，复兴大唐。如此看来，他的机会来了。

被困江州三年后，唐元和十三年（818 年），在好友崔群的帮助下，白居易获得了东山再起的机会，升任忠州（今重庆忠县）刺史。

我们年轻人在干事的时候，渴望搏击长空、万马奔腾。可能会忘了自己还在道上跑，还在天下飞，把天给忘了，把道给忘了，把规则给忘了。年轻的时候容易忽略规则的存在，总觉得规则是对我们的束缚。但是，假如我们一开始就在规则之内做自己的事情，规则就未必是一种束缚。

（郑州大学教授 王士祥）

与其和生活较劲，遍体鳞伤，不如学会接受现实。年少轻狂随着岁月的流逝逐渐远去，愤世嫉俗随着阅历的增长逐渐平淡，万丈豪情随着社会的锤炼逐渐冷却。相比李白晚年卷入政治旋涡、杜甫一生穷愁潦倒，白居易最后官至刑部尚书，以七十五岁高龄辞世。不得不说，这也是一种人生智慧。

第四节 白乐天

公元 820 年，唐宪宗去世，时年四十三岁。据史料记载，唐宪宗平定藩镇，完成帝国统一大业后，开始沉迷于道教，追求长生不老，最终离奇暴毙。

唐宪宗驾崩后，太子李恒在宦官的拥戴下登上了皇位，史称唐穆宗，次年改元长庆。

李恒当太子的时候，白居易当过他的老师，他们有一层师生关系。李恒深刻地了解白居易的文才，想利用白居易的文才，所以才把他从忠州刺史的位置调到中央去。

（河南省白居易故里研究会副会长 白坤堂）

有着帝师身份的加持，白居易的仕途之路开始畅通无阻，先是被任命为主客郎中、知制诰，后来又加朝散大夫。主要职责是给皇帝起草诏书，相当于皇帝的秘书。

知制诰是一个加衔。在唐朝后期，官员官名后加一个知制诰，就变得重要起来了。知制诰起到了以前中书舍人的作用，给皇帝起草诏敕，这是一个相当重要的职务，不仅能够接近皇帝，而且能够参与很多问题的决策。

（陕西师范大学教授 于赓哲）

就在白居易当知制诰这一年，大唐发生了一件差点改变国运的事，这件事也对白居易未来的政治生涯产生了一些微妙的影响。

唐穆宗长庆元年（821 年），朝廷举办了一期进士科考，吏部侍郎钱徽为主考，中书舍人李宗闵和右补阙杨汝士为副主考。前宰相段文昌向主考官钱徽打了招呼，让他关照一下自己的一个朋友杨浑之。然而，考试结果出来，杨浑之并没有被录取。

段文昌发现录取的人里有几个是很硬的关系户，这里边有点小猫腻呀。段文昌去地方赴任之前要向皇帝辞行，就在这时，他把这件事给说了。既然说了，穆宗皇帝就要查问这件事，一问，录取的人里确实有李宗闵的女婿，还有一个副主考官的弟弟。按理说，这些人都是应该回避的。

（郑州大学教授 王士祥）

这次科考录取的进士，大多为“牛党”的子弟，这让段文昌很恼怒。于是他联合“李党”中的成员李德裕、元稹等，向朝廷弹劾这次科考考官徇私枉法。

做皇帝一定要术法兼施，既要打这方面，又要抬那方面，让这两方面起到一个制衡作用。所以那个时候，要么“牛党”战胜“李党”，要么“李党”战胜“牛党”。在这件事里，“牛党”相对占了优势。

（郑州大学教授 王士祥）

震怒的唐穆宗下令重新举办考试，并让自己的老师白居易当主考官。“牛党”中的杨虞卿是白居易妻子的堂兄，“李党”中的元稹是他最好的朋友，在亲情和友情之间，白居易选择中立，秉公办事。

在白居易主持下，科考重新举行。复试结果一出，“牛党”中的子弟并不具备登科的能力，统统落榜。“牛党”骨干李宗闵也因此遭到贬官。

这个结果虽然令段文昌很满意，但牛李党争的地雷被引爆，双方开始互相打击报复，从此朝廷再也没有消停过。

白居易在牛、李两党激烈的争夺当中，没有过于明显的政治倾向。从白居易交往的人来看，他和“牛党”当中的人有交往，关系比较密切，和“李党”当中的不少人关系更好，甚至关系更密切一些。

（河南师范大学教授 周相录）

科场案之后，长庆元年（821 年）十月，白居易开始担任中书舍人，这相当于一只脚已经踏进宰相的门槛，另一只脚还踏在香蕉皮上，一不小心就能滑进去。就在这临门一脚的节骨眼儿上，白居易主动放弃了。

在唐朝，一般把中书舍人称作内相，内部的内，宰相的相，距离宰相只差一步了。白居易不仅文才好，还有一肚子的治国策略。皇帝看重白居易的文才，却并不信任他，对于白居易的建议，皇帝根本就不听。所以白居易宁可离开，也不要当中书舍人。

（河南省白居易故里研究会副会长 白坤堂）

牛李党争，朝臣相互倾轧。白居易看不到帝国变好的希望，认为时机

已经不在了，凭一己之力无法扭转局势，他只好选择远离政治旋涡，独善其身。或许就是在这一刻，白居易萌生了隐退的想法。

> 皇帝不信任他，再加上在牛李党争中很难立足，在中书舍人这个位置上不太好过，他的理想在中央实现不了。于是他干脆不干了，到地方上任职。
>
> （河南省白居易故里研究会副会长 白坤堂）

长庆二年（822 年）七月，白居易在距离宰相只有一步之遥的时刻，主动放弃中书舍人一职，出任杭州刺史。

在长安，白居易看到了功名的虚无，所以在政治上，他更加务实。公元 823 年，白居易做杭州刺史的第二年，当地大旱，田地干涸，百姓生活陷入水深火热之中。白居易知道灾情后，决定引西湖水灌溉农田。

让他没想到的是，方案一提出，便遭到了杭州本地官员的集体反对。有人说，西湖水被放出将不利于当地官员们的仕途；也有人说，湖水外泄，湖里的生物将会无所依托，枯萎死亡。

面对如此荒唐的理由，白居易力排众议修筑湖堤。平日蓄水以备旱时，暴雨之日则开闸放水，以减水灾。

为了说明筑堤的作用和灌溉方法，白居易专门写了篇《钱塘湖石记》，并刻石立于湖边，告诉人们如何蓄水泄水。只要做到“堤防如法，蓄泄及时”，百姓就不会受旱灾之苦了。

> 白居易下的决心很大，县官们见阻止不了白居易修湖堤，就对他说：要是修湖堤惹老天爷发怒了，不利于你当官。白居易说，不管利不利于我当官，只要对老百姓有利的，我就干下去。他顶着这些县官的压力，动员老百姓把湖堤加高了几尺。
>
> （河南省白居易故里研究会副会长 白坤堂）

新修的堤坝，将杭州的过去与未来相连，堤上芙蓉杨柳、小桥亭阁构成了杭州的诗与画。据考证，如今西湖上的“白堤”并非当时白居易筑的那条堤，但人们为了纪念白居易，宁可把它称为“白堤”。这种美丽的误解，体现着杭州百姓对白居易的深厚情感。

白居易任杭州刺史前后三年，实际历时仅二十个月。在这短短的二十个月里，他为杭州留下了一湖清水、一道芳堤和六井清泉。白居易已经完全放下了朝廷争斗，开始闲适地过自己的中隐生活了。

公元 824 年五月，杭州刺史任期已满，政绩卓著的白居易并没有返回政治中心长安，而是主动选择到东都洛阳做闲官。

> 到了高宗李治时期，恢复了洛阳都城的地位，从那个时候起，唐朝就有了东西两都制。东都是陪都，这个地方得有一套完整的官僚体制，皇帝从西都长安来到这里，用我们今天的话说，得无缝对接。该上朝上朝，该办公办公。谁在这儿负责呢？就是分司东都。白居易就是干了这么一个活，这个名字听起来很霸气，实际上没什么活，他领着高工资进入了半休闲状态，就是他所说的“中隐”。
>
> （郑州大学教授 王士祥）

在白居易离开杭州的三个月前，大唐的政治形势发生了重大变化，唐穆宗驾崩，年仅十六岁的太子李湛即位，史称唐敬宗，《新唐书》对他的评价是“昏童失德”。

失去帝师身份保护的白居易担忧自己重蹈“被贬江州”的覆辙，于是离开杭州后再三请求到洛阳任职。他从别人手中买下洛阳城东南履道坊的一座宅院，让疲惫的身心就此安顿下来。

> 分司官这样一个职位，远离朝廷中的政治纷争。我还在仕途，还有工资可拿，身边不会太清冷，这是白居易选择的一种隐逸之路。如果给他一个机会，比如说这个时候政治清明，他又会出山。隐逸只是安顿自己灵魂的一种选择。
>
> （河南师范大学教授 周相录）

虽远离朝野，白居易从未放弃过对现实的关注。救世济民早已成为白居易深入骨血的生命基因。此后，白居易先后在苏州、河南等地出任地方官。他在苏州疏通河道，在洛阳龙门开凿险滩，在远离朝廷的地方，白居易实实在在地为百姓造福。

公元 826 年，顽劣不堪的唐敬宗深夜醉酒，被政见不和的宦官杀害，年仅十八岁。至此，大唐的朝政完全被宦官左右。

我们知道，唐代后期社会基本特征就是地方藩镇割据，中央宦官专权。神策军本来是保卫中央、保卫皇室的，但其领导权往往掌握在宦官手中。他们有了神策军队在手，胆子就大，可以废立皇帝、控制宰相，进而控制朝纲。

（陕西师范大学教授 王双怀）

宦官把持朝政，大唐的天空再也看不到一点光芒，白居易救世济民的梦想也在现实面前支离破碎。此时的白居易想彻底隐退，一件喜事却不期而至。

公元 829 年，五十八岁的白居易竟然老来得子，这怎能不叫已经双鬓斑白的诗人欣喜若狂。白居易给孩子起名阿崔，细心呵护并寄予厚望。

岂料鬓成雪，方看掌弄珠。
已衰宁望有，虽晚亦胜无。
兰入前春梦，桑悬昨日弧。
里闾多庆贺，亲戚共欢娱。

——白居易《阿崔》节选

（白居易）三十七岁结婚，三十八岁有了第一个姑娘，叫金銮子，金銮子长到三岁就夭折了。贬到江州的第二年又有了个姑娘叫阿罗，阿罗最后成人了，但是他还没有儿子。老年得子能不高兴吗？当然高兴啊。

（河南省白居易故里研究会副会长 白坤堂）

若此时退隐江湖，自己将无法为家中老小提供安稳的生活。或许处于一官一隐的两者之间，才是最好的选择。

大隐住朝市，小隐入丘樊。
丘樊太冷落，朝市太嚣喧。
不如作中隐，隐在留司官。

——白居易《中隐》节选

此后，白居易在留司官的道路上走得优哉游哉，并为自己取字“乐天”。“乐天”来源于《易经》中的一句话：“乐天知命故不忧。”

原来在朝中，他的竞争意识比较强，三十五岁之前一心想为朝廷做点事。后来他发现操心越多，伤心越多，那咋办？乐天知命吧。这么长时间了，他已经有了阅历。人生有了阅历，才能提炼出人生经验。这时他给自己设置了一个比较明晰的定位，不操心了。

（郑州大学教授 王士祥）

在洛阳履道坊的宅院中，年过半百的诗人过着温馨和睦的家庭生活，妻子杨氏体贴贤惠，膝下的儿女也伶俐可爱，白居易安享着天伦之乐，似乎再无所求。

可是，好梦很快破碎了。公元 831 年，刚满三岁的儿子一病不起，没有多久便夭折了。白居易无能为力地看着怀中的儿子离他而去，悲伤得无以言表。

掌珠一颗儿三岁，鬓雪千茎父六旬。
岂料汝先为异物，常忧吾不见成人。
悲肠自断非因剑，啼眼加昏不是尘。
怀抱又空天默默，依前重作邓攸身。

——白居易《哭崔儿》

然而，更多的不幸接踵而至，这年七月，白居易最好的朋友元稹也去世了，年仅五十三岁。朋友的去世、孩子的夭亡使诗人倍受打击，他彻底被命运征服，从此开始向佛教寻求解脱。

白居易仕途上遭遇过不幸，家庭个人生活方面也不能算理想，白居易的人生可以说是比较悲剧的。他晚年醉仙，在写的闲人诗里说，我不在乎这，我不在乎那。天天把这个事情挂在嘴上，恰恰说明你还在乎它。

（河南师范大学教授 周相录）

龙门香山一个幽僻的去处成了白居易的精神避难地，这里有着苍润秀丽的山水和清静的佛寺，每日里暮鼓晨钟与蝉鸣鸟啼相应。

佛教为他解脱了痛苦，提供了巨大的精神力量。到了晚年，白居易“独善其身”的人生观和佛教思想结合，形成了他乐天知命、随遇而安的生活理念。正是这种乐天知命的哲学成全了白居易，让他在大唐政坛尔虞我诈的牛李党争和血流成河的“甘露之变”中置身事外，最终保全了名节并尽享天年。

“饥止一箪食，渴止一壶浆。出入止一马，寝兴止一床。”饿了就是一碗饭，渴了就是一壶水。出门就骑一匹马，回家就睡一张床。这叫抱元守一，抱元守一不就是个正嘛，守住初心。

（郑州大学教授 王士祥）

公元 842 年，七十一岁的白居易罢太子少傅，以刑部尚书致仕，正式与朝廷脱离关系，过上了饮酒作诗、栖心佛门的恬淡生活。

龙门东山白园墓前，一块巨大的石碑上面刻写着《醉吟先生传》。晚年，白居易终日昏昏沉沉，沉迷于诗酒之间，拯救百姓无望的他眼前一片朦胧，不知风从哪里来，也不知道路向哪里去。

公元 846 年，白居易的人生在且吟且唱中徐徐谢幕，终年七十五岁，洛阳龙门香山成为他一生的终点。

在白居易去世的二十八年后，黄河中下游地区爆发了王仙芝、黄巢起义，并以燎原之势席卷了大半个帝国。至此，大唐的江山在风雨飘摇中落下了帷幕。

晚年的杜牧一再悲叹自己功业学问两无成，拖着沉重的病体检阅曾经的诗文时，甚至将其焚毁大半，认为那些只是徒有奇辞丽藻、无助于经国大业的“空文”。其实，杜牧所谓的失败，无非是不能出将入相，可是唐朝那么多将军宰相，绝大多数都已在时间的缝隙之中风化湮灭。

第六章 杜牧

晚唐周郎杜樊川

第一节　两枝仙桂一时芳

历代文人每每聊起杜牧，总免不了谈谈他的风流韵事，然后给他定下个“风流贵公子”的断语。就连《唐才子传》中也这样形容他：

> 牧美容姿，好歌舞，风情颇张，不能自遏。
>
> ——辛文房《唐才子传》节选

殊不知，杜牧的“十年一觉扬州梦，赢得青楼薄幸名”里，有着多少无奈与自嘲；殊不知，风流贵公子也曾是个心怀理想的少年，倘若生在三国，可能是周郎般的人物。

其实，杜牧虽外示旷达，却内含哀凉。纵观其一生，便如那冬天的蒲扇般不合时宜，寂寞、寥落、失意。

虽然有诸多辩解，但“风流贵公子”依然是他最响亮的头衔。杜牧若泉下有知，或许会呵呵一笑，顺便说道：“如果你认识从前的我，或许会原谅现在的我。”

2016 年 9 月 6 日，故宫藏历代书画展在武英殿正式开展，所选藏品均为我国书画美术史上的经典之作。其中诗人杜牧的行书《张好好诗》无疑是这次展览中最重量级的展品之一，也是其唯一传世的墨宝。

此墨宝曾被宋徽宗赵佶收藏，后在历代藏家之间辗转，最终落入清宫，后又被末代皇帝溥仪带至关外。“民国四公子”之一的张伯驹费尽心力搜寻，以五千金收回，视若珍宝。1956 年，张伯驹将其捐赠给政府，重归北京故宫博物院收藏。

此篇书法作品气势连绵，墨笔酣畅，因是诗稿，所以更得朴实无华之美。

一千多年前，唐代诗人杜牧与歌妓张好好久别后重逢。当年风姿绰约、才华出众的张好好，不过几年，竟已沦为东都的当垆卖酒之女。回想起当年才子佳人互相倾慕的美好和后来无力掌控各自命运、就此相互别过的困苦，现如今红颜逝去、物是人非，其中凄苦只能言表于纸上。

此时，三十多岁的杜牧已经经历了人生的大起大落，在命运面前，自己又何尝不是另一个张好好呢？

在唐代，杜氏一门地位显赫。杜牧的祖父杜佑是三朝宰相，撰有《通典》二百卷，里面记录了历代典章制度的演变和发展。他的父亲也在京为官，家宅正居长安城中心的安仁坊，一时尊贵无比。

> 当时在长安有两大家族，一个是杜氏，一个是韦氏。当时唐朝甚至有这样一番话，“长安（城南）韦杜，去天尺五”。意思是说长安韦氏和杜氏这两个家族，势力大到离天只有一尺五。所以杜牧的出身可谓是相当高的，小时候过着衣食无忧甚至是锦衣玉食的生活。他后来在写给自己晚辈的诗中回忆，他小时候家藏万卷书。这句话不得了啊，这是低调的炫富。
>
> （陕西师范大学教授 于赓哲）

每当聊起自己的家世，杜牧便万般自豪：

旧第开朱门，长安城中央。
第中无一物，万卷书满堂。

——杜牧《冬至日寄小侄阿宜诗》节选

只可惜，杜牧赢在了起跑线，却在中途掉了队。

杜牧少年时，爷爷和父亲相继病逝。为了维持生计，分家得来的三十多间房屋也做了抵押。八年里，杜牧与弟弟搬家数次，像流浪汉般居无定所。

> 在他父亲那一代，家族地位慢慢地下降，到杜牧这一代的时候，家族就开始衰落。当然并不是整个杜氏家族都衰落了，是他这一支衰落了。杜牧出身名门，但是在他成长的历程中，并没有受到太多来自家族的荫庇，他的成长主要靠自己的努力。
>
> （陕西师范大学教授 王双怀）

虽然生活困苦，但是杜牧并没有从此与书卷绝缘，原生家庭给了他最初的滋养。

在老一辈的熏陶下，十六岁的他便自注《孙子兵法》十三篇，成为继曹操之后影响最大的注家之一。二十岁时，杜牧已熟读史书百卷，并对当时政局有了自己的思考。

早慧之人容易早衰，杜牧之心酸，不仅在于他所饱尝的巨大落差之感，更在于"食野蒿藿，寒无夜烛"对他身体的影响。

> 小的时候营养不良，正如他诗中所描写的，晚上的时候照明没有灯，饿了没吃的。当时正好气候也变化了，由暖变寒，长安城冷得厉害。在这种寒冷的气候下，人容易生病，生病之后落下病根，长大以后身体也好不到哪里去。
>
> （陕西师范大学教授 王双怀）

在杜牧成长的时代，安史之乱已经过去了半个世纪，朝廷处于内忧外患之中，藩镇跋扈，宦官专权。如此复杂局势，也决定了他此后的人生轨迹。

唐代文人的政治理想，大致可用杜甫的两句诗来概括：致君尧舜上，再使风俗淳。这一点杜牧可谓深有体会。

公元 826 年，唐敬宗宝历二年，这一年杜牧二十四岁，正是青春好年华，但国家形势让他无论如何也无从朝气蓬勃。此时的杜牧自觉也有对付藩镇叛乱之法，可惜他只是一介布衣，谁会把他当回事，倾听他的意见呢？困顿之下，只能将其写于纸上，作《感怀诗》。

韬舌辱壮心，叫阍无助声。
聊书感怀韵，焚之遗贾生。

——杜牧《感怀诗》节选

这是篇一百零六句的五言长诗，从唐朝初建时的雄浑壮烈，一直写到宝历年间屈辱凋敝。全诗感情澎湃，于雄浑中显现着沧桑，激昂中埋藏着悲愤，一唱三叹，意味无穷。大唐帝国的历史在诗人笔下越来越无奈。

> 杜牧这个人应该称得上一个有军事才干的文人，这首《感怀

诗》写出来就是感叹当时朝廷无能、大臣无能，以致国家多难，寄托自己没有办法实现理想的胸怀。什么时候能看到我们国家振奋起来，什么时候能够解决藩镇以及边境问题？在诗里，他借用一句老者的话回答：故老抚儿孙，尔生今有望。你们还有活着看到的希望，我们这一辈没希望了。

（陕西师范大学教授 于赓哲）

《感怀诗》在当时并没有引起上位者们的重视，在他们看来，这只是一个无名文人的唠叨之言。真正让杜牧成名的，是同一时期所作的《阿房宫赋》。

“元和圣天子”唐宪宗去世后，先后即位的穆宗和敬宗只顾享乐，将“元和中兴”的局面毁之殆尽。

唐敬宗李湛的很多荒唐逸事经常传出宫外，杜牧听闻后更为大唐的前途、百姓的疾苦而忧心，他渴望当面呵斥这位顽童天子，但苦于白衣布丁无门无路，只好以史为镜，叹兴衰之意。

如果秦始皇能关爱六国的百姓，也不至于“戍卒叫，函谷举，楚人一炬，可怜焦土”。写到这里，杜牧内心的情绪喷发，不禁大声疾呼：

秦人不暇自哀，而后人哀之；后人哀之而不鉴之，亦使后人而复哀后人也。

——杜牧《阿房宫赋》节选

唐朝后期的统治者也是为了自己的享受，不管老百姓的死活。我们看到，白居易所写的《卖炭翁》、柳宗元写的《捕蛇者说》反映的都是这种情况。统治者不惜民力，不关心老百姓的死活，只图个人享乐，杜牧实际上也是借阿房宫来讽喻当时的社会状况。

（陕西师范大学教授 王双怀）

《阿房宫赋》是杜牧的成名作，给他带来的不仅是名声，还有进身之阶。

唐代的诗人们对汉代的贾谊十分看重，这个年轻人前瞻性的思维和卓越的见识，是当时的士大夫们所无法比拟的。然而这个有学问、有远见的大家并未被汉文帝所重用，世人皆为之遗憾。

为了不走贾谊的路子，为了让自己可以直面上位者，杜牧开始备战科考。

唐代科举的常举中有明经、进士、明法、明书、明算等十几个科目。进士是最难考的，“三十老明经，五十少进士”，杜牧在二十几岁就考上了，那真是不简单，可以说是青年才俊了。

（陕西师范大学教授 王双怀）

科考开始之前，杜牧还有一项重要的事情要做，那就是“行卷”。向当时有影响力的达官贵人呈送自己的佳作。

唐朝的科举考试有个特点，不糊名。不糊名就意味着考官可以看到考生的姓名，考生自己有没有名气对于他能否被录取至关重要。所以，为了在考官当中博一个好名声，当时的唐朝文人养成了一个习惯，每到科举之前，就把自己的得意之作编纂成一个文集，拿着文集到处去送给那些达官贵人，这个就叫作行卷。

（陕西师范大学教授 于赓哲）

在《樊川文集》中，杜牧写到自己曾行卷一百五十首，却并没有记载行卷对象是谁。不过当时声名鹊起的他已然被人重视，只待看尽这一番长安花。

公元 828 年二月的一天，大唐的东都洛阳颇为热闹，在一片喧嚣声中，进士科考放榜了。诗人杜牧位列进士榜第五。

杜牧系出名门，才华卓越，所以当他应进士科时，在朝廷有政治地位、文学声望的人中，替他宣扬名誉者不在少数，其中太学博士吴武陵尤其出力。

太学博士就相当于我们现在最高学府里面的权威教授，太学是唐代国子监六学里地位最高的学校，国子监只招收文武三品以上高官的子弟，是纯粹的贵族学校。这所著名学校里的学术权威当然是非常重要的，所以当时很多高官都希望和他们交结，因为高官的子弟要到这儿来上学。

（陕西师范大学教授 王双怀）

当时，礼部侍郎崔郾奉命到东都洛阳主持进士科考试，临行前许多官员置酒为他送行。寒暄之际，一向不喜宴请的吴武陵忽然前来求见。对此，崔郾相当重视，立即将他引到旁边的房间谈话。

吴武陵此来别有用心，作为杜牧的铁粉，他想来给杜牧争取一个进士名额，而且还是最难搞定的状元。其间，他用“王佐之才”来形容杜牧的才华。说到兴奋之处，还拿出了早已经准备好的《阿房宫赋》高声朗读起来。听了几句之后，崔郾也被文章中所展露出来的才华所吸引，细细品读一番更是连连称奇。见崔郾上钩，吴武陵便趁热打铁地请求崔郾选杜牧做状元。

然而，状元早就有人预定好了。面对身后的那位大人，作为主考官的崔郾也无法改变这一情况。

既然状元无望，吴武陵只好表示，给杜牧留个前三名的名额也是可以的。但是现实再一次打击了他，前三名都被预定了。不得已，吴武陵表示，给杜牧第五名，自己也是可以接受的。

眼看崔郾又要表示为难，吴武陵抢在他说话之前表明了态度，说道：“如果还不行的话，就把这篇赋还给我。”崔郾迫不得已，只好答应。

吴武陵在这次科举考试中真的给杜牧帮了大忙。不过话说回来，崔郾之所以能够给杜牧进士第五名的成绩，一是吴武陵等人的推荐，二是杜牧的家世也起到了至关重要的作用，毕竟他是名门之后。有人经常说，既然唐朝科举考试名次都是内定，那还有什么意义？唐朝那时候考试虽然不糊名，考官可以内定，但是有个前提条件，你得真有本事，考官才敢这么做。

（陕西师范大学教授 于赓哲）

与杜牧一同高中的还有三十二人，三十三人中排名第五，这并没有给他带来多大的兴奋。

杜牧要凭借自己的真才实学来赢得功名，接下来他要参加两个月后的“制举”。

唐代制科是皇帝亲自举行的，有别于常科的考试，也是科举当中的一种。它不是定期举行的，有时候皇帝会专门下敕举行一次，而且它的科目也非常繁多，考试难度更大，有时候千不取一。不过好处就是，一旦考上，授予的官职会比正常的吏部铨选起点更高。

（陕西师范大学教授 于赓哲）

这次“制举”由新即位的唐文宗亲自主持，来参加考试的不仅有历届的进士们，还有许多在任官员。在此群龙汇聚之地，杜牧一举高中，内心的郁闷也随之一扫而空。

春风得意之余，约上一同中举的好友游山玩水乃是人生一大幸事。

一行人到达终南山的一座寺庙前，路遇一老僧打坐，旁若无人。神采飞扬的杜牧被老僧的安静吸引，便上前询问是否认识自己，身边的友人也向老僧介绍杜牧的才华和事迹。然而老僧只是淡淡一笑道：“皆不知也。”

这让杜牧诧异万分，自己两次折桂，本以为已名动京畿，谁知这位老僧竟对自己闻所未闻。感慨之余，他写下这首《赠终南兰若僧》：

北阙南山是故乡，两枝仙桂一时芳。
休公都不知名姓，始觉禅门气味长。

——杜牧《赠终南兰若僧》

原来在这世间，你所以为的才华，也许在某些人眼里一钱不值。

第二节 十年一觉扬州梦

年仅二十六岁的杜牧“两枝仙桂”齐放，声名远播，随即官拜弘文馆校书郎。校书郎虽官职不高，却是不少文士昼夜苦读的梦想。因为在当时，翰林院选翰林学士没有硬性规定，上至六部尚书下到校书郎都可以入选。自大唐开国以来，从校书郎升迁至宰相的文人甚多。

翰林院是皇帝身边的机要机构，如果在翰林学士上加一个知制诰，就是替皇上起草诏书，位高而权重。所以，当时如果能进翰林院当一个翰林学士，前途可以说是比较光明的。当然这事也因人而异，看你以后的路怎么走，总之一句话，中晚唐时期的翰林院地位已经相当重要了。

（陕西师范大学教授 于赓哲）

杜牧虽得此官职，却一点也不开心，反倒有些落寞。他的梦想是在朝堂之上执言谏诤、主持正义，或是金戈铁马、收复河山。而如今只能埋头书案、校对经籍，好似并无出头之日。

过了半年的无聊生活后，时任江西观察使的沈传师向杜牧发出邀请，聘其南下洪州（今江西南昌）出任自己幕府的巡官。杜牧应邀前往。

杜牧去沈传师的幕府当官，原因就是沈家和杜家是世交，关系很好。我信任你，你到我这里来做官，我给你很好的待遇，可以提拔你、照顾你。由于当时地方财政都被这些藩镇所控制，唐朝中央财政比较困难，在中央做官权力小、收入低；地方上的情况就不同了，节度使有权、有财、有地盘。

（陕西师范大学教授 王双怀）

观察使幕僚的工作主要是处理公文，空闲的时候，就陪奉府主或者与同僚游赏宴会。杜牧后来追忆那些年做幕僚的生活曾说："十年为幕府吏，每促束于簿书宴游间。"

从诗人的自述来看，自己这个青年后生乍入官场，业务还不甚熟练，多少有些吃力。还好，他遇上了一个热心的上司卢弘正。卢弘正时任团练副使，他对青年才俊杜牧颇有好感，凡是杜牧所应知道而不知道的事，他都口讲指画，一一教导，行走官场能碰到这样的师父，的确是幸事。

然而，杜牧的吃力，大概不仅仅因为业务不够熟练，更重要的原因可能还是游宴过多。当然，若没有那些奢侈荒唐的游宴，也不会成就这个大诗人。

公元 829 年，也就是杜牧到洪州的第二年，沈传师幕府乐籍中新添了一位歌女，名叫张好好。

这张好好不但长得漂亮，而且歌也唱得清脆婉转。

青楼文化在当时唐朝的官场上是合法的，而且是非常盛行的。其中相当一部分妓女属于官妓，这种官妓隶属于教坊，由官府直接管理，她们的服务对象主要就是官员，官员一般会邀请这些妓女参加宴会、春游等活动。那个年代的青楼女子，尤其是隶属于教坊的青楼女子，本身就是歌女加舞女，很多人的诗词功力也相当了得。

（陕西师范大学教授 于赓哲）

这一天，沈传师与府内幕僚们宴游于洪州名胜之地滕王阁，命此前还未曾出过场、露过脸的张好好宴前献歌。

张好好的第一次出场就赢得满堂喝彩。沈传师不胜欢喜，称赞为天下“独绝”，赠以天马锦、犀角梳作为奖品。张好好也从此成为幕僚们情有独钟之人，他们每每在洪州宴游，总要邀请张好好前去献歌。

之前，杜牧见到张好好已怦然心动。但她是沈传师幕下的歌妓，而自己是沈传师的麾下从事，这跃动在心底的意念波澜必须压制下去。

张好好面对风流倜傥、举止文雅的杜牧，心中也泛起涟漪。迫于身份的无奈，她只好视若陌然。

两心相知，却相对无语。

公元 830 年九月，沈传师调任宣歙观察使，张好好也随同来到了宣州（今安徽宣城）。每逢春秋佳日，杜牧常在酒宴间欣赏她的清歌妙舞。这时沈传师的弟弟沈述师也在宣城幕府，他也很喜欢张好好，于是花千金纳她为妾。

面对名花有主的张好好，杜牧也慢慢抚平了心中的波澜，这时他或许不会想到，两人的命运会如此相似，最美好的年华都献给了青葱岁月，以致再见之时物是人非。

公元 833 年春天，杜牧奉沈传师之命，赴扬州拜谒前宰相牛僧孺，这位曾于朝堂上举足轻重的风云人物，现如今出任淮南节度使。此行对杜牧影响巨大，他与牛僧孺也结下不解之缘。

> 牛僧孺是牛李党争中“牛党”的代表人物，杜牧到这儿以后，其实就卷入了党争，你跟着“牛党”的党魁，自然就是“牛党”。所以后来杜牧的仕途并不是很顺畅，可能和这也有一定的关系。
>
> （陕西师范大学教授 王双怀）

此行路上杜牧自若而悠然，途经润州丹徒（今江苏镇江），会见了昔日同科好友。契阔谈笑，无所不言，两人聊着聊着，竟谈及了杜秋娘的遭遇。杜牧一时思潮翻卷，感慨万千。

杜秋娘原是此地民女，从小才貌绝人，歌喉婉转且又撩拨人心。十五岁时一曲《金缕衣》，迷得镇海节度使李锜心神荡漾，随即纳杜秋娘为妾。

劝君莫惜金缕衣，劝君惜取少年时。
花开堪折直须折，莫待无花空折枝。

——佚名《金缕衣》

李锜折了一枝人间罕有的鲜花，却还幻想着登天子位，于唐宪宗初年谋反，岂料一败涂地。然而杜秋娘是没有选择的，她只能跟随李锜覆灭，作为罪犯的家属被没入宫禁。

出乎意料的是，杜秋娘的姿色和才华打动了唐宪宗，被封为妃子。可惜好景不长，公元 820 年，宪宗被宦官密谋杀害。继位的唐穆宗命杜秋娘做了皇子李凑的傅姆，次年，李凑被封为漳王，杜秋娘的身份也水涨船高。

唐文宗即位后，朝臣与宦官相互争夺权柄，李凑因为贤明成了政治牺牲品。没过多久，文宗听信谗言，贬李凑为巢县公。

杜秋娘是漳王李凑的傅姆，也牵连得罪，被放还乡。这时的她已是人老色衰，更兼罪人家属的身份，贫穷困苦超出了想象。

杜牧听说杜秋娘的事情，“感其穷且老，为之赋诗”。忧愤怜悯流入笔端，化为超过百句的五言《杜秋娘诗》。

杜牧固然是在怜人，同时也在自怜。“女子固不定，士林亦难期”，当他写下这句诗时，内心必定充满苦涩，为自己未来的仕途而担忧。

透过这首诗，我们还可以看到当时唐朝的政治环境，宦官专权、朋党之争、藩镇割据。在当时的政治背景下，出现杜秋娘这种有如此人生际遇的女性，也是很正常的。自己这样有才华的诗人，也不能施展自己的政治抱负，挽大厦于将倾。只能看着自己的家、自己的国，逐渐地走向下坡路。

（河南大学教授 程遂营）

杜牧代表沈传师的谒见，使牛僧孺心里颇为高兴。然而，令牛僧孺更欣慰的是杜牧的才华。

之后不久，沈传师便奉召回京任职。按照惯例，府主解职回朝，幕僚们都得自谋生路。这时，杜牧接到了牛僧孺的聘书。

这一切像是沈传师的刻意安排，杜牧赴扬州拜谒牛僧孺，得到牛僧孺的青睐，沈传师回朝，杜牧也便有了归宿。于是，他顺理成章转任扬州。

身为淮南节度使的牛僧孺对杜牧十分器重，任命他为府中要职——掌书记。

掌书记堪称节度使的左膀右臂，负责给节度使起草文书、书信或是给朝廷的奏章。而且我们要知道，唐朝行政运作的中枢就是文书的写作。所以说，当一个掌书记，就等于当了节度使的副手，并且掌控了该地的行政大权。

（陕西师范大学教授　于赓哲）

掌书记的公务虽然繁重，但是对有着五年幕僚经验的杜牧来说，处理起来是娴熟自如，这便使他有了颇多的闲暇时光。于是，一颗无所寄托的心又开始彷徨。

唐人诗中描写扬州繁华盛况的有很多，这座时代潮头的城市使许多文人墨客纷至沓来。杜牧置身这十里长街，目睹其繁华兴盛，抚古思今之余感慨万千，自然少不了赋诗吟咏。

这座繁华的都市很对杜牧的脾气，他立即与之打得火热。花街柳巷、歌舞妓馆等纸醉金迷之地成了他的精神寄托。以至后来离去时作《赠别二首》，送给那个曾经让他可以忘却一切烦恼的风尘女子。

娉娉袅袅十三余，豆蔻梢头二月初。
春风十里扬州路，卷上珠帘总不如。

——杜牧《赠别·其一》

这位令他魂牵梦绕的歌女芳龄十三，情窦初开。在春风十里的扬州街上，纵是珠帘下美女如云，却没有一人能与之相比。

刚过而立之年的杜牧和这位豆蔻年华的女子究竟有着怎样的情感，我们无法得知。但是，能有这样一位大诗人为她写下如此精彩的诗句，就足以让人羡慕不已。

“赢得青楼薄幸名”，他一句诗就把“青楼”这个词赋予了妓院的色彩，从此以后妓院就叫作青楼。而在他之前，青楼指的是女子居住的高楼，仅此而已。杜牧在这里面（风月场所）应该是一个佼佼者，是一个相当引人注目的人。

（陕西师范大学教授 于赓哲）

公元835年，杜牧被朝廷任命为监察御史，要回长安供职了。

从洪州到扬州，从二十六岁到三十三岁，兜兜转转蹉跎了七年岁月。本以为自己将就此沉沦，这一纸调令，又让他心中的热血被重新点燃。

监察御史是御史台的官员，御史台的官员也分好几种，监察御史主要负责监察地方。在唐朝前期，监察御史经常代表皇帝出行，监察地方官的廉洁与否。不过，这个时候的监察御史，尤其是杜牧所担任的监察御史，只是一个京官的职衔而已，有点类似后世的寄禄之官。

（陕西师范大学教授 于赓哲）

在回长安任职前，牛僧孺为杜牧饯行。席间他说：“以你的豪迈气概，前程必定远大，而我却担心你风情不节，这可能会有伤身体。”听到这里，杜牧便搪塞道：“我平常很检点，不至于劳您忧心。”

面对杜牧的遮掩，牛僧孺笑而不答，令人捧出一个小书匣，让他亲自打开，里面全是杜牧夜游青楼的密报。

杜牧在扬州的时候经常逛青楼，牛僧孺拿他没有办法，只能暗中保护他。因为青楼的治安比较复杂，牛僧孺就派负责治安的街卒每天跟踪他。那些街卒跟踪了杜牧之后都要写一纸报告，这些年下来，已经积攒了整整一大箱了。上面的文字大同小异，比如“某夕杜书记至某处夜宴”，或者是“杜书记在某处留宿无恙”，意思就是这一晚上没啥事。看到这些报告以后，杜牧闹了个大红脸。

（陕西师范大学教授 于赓哲）

知道缘由后，杜牧很感激，于是作《遣怀》诗以表羞愧。

落魄江湖载酒行，楚腰纤细掌中轻。
十年一觉扬州梦，赢得青楼薄幸名。

——杜牧《遣怀》

在壮志未酬的忧闷中，在与细腰美女的厮混中，像做了一场十年长梦，留下来的竟是薄情负心之名。诗中充满了杜牧的无奈和自嘲。

好在纸醉金迷的扬州并未让杜牧彻底迷失，军国大事仍是他心中的牵挂。

> 杜牧在扬州当掌书记时，给人留下印象最深的两件事，一个是他的“青楼薄幸名”，再一个就是他关于军事方面的思想。他小时候就对军事感兴趣，而且研究过《孙子兵法》，在扬州期间又写了《原十六卫》《战论》《守论》等一系列著作，讨论的就是我们未来的仗怎么打，天下的形势如何。他的这些军事才干，在后来防御回鹘以及平定泽路叛乱时都发挥了作用，杜牧应该称得上是一位文武双全的人物。
>
> （陕西师范大学教授　于赓哲）

当杜牧离开扬州时，心里应该是矛盾的。他一方面满怀期望，一方面又有点恋恋不舍，但在事业面前，所有的红尘醉梦都得抛弃。尽管那所谓的事业，十有八九靠不住。

公元 835 年，杜牧怀着施展才干、报效国家的一腔热血回到了长安。哪知这时朝廷中正密云不雨，乌烟瘴气，面对权臣宦官垄断政治、排陷忠良的黯淡景象，杜牧深感无力。此时，自己的好友李甘因直言权臣被远贬岭南，这让杜牧心神不定，敢怒不敢言。

吕氏强梁嗣子柔，我于天性岂恩仇。
南军不袒左边袖，四老安刘是灭刘。

——杜牧《题商山四皓庙一绝》

面对一个帝王专制的政权，多一个刚直的谏官不过是多一个殉葬品而已，这种困苦的心情使杜牧忧惧。不久他就以身体有病为借口，表示不能胜任朝中繁巨的工作，请求调职。最终被安排分司东都，职务依旧是监察御史。

一般情况下，人们都想进京城做官，到了唐朝后期恰恰相反，很多人不愿意到京城做官。主要原因就是，在京城不是皇帝有权，而是宦官有权，有时候即使朝臣有点权力，党争也很严重。在朝廷工作，心情不会舒畅。唐朝的政治中心在长安城，洛阳也有一套相同的机构，在洛阳做官的话就比较清闲。

（陕西师范大学教授 王双怀）

杜牧需要的不是清闲，而是安全。

第三节 参差烟树五湖东

公元 835 年八月，杜牧来到了洛阳，虽然远离了风波，却也离梦想更远了。还好能与洛阳的朋友们你来我往，倾吐心中块垒，这多少使得杜牧的忧闷和凄冷减轻了一些。

这时，朝中正在酝酿着一个巨大的阴谋。同年十一月，当“甘露之变”的消息传至洛阳时，杜牧因为远离政治中心而幸免于难。

七年前，杜牧在洛阳进士及第，如今又躲过“甘露之变”，这里可谓他的福地。然而，这年在洛阳度过的冬天，却是他人生中最难以忘怀的。无论是事前面对真凶，还是事后面对宦官，他都没有正面发言，但那道心上的伤口却永远存在。

一片宫墙当道危，行人为汝去迟迟。
筚圭苑里秋风后，平乐馆前斜日时。
锢党岂能留汉鼎，清谈空解识胡儿。
千烧万战坤灵死，惨惨终年鸟雀悲。

——杜牧《故洛阳城有感》

无奈的杜牧也只能借酒消愁，行至洛阳的酒肆，放眼望去，他竟见到了一位故人——以前在洪州熟识的歌女张好好。

二人乍然相遇，似乎都身在梦中。杜牧带着懵然的眼神询问张好好何以沦落至此，张好好压抑着满腹辛酸，只是淡淡地说："沈述师抛弃了我。"

当年，沈述师以千金为聘礼纳张好好为妾，何等洒脱。而今洛阳重逢，张好好却已成了当垆卖酒之女。红颜薄命，一再应验。

张好好惊讶于杜牧尚且年轻却已生白须，随即询问昔日的朋友是否健在，有没有落魄失意如她这般。

张好好没有沉沦于命运的大起大落，反倒关心昔日那些她曾为之献歌的酒徒们，还有杜牧这个年仅三十四岁，却已白了胡须的落魄者。

几年前，杜牧曾为杜秋娘写诗，今日又为张好好写诗，面对这些柔弱的女流，他无能为力，只能以诗呐喊，表达同情。

> 在这首诗里面，杜牧一方面写了一个美好的、青春的少女怎样遭受了人生的困顿；另外一方面也是在借助张好好的人生经历表达自己仕途的不顺利。从某种意义上来讲，我们写的诗看似是在写别人，实际上很多时候是想抒发自己的感情。
>
> （河南大学教授　程遂营）

时至今日，杜牧的墨宝行书《张好好诗》经历了千年风雨，被完好地保存在故宫博物院里。其书行云流水，落笔如烟。

公元 837 年，杜牧的弟弟杜顗患了眼病，几乎失明，于是杜牧请假离开洛阳，到扬州看望弟弟。

此次扬州之行本是旧地重游，但是由于弟弟病重，杜牧的心境自然不好，不再有当年的豪情逸兴。而且为了照顾弟弟，杜牧住在扬州城东的禅智寺。寺中环境清寂，所见无非青苔、暮霭，简直不像是在"十里珠帘，二分明月"的繁华都市里。

告假已满百天，弟弟的饮食起居仍不能自理。杜牧思虑再三，只好辞去监察御史的官职。辞官虽然容易，维持生计却十分困难，他必须得重新获得一份俸禄。

这时恰好有一个熟人崔郸正任职宣歙观察使，宣州离扬州不远，崔郸就是杜牧中进士时的主考官崔郾之弟。

崔郾跟杜牧是朋友，当年就是他把杜牧判为进士第五名，所以两个人的私交还是不错的。虽然这时候崔郾已经去世了，但是当年的情分还在。在这种情况下，他向崔郸求个官来做，崔郸是一定要帮忙的。他让杜牧担任宣州团练判官，并且挂了个京衔。

（陕西师范大学教授 于赓哲）

当年秋天，杜牧带着弟弟赶往宣州赴任。

距上次置身宣州不过七年时间，这七年对于唐王朝和杜牧本人都是极其重要的一段时间，尽管他在“甘露之变”中毫发未伤，但政局的阴影时刻笼罩在杜牧的心头。

如今的宣州已物是人非。那时，幕僚中朋友颇多，常常一起宴游；如今，漂泊近十载壮志未酬，杜牧已两鬓斑白，其中苦闷无以言说，只能留下“景物不尽人自老，谁知前事堪悲伤”的叹息。

身为官员，杜牧的名字始终在吏部的簿籍之上。第二年冬天，他接到新任命：回京担任左补阙。接到敕令的杜牧并未立即动身赴京，因为他要想办法安置弟弟一家。

这个情况可见杜牧晚年的生活是不富裕的，虽然在做官，但是连一个弟弟都养不了。因为自己收入很低，没有办法把弟弟带到长安城来，长安城的房租很贵，物价也很贵。好在当时他有一个亲戚可以寄托，解决了他的燃眉之急。

（陕西师范大学教授 王双怀）

这时，杜牧的一个堂兄在江州担任刺史，作为地方行政长官，刺史还是有能力养活一大家子人的。

公元 839 年二月，杜牧来到了江州，将弟弟杜顗交给堂兄照看。因急于赴任，兄弟三人匆匆作别，这一去，再见便不知何年何月。

数年前，杜牧在扬州被调任京城做监察御史，他乘船由运河北上，沿黄河西行，这是当时江淮一带人士进京经常走的路线；这一次他走的却是另外一条路，乘船沿长江、汉水，经襄阳，转陆路过南阳、武关、商山而至长安。

沿路有山有水，风景很好，又恰是二三月间春光明媚的时候，他一路作了许多首诗。

眼看离朝廷越来越近，诗人心中的情感却越来越复杂，并不像远别许久的游子，更像是前往大城市的拓荒者。“我来惆怅不自决，欲去欲住终如何？”这种情绪对照杜牧此后三年多的朝官生涯，简直就是一语成谶。

这一路都行经春风春景，到了帝都，春天也随即到头。长安的阴沉使杜牧的心凉了半截，那种奉献经国济民之策的冲动被骤然冻凝了。

> 杜牧担任的左补阙是从七品上的官，其实这个官品阶不高，但它毕竟是个言官，可以给皇上谏言献策。而且唐代的言官有个好处，就是言而无罪。话说回来，在那个年代，让言官大胆地说话，恐怕言官自己都不敢。因为宦官的权势格外嚣张，尤其是“甘露之变”后，宦官几乎把皇帝完全掌控在股掌之间。对杜牧来说，担任这个言官在精神上相当郁闷，因为有劲没处使。
>
> **（陕西师范大学教授 于赓哲）**

杜牧上次出任朝官正赶上权臣掌朝，好友李甘因直言进谏被贬为封州司马，最终死于贬所。四年之后，杜牧再度来到朝堂，很想为李甘洗雪冤枉，但这时并不存在让人开口直言的机会。

唐文宗不甘心受制于宦官，他曾两次与大臣谋划诛杀宦官，但都失败了。

就在杜牧入京这年十一月的一天，唐文宗召当时的翰林学士周墀闲谈。这位周墀，将来会成为杜牧的贵人。

席间，唐文宗问周墀，自己可比历朝历代的哪位君王，作为臣下，周墀只能夸奖他堪比尧舜。然而唐文宗却连连摇头说道：我哪敢比尧舜，之所以问你，只是想知道我比周赧王和汉献帝怎么样？周墀闻听大惊失色道：那都是亡国之君，怎能比得上陛下的圣德！唐文宗叹息道：他们受制于强藩，而我却受制于家奴，就这一点来说，我连他们也比不上。

从那之后，唐文宗再也没有上朝，翌年正月怅恨而死。经过一系列斗争后，文宗的弟弟李炎即位，是为唐武宗。

> 唐武宗当然想在政治上有一番作为，在当时他重用李德裕，李德裕是“李党”的代表，当时作为牛僧孺一派的重要人物，杜牧就成了被排挤的对象。所以武宗当政对于杜牧来说不是好的消息，而

是噩梦，这是政治斗争，是牛李党争。

（陕西师范大学教授 王双怀）

面对朝中的暗涌，杜牧不想卷入其中。这年冬天，他请假南下江州看望弟弟杜顗，打算将他接回长安。

杜牧风尘仆仆地抵达江州，但杜顗却不肯跟他北上长安。他深知哥哥在京并无田产，而京官薪俸微薄，坚持留在堂兄杜慥身边。杜顗不走，杜慥也诚意挽留，兄弟三人好不容易再次见面，杜牧也不愿立即返回长安，而是决定留在江州过年，因为朝廷太混乱了。

开春之后，分别在即，杜牧不禁又为弟弟的病情和自己的前途忧心。

虽然不想卷入政治的旋涡，但是身处池水中，总会被涟漪波及。

公元842年春，朝廷一纸敕令外放杜牧为黄州刺史。就官职而言，刺史身为一州之长，无疑是擢升。但从京城调到偏远小郡，无异于明升暗降，其中甚至有驱遣之意。

对于长安而言，杜牧注定不是归人，只能是过客。

按照杜牧自己给别人写的信，他做黄州刺史是被李德裕外放的。当时在牛李党争的背景之下，李德裕认为杜牧是牛党的人，因为杜牧曾经在牛僧孺手下担任过掌书记。不过话说回来，这个事属于杜牧的一家之言，真相究竟如何，恐怕现在已经不能完全判断清楚了。

（陕西师范大学教授 于赓哲）

唐代的黄州是一个比较穷僻的小州，紧临淮南西道。当年淮西叛乱，黄州则是用兵之地，多年的战乱使得这里弊政丛生。

杜牧上任以后事必躬亲，竭尽所能地兴利除弊，短短一年多的时间，黄州的面貌大为改观，百姓也对其爱戴有加。

觚棱金碧照山高，万国珪璋捧赭袍。
舐笔和铅欺贾马，赞功论道鄙萧曹。
东南楼日珠帘卷，西北天宛玉厄豪。
四海一家无一事，将军携镜泣霜毛。

——杜牧《长安杂题长句六首·其一》

第四节 人间惟有杜司勋

黄州（今湖北黄冈）的春天，凉意袭人。杜牧此来黄州并非因罪贬官，但心情却比贬官还要恶劣。公事之余，只能寄情于山水，聊表慰藉。

在黄州城东南有条河，名曰兰溪，也就是今天的浠水，源出湖北英山，向东南汇入长江。兰溪入江处是兰溪镇。镇东约里许，有竹林蹬，是箬竹山的群峰之一，山上兰花茂盛，春来香波如海。杜牧前来游览时，写下《兰溪》：

兰溪春尽碧泱泱，映水兰花雨发香。
楚国大夫憔悴日，应寻此路去潇湘。

——杜牧《兰溪》

暮春时分，两岸的兰花在雨水中散发幽香。美人香草的寄托，令杜牧想起被贬的屈原，当年他应该就是循着这样的道路流落潇湘的吧。

同样的黄州，同样的兰溪，穿越时空，苏轼却有不同的感情。

“乌台诗案”后，苏轼被贬为职位低微的黄州团练副使，并且不得签书公事，以闲人自居。

黄州是幸运的，前有杜牧后有大文豪苏轼在那里为官，而且都留下了非常有名的诗词，从诗词中我们看到了两个人不同的风格。

（河南大学教授 程遂营）

在此期间，苏轼游玩兰溪时，写下著名的《浣溪沙·游蕲水清泉寺》：

山下兰芽短浸溪，松间沙路净无泥，萧萧暮雨子规啼。
谁道人生无再少？门前流水尚能西！休将白发唱黄鸡。

——苏轼《浣溪沙·游蕲水清泉寺》

同样的河流，同样的兰花，同样的暮春。不同的是，一个是在任主官，一个是罪臣贬官；一个安居衙署享受俸禄，一个躬耕东坡自食其力。而前者低沉悲愤，后者却豁达雄浑。

不过是因为杜牧在前，苏轼在后。历史上也记载着，苏轼在黄州的时候，也非常喜欢杜牧的诗作，甚至读了数遍，杜牧写的《阿房宫赋》，他每读一遍就赞颂一遍。从杜牧的诗和后来苏轼的《前赤壁赋》里，我们也可以看到一些相似的方面。

（河南大学教授 程遂营）

好在苏轼并不能覆盖杜牧。兰溪河边的较量虽是后来居上，但赤壁旁边的回合，似乎还是先者为王：

折戟沉沙铁未销，自将磨洗认前朝。
东风不与周郎便，铜雀春深锁二乔。

——杜牧《赤壁》

翻看杜牧的《赤壁》一诗，会让我们眼前一亮：三国周郎也没有什么了不起，若不是老天相助，还谈什么三足鼎立，只怕大乔小乔统统都要被曹操收于漳河边上的铜雀高台。

对比苏轼的《念奴娇·赤壁怀古》，虽然“大江东去，浪淘尽”的格局甚大，但观点却不及杜牧的《赤壁》。

杜牧敢于发前人之未发，提出与众不同的见解，自有其非凡的胆略与气魄。

其实我们从这里可以看出，当时的杜牧不仅是一个文人，他对于军事上也是有一定的研究的。而苏轼的词更有他大文豪的风格，有着非常浓郁的文学色彩。

（河南大学教授 程遂营）

公元844年九月，杜牧由黄州刺史迁为池州刺史，这一年他四十二岁。池州的任期对杜牧来说是平淡的。

两年后的初夏，一个好消息传到了他的耳边。

唐武宗李炎因长期服用丹药而暴毙，宣宗李忱即位，随后李德裕罢相，此前被贬斥的官员纷纷复职归京，杜牧也看到了升迁回朝的希望。

唐宣宗这个人算得上是晚唐时期一个比较有作为的皇帝，人称小太宗。他这个人对进士非常崇拜，所以他上台后有一个举措，就是在牛李党争当中选择了“牛党”，贬抑“李党”，把李德裕等人流放了。为什么他选择打击“李党”呢，原因就是“李党”专门攻击以进士为代表的文人集团，他们认为进士浮薄，不堪大任。牛李党争的核心问题之一就是怎样对付进士集团，毫无疑问，最后唐宣宗站在进士集团的一边。

（陕西师范大学教授 于赓哲）

公元 846 年秋，心心念念几个月的杜牧并没有等到回朝的升迁令。不过，此时的他仍怀有希望，因为他知道牛僧孺这时已再居相位，一定会照顾自己。他不知道的是，牛僧孺复任相位没多久便一病不起，根本无力顾及他。

让杜牧庆幸的是，继任宰相周墀提携了他，让他回京担任掌管官员勋绩的司勋员外郎一职。

接到调令的杜牧急不可待，九月初便乘船奔赴帝都。距离上次离京，又过了整整七年，这一次在京城面对他的又会是什么呢？

公元 848 年腊月，杜牧风尘仆仆地回到了帝都长安。新年过后，一切都要有新的开始，初春的一天，杜牧收到了两首赞美他的诗，署名是李义山，就是后来与之齐名的大诗人李商隐。

李商隐比杜牧小九岁，除了年龄和身世之外，两人的一切都非常相似。同是二十五六岁中进士，在朝中做着低微的小官，接着游任于各种幕府之间，兜兜转转数十年不得实现抱负。顶着“王佐之才”，最后却只能写写文章寄托哀怨，在知天命的时候都入了土。或许正因为有着这样的遭遇，才能让“小李杜”之名闪耀后世吧。

前一年秋天，李商隐刚刚结束了自己的一段幕府生涯回到了长安，随后便听说自己久仰的杜牧将要回京为官，为此他激动不已。

那时，杜牧与李商隐都是驰名一时的诗人，彼此闻名，也曾读过对方的诗作，却从来无缘相见。李商隐的主动赋诗，便是这两位盛名晚唐的大文豪生平唯一一次交集。

“刻意伤春复伤别，人间惟有杜司勋。”能够那么娴熟自如地把对时势、对别离的伤感熔铸于自己的诗作中，恐怕这个世界只有杜司勋您了。

然而面对李商隐的满腔热情，杜牧并没有回信，两人也从此再没有任何交流。

没有回信是什么原因呢？我觉得这一定是和当时的牛李党争有关，因为李商隐娶了王茂元的女儿，从“牛党”变成了“李党”。在党争的过程中人们一定要互相切割，如果和另外一个党有了联系，你自己的政治立场就会受到质疑，所以杜牧没有回信。这不表示他内心对李商隐没有好感，但他不能表达出来，这是他从政治方面考量的结果。

（陕西师范大学教授 王双怀）

杜牧的追求并不是做一个温婉的、伤春伤别的诗人，青年时代的风流让他在中年之后感到后悔。他的志向一直是成为一个有作为的政治家和军事家。

在得到周墀的提携后，杜牧重回朝堂，心中感激无以回报，又深为吐蕃仍占领大片国土、回鹘党项不时骚扰边境、大唐危机四伏而忧心忡忡。思索再三，他向宰相周墀进献了自己所写的《〈孙子兵法〉注》十三篇。

杜牧在军事方面有两次重要的建议，一次是抵御回鹘的时候，另外一次就是在刘稹的泽路藩镇叛乱的时候。当时关于政府军镇

压刘禛从哪一路进军存在分歧，杜牧分析了形势之后建议从西路进军。因为当时泽路以东的农业比较发达，人口众多，物产比较丰富，所以敌人的重兵集团靠东部署；相反，西边土地贫瘠，物产寡少，叛军在这个地方驻守的军队也相对较少。如果带足了粮食从西路进军，比起东路肯定要容易得多。后来在平定刘禛的过程中，政府军采纳的就是杜牧的建议，取得了非常好的效果。

（陕西师范大学教授 于赓哲）

杜牧希望他的见解能帮助周墀谋划收复河湟、平定胡蕃。如果成功的话，自己或许会被提拔到更能发挥所长的职位上去，比如带领重兵，安定社稷。

然而，在杜牧进献《〈孙子兵法〉注》后不久，周墀因商议收复河湟所持意见与宣宗相左而被罢相。杜牧满怀憧憬的报国之心又一次遭到摧残。那些忠耿刚直的朋友们，一个个都被远贬天涯，只留他一人孤身立于朝堂，前路莫测。

公元850年春夏之际，杜牧接连上书请求外放为湖州刺史。与其在庙堂上无所作为，倒不如去地方做一个好官，也算于心有安。

清时有味是无能，闲爱孤云静爱僧。
欲把一麾江海去，乐游原上望昭陵。

——杜牧《将赴吴兴登乐游原一绝》

湖州以其清丽秀美的风光令人倾倒。一代书法巨擘颜真卿，于代宗大历年间在此任刺史，并留下了许多堪称罕世的墨宝。在杜牧身后，苏轼也将执掌此地的印信，他却没有杜牧这般惬意，在湖州太守任上喘息未定，便发生了所谓的“乌台诗案”，随即被贬往黄州。

公元 850 年秋，杜牧如愿来到了湖州担任刺史。这一年他已四十八岁，虽尽显衰老之象，但心中已无迟暮之感。一颗忧愁之心，也增添了闲中度日、静中求乐的雅趣。

湖州任职期间，杜牧的一首《叹花》，给后人留下了无限想象。

自是寻春去校迟，不须惆怅怨芳时。
狂风落尽深红色，绿叶成阴子满枝。

——杜牧《叹花》

诗人原本打算在春日里追寻一种自己喜爱的花朵，却因为去晚了，鲜花早已凋零，只剩下枝头的果实。虽然全诗只是客观叙述自然规律，但是好事者却以鲜花为女人，果实为孩子，给作者编织了一个风流韵事。

说是当年杜牧曾奉派出使湖州，见一民间少女美丽非常，认为将来必成绝色佳人。于是给了其母一些财帛定聘，约期十年之内迎娶，如十年不来，姑娘自可另嫁。后来，杜牧当了湖州刺史，但时间已过去十四年。杜牧找到那位姑娘，才知道她三年前已嫁人，而且已经生养了两个孩子。杜牧深知自己失约，徒叹奈何，于是作了这首《叹花》诗。

其实这件事情是小说里面记载的，但有一定的可信度。唐代官员不能娶百姓只是法律上的规定，唐代前期是如此。到安史之乱后，娶百姓为妻的官员大有人在，何况纳妾。所以，纳百姓为妾这件事情在当时是常见的。这件事的时间推定确实有点漏洞，他当年是否对一位女子有好感，已经无从考证。

（陕西师范大学教授 王双怀）

杜牧在湖州的一年，似乎是他人生最快乐的时期。因为，他是自愿来到湖州的。

然而，噩梦常常寓于好梦之中。

公元 851 年二月，弟弟杜顗病逝的噩耗传来。两天后，对自己有知遇之恩的周墀也在遥远的梓州去世，死于东川节度使任上。接连重击，使杜牧本就羸弱的身体更加衰老。

福祸相依之间，世事无常。这年秋天，杜牧升迁为考功郎中、知制诰。

考功郎中是负责考课的官员，知制诰是个加衔，负责给皇帝起草诏敕。杜牧加知制诰，对他来说应该是比较重要的事情。

（陕西师范大学教授 于赓哲）

虽然职位很诱人，但这时的杜牧并不愿离开湖州，这里山清水秀，生活安然自在。然而圣命不可违，为了保住饭碗，为了生存，硬着头皮也得干。不久，杜牧携全家踏上了西归长安的旅途。可怜的杜牧，在期望与失落中，走着走着就老了。

这年冬天，时已四十九岁的杜牧回到了令他揪心的长安。

对道家星象说的迷信和自己油尽灯枯的残躯，使杜牧感觉五十岁便是他生命的大限。在行将就木的余日里，杜牧着手处理自己的身后事宜。

晚年的杜牧一再悲叹自己功业学问两无成，拖着沉重的病体检阅自己曾经的诗文时，甚至将其焚毁大半，认为那些只是徒有奇辞丽藻、无助经国大业的“空文”。

在整个唐朝的文人集团当中，杜牧的官已经不算小了，因为还有像杜甫那样怀才不遇的人。比起杜甫，杜牧已经算是比较幸运的，这个人不仅有很高的文学成就，而且在军事方面比李白和杜甫不知道高到哪里去了。我认为他后来一系列的官职升降不能用官场失意来形容，毕竟不是每个人都能当到宰相这个级别。

（陕西师范大学教授 于赓哲）

公元 852 年冬，杜牧病逝于安仁坊的宅邸内，这里的三十多间老宅本已易主，后来又被他赎回，最终成为他的魂归之所。

其实，杜牧所谓的失败，无非是不能出将入相，可是唐朝那么多将军宰相，绝大多数都已在时间的缝隙之中风化湮灭。

彼时，也许他正行走在终南山蜿蜒曲折的小径上，穿过了霜叶尽落的枫林，回头怅望着长安城和巍峨的大明宫，转身向着山顶缥缈的白云深处走去。

他的一生仕途坎坷，颠沛流离；挣扎于党争的夹缝，在恩主家与岳父家的对立关系中进退维谷，直至潦倒而死。一生遭人误解，生活中充满了艰难与困厄，而这艰难与困厄，竟可以说是他与生俱来的。

第七章 李商隐

忍剪凌云一寸心

第一节　知遇之恩

在晚唐有一位饱受争议的诗人。他的一生仕途坎坷，颠沛流离；挣扎于党争的夹缝，在恩主家与岳父家的对立关系中进退维谷，直至潦倒而死。

他就是李商隐。

打开史书，无论是《旧唐书》《新唐书》还是《唐才子传》，除了他诗歌取得的成就无法抹杀外，对李商隐个人操守的评价无疑是虚伪浅薄、背恩负义、没有品行，受到人们的嗤笑、谴责与排挤。

这位今天我们所崇拜的大诗人究竟做了什么事，竟然受到了当时士大夫的集体攻击，而且还完整无缺地记载到了史书之中？

李商隐一生遭人误解，生活中充满了艰难与困厄，而这艰难与困厄竟可以说是他与生俱来的。

约公元 813 年，李商隐出生于获嘉县县衙，父亲李嗣额手称庆，作为家中长子，父亲自然希望他将来能光耀门庭，遂取名“商隐”。

“商隐”之名，取义于秦末汉初之际隐于商山的四位高士，即后世所谓“商山四皓”。四人后来因张良之荐，出山辅佐汉高祖的太子安定储位。李嗣给孩子取名商隐，是企盼他如“四皓”待时而出，成为帝王之佐。

> 李商隐出生在一个小官僚的家庭，他的高祖、曾祖、祖父都做过县令、县尉，他的父亲李嗣做获嘉县令，李商隐就是在获嘉出生的。
>
> （博爱县李商隐研究会会长　宋金鼎）

唐朝虽然实行科举制，但是考卷并未糊名，所以终归还是一个讲究门第的社会。衰微的门第不能给李商隐的仕宦带来帮助，以至于后来他对外宣称自己是大唐皇族血亲，但最终也没有得到官方认可。

公元 814 年，任期已满的李嗣被聘为浙东观察使幕僚，从此李商隐跟着父亲走上了离乡漂泊的途程。

这时他还是个三岁左右的幼童，根本不会知道这次远游的意义。

在了解他一生遭际的我们看来，他儿时的这次远游似乎竟成了他一生命运的象征和预演。

“幕府”这个词出现得很早，甚至有人说《史记》里面就已经出现了，它指的是军事将帅底下的幕僚班子。到了唐朝中晚期，这个时候的幕府就相当重要了，因为中央权威衰落，地方势力坐大，开始与中央争夺人才。那个时候，很多想当官的年轻士人往往选择先给地方的长官当幕僚，也就是进入幕府，然后再由这个渠道正式地授予他们官职。

（陕西师范大学教授 于赓哲）

李家从李商隐曾祖父起，父系中一连几代都过早病故。李商隐约十岁时，父亲李嗣病逝于幕府。

一家人失去了在浙江生存的条件，唯一的办法就是回到家乡荥阳。虽在家乡，却形同外来逃荒者，李商隐曾在《祭裴氏姊文》中写道：“四海无可归之地，九族无可倚之亲。”

他父亲去世以后，他和母亲扶他父亲的灵柩回到了荥阳，没有人资助他，李商隐当时就从事替人家写字的工作来生活。家中长辈就他母亲一个人，还有一个弟弟一个妹妹，生活都靠李商隐写字来维持。所以李商隐在《祭裴氏姊文》当中说当时“四海无可归之地，九族无可倚之亲”，那确实是流着眼泪说的。

（博爱县李商隐研究会会长 宋金鼎）

正是由于家世孤苦，少年丧父的李商隐不得不为别人抄书舂米来挣钱贴补家用。这种生活使李商隐比一般的孩子要早熟和懂事，或许也是他后来感情细腻、沉静多思的主要原因。

艰难困苦的生活并没有压垮李商隐，相反却激发了他努力奋斗的志气。在这期间，李商隐遇到了第一个改变他命运的人。

在家乡荥阳，李商隐还有一位尚在五服之内的堂叔。堂叔学问极好，年轻时曾入过太学，见过世面，仕途前景本来是很不错的。可是，他的父亲却得了重病，堂叔也就遵循孝道，从太学退了学。二十年如一日地照顾父亲，他自己也由一个风华正茂的青年变成了一个体弱多病的中年人。

这些年来，他安心居乡，从未想过外出求仕之事，朝廷的科考一次都没有参加。

这位隐世的堂叔精通五经，在古文、书法上都有很高的造诣。他很乐意教导本家子弟，于是李商隐就成了他的学生。

年少的李商隐在他身上看到了希望，学习上他用功且聪明，在堂叔的教导下熟读儒家经典和史部书籍，学写古文古诗，练习书法。到了十六岁，便写出了《才论》和《圣论》两篇古体散文，得到了当时名家的称赞。

所谓古文，就是先秦两汉时期形成的一种文体，这种文体表达比较平实，主张写文章要把事情写清楚，然后才考虑表达形式、辞藻。

（陕西师范大学教授 王双怀）

古文这个概念是由韩愈提出来的，它是针对当时的今体文，也就是骈体文而言的。骈体文从魏晋南北朝一直到唐代都在流行，它讲究工整、对仗，讲究辞藻特别华丽、华美，但是往往华而不实。描绘景色是它的专长，但论政、论实策是它的短板。

（陕西师范大学教授 于赓哲）

李商隐在堂叔的教导下“能为古文，不喜偶对”，这也许和堂叔不入仕有关。

公元 829 年，李氏家族的基因特征出现了，不惑之年的堂叔病逝。如何谋求进一步的发展，成了李商隐时时考虑的问题。

他本是个早熟而极想有所作为的人，堂叔的传统儒家教育使他树立了“达则兼济天下，穷则独善其身”的人生信念。李商隐后来有四句诗，很鲜明而凝练地表达了这一理想：

永忆江湖归白发，欲回天地入扁舟。
不知腐鼠成滋味，猜意鹓雏竟未休。
——李商隐《安定城楼》节选

他向那些因忌才而造谣中伤他的人说：我的心里永远装着一叶扁舟，想要飘然于江湖之上；但是，那要等我做出一番伟业，为大唐中兴耗尽心血、熬白头发之后。你们万分留恋的权位，在我看来不过是腐鼠滋味罢了！

而要实现这一理想，就只有入仕。

这时的李商隐如初生於菟（古代楚人对虎的称谓）般充满自信，怀着一腔热血，准备到人生的广阔天地搏击一番。

洛阳在当时是除了长安之外最重要的城市，唐朝实行的是东西二京制，即洛阳也有一套政府班子，与长安的政府班子基本上是相匹配的。那个时候，洛阳城里的官员往往是一些年纪很大的元老，他们在这里任职，过渡到致仕。这些人虽然在政坛上逐渐地淡去，但是在政坛上的影响力、人脉关系网还在。如果受到了他们的赏识，被他们举荐去长安，对年轻人还是大有裨益的。

（陕西师范大学教授 于赓哲）

李商隐就是抱着这样的心态来到洛阳。也许这时他还没有什么具体目标，更没想到洛阳这座城市将对他的一生造成如此深刻、如此难以磨灭的影响。

这时的他只是拿着自己的几篇得意文章，寻找一切机会拜谒洛阳的贵人名士，既希望得到指点，也希望结交朋友，更希望得到赏识赞扬。

投文献诗，以文会友，本是唐代士子自我推介的一种风气，许多名人高官当初也曾如此行事，所以他们往往也乐意借此与青年文士接触，既可从中识拔人才，也好博得奖掖后进的美名。

也正是这一年，洛阳城来了位新的行政长官，这位长官就是曾在十年前做过宰相、现在仍留有检校兵部尚书头衔的令狐楚，他来洛阳是任东都留守。

令狐楚在唐代宰相中算是比较优秀的，他这个人学识比较渊博，而且有一定的政治见解。他的文章写得好，骈体文写得尤其好。但是他所处的时代是中唐时期，也就是安史之乱之后，那时唐王朝有很大的问题，中央有朋党之争，地方上有藩镇割据。因此，令狐楚在政治上也有不得意的时候，他退下相位之后，就从长安来到了洛阳。

（陕西师范大学教授 王双怀）

正是这位行政长官的到来，让李商隐的人生轨迹发生了变化。

这时的令狐楚已年过六旬，是个极爱才又极会用人的好官，李商隐早就听闻这位前宰相的名声，便拿出自己的文章去拜谒他，请求提携指正。

令狐楚一看到李商隐的锦绣文章，就被他的才华折服了。再经问询，令狐楚知道了李商隐的家世和现状，又见他谈吐不俗，不免对他产生几分同情与爱怜。谈着谈着，竟于不知不觉中放下了一向威严持重的架子，谈话变得亲切起来。

就这样，令狐楚家的大门，含着微笑向李商隐打开了，令狐楚还让他和自己的儿子一起读书。

三品以上的高官，可以凭借自己的职位恩荫一个优秀的儿子直接入仕做官。令狐楚当过宰相，当然是具有门荫的资格的。也就是说，他至少有一个儿子可以不通过其他途径直接做官，这是摆在他面前的现成的路。但是令狐楚不让他的儿子这样做，而是让他去参加科举考试。

（陕西师范大学教授 王双怀）

令狐楚是一个比较正直的节度使。他怕自己的儿子当个庸官，所以认真教育自己的儿子令狐绪、令狐绹，条件达到了再去走入仕途。

（博爱县李商隐研究会会长 宋金鼎）

有了令狐楚的准许，李商隐常常进府，一来二去也熟悉起来，不但读书，而且留宿。他和令狐绹一起练习骈文写作，接触到当时官场乃至朝廷用到的各种文体和文本样式，很快便掌握了写作的诀窍。

公务之余，令狐楚也常去查看他们的功课，随时进行评点指导。李商隐这时的身份，有点像公子们的伴读，但又不全然如此。

人在发展历程中需要朋友，最好能有贵人。如果你有好的朋友，又遇到贵人，对你的发展是有好处的。李商隐就是这样的，他遇见了贵人，这个贵人就是令狐楚。

（陕西师范大学教授 王双怀）

令狐楚让李商隐和他的两个儿子同窗共读，而且亲自教授李商隐骈文章奏的写法，李商隐自己也说：我是令狐楚的传艺弟子。

（博爱县李商隐研究会会长 宋金鼎）

后来的事实证明，令狐楚的教导、令狐绹的友谊影响着李商隐的一生。

不幸的是，在残酷的官场博弈和复杂的朋党之争中，情况不断变化，这些有利条件后来竟成了李商隐的枷锁，给他带来无穷的苦恼。

当然，那些后来逐步发生的事，当下不能预知，所以此时李商隐的心情很好，甚至踌躇满志。

仿佛是对他年幼时的一种补偿，似乎所有的机遇都涌向了李商隐。在洛阳，除令狐楚外，他还认识了另一位著名人物——诗人白居易。

这一年，五十八岁的白居易称病东归，回洛阳定居了。老诗人饱经世事，诗文名满天下，此时虽已年迈，但还是非常乐于提携青年后进。晚年的白居易极为欣赏李商隐的诗，往往自叹不如，二人几乎成了忘年之交。

当时的诗界有这样一个传闻：有一次，李商隐去看望白居易，微醺之际，白居易竟对他说："今生今世我是赶不上你了，但愿我死之后，能够投胎做你的儿子，也就心满意足了！”此事真假难辨，或许他太喜爱李商隐的诗了，所以好事者如此编派他。

不过，这个传闻能够流传开来，也可见得白居易对李商隐诗歌艺术的心醉程度。

当然，李商隐在与这位老前辈的交往中也学到了许多东西。别的不谈，仅以白居易搜采成语典实而编撰的《白氏六帖》而言，就能给李商隐很大的教益和启发。

> 白居易、元稹当时在整个文坛被人们视为领袖级的人物，在这个时候受到了白居易的赏识，对于李商隐来说绝对是相当重要的一个契机，相当于现在你写的某篇文章被某个著名学者予以高度评价。《白氏六帖》相当于一部类书，它是做什么用的呢？主要是为写文章、参加科举考试提供便利。因为它分门别类，能让人快速地、碎片化地掌握一些知识，写文章用典故的时候能用得上。当年李商隐得到《白氏六帖》，我估计对他参加考试大有帮助，这算得上是白居易授予了他一本“武林秘籍”吧。
>
> **（陕西师范大学教授 于赓哲）**

然而，快乐的时光总是短暂。这年十一月，令狐楚迁为天平军节度使，天平军治所在郓州（今山东东平）。临行前令狐楚问李商隐是否愿意随他到郓州，并承诺：如果愿去，将给你一个节度使巡官的位置。

巡官是节度使幕府的一个小官，虽然级别不高，但这时李商隐还是一个没有取得功名的白丁，令狐楚此举显然是想进一步栽培他。所以，李商隐不假思索地接受了。

他不会想到，自己所有仕途上的机遇，在这一年之内使用殆尽。虽然以后有甜美的初恋、挚爱的妻子，但是再未如在洛阳这般顺风顺水。

嫩箨香苞初出林，於陵论价重如金。
皇都陆海应无数，忍剪凌云一寸心。
——李商隐《初食笋呈座中》

第二节　长安花落

公元 830 年初，李商隐跟随令狐楚来到郓州，在天平军幕府任职。其间，令狐楚悉心教导，同时也让他代笔起草过一些公文信函。

春去秋来，这年岁末令狐楚邀请李商隐与自己一道入京朝集，并且还给了他一个郓州乡贡的名额，让他来年参加礼部的春闱。

这时的李商隐对未来充满信心。

> 每年到了冬季的时候，大家（地方长官）齐聚到长安来，除了给政府上报各项报表各项数据、接受中央政府的考核之外，还有一个重要的任务，就是让乡贡考生跟着他们来到首都参加科举。根据各州各都督府的地位不同，每年乡贡的名额也是有限制的，郓州是中等地位。不过话说回来，令狐楚对于李商隐极度欣赏，不管当地有多少名额，就算只有一个名额，它也是属于李商隐的。
>
> （陕西师范大学教授　于赓哲）

公元 831 年春，李商隐初入科场，他信心满满，只待进士及第。

然而，他连续三年名落孙山，这对他来说是个不小的打击。

这三年的主考官都是贾餗，结果一连三次，李商隐都铩羽而归，贾餗却从礼部侍郎一直做到了宰相。所以李商隐每次谈起应试经历时，便说自己“为故贾相国所憎”。

如果说父亲早逝是李商隐幼年的不幸，那么科举考试不顺可以说是他踏入社会后所遇到的第一个大困厄。当然，这并不是他一个人的困厄。

> 我觉得李商隐是在给自己找补，他三年考试没考上，就认为是遭到了别人的阻挠。我们没有证据表明贾餗跟他之间有什么大的矛盾，而且那个年代科举考试的命中率本来就很低，几千人参加科举考试，录取的只有几十个。在这种情况下，我觉得他所谓“遭到了贾相国的阻挠”的说法，只是在给自己找补面子。
>
> （陕西师范大学教授 于赓哲）

诚然科举不第给李商隐带来了巨大的落差，但是其间一个小插曲，让他体会到了初恋的味道。这次恋爱给李商隐身心留下的印记是那样深刻而复杂。

柳枝是生活于洛阳某个里坊的一位姑娘，她是一位商人的女儿。由于从小没有受过严格的闺中教育，她十七岁了还保持着纯真自由的天性，“涂妆绾髻，未尝竟，已复起去”，常常是妆还没有梳完，突然想到了什么，就急忙跑了出去。

烂漫感性的女子通常会拥有极高的艺术天赋，李商隐在《柳枝诗序》中写到，她能弹奏出“天海风涛之曲，幽忆怨断之音”。

偷偷见过几面后，李商隐爱上了这个天才音乐少女，渴望进一步认识她。而正巧李商隐的堂兄李让山就住在柳枝家附近，兄弟两人精心策划一番，打算用诗歌来打动柳枝。

于是，一个春光明媚的午后，在柳枝居住的洛阳某里坊内，上演了如此“撩妹”的一幕。

李让山来到柳枝家外，隔着低矮的围墙高声朗读起《燕台诗》。这是李商隐早期的佳作，全诗由春、夏、秋、冬四章组成，抒发主人公对所思慕女子一年四季的相思之情，哀感缠绵。

柳枝被《燕台诗》吸引了，她觉得这诗写得情真意切，非常感人，急切地想知道诗的作者是谁。李让山对柳枝说，写此诗的是自己的堂弟李商隐。

李商隐早年在洛阳已小有名气，柳枝对他也有所耳闻，今天听到他写的诗歌如此优美，心里更是顿生好感。于是这位情窦初开的少女扯下自己的发带，请李商隐题赠一首诗。

两人的相遇虽是套路满满，但这似乎更符合我们对古代才子佳人爱情的期盼。

翌日，彻夜未眠的李商隐早早地来到了约定的地点。性格率真的柳枝向李商隐发出了邀请，三天后的上巳节小聚一番，李商隐愉快地答应了。

照《柳枝五首有序》的记述，两人的初识大致就是这样短暂，却十分友好而温馨。

三天之期转眼就到，柳枝特意为此次见面作了充分准备。然而李商隐始终未曾露面，他失约了。

> 李商隐当时准备去长安赴考，结果同去的考子竟然把他的行李拿走了，他为了追行李不得不朝着长安方向出发，因此没有去赴约。这件事情就比较蹊跷了，最主要的问题是，别人把你的行李拿走了，能否作为撇下自己心爱的恋人的绝对正当理由？这理由充分吗，我觉得太过勉强。
>
> **（陕西师范大学教授 于赓哲）**

李商隐失约的真正原因是什么呢？在诗序中他没有说。不过我们在《柳枝五首》里能找到些许信息：

花房与蜜脾，蜂雄蛱蝶雌。
同时不同类，那复更相思。

——李商隐《柳枝五首·其一》

李商隐把自己和柳枝比为雄蜂和雌蝶，虽然同时而生，又一样地投身于恋爱的花房蜜脾之中，但终因不是同类，他们的爱情注定不会有结果。

在姑娘与行李之间，李商隐决定去追行李。等不到人的柳枝姑娘最终被某官僚娶走，做了妾。

他和柳枝是“同时不同类”，我们是同时代的人，但是我们不同类。所谓不同类就是门第不同家族不同，因为当时穷人要想在仕途发展，没有高门的援引是万万行不通的。

（博爱县李商隐研究会会长 宋金鼎）

关键的一点是，柳枝是商人之后。唐朝有明确的规定，商人子弟不得入仕，如果娶了一个商人的女儿为妻，恐怕对未来的仕途会有负面的影响。因此，综合利弊之后，我觉得这就是李商隐爽约的根本原因。

（陕西师范大学教授 于赓哲）

这是一次没有结果的恋爱，也许正因其没有结果，因其结局弥散着悲凉，才能为李商隐后来的诗歌注入情意绵长、凄美深邃之感。

连年考试失利，李商隐心情未免低沉，原先的自信逐渐演变为不平和愤慨。

这时令狐楚被调回朝廷任职，一身白衣的李商隐也失去了幕府巡官的身份。后经人介绍，他做了节度使崔戎的幕僚，对于这时的李商隐来说，一份有薪俸的差事无异于雪中送炭。但是，没过多久崔戎病逝，成立不久的幕府也随之瓦解。

公元 835 年，李商隐再次赴京赶考，却依旧名落孙山。府主骤然去世，科考再次失利，对李商隐来说，不过是个人困顿不顺的小事。

这一年还将发生一件震撼朝野、威胁国家社稷安危的大事，那就是历史上称为“甘露之变”的大流血事件。

唐文宗统治时对宦官的专政非常不满，他有意清除宦官势力，就和当时的李训、郑注这些朝臣商议谋诛宦官。他们找了个借口，说是左仗院的树上出现了甘露，要宦官前去观看。因为甘露的出现是一种祥瑞，要让宦官去查实，其实他们在院子里埋了伏兵等待宦官。

（陕西师范大学教授 王双怀）

由于指挥的将军神色异常，被宦官们察觉了，宦官们仔细一看发现有埋伏，就跑到大殿上把皇帝挟持了，往后宫的方向跑。他们为什么要挟持皇帝？将皇帝抢到手，就拥有了发号施令的权力，紧急召唤神策军来保卫他们。神策军赶来之后大开杀戒，据说当时整个长安城内被杀的人成千上万，尤其是一些元老重臣，朝堂可以说为之一空。

（陕西师范大学教授 于赓哲）

这件事给李商隐带来了巨大的震撼，使他从个人苦闷困厄中挣脱，陷入对唐朝命运的担忧。

其间，他创作了语言庄重严谨的《有感二首》，并运用了很多有关朝臣君主的典故。

在诗中，李商隐愤怒地控诉杀人如麻的宦官，责备成事不足的宰辅李训，也毫不客气地批评了皇帝。这时候的李商隐虽只是一个屡试不第的白衣士人，看他的诗，却有一种凌驾于此事件诸方之上的仲裁者气势。

宦官当政是不正常的，宦官本来是皇帝的家奴，是受刑之人，在宫廷之中服务。而现在宦官的权力大过朝臣，宦官的权力大过皇帝，在当时有良知、有远见的知识分子看来，都是不正确的。李商隐冒着得罪宦官的风险来写诗揭示当时的时局，这表明了他是一个有勇气的青年，这一点是难能可贵的。

（陕西师范大学教授 王双怀）

如果说在此之前，李商隐写的多是身边琐事和一己感情，那么从他对“甘露之变”发表评论的《有感二首》之后，国家、政治和社会问题，就更多地成为他诗歌关注的内容和主题。

公元 836 年，“甘露之变”后的第一个初春，进士科考试照常举行，相比过往，今年长安城里萧条了许多。而李商隐竟又一次榜上无名，铩羽而归。

临行前，李商隐给自己的好友、时任左拾遗的令狐绹写了一封信，信中不仅大肆宣泄了自己的牢骚，还愤世嫉俗地批判了当今社会。

不知是否缘于李商隐的一番牢骚，令狐绹决定出手相助。

第二年，李商隐终于进士及第了。说来可笑，也很可悲，李商隐中进士，不过是令狐父子一句话的事。

公元 837 年，进士及第后的李商隐被令狐楚叫到了汉中。“甘露之变”后，因厌恶宦官擅权，令狐楚被调任为山南西道节度使。这时他已病入膏肓，深感时日不多的令狐楚把代写遗表的事交给了李商隐。

这篇以封疆大吏身份向皇帝的陈词，可以说是在节度使任上最后的公事，令狐楚没交给儿子，专等着自己的爱徒来执笔。论文章，李商隐是他最信得过的人。

公元 837 年十一月，令狐楚卒于汉中官舍。

进士对当时的知识分子来说是非常重要的，人们把考上进士称作“登龙门”，考上进士即使没有做官，也被称作“一品白衫”或者“白衣公卿”。李商隐能考上进士，也是得到了贵人令狐楚儿子的帮助，在这一点上，令狐楚父子都是李商隐的恩人。

（陕西师范大学教授 王双怀）

李商隐受到令狐家两代人的资助，这个恩情是一生也还不完的。可惜的是，在令狐楚刚刚病故、尸骨未寒之时，李商隐入了王茂元的泾原节度使幕府，并且娶了王茂元的女儿。因此，令狐楚家认为他背恩。

（博爱县李商隐研究会会长 宋金鼎）

令狐楚的死去，对没有什么后台的李商隐来说是个非常大的损失。当时的社会环境之下，要是在官场上没有一个强有力的庇护者，是很难立足的。

失望落寞之际，李商隐在长安会见了自己同年进士的好友——韩瞻。此时的韩瞻已经做了泾原节度使王茂元的乘龙快婿，正值春风得意之时。经韩瞻的介绍，王茂元给李商隐送来了聘书，请他出任府中的秘书。

泾原节度使管辖的泾、原两州，位于长安西北五百里处，是西北捍卫长安的第一要镇。

李商隐虽说中了进士，可也正为生活发愁，便欣然答应了王茂元的聘请。加上此前的令狐楚、崔戎，算起来，李商隐这已是三度入幕了。

因为有韩瞻的极力推荐，加上王茂元本就是个爱才之人，李商隐在泾原节度使府中处境极佳，府内上上下下对他都十分友好与尊重。

然而，自打他离开长安前往泾州（今甘肃泾川北），就有人注意到了。王茂元对李商隐的欣赏和厚待，更是频频传到长安。于是，“忘恩负义”的说法，便如起于青蘋之末的小风一般，在长安城中无形地刮了起来。

当时的牛李党争非常之激烈，在当时已经达到了不可调和的地步。令狐楚父子属于“牛党”，而王茂元属于“李党”。所谓“牛党”就是牛僧孺一党，“李党”就是李德裕一党，这两个党在对待藩镇问题、科举问题、边疆民族问题上的态度都不同，在这个斗争非常激烈的情况下，李商隐站错队了。

（陕西师范大学教授 王双怀）

于情于理，从各个角度来说，李商隐都应该是“牛党”的人，让人没想到的是，他最后被“李党”的成员王茂元看上了。王茂元欣赏其才华，把自己的女儿嫁给李商隐。这件事带来了舆论上的一片哗然，大家原本都认为他是“牛党”的人，怎么就突然娶了人家“李党”骨干成员的女儿为妻？反过来说，“李党”的人是不是就此接纳李商隐了？也不是。“李党”本来就看不起这些进士们浮薄的作风，而李商隐改换门庭，在“李党”其他人看来属于墙头草随风倒，最后李商隐两头不讨好。

（陕西师范大学教授 于赓哲）

一个书生，一个不懂如何玩弄权术的白衣，就这样在不经意间卷入了复杂的派系斗争中。对于即将到来的暗涌，李商隐并不知晓。现如今外界的一切似乎都与他无关，因为他遇到了一生的挚爱，也是以后《无题》系列诗篇创作的源泉。

爱，尤其是异性之爱，是李商隐诗歌真正的、最强大的动力。

照梁初有情，出水旧知名。
裙衩芙蓉小，钗茸翡翠轻。
锦长书郑重，眉细恨分明。
莫近弹棋局，中心最不平。

——李商隐《无题》

第三节　凌云寸心

王茂元是个习武之人，性格豪放。据说曾利用一次府中宴饮，让女儿隔着帘子偷看过李商隐。女儿平时就爱读李商隐的诗，以至看到他清秀文雅的外表和谈笑风生的姿韵，更倾慕不已。

李商隐在府中也曾与王氏见过面，她的清纯美丽、天真聪慧给他留下很深的印象。于是，在王茂元的积极操持下，二人很快喜结连理，既没有大事铺张的婚礼，也没有富丽堂皇的楼阁，他们就暂时住在节度使府的后院。

所谓“樽空花朝，灯尽夜室，忘名器于贵贱，去形迹于尊卑”，这样的无忧与自在，就是李商隐对那段生活的真实记忆。

幸福的日子过得很快，眼看又到了岁末，一过年，李商隐就又要赴京赶考了。

自从李商隐和王茂元的女儿结婚以后，他的仕途就蒙上了一层阴影。唐朝的科举除了常举还有制举，考进士是常举，制举是

皇帝根据需要临时设置的考试。这种考试考上以后，就成为天子的门生，所以也有很多曾经参加科举考试的人参加制举。李商隐也想来搏一把，就到长安来参加制举，在长安主持考试的正好是“牛党”的人，他们对李商隐非常反感。

（陕西师范大学教授 王双怀）

所以当年应博学宏词科考试，考官就认为此人（李商隐）不堪，把他落选了。

（博爱县李商隐研究会会长 宋金鼎）

公元 839 年，唐文宗开成四年春，李商隐再次作别了妻子，来到长安参加吏部考试。虽然知道吏部有些官员对自己有成见，但他还是抱着试一试的想法来到了京城。

让李商隐没想到的是，这次不抱希望的应试反倒通过了，还被授予了秘书省校书郎之职。虽然官阶甚低，仅为正九品上阶，却是个好差事。不管怎样，秘书省是中央一级的机构，而且在当时，翰林院选翰林学士没有硬性规定，上到秘书省监事，下到校书郎，只要被相中都有可能成为翰林学士。

眼前的李商隐少了几分抑郁，多了些许自信。

到了李商隐这个年代，翰林院已经越来越重要了，为什么呢？翰林院的人等于皇帝身边的机要大臣，翰林学士加一个知制诰，就是替皇上起草诏书、掌管诏书的人，位高权重。如果能进翰林院当一个翰林学士，可以说是前途光明。

（陕西师范大学教授 于赓哲）

可是李商隐在校书郎的位置上工作了才几个月，突然吏部来了调令，让他去河南道弘农县（今河南灵宝）任县尉。李商隐感觉到，这恐怕还是那股压制自己的势力在作祟。

县尉的主要工作是负责治安和抓捕盗贼，事务琐碎而繁杂，李商隐是个文官根本不适合这个位置，但为了生计和仕途，他也只能勉强答应下来。

在弘农县工作一段时间后，李商隐了解到，那些抓来的囚徒实际上都是些交不出官府沉重的赋税和还不起高利贷的人，很少有真正的坏人，这让他难过了许久。

庙堂官员们过着纸醉金迷的生活，而民间百姓却穷困潦倒。

现在李商隐手里有了一丁点权力，他对待因赋税未完或因其他事触犯官府而并无大罪的刑徒，往往会手下留情。

每天傍晚，县衙清点犯人，这是县尉的职责。李商隐在执行时，总是能宽的就宽一点，能放的就放掉几个。有一次他在替囚犯减刑时受到上司的惩罚，这使他身心俱疲，决定辞职离去。

当时赋税特别多，有地税、户税、间架税。两税法实行之后，本来只能收户税和地税，其他不能收，结果后来赋税多如牛毛，老百姓负担特别重。李商隐做县尉，主管缉拿犯人，老百姓不能交税，他就要把老百姓抓进来投进监狱。他明明知道老百姓是受冤的、蒙屈的，还得做这样的事，这是他的职责，他的内心是何等地煎熬。所以他后来愤然要辞官，就是因为他不愿意再做这样伤天害理的事。

（陕西师范大学教授 王双怀）

回到长安后，李商隐在城南约二十里的樊川找了一处房舍，决定把母亲和妻子都接到长安。也是从这个时候开始，他启用了新的名号：樊南生。

公元 840 年正月，唐文宗驾崩，由于没有子嗣，宫中各派势力围绕皇位展开了一场血腥的争斗。

在我们的印象中，李商隐总是为自己的不幸和困顿伤感，然而他对国事也有着自己的思考。

对于唐文宗的死，李商隐有点哀悯和同情。记得“甘露之变”后，自己曾在《有感二首》诗中对文宗进行过讽刺，然而从那以后他也逐步了解到文宗其实是真心想铲除宦官的，只是用人不当，被宦官反噬。为了悼念唐文宗，也为了抒发内心的不解，李商隐写了一首诗，名为《咏史》。

历览前贤国与家，成由勤俭破由奢。
何须琥珀方为枕，岂得真珠始是车？
运去不逢青海马，力穷难拔蜀山蛇。

几人曾预南薰曲，终古苍梧哭翠华。

——李商隐《咏史》

诗中前四句从道理和事实两方面，强调了节俭的重要，从而充分肯定了唐文宗。后四句用“青海马”和“蜀山蛇”分别比喻人才和祸胎。

李商隐其实很矛盾，他虽然知道“成由勤俭败由奢”的道理，但当时唐文宗很有雄心壮志，可惜被家奴所制，抑郁而亡，所以他无法解释国家为何会走向衰败。

按理来说唐文宗也是个好皇帝，他很勤政，但是他手中没权，他自己有很多好的想法不能够实施，起早贪黑又有什么用。老百姓都希望有好皇帝，但是只有好皇帝一个人不行，必须要有一个廉洁的官僚体制、官僚队伍。在当时，唐文宗就算是一个好皇帝，他的官僚队伍不是一个好的官僚队伍，他没有办法整合这支队伍。他们在宦官、朋党的控制之下争权夺利、化公为私、奢侈腐败，老百姓照样受苦受累，天下还是大乱而不能够大治。

（陕西师范大学教授 王双怀）

公元 840 年，唐王朝在皇位交替中度过，虽然宫内剑拔弩张，但市井却还平静。李商隐把母亲和妻子一起接到了长安，同时也忙着自己的从调之事。

公元 842 年春，李商隐以卸任弘农尉的身份通过了吏部的考试，被任命为秘书省正字。这是他第二次进入秘书省，正字这个官职与当初的校书郎工作性质差不多，但官阶却低一档，是正九品下阶。别人官越做越大，而自己的官越做越小。

然而，复职的愉悦并没有持续多久。这年冬天特别地冷，李商隐的母亲病逝了。

按唐朝制度，官员父母亡故，一律离职守丧三年，期满可以官复原职，这是任何人都不得例外的事。此事对于刚刚在长安安家、重新在秘书省任职的李商隐，是个不小的打击。

这个时候正是唐武宗当权，唐武宗重用李德裕，因此正是

“李党”比较得意的时候。李商隐这时刚迎娶了王氏为妻，仗着自己丈人家的势力，李商隐本来可以在仕途上更进一步。但是他这时一丁忧（守丧），等于进入了一个暂停期，等到暂停期结束以后，天下就不一样了。随着宣宗的上台，“李党”迅速地失势，他就等于没有靠山了。

（陕西师范大学教授 于赓哲）

上天对李商隐也许就是这么不公平，为母守丧期间，又一件悲痛的大事砸向了他。

公元 843 年，昭义节度使刘从谏逝世，儿子刘稹拥兵自重，要挟朝廷让自己世袭父亲的职位。如此蔑视朝廷的行为自然不会被允许，战争在所难免。

临战前，身为“李党”的股肱之臣，李商隐的岳父王茂元被调到了前线。

王茂元到任后所做的第一件事，便是按唐武宗诏命给刘稹写劝诫信。不用说，在他心目中，撰写之事非李商隐莫属。这既是军国大事，又是丈人嘱托，李商隐十分重视。

虽然书信内容写得极好，但是文字的力量终究有限，利益的驱使最难抗拒，刘稹悍然拒绝一切规劝。

同年五月，朝廷正式下达围剿诏令。

其他军队并没有王茂元那么积极，都在旁边采取观望的态势，与刘稹交战的主力基本上是王茂元的部下，这对于一个年迈的老将来说意味着巨大的压力。经此几战，王茂元的身体状况一落千丈，不久就在军营中病逝。

王茂元的死对李商隐来说，应当等于失去了一个靠山。过去好歹王茂元的官做得大，还有点人脉，现在他（李商隐）的泰山岳父去世了，没有人再在前面给他遮风挡雨，直接将他暴露在光天化日之下，任人评说、任人攻击。

（陕西师范大学教授 王双怀）

如果说李商隐对令狐楚是敬畏和感恩，那么，他对王茂元就是更为亲近和无拘无束。因为在两人中间有着一个他们共同的亲人，李商隐的妻子。

公元845年，李商隐为母守丧期满，按规定重回秘书省任正字之职，这是他第三次进入秘书省了。一来二去，李商隐已人到中年。

不知为什么，此次重返秘书省，李商隐却没有以往的愉悦。他发现自己对官场中的许多事，实在是很陌生。

是官场变了？还是自己变了？

秘书省正字在唐朝不是一个显要的官职，主管图书和文字的校勘等工作，需要一个具有较高文化水平的人来担任。可是它级别很低，在唐朝就是一个正九品下的官职。第一在政坛上没有什么影响力，第二是事务也不繁杂，李商隐在那个阶段创造了不少诗歌，跟工作的清闲应该是有一定关系的。

（陕西师范大学教授　于赓哲）

面对如此浪费生命的工作，李商隐忍不住写了一首诗，名为《无题》，这是一首字面上热热闹闹的七律：

昨夜星辰昨夜风，画楼西畔桂堂东。
身无彩凤双飞翼，心有灵犀一点通。
隔座送钩春酒暖，分曹射覆蜡灯红。
嗟余听鼓应官去，走马兰台类转蓬。

——李商隐《无题》

诗中描写着官员们下班后会经常举办宴会，而这一次的地点在精美画楼的西畔，桂木厅堂的东边。天空星辰明亮，身边暖风荡漾，煞是怡人。

宴会上，人们吃着菜，喝着酒，玩着游戏，觥筹交错之间其乐融融。虽然身上没长着可供双飞共举的翅膀，但心灵却像通天灵犀的角那样一线相贯。只要是他们的圈中人，一切都毋庸明言，一切都在意会之中。

可是我呢？虽然也在宴会上，却与他们格格不入，寂寥落寞。

这时宫中报晓的鼓声响起，又到了该上班的时候。可我突然觉得这也毫无意义，每天应卯，就像蓬草被风吹得团团转，不过是在号称兰台的秘书省短暂地停留一下，就又被吹走了。

他（李商隐）这首无题诗的高妙之处就在这里，我们一般认为它是写爱情的，“身无彩凤双飞翼，心有灵犀一点通”。后来很多人都用它来描写爱情，实际上当时他是借爱情来写官场。官场是非常微妙的，你如果不能够对官场洞若观火，不能够了解官场风云的变化，又没有很大的靠山，没有贵人提携，即使你想得再好，也是无济于事。

（陕西师范大学教授 王双怀）

李商隐经常以幕僚身份代人写文，虽然文辞是自己的，但文意毕竟是人家的。唯有诗歌才能体现自己的心意，现在更找到了“无题”这种形式，为自己获取了更大的创作空间。

于是，李商隐更大胆地用这种形式抒写爱情，以至于在后世不少读者心中，李商隐成了一个专擅讴歌爱情的诗人。

《无题》系列的成功，大概是他所未能想到的。

李商隐的无题诗、爱情诗文辞华美，情志婉曲，开了婉约的先河，唤起读者美妙的联想，给人一种美的感染。

（博爱县李商隐研究会会长 宋金鼎）

无题诗的特点就是无题，没有明确表达他（李商隐）要说什么，实际上诗里是有他的思想的。唐朝人写诗，一定是把思想性和艺术性结合起来的，至于他心里在想什么、他要表达什么，别人很难直观地猜测，不同人站在不同的立场上，可能就会有不同的想法。

（陕西师范大学教授 王双怀）

所以李商隐的无题，名曰无题，别有所指，一诗多解，说法不一。

（博爱县李商隐研究会会长 宋金鼎）

秘书省的生活没有给李商隐带来多大的乐趣，在他迷茫之际，朝中又发生了大事。

公元 846 年，渴望长生不老的唐武宗因常年吞食丹药暴毙而亡，由于死得突然，事先并没有安排好继位者，按惯例王朝高层进行了一番争斗，最后即位的是韬光养晦数十年、一向被误以为弱智的皇太叔李忱，即后来的唐宣宗。

宣宗上台后，一反侄子武宗时期的政策，来了个大反转，“李党”之人纷纷被贬，而“牛党”之人则重返朝堂。

公元 847 年，李商隐接受了“李党”被贬官员郑亚的邀请，开始了他的漂泊生活。

虽然理性上，他应该说服自己与令狐绹恢复旧交，借“牛党”之势从秘书省谋求中央的进路，但是情感上却为“李党”不平，这也许就是李商隐胸中尚存的一股正义之气。

飒飒东风细雨来，芙蓉塘外有轻雷。
金蟾啮锁烧香入，玉虎牵丝汲井回。
贾氏窥帘韩掾少，宓妃留枕魏王才。
春心莫共花争发，一寸相思一寸灰。

——李商隐《无题》

第四节　锦瑟哀弦

公元 847 年，李商隐接受了“李党”被贬官员郑亚的邀请，做了幕僚，开始了他的漂泊生活，他们将一路向南，前往桂州（今广西桂林）。

李德裕在朝时做了许多大事，而唐宣宗一上位，全然不提旧功，将“李党”一派纷纷贬黜朝堂，这是李商隐不能接受的，情感上也为“李党”鸣不平。

这一年是大中元年，大中是唐宣宗的年号，他的上台对于当时的牛李党争产生了决定性影响，当然捎带着也对李商隐的命运产生了影响。因为宣宗这个人有一个特点，崇尚进士。他讨厌李德裕，因为李德裕专门反对进士。人们认为宣宗的上台得到了宦官集团的极大帮助，而“李党”与宦官之间也多有矛盾。在这种背景之下，宣宗上台之后选择支持“牛党”而反对“李党”。

（陕西师范大学教授 于赓哲）

李商隐没有按权势大小和现实利害来决定自己的政治态度，相反他把同情和支持给了“李党”。应该说，他正是凭着一个知识分子的良知，才会不计后果地把正义之气付诸行动。

初夏时分，李商隐一行才来到桂州。然而令人想不到的是，幕府还没开张，郑亚又接到新的调令，级别降低，地方更远，而且催得很急，不容延误。表面堂皇庄严的朝廷竟如此残酷无情。

李商隐连做幕僚的机会都没了，无奈只能从水路北返，辗转前往长安。一路上李商隐被黔南的风景吸引，置身于这片世外桃源之中，功名仕进之心似乎不再那么重要，他心里只有一个念头，将这种美好和自己的妻子分享。

妻子长于富贵家，嫁给李商隐之前，她的世界是琴棋书画和金玉绫罗，而现如今自己只能给她粗茶淡饭和遥不可及的仕途之梦。

这一天，李商隐路过巴蜀，恰逢大雨，夜宿时分聆听雨声，倍感孤寂，便作了一首《夜雨寄北》：

君问归期未有期，巴山夜雨涨秋池。
何当共剪西窗烛，却话巴山夜雨时。

——李商隐《夜雨寄北》

短短的四句，李商隐竟将自己和远在异地的妻子紧紧地挽结在一起，时间与空间回环对照，“期”字与“巴山夜雨”均出现两次，读来不但不觉重复，反显优美情深，直透人心。这里既有两人的对话，又有眼前景象的描绘，既有今日的思绪，又有他日见面追说今日情景的预想。

最奇妙的是，这诗你只要读过一遍，就再也不会忘记。

当时他身在西蜀想念亲人，远在异乡感到孤独，思念亲人的心情，就像秋天连绵的细雨一样涨满了池塘。他渴望着来日与亲人重逢，在烛光下彻夜畅谈，倾诉自己对家乡的思念和渴望，所以这首诗流传很广。

（博爱县李商隐研究会会长 宋金鼎）

公元 848 年深秋，一路风尘仆仆的李商隐终于回到了长安，见到了他朝思暮想的妻子，也终于实现了“夜来共剪西窗烛，却话巴山夜雨时”的美好预想。

回到长安的生活，对李商隐来说是难得的。这一年，他和家人团聚，尽享天伦之乐。

但是，现实的骨感让他不得不向生活低头，一家人的生计问题才是自己这个为人夫、为人父者唯一应该操心的事情。当年“永忆江湖归白发，欲回天地入扁舟”的豪情壮志，在今日里只能徒增一笑罢了。

公元 849 年腊月，李德裕在崖州贬所凄凉病逝。翌年十月，令狐绹拜相。长达四十年的牛李党争也即将宣告结束。

这段时间迫于生计，李商隐给令狐绹呈了不少诗文，文中自然少不了谦卑的恭维与婉转的陈情。但令狐绹只是虚与委蛇，不肯真的施以援手。

李商隐对令狐家的感情在后期是很矛盾的，既有感恩，又有怨恨；虽觉无望，却仍抱着某种希冀，说不清道不明，以至于后来有些后悔向令狐楚学了骈文。

这时期，徐州武宁军发生兵变，朝廷委派卢弘正前往平乱并且接管军务。

就在李商隐为生活发愁时，忽然接到了卢弘正的聘书。卢弘正是李商隐的远亲，因为这次调动急需用人，所以特地回了一趟长安。出于爱才和帮扶的心理，他聘请李商隐为自己的幕府判官，带从六品下阶的侍御史京衔。

判官在幕府中的地位算是比较高的，参与很多幕府内部的重要事务，是节度使的重要助手。当时节度使地方势力比较大，为了表示判官地位也高，为了争取判官的利益，就提出要加一些京衔。同样，在节度使之下，判官及其他重要幕僚也往往加上了侍御史这样的官衔，其实都是虚衔。代表着他的地位、领取的俸禄可以比照朝中的朝官。

（陕西师范大学教授 王双怀）

面对卢弘正的这一份礼遇，李商隐甚为感激，然而这一去又得离开长安、离开妻儿，这是他所不情愿的。

不过，此去徐州毕竟是平乱，是报效国家的好机会。无奈之下，李商隐再次告别妻儿，踏上了赴任之路。而这一次别离，也给他带来了巨大的遗憾。

经过一年多忙碌的平乱和安抚工作，身体羸弱的卢弘正病倒了，不久在汴州（今河南开封）逝世。正所谓靠山山倒，靠水水流。李商隐仿佛孤星一般，总会给身边的人带来不幸，而这份不幸并没有结束。

李商隐的一生不是一帆风顺的，相对来说是比较坎坷的，因为他卷入了牛李党争，这个党争对他的仕途产生了非常不利的影响。

（陕西师范大学教授 王双怀）

如果他没有陷入牛李党争的旋涡，还是靠着令狐家，绝不会是这个样子。很多史学家因此评论李商隐过于单纯。

（博爱县李商隐研究会会长 宋金鼎）

我觉得，要真正理解李商隐，就要把他的人生经历好好地梳理一下。

（陕西师范大学教授 王双怀）

公元 851 年暮春，失去依靠的李商隐风尘仆仆回到长安，踏进家门，立刻被阴冷沉重的气氛震慑住了。原来，妻子王氏已于几日前病故。

没想到仅分开一年，夫妻二人竟成了永别。

置身家中，妻子身影宛在眼前，想起十年前在泾州的新婚之夜，那时妻子是多么无忧无虑，而嫁给自己后却一直在受苦。

他努力要给妻子挣一份体面的生活，为此聚少离多，而这代价只换来沦为幕僚。这些年来除了无尽的酸楚，除了一些华而不实的诗篇和思念，竟未给过妻子分毫。

将妻子的灵柩安葬后，李商隐作了一首诗来倾吐心中的孤独与期盼。

相见时难别亦难，东风无力百花残。
春蚕到死丝方尽，蜡炬成灰泪始干。
晓镜但愁云鬓改，夜吟应觉月光寒。
蓬山此去无多路，青鸟殷勤为探看。

——李商隐《无题》

在短暂的一生里，妻子总是忘我地勤俭持家，默默承受着流离贫困之苦，像春蚕一样吐尽生命中最后一缕丝，像蜡烛一样流干最后一滴热泪。

李商隐安慰着自己，也许妻子所住的蓬莱仙山并不太远，想念的时候，可以托青鸟去探望她。

他因为结婚受到了打击，卷入了斗争，但是他无怨无悔。他对妻子一往情深，所以妻子去世之后，他写了一些悼亡诗。我们现在说到悼亡诗，大概都推崇苏轼的《江城子》，“十年生死两茫茫，不思量，自难忘”。可是如果向前追溯，唐代也有很多悼亡诗，李商隐的悼亡诗应当说是很有代表性的。我们从中可以看出，李商隐不是一个花花公子，不是见异思迁的人，而是一个对爱情对事业都非常执着的人。

（陕西师范大学教授 王双怀）

逝者已矣，生者如斯。平复悲伤，李商隐还有更重要的事去做，那就是挣钱养家。子女年幼，自己也赋闲在家，必须得找一个维持生计的依托。

这年秋天，升任东川节度使的柳仲郢向李商隐发出了邀请，他以三十五万钱为聘，邀请李商隐为他幕府中的掌书记。这笔钱比当时节度使一年的薪俸还要多，足以改变李商隐的拮据生活。

在牛李党争的背景之下，柳仲郢是一个特别的存在。这个人在政治上不选边站，而且有能力有操守，为人正直，办事比较公正。他的特点就是，办任何事都不从党派利益角度去考虑，对事不对人。柳仲郢重用李商隐也在情理之中。李商隐那时在政坛上的名誉已经不好了，柳仲郢看中的是李商隐的才华。

（陕西师范大学教授 于赓哲）

幕僚生涯也许就是李商隐的命，他再次动身，随柳仲郢去了梓州（今四川三台）。这一去，便是五年之久。

在梓州的岁月里，李商隐最想念的还是远在长安的子女。妻子亡故，背井离乡，压抑的心情使他产生了“克意事佛”的想法。

主要原因就是他的人生轨迹太无奈了，他有很多的痛苦。痛苦的原因是什么？怎样才能解脱痛苦？想来想去，还是要从佛教的角度去寻求，因为佛教说：人的生老病死都是痛苦的，痛苦的原因就是前生造了孽，本生只有经过不断地修炼，在来世才能进入西方的极乐世界。王维当年说：一生几许伤心事，不向空门何处销。对李商隐来说，何尝不是如此呢？

（陕西师范大学教授 王双怀）

梓州城北有个惠义寺，在远近一带很有名气。寺里的住持是一位俗姓李氏的老僧，据说还是出身皇族，李商隐很喜欢与他闲聊。

经住持同意，李商隐用自己的俸禄在庙内开辟了五间石室，并亲自抄写《妙法莲华经》藏于其中。

信佛帮助李商隐度过许多个孤独寂寞的不眠之夜，但也不能解决所有的问题，比如思乡念儿，就是一个依然摆脱不了的心结。

公元 855 年年底，朝廷调柳仲郢回京任吏部侍郎。半辈子的幕僚生活终于结束了，李商隐心里有些失落也有些解脱。四十多岁，在今人看来还属壮年，但李商隐却已相当显老。

次年春天，他终于回到了长安，见到了日思夜想的儿女。

孱弱的病体让李商隐倍感烦闷，入秋后，他决定去城南乐游原散散心。乐游原是唐代长安城的最高点，为登高览胜的佳地。看着眼前的美景，李商隐颇为伤感，将景与情相连，作了一首诗：

向晚意不适，驱车登古原。

夕阳无限好，只是近黄昏。

——李商隐《乐游原·其三》

这是他三首《乐游原》诗的最后一首，也是最出名的一首。一千多年来，不知多少人欣赏它，试图去解说它。

他本来是为了驱散心中的不适来登古原的，然而看到的是乐山的一轮夕阳，触景生情，心中充满了人生苦短的无奈。从“无限好”到“近黄昏”这种大起大落，抒发了李商隐心中的感伤和失落。

（博爱县李商隐研究会会长 宋金鼎）

作为一个有抱负的文人，李商隐是渴望为国效力的，但时代和社会没有给他机会。

公元858年，李商隐在荥阳的家中病故。家人收拾他的床铺时，发现一张泪痕斑斑的纸，上面写着一首不知何时完成的、连题目也没有的七律诗：

锦瑟无端五十弦，一弦一柱思华年。

庄生晓梦迷蝴蝶，望帝春心托杜鹃。

沧海月明珠有泪，蓝田日暖玉生烟。
此情可待成追忆，只是当时已惘然。

——李商隐《锦瑟》

本应是无题诗，但按古诗的传统命名法，后人称它为《锦瑟》。

他回忆了自己一生的困惑和经历，他通过蝴蝶、杜鹃、遗珠、美玉，委婉曲折地表达自己四十多年来的惆怅与哀伤。在李商隐的心中没有仇恨，不会算计，更不贪婪，尽管他人生当中充满了惆怅和哀伤，充满了坎坷和无奈，但是“此情可待成追忆，只是当时已惘然”，我都记不清了，这是一种坦荡和宽容。

（博爱县李商隐研究会会长 宋金鼎）

李商隐的去世，在当时未引起任何波澜，大唐帝国不在意一名小小诗人的命运。

第二年，唐宣宗因长期服用丹药，驾崩于大明宫，各大势力间按惯例又进行了一次洗牌。

之后几年里令狐绹官运亨通，进封赵国公，食邑三千户，最后在权力与财富的顶点上寿终正寝。

16 年后，唐王朝爆发了王仙芝、黄巢起义。在这日薄西山的帝国里，不知还有谁会忆起“夕阳无限好，只是近黄昏”？

经历天崩地坼的人生巨变，深陷国破家亡的苦难深渊，李煜却直面人生长恨、命运无常，他用血泪真情书写的词作，成为人类普遍情感的代言。当花瓣飘落、春水东流时；当人生长恨，独自凭栏时，人们总会在帘外潺潺的细雨中，在异国他乡的东风里，想起李煜。

第八章　李煜

做个才人真绝代，可怜薄命做君王

第一节 事与愿违

春花秋月何时了？往事知多少。小楼昨夜又东风，故国不堪回首月明中。

雕栏玉砌应犹在，只是朱颜改。问君能有几多愁？恰似一江春水向东流。

——李煜《虞美人·春花秋月何时了》

他生于七夕，死于七夕。他是失败的帝王，却是天才的词人。

当人们追问“春花秋月何时了”，悲叹“人生长恨水长东”，犹记得那是一代君王的血泪，一场无法追寻的南唐残梦。

当时光回溯千年，车如流水马如龙，花月正春风。

公元 961 年六月，在南唐的首都金陵，一场盛大的登基典礼正在举行，一位名叫李从嘉的青年，正一步一步走向那张象征最高权力的龙椅。从此他将拥有一个新的名字——李煜。

“煜”是照耀的意思，象征着他今后会像太阳一样，把光辉洒遍南唐的国土、洒向人民。这无疑是历史的嘲弄。

李煜一点都不喜欢当皇帝，在即位之前，他从未有过争夺皇位之心。

> 他的兴趣是在文学艺术方面，他有艺术家的气质，而不是政治家的气质，但是最后因为偶然的机会，君王的责任就落到他头上来了，这是他的幸，也是他的不幸。
>
> （中南民族大学教授 王兆鹏）

> 历史上有几个选错了职业的皇帝，明朝的万历皇帝，宋徽宗，还有南唐后主李煜。他们如果按照本性去发展，可能会取得更高的成就，但历史不容假设，他们偏偏就生在皇宫之中了。
>
> （陕西师范大学教授 于赓哲）

公元 937 年七月初七，在古城金陵的一座王府里，传来了一阵婴儿的啼哭。也许是天意，婴儿出生的这一年，他的祖父李昪正好在金陵称帝。

出生在浪漫诗意的七夕，又伴随着新的政权，长辈为婴儿起名李从嘉，既美且善，尊贵与显赫从出生便融入了他的血脉中。

这位新生儿，就是李煜。

> 唐朝灭亡之后，在中原地区相继出现了五个政权，那就是后梁、后唐、后晋、后汉、后周，而在当时中国的南方，汉族和少数民族建立了十个政权，人们称之为十国。
>
> （陕西师范大学教授 王双怀）

李煜生活的年代，正是中国社会从盛唐的巅峰跌落下来，四分五裂，又将由分裂重新走向统一的时期。这是政治风云瞬息万变的动乱年代，刀光剑影、弱肉强食。

五代十国，最短的只存活了 4 年，最长的也不过 80 余年。

然而，乱世的风雨，都被屏蔽在了李煜的身后。这位生于深宫之中、长于妇人之手的少年，眼中看到的尽是南唐三千里山河的富饶与辽阔。

南唐这个国家虽然不大，但地理位置很优越，它的地理范围主要是现在的江苏、安徽、江西一带。

（陕西师范大学教授 王双怀）

在五代的时候，北方因为政权的更迭不断发生战乱，而南方的社会相对来说比较安定，经济文化基础比较好，是财富之地，也是人文渊薮。

（中南民族大学教授 王兆鹏）

李煜七岁时，祖父李昪去世，他的父亲李璟继位，历史上称为南唐中主。

作为帝王，历史学家评论李璟空有经略之志，却不会用人。中主朝党争激烈，李璟却重用被称为“五鬼”的冯延巳、查文徽等趋炎谄媚、专横猖狂的臣子。

治国才能平庸的李璟对南唐的文化事业格外重视，他热衷于兴办教育，爱好搜集文献图集。

公元949年，李煜十三岁，这一年的正月初一，大雪纷飞，李璟命群臣登楼赋诗，同宴唱和，并让人集成图册。这次活动在李煜的脑海中留下了深刻的印象，父亲的雅好让他感到亲切。

菡萏香销翠叶残，西风愁起绿波间。还与韶光共憔悴，不堪看。
细雨梦回鸡塞远，小楼吹彻玉笙寒。多少泪珠何限恨，倚阑干。

——李璟《摊破浣溪沙·菡萏香销翠叶残》

李璟的词现在只留下了5首，首首都是精品。

对李煜来说，李璟是一个理想的父亲，也是一个很好的导师。他不仅为李煜提供了锦衣玉食的物质生活，还引导鼓励他走进了一个广阔的文学艺术世界。

在南唐温柔缱绻的审美氛围中，少年李煜逐渐长大。在父亲的庇护下，他本来可以过得自由自在，做一个富贵闲人。但他生在帝王家，眼前还有皇位。来自兄长的忌惮，给李煜快乐的生活蒙上了一层阴影。

公元958年，南唐皇宫，李璟正对着自己的儿子大发雷霆。气急时，李璟抄起球杖，将儿子暴打了一顿。这位被打的皇子名叫李弘冀，是李煜的长兄。

因为在抵御后周和吴越的战争中功劳卓著，弘冀被立为太子，史称“文献太子”。与父亲李璟和弟弟李煜的性格不同，弘冀沉默寡言、果断刚毅，在决策施政时经常一意孤行，因此惹恼父亲。

因为李弘冀的性格比较叛逆，与他父亲心目中皇太子的目标相差比较大，李璟就对他很反感。

（陕西师范大学教授 王双怀）

有一次李璟就警告他，如果你不收敛一点的话，我就把皇位交给你的叔叔景遂，而不是给你。

（中南民族大学教授 王兆鹏）

实际上人在有儿子的时候，怎么会把皇位传给弟弟呢，也许他当时说的话并不是真心话，而是在用这话威胁他的儿子。

（陕西师范大学教授 王双怀）

公元959年八月，李璟的弟弟晋王景遂莫名暴毙。弘冀清除了他通往皇位路上最大的障碍。下一个便是深受父亲宠爱的弟弟李煜。

“从嘉广颡丰颊骈齿，一目重瞳子。文献太子恶其有奇表，从嘉避祸，惟覃思经籍”。据陆游《南唐书》记载，弘冀对李煜的忌惮与长相有关。

史书记载他“一目重瞳”，意思是说他有一只眼睛里有两个瞳孔，这可能是一种眼科疾病。

（陕西师范大学教授 于赓哲）

古人认为这是异相，相传舜帝就是重瞳，西楚霸王项羽也是重瞳，所以人们认为重瞳是贵人、有天命的象征。

（陕西师范大学教授 王双怀）

在信奉君权神授的年代，李煜的这种长相无疑引起了太子弘冀的忌惮。

来自兄长的逼迫让李煜感到害怕，他通过各种方式向弘冀表白，自己对太子之位毫无兴趣。

为了避祸，在皇宫这个权力场的中心，李煜过起了隐士的生活。他将自己隐匿在五光十色的文山艺海中，找到了精神家园。

浪花有意千里雪，桃花无言一队春。
一壶酒，一竿身，快活如侬有几人。
——李煜《渔父·浪花有意千里雪》

一棹春风一叶舟，一纶茧缕一轻钩。
花满渚，酒满瓯，万顷波中得自由。
——李煜《渔父·一棹春风一叶舟》

这是李煜为南唐画家卫贤《春江钓叟图》题写的两首《渔父》词。在文学艺术的世界里，李煜感受到了一种前所未有的快乐。他给自己取了一堆别号，“钟山隐士”“莲峰居士”等。

除了诗词，李煜书法、绘画、音律无一不精。据史料记载，李煜有时书兴所至，喜欢弃笔一旁，卷起长衫的下摆濡墨挥写，字迹却能行云流水，当世人称这种方式为“撮襟书”。直到北宋初年，在金陵、扬州和南昌一带，撮襟书都广为流行。

李煜对皇权毫无兴趣，沉迷艺术既是避祸，也让他的天性得以伸张。然而，天教心愿与身违，李煜想要的自由很快结束了。

公元 959 年九月，在晋王景遂过世近一年后，太子弘冀莫名暴毙。

相传弘冀不择手段杀死自己亲叔叔以后得了心病，连日梦见叔叔景遂变成各种各样的厉鬼来找他，弘冀因此受到惊吓，暴病而亡。

叔父和兄长先后去世，皇位就这样砸在了毫无准备的李煜头上。

他从小没有那样的思想准备，他本人也不具备那样的政治才干。本来他在兄弟之间排行第六，前面的四个哥哥早就夭亡了，大哥去世以后，按照顺序排位，就排到李煜了。

（中南民族大学教授 王兆鹏）

公元 959 年，李煜被封吴王，入主东宫。

就在李煜成为太子时，位于中原地区的五代最后一个王朝——后周，正在第二任皇帝柴荣的带领下厉兵秣马，谋划着统一大业。

在与后周的战争中，南唐接连失败，李璟无奈之下去帝号，改称南唐国主，将长江以北的国土全数奉送给后周，并答应每年向后周进贡。

李璟的性格决定了南唐的命运，也决定了继任者的命运。

在风雨飘摇中，李煜越过青葱，走向命运为他安排的一切。

南京，古称金陵。公元前 333 年，楚灭越，楚威王欲借长江天堑为屏障以图谋天下，于石头城筑金陵邑，金陵由此得名。

眼前的陵寝，埋葬着李煜的祖父和父亲。公元 961 年，李璟在焦思苦虑中去世，二十五岁的李煜即位，史称南唐后主。

就在李煜即位的前一年，后周将领赵匡胤发动陈桥兵变，取代后周，建立了宋朝。在五代十国这场混乱的历史大片中，他将成为收拾残局的主角。

赵匡胤建立北宋以后，改变了周世宗柴荣那种北伐的政策和策略，他开始实行一种先南后北的战略，就是首先要解决南方十国的问题。

（陕西师范大学教授 王双怀）

南唐立国 24 年，到第三代李煜时，已经走到了衰败的末路。从李煜接下南唐国印开始已经注定，在历史的舞台上，他只能充当一个配角。

这是当时的客观环境决定的，住在宋太祖的卧榻之侧，在那样雄才大略的开国君主面前，李煜根本不是对手。

（中南民族大学教授 王兆鹏）

其实在李璟当政时期，南唐已经开始屈服于中原王朝，淮河以南、长江以北的地方，过去本来是属于南唐的领土。在李璟的时代，他迫于北周的压力，把这些地方都割给了后周，失去了缓冲地带，这实际上对南唐是非常不利的。

（陕西师范大学教授 王双怀）

李煜在登基第一天就给自己惹了麻烦。古代天子即位一般要大赦天下，按照仪式的流程，要在宫门前竖一根七丈高的长杆，杆上立一个木头雕刻的鸡，头部用黄金涂饰，口里衔一根绛红色的旗帜，然后宣读赦令。这种仪式被称为“金鸡消息”。

作为已经向北宋称臣的属国君主，李煜登基却用天子的礼仪。消息传到汴京，赵匡胤大发雷霆。这时，南唐驻留汴京的官员急中生智，辩解说李煜只是在自己的境内作作样子，哪敢用金鸡，用的是一种怪鸟，所以是“怪鸟消息”。

赵匡胤听后哈哈大笑，就此作罢。

虽然赵匡胤的火气消了，但李煜在南唐听到这个消息，神经骤然紧张了起来。他马上亲自草拟缮写了一篇《即位上宋太祖表》，派人送给了赵匡胤。

在这篇上表中，李煜向赵匡胤陈述了袭位的缘由，表示自己既不是做皇帝的料，也没有当皇帝的心，他会坚定不移、全心全意地做宋朝的下属。

为了表示忠诚，随同这封报告，李煜还送上了一份大礼：两千两金器，两万两银器，三万匹绫罗绸缎。这还不算，李煜还把这种进贡变成了常态，他几乎是时时贡，事事贡。

这个谢表在我们现在看来，写得有点丢脸。实际上他是为了向北宋王朝表态，希望避免战争，能够在和平的环境下让他这个政权继续存在。

（陕西师范大学教授 王双怀）

然而，李煜的委曲求全并没有换来赵匡胤的仁慈。对于李煜，这仅仅是开始。

天下大势，分久必合。经过半个世纪的优胜劣汰，历史选择了北宋来完成统一的大任。

南唐天子的宝座，李煜不知道怎样担负，他不想将祖宗基业拱手让人，却也无力对抗强大的北宋。在愁闷中，李煜逃向了皇宫的夜夜笙歌，那里有他最温柔的妻子，有花月和春风。

第二节　花月春风

公元954年，是李煜生命中最快乐的一年。这一年，他十八岁，依照父命，娶了南唐开国老臣周宗的长女娥皇为妻。

坐在新婚的床幔内，此时李煜还不知道，眼前的女子将给他以后的生活带来怎样的欢愉。

> 周宗在南唐是立下了汗马功劳的，李煜娶娥皇当然跟这有一定的关系。但就娥皇本人而言，她也足够优秀。用现在的话说，不仅颜值很高，而且富有艺术才能。起点也许出于政治，两人共同生活到一起以后，却也是志趣相投。
>
> （中南民族大学教授　王兆鹏）

据记载，娥皇盛于容貌，通书史，善歌舞，犹工琵琶。

原本因政治原因缔结婚约的两人，婚后却珠联璧合，天从人愿。他们携带各自的艺术细胞投入对方，迸发出了炽热的情感。

晓妆初过，沉檀轻注些儿个。向人微露丁香颗。一曲清歌，暂引樱桃破。

罗袖裛残殷色可，杯深旋被香醪涴。绣床斜凭娇无那，烂嚼红茸，笑向檀郎唾。

——李煜《一斛珠·晓妆初过》

在这首《一斛珠》中，李煜生动地描述了他和娥皇蜜里调油般的新婚生活。

公元961年，李煜二十五岁。他在金陵登基，正式成为南唐国主。娥皇被册封为皇后，史称大周后。

来自长江以北的军事重压，由于旷日持久，朝野都习以为常了。做了国主的李煜，生活照常。没有了父亲的管束和压制，他常常通宵达旦地狂欢。

从李煜后期的词可以看出来，那是一种透心的悲凉。但他前期的词里没有任何的忧患感，他好像忘怀了他是躺在宋太祖的卧榻之侧。毕竟还是隔得远了，有时候想起来可能会有一点压力和危机感，日常生活中还是完全沉浸在自己的快乐当中。

（中南民族大学教授 王兆鹏）

相传，唐代最为著名的宫廷乐舞《霓裳羽衣曲》在安史之乱后不幸失传。一次偶然的机会，李煜得到了这支舞曲的残谱，如获至宝，和娥皇一起凭借着两人独特的音乐才华将其复原，使《霓裳羽衣曲》重现人间，成为音乐史上的一大奇迹。

在一首题为《玉楼春》的词中，李煜详细描绘了南唐宫廷演奏《霓裳羽衣曲》的盛况。

晚妆初了明肌雪，春殿嫔娥鱼贯列。凤箫吹断水云间，重按霓裳歌遍彻。

临春谁更飘香屑？醉拍阑干情味切。归时休放烛光红，待踏马蹄清夜月。

——李煜《玉楼春·晚妆初了明肌雪》

这首词写了当时一场大型的宫廷派对，在室内玩得不够开心，晚上还要在月光之下陪着娥皇一起纵游。《古诗十九首》里曾经说："昼短苦夜长，何不秉烛游。"人生苦短，要及时行乐。

（中南民族大学教授 王兆鹏）

公元964年是李煜和娥皇成婚的第十年。这十年中，娥皇集万千宠爱于一身，李煜成了两个孩子的父亲。

然而就在这一年，娥皇突然病倒在床，久治不愈。

与此同时，一位神采非凡的妙龄少女来到了李煜的身边，在李煜的情感世界里，她将掀起巨大的波澜。

花明月暗笼轻雾，今宵好向郎边去。刬袜步香阶，手提金缕鞋。画堂南畔见，一向偎人颤。奴为出来难，教君恣意怜。

——李煜《菩萨蛮·花明月暗笼轻雾》

这是一首名传后世、被誉为艳词经典的词作。在词中，李煜把一场男女幽会写得真率、纯情。然而从另一个角度看，这首词无疑是李煜的一份自供状。

在一个月色朦胧的晚上，一位少女急急忙忙地去偷会自己的情郎，一路上又惊又怕，担心走路有声音，干脆把脚上的金缕鞋脱下。

这位少女是娥皇的妹妹，她要去偷会的人正是李煜。

没有具体的记载，不知道她叫什么名字。有的人说她叫女英，我猜想这是跟娥皇有关，因为她姐姐叫娥皇，所以妹妹可能叫女英。大家习惯叫她小周后。小周后比她的姐姐小十几岁。

（中南民族大学教授 王兆鹏）

公元964年秋天，在瑶光殿的西房内，娥皇已经缠绵病榻许久。李煜每日都会来探视、陪伴。为了唤起娥皇对人生的留恋，李煜特意将一首《后庭花破子》书赠娥皇。

玉树后庭前，瑶草妆镜边。去年花不老，今年月又圆。莫教偏，和月和花，天教长少年。

——李煜《后庭花破子·玉树后庭前》

在词中，李煜借庭前的玉树和镜边的瑶草来比喻他们的幸福生活，希望娥皇和他能够岁岁年年、花好月圆。

遗憾的是，与李煜的意愿相反，娥皇的病情非但不见缓解，反而日益加重。李煜派人将娥皇的母亲和妹妹接到了宫中。

本来想给娥皇抚慰的小妹没有想到，她的入宫，抚慰的不是病危的姐姐，而是仓皇绝望的李煜。

南唐风雨飘摇的政权、大周后的病情给李煜带来了精神上的双重打击。此时出现在面前的小周后，成了他绝望中的救赎，她是另一个嫩绿的、有着蓬勃生机和希望的娥皇。

蓬莱院闭天台女，画堂昼寝人无语。抛枕翠云光，绣衣闻异香。
潜来珠锁动，惊觉银屏梦。脸慢笑盈盈，相看无限情。

——李煜《菩萨蛮·蓬莱院闭天台女》

铜簧韵脆锵寒竹，新声慢奏移纤玉。眼色暗相钩，秋波横欲流。
雨云深绣户，来便谐衷素。宴罢又成空，魂迷春梦中。

——李煜《菩萨蛮·铜簧韵脆锵寒竹》

频繁的幽会，使李煜和小周后的感情日益升温。被爱情冲昏头脑的李煜，恨不得人人都来分享他的快乐，一连写了几首《菩萨蛮》，记述他和小周后的恋爱过程。

当李煜和小周后沉浸在爱情的高烧中时，病中的娥皇，形容正逐渐枯槁。

一天，娥皇异乎寻常地清醒了，在和小妹的交谈中，得知她已进宫多日，却并未探望自己，娥皇本能地意识到了什么。

爱情的裂痕，给她带来了比疾病更深的痛苦。就在这时，一个更大的晴天霹雳给了娥皇致命的打击，也将李煜推进了痛苦的深渊。

刚刚四岁的儿子仲宣意外夭折。

亲情和爱情的双重打击加剧了娥皇的病情，仲宣夭折后不久，娥皇去世，只留下一封要求丧事从简的遗书。这一年，她二十九岁。

幼子和爱妻的相继离世让李煜悲痛欲绝。史书记载他“哀毁骨立，杖而后起”。他亲自给娥皇写了一篇两千字的诔文，署名鳏夫煜。

李煜哀毁骨立，就是痛苦到最后骨瘦如柴，有一次还准备跳井自杀，最后被人抱住了，那也是情之所至。他对大周后的情感是非常深沉的，李煜是一个多情种，他爱大周后是真心，喜欢小周后也是真心。老百姓是一夫一妻制，拥有了妻子后再去出轨是不道德的。而一个帝王的嫔妃可以有很多，不能用普通人的道德去要求他。

（中南民族大学教授 王兆鹏）

也许是天意，在娥皇去世的第二年，李煜的母亲钟氏圣尊后也离开了人世。按照古代礼仪，李煜要守孝三年，与小周后的婚事被迫推后。

燕乐歌舞停止，李煜想起了背后的江山。

《韩熙载夜宴图》长 335.5 厘米、宽 28.7 厘米。它以连环长卷的形式，描绘了韩熙载家开宴行乐的全过程。画面的情节围绕韩熙载一步步展开，从倾听演奏到观舞、夜宴，最后到送客。

奇怪的是，夜宴的主人公韩熙载从始至终双眉紧锁、心事重重，与欢快的夜宴场面形成了强烈的对比。韩熙载的复杂情绪与一个人有关，这个人就是李煜。

南唐到李煜手上已经是第三代了，到处是亭台楼阁，商业和农业的发达使得皇家府库充盈，百姓安居乐业。要李煜居安思危，励精图治，显然是难为他了，也与他丰富的内心世界不相符。然而身为南唐国主，李煜也并非只知贪图享乐。为了应对北宋的政治威逼，李煜想为南唐挑选一位好的宰相，相中了韩熙载。

在南唐尚未建立时，韩熙载为了避祸，由中原逃到吴地。南唐建立后，韩熙载被李昪招为秘书郎，之后成了南唐三朝元老。年轻时的韩熙载满腹经纶，非常自负。相传南下时，韩熙载曾跟朋友吹牛，如果给他当宰相的机会，他一定会带领人马杀回中原。

李煜时，韩熙载先后任吏部侍郎、兵部尚书等。史书上记载他才气逸发，多艺能，善谈笑，为当时风流之冠。

李煜偏爱韩熙载的才气，几度想任用他为相。然而，韩熙载目睹国势衰弱，不愿出仕，故意放浪形骸、广蓄女乐。

从大的方面来说，他可能不想去承担历史的责任，故意自污。他非常富有，把自己的钱财都给了那些妻妾，然后装作乞丐去向她们讨钱，故意表现自己的生活很糜烂。当时李后主派了一个很会写生的人暗中去考察他，韩熙载当然也知道来人是观察他的，通过夜宴这个场面给人展示出他对政治不感兴趣。这也是名士的另外一种人生选择、人生做派。

（中南民族大学教授 王兆鹏）

历史的巧妙安排为我们留下了传世的名画。相传李煜看到这幅画后赞不绝口，交由宫人悉心珍藏，并以重金赏赐了两位画家，同时又为韩熙载不以国事为重而深感遗憾。

面临国祚衰败的现实，李煜深感无措，只好重新走向温香软玉。

公元 968 年冬十一月，李煜守孝期满，不顾韩熙载、徐铉等众多大臣的讽谏，执意用皇家最高仪仗迎娶小周后。

据史书记载，迎亲当天全城轰动，通向宫城的御街两旁挤满了围观的人群。李煜不仅赐宴群臣，还不惜府库钱财，另赐天下，让民众欢宴。

迎娶小周后，让李煜的日子重新变得鲜活起来。相传，李煜为小周后搭建了一个花屋，取名为“锦洞天”。在这个别致的花花世界里，李煜和小周后尽情享乐，忘却了国事带来的烦恼，沉溺在醉生梦死的春天。

人们都说他李煜不爱江山爱美人，不爱江山这个话肯定是不对，他为什么不爱江山呢？

（陕西师范大学教授 王双怀）

他肯定爱江山也爱美人，或者爱江山是他爱美人的前提。只是他本身不是一个政治家，不是一个很卓越的皇帝，他没有治国之才，最后导致了亡国。亡国不是他不爱江山，这不是以他个人的意志为转移的。

（中南民族大学教授 王兆鹏）

在五代后期，北宋王朝已经建立了，统一的趋势已经形成。十国之中七八个国家都已经被消灭，就剩下你一个地盘又小、人口又少、兵力又弱的国家，你能够撑得住吗？

（陕西师范大学教授 王双怀）

面对强大的北宋，李煜不断地送钱、送物、赔小心，只希望能偏安于江南。

然而，“卧榻之侧，岂容他人酣睡”，李煜的服软认输，并没有打消赵匡胤吞并南唐的意图。

鸦啼影乱天将暮，接下来等待李煜的是无尽的黑暗。

第三节 鸦啼影乱

南京石头山又名清凉山，相传这里藏着南京城的根。而清凉山的得名，是因为山下的清凉寺。

据史书记载，李煜的祖父李昪还是一个四处流浪的孤儿时，曾栖身于寺庙。南唐建立后，清凉寺成了皇室避暑行宫的所在地，据记载，李煜常来这里顿首叩拜，虔诚诵经。

鸦啼影乱天将暮，为了摆脱王朝末日的恐惧，李煜不得不在精神层面寻求寄托。他转向了佛陀，开始相信，一旦到了紧要关头，佛祖会现身保佑南唐。

在李煜的亲自带领下，整个南唐恍若佛国。

大办佛寺，广度僧尼。他当时信佛信到何种程度，他和周后，两个人亲手为僧尼制作厕筹，厕筹就是古代的手纸。用竹木片做成厕筹之后，上面不是有毛刺嘛，为了表达自己的虔诚，他把毛刺打磨干净以后，为了试试刺手不刺手，就用自己的脸来试，简直令人瞠目结舌。坦白地说，这不是一个帝王应有的行为。不过话说回来，李煜不光这一件事，我看他很多行为都不是一个帝王应有的。

（陕西师范大学教授 于赓哲）

当李煜和小周后一起沉醉在经声佛火的虚妄中时，北方开封大内，已经黄袍加身的赵匡胤正盯着眼前的地图，谋划着先南后北、统一中国的步骤。

公元 963 年，荆南首先被荡平。

公元 965 年，西蜀不战而溃。

邻国灭亡的教训，并没有让李煜改弦易辙，励精图治。

就在这时，一个法号叫作“小长老”的宋朝间谍，披着僧人的外衣来到了李煜身边。李煜在“小长老”的蛊惑下完全失去了斗志，无心打理朝政，只管烧香拜佛。而南唐内部的各种情报，通过“小长老”源源不断地传到了北宋。

面对着南唐江河日下的国势，从即位之初，李煜就定下了对宋朝恪守臣道的国策。他不停地送礼赔小心，旨在苟安。

公元 966 年，赵匡胤给李煜下了一道命令，让他写一封信给南汉的皇帝，劝南汉归顺宋朝。南唐与南汉唇齿相依，李煜十分为难，却又不敢违抗赵匡胤的旨意。

赵匡胤是一个政治家，他本来可以直接给南汉皇帝写一封信，为什么要让李煜写呢？他这样做的目的其实就是让你（李煜）表态，让你在政治上站位，你要做他的表率，首先要归顺。赵匡胤目的非常明确，一石二鸟。

（陕西师范大学教授　王双怀）

宋太祖之所以没有先打下南唐，一是因为南唐比较富庶，二是军力也很强盛。他首先把周边收拾了，最后再来考虑南唐，是希望能够不战而降，这是他的策略。

（中南民族大学教授　王兆鹏）

处于两难境地的李煜，先后以国书和私人的名义给南汉皇帝写信，提醒他深思慎行。收到李煜的劝降书，南汉皇帝勃然大怒，痛斥李煜厚颜无耻助纣为虐，当即给李煜写了一封措辞强硬的绝交信。

为了避免赵匡胤猜疑，李煜把自己和南汉皇帝往来的书信一并送往开封，表示自己已经尽力了。

公元 971 年，赵匡胤灭南汉。此时中国的南方就只剩下两个国家了，一个是南唐，一个是吴越。

这个时候，李煜已经深深地感觉到亡国的危机了，他把原来的南唐国主改为后来的江南国主，就是显得现在自己是一个地方政权，已经自我降低了身份了。他甚至把弟弟派到北宋去，其实就是作为人质，表达一种示好、不跟你对抗的意思。

（中南民族大学教授 王兆鹏）

李煜的弟弟李从善去往开封后，被赵匡胤长期扣押。念及手足之情，李煜多次上表赵匡胤，请求让从善归国，均被拒绝。

据陆游《南唐书》记载："后主愈悲思，每凭高北望，泣下沾襟，左右不敢仰视。"

残酷的政治现实让李煜的生活不再是宴游歌舞，就算是春天，他看到的也只是残破的梦境。

别来春半，触目柔肠断。砌下落梅如雪乱，拂了一身还满。
雁来音信无凭，路遥归梦难成。离恨恰如春草，更行更远还生。

——李煜《清平乐·别来春半》

公元 973 年的夏天，赵匡胤派一个叫卢多逊的大臣出使南唐，向李煜强行借用江南现存州军的山川形势图。

（赵匡胤）说我现在要绘天下形势了，缺少你这个地方的山川形势图，我现在也不能派人来测量，还是你自己给我提供一些资料吧。实际上我们知道，舆图是非常重要的，记载了这地方的山川形势关隘，什么地方适合行军，什么地方适合打仗。你把这个东西交给别人，就等于给别人提供了进攻的路线，李煜也是很为难的。但最终的结果是，他迫于压力，还是把他们的地图整个复制了一份交上去。

（陕西师范大学教授 王双怀）

公元974年九月，筹谋已久的赵匡胤毅然宣谕，由开国名将曹彬为主帅，出征南唐。消息传到金陵，南唐上下一片惊慌，李煜仍心怀侥幸，将希望完全寄托于长江天堑。

此时，一位小人物的出现，彻底浇灭了李煜的幻想，将他和南唐一起送上了倾覆的末路。

采石矶，位于今安徽马鞍山的长江南岸，与岳阳城陵矶、金陵燕子矶并称“长江三矶”。长江下游水深岸阔，素来有“天堑”之称。而采石矶与对岸的天门山夹江对峙，长江流经此处，江面顿时狭窄，是战时兵家必争之地。

公元974年闰十月，就在宋军面对长江阻隔一筹莫展时，一个叫樊若水的人出现在赵匡胤面前，献上了在采石矶造浮桥渡江的计策。

樊若水原来是南唐一个失意的士子，他曾经上书李后主，李后主没把他当回事。他后来成为南唐灭亡的一颗重要棋子。他觉得在南唐没有出路，就要去投奔北宋。投奔北宋要有投名状，于是他借着钓鱼的机会观察，在采石矶来回探测水深，后来等到北宋攻打的时候，他就把探测的结果给了北宋的军队。

（中南民族大学教授 王兆鹏）

根据樊若水的情报，北宋军队在采石矶架起了浮桥，终于越过长江天堑，踏足南唐国土。这是一场军力悬殊的战争。

公元975年九月，润州失守，金陵失去了后勤补给，成为孤城。无奈之下，李煜派大臣徐铉和周惟简到开封去，乞求赵匡胤退兵。

据《续资治通鉴长编》记载，徐铉一见到赵匡胤，大喊李煜无罪，北宋不应该无故讨伐。可是这一次，已经胜券在握的赵匡胤不再客气了，他厉声呵斥徐铉，说出了流传后世的名句：“卧榻之侧，岂容他人酣睡乎！”

李煜最后一点侥幸的心理，完全落了空。

公元975年十一月二十四日，在曹彬的部署下，北宋军队联合吴越，强渡护城河，开始攻城，战火硝烟弥漫金陵。

面对颓败的局势，李煜束手无策，人们盛传：国主将聚宝自焚。

起初的时候他还说，我绝不投降，我一定要率领我的臣民和他们决一死战。

（陕西师范大学教授 王双怀）

我要亲自穿着铠甲来督战，万一不行，我把那些国宝聚集起来，把它焚毁了，玉石俱焚。

（中南民族大学教授 王兆鹏）

这个决心其实是给别人看的，他也不想把他祖先留下的基业就这样很快地，在没有任何抵抗的情况下拱手让人，然后落得骂名。

（陕西师范大学教授 王双怀）

为了履行誓言，在城破之前，李煜命人在宫中堆满柴草，随时准备把皇宫变成火葬场。

公元975年十一月二十六日夜晚，南唐皇宫，一名黄姓嫔妃受李煜之命点燃了火光，她焚毁的是南唐三代君主收集的珍贵图书和墨宝。

紧挨皇宫有一座净德尼院，里面的80多名女僧人大多都是从皇宫出去的宫女。为了追随李煜，她们相约，如果看到皇宫里起火，也同时在净德尼院自焚。

黄氏焚烧珍宝的火光让百丈外的净德庵尼众误认为是李煜在聚宝自焚，在住持李进晖的带领下，她们点燃柴火，居中合十，集体自焚。

几个时辰后，宋军打进金陵城。

是苟且偷生还是悲壮地死去，李煜在最后时刻犹豫了。

公元975年十一月二十七日，金陵城陷，李煜率领亲属官员肉袒到城外投降。所谓肉袒，是古人祭祀或谢罪时表示恭敬和惶恐的一种做法。最初必须去衣露体，后逐渐简化，只去冠袍，保留短衣。李煜用这种方式向赵匡胤表示彻底认输，同时也宣告南唐正式灭亡。

如今，南唐的宫城遗址只留下一座内桥。这座桥曾直通南唐皇宫大内，连接中华路，是当时的御道。到最后关头，李煜为什么没有实践他“聚宝自焚、不作他国之鬼”的誓言，宋朝人的正史里面没有回答。在一部名为《江南别录》的野史中简单地记载了这样一句话：“城破，后主欲自杀，左右泣涕固谏，得止。”

一方面，李煜本来就怕死，所谓的聚宝自焚，也是说给大家听的。关于李煜怕死可以举一个例子，城被攻下以后，曹彬说李煜你回去收拾一下，跟我一起北上。别的人都说，你把他放回去，他自杀了怎么办呀？曹彬说，你看他那怕死的样子，岂敢自杀？怎么看出来的呢，当时曹彬在船上跟他谈判，上船要走跳板，那个时候不像现在，跳板就那么一点，他走在跳板上战战兢兢的，根本不敢过去，后来找了几个士兵把他架了过去。曹彬说，李煜就是非常地怕死。怕死是人的本能，但李煜性格特别软弱。当然，李煜还有一种爱民情怀。当时北宋从策略上可能会威胁他，如果你不投降的话，我就屠城。他考虑到全城老百姓的性命，最后还是决定投降。

（中南民族大学教授 王兆鹏）

李煜出降后，宋使大将曹彬给了他一天的时间，让他回宫置办行装，到供奉祖宗灵位的太庙辞行。在《破阵子》中，李煜记载了这个离别的时刻：

四十年来家国，三千里地山河。凤阁龙楼连霄汉，玉树琼枝作烟萝，几曾识干戈？

一旦归为臣虏，沈腰潘鬓消磨。最是仓皇辞庙日，教坊犹奏别离歌，垂泪对宫娥。

——李煜《破阵子·四十年来家国》

南唐自先主李昪建立，到后主李煜亡国，历经三代，共39年历史。

在凤阁龙楼、玉树琼枝的人间仙境中长大，李煜不曾见识过战争，一旦归为臣虏，从天上跌落谷底，他感受到的是更深层次的悲哀。

在《东坡志林》中，苏轼嘲笑李煜英雄气短，儿女情长，说他应当恸哭于九庙之外，谢其民而后行，却听教坊离曲，挥泪对宫娥，简直全无心肝。

但这就是李煜的真性情。

李煜本身就是所谓的“长于深宫之中、成于妇人之手”，在这个时候，他已经是求生不得，求死不能。求死是可以的，但是他没那种勇气。亡国的时候“垂泪对宫娥”，体现出了对那些宫娥的同情，觉得后悔，觉得有点对不起她们，这也是很自然的。

（中南民族大学教授 王兆鹏）

公元 975 年，在新年即将到来时，李煜彻底结束了他帝王的生活。经过一番匆忙的准备后，李煜和他的亲属及官员被押上官船，前往汴京，永远离开了给过他无尽欢乐的江南。

江南江北旧家乡，三十年来梦一场。
吴苑宫闱今冷落，广陵台殿已荒凉。
云笼远岫愁千片，雨打归舟泪万行。
兄弟四人三百口，不堪闲坐细思量。

——李煜《渡中江望石城泣下》

伫立船头，在漫天的大雨中，李煜最后望一眼他的家国、山河，前方等待他的是未知的囚徒生活。

第四节　独上西楼

宋朝的御街，位于开封城南北中轴线上。沿着御街，由南向北，到达的是北宋皇城宣德门。

公元 976 年正月初四，正是在这条街上，李煜弃车舍轿，步行受降。这对于一个皇帝来说是莫大的耻辱。然而，这仅仅是李煜俘虏生涯的开始。

在受降仪式上，李煜被封为违命侯。赵匡胤借此表达对他屡召不降，又起兵反抗的羞辱。违命侯的名字虽然难听，但赵匡胤对李煜还算不错，为他建造了豪华居所，日常供给也非常丰厚。

李煜和李璟父子两人治理南唐，老百姓对他们还是有好感的。因为在他们统治时期剥削比较轻，老百姓的生活比较安逸。

（陕西师范大学教授 王双怀）

他（赵匡胤）夺取了金陵城，但是整个南唐还有其他的一些力量在反抗，他善待李煜其实也是来收买江南人心的。

（中南民族大学教授 王兆鹏）

在今天的开封古城外有一个村落，原名为逊李唐庄，逊有退位囚禁之意，李指李煜，唐指南唐。相传，这里曾是李煜被囚禁的地方。

李煜到达开封时，是农历正月初二，新的一年刚刚开始。但李煜的世界不再有花月春风，他被幽囚在违命侯府里，不得私自会客。

无言独上西楼，月如钩。寂寞梧桐深院锁清秋。
剪不断，理还乱，是离愁。别是一般滋味在心头。

——李煜《相见欢·无言独上西楼》

心中的痛苦无法排遣，酒成了他最密切的伴侣。据一本叫《翰府名谈》的书记载，李煜到开封以后，常常通宵达旦地喝酒。在《乌夜啼》中，李煜写道：

昨夜风兼雨，帘帏飒飒秋声。烛残漏断频欹枕，起坐不能平。
世事漫随流水，算来一梦浮生。醉乡路稳宜频到，此外不堪行。

——李煜《乌夜啼·昨夜风兼雨》

对李煜而言，这世界上的所有事物都随着流水悄悄地流逝了。他觉得自己的一生像在一场梦里漂泊，除了醉乡，无路可走。酒，成了李煜必不可少的止痛药。

相传，赵匡胤大概担心李煜会醉死，曾下令停止给他供酒。后来，在李煜的再三恳求下，才恢复供应。

然而，让李煜更为痛苦的日子很快来临了。

公元 976 年十月，在神秘的“烛影斧声”之夜，宋太祖赵匡胤莫名其妙暴毙，其弟赵光义迫不及待地继位。

赵光义称帝之后，下诏废除李煜的爵位违命侯，改封陇西郡公。然而，表面宽大的宋太宗赵光义，不仅没有给李煜带来阳光，反而给他施加了更大的打击和折磨。

> 赵匡胤死了以后，李煜在北宋终日以泪洗面，赵光义在生活待遇和精神上都给他带来了侮辱。有一次，赵光义让李煜陪着看一些图书，说，听说你爱读书，你看，这些图书都是你南唐的吧？这话带有一种羞辱的意思。这种羞辱可能还好一点，还有对他妻子的羞辱。作为一个男人，连自己的妻子都保护不了，愤怒的时候连骂都不敢骂，这对李煜来说是非常屈辱的。
>
> **（中南民族大学教授 王兆鹏）**

小周后随李煜来到开封后，被封郑国夫人。据宋人的笔记中记载，宋太宗赵光义即位后，频繁传召小周后入宫。小周后每次入宫，一去便数日，回来后对李煜又哭又骂，而李煜却只能选择沉默。

例随命妇入宫，每一入辄数日而出，必大泣骂后主，声闻于外，多宛转避之。

——王铚《默记》

国破家亡，难以启齿的凌辱，尊严被一次次践踏。在千百次心痛的挤压摩擦下，血泪化作辞章，李煜进入了创作的巅峰状态。

帘外雨潺潺，春意阑珊。罗衾不耐五更寒。梦里不知身是客，一晌贪欢。

独自莫凭栏，无限江山。别时容易见时难。流水落花春去也，天上人间。

——李煜《浪淘沙令·帘外雨潺潺》

所谓诗人之不幸，诗家之大幸。如果李煜没有经过亡国的剧痛，在作品中体现他所感受到的人生悲剧，仅仅写了前期那些词的话，那他就是一个很普通的诗人，也不会被后人那么惦记。恰好是亡国这种悲剧性命运成就了李煜。

（中南民族大学教授 王兆鹏）

北宋政和年间，有一位名叫李廌的人。一次，朋友来做客，带来一个很会唱歌的老头。李廌却非常不给面子，不仅拒绝让老头唱歌，还专门写了一首词表达他的抗议。

唱歌须是，玉人檀口，皓齿冰肤。意传心事，语娇声颤，字如贯珠。老翁虽是解歌，无奈雪鬓霜须。大家且道，是伊模样，怎如念奴。

——李廌《品令》

念奴是唐朝天宝年间著名的歌妓，相传其歌声婉转清亮，声入朝霞之上。唐玄宗曾亲自作曲填词，命念奴歌唱，“念奴娇”这一词牌名，便由此而来。

唱歌必须是美人檀口，李廌的这首《品令》，虽然写于北宋末期，却准确反映出词这一文学样式最初的形态。

中国古代音乐经历了三次变化，《诗经》时代是雅乐，汉乐府是清乐，到了隋唐之际，又产生了一种新的音乐叫宴乐。新的音乐出现以后，需要新的歌词来演唱，这样就催生了词的发展。那个时候的歌词不是为了抒发作词者自己的心声，而是编一段歌词用于演唱，纯粹是娱乐性的。到了李煜这里，才转向士大夫之词，表现自己真实的心声。原来是代言体，代女性言情，到了李煜这里，才反映自己真实的人生感受。

（中南民族大学教授 王兆鹏）

近代著名的文学评论家王国维曾在《人间词话》中评论李煜："词至李后主，而眼界始大，感慨遂深，遂变伶工之词为士大夫之词。"

从一代君王到任人宰割的囚徒，人生的骤变，使李煜的所思所感不再局限于闺房和男欢女爱。家破国亡，在《相见欢》中，他这样唱他的痛苦和无奈：

林花谢了春红，太匆匆。无奈朝来寒雨晚来风。
胭脂泪，相留醉，几时重。自是人生长恨水长东。

——李煜《相见欢·林花谢了春红》

李煜在亡国后的作品，几乎首首都是经典。用词凝练、不加雕琢与修饰，浑然天成，正是这些词作让李煜彪炳词史，赢得了"千古词帝"的美誉。

在宋词发展史上，李煜承上启下，不仅为两宋三百年词坛开了新的风气，也为壮丽的宋词大卷谱写了一段精彩绝伦的序章。

宋代词坛，无论是豪放派还是婉约派，几乎都从李煜这里受到过影响。

词到李煜这里开始转向，开始写人生，写人生的无奈，写出了人生命运那种不可避免的悲剧。把词的思想品味、情感的含量提升到了很高的境地，而这恰好是在李煜的人生后期开始转变的。

（中南民族大学教授 王兆鹏）

身为臣虏，安危难卜。在这样的情况下，本应该屏气敛声的李煜却在词中反复表达对故国的怀念，这些词作很快在宋朝的文人学士中流传开来。

宋太宗赵光义读过后，怒火与忌惮愤然而生，他决定派人再去考验李煜。

公元 978 年的一天，原南唐旧臣吏部尚书徐铉奉宋太宗赵光义的命令前来看望李煜。

李煜被囚开封后，朝廷严禁南唐君臣私下见面，两人几乎没有往来。见面后，徐铉下意识要行君臣之礼，被李煜阻止。

往事已成空，两人有千言万语，却只能长久地沉默。最后，李煜叹息道："悔不该当初错杀潘佑、李平。"

潘佑和李平都是南唐当时力主抗击宋军的大臣。潘佑曾经献计，想要派人放火烧掉宋军隐蔽在江边芦苇丛中的千艘战船，以此阻止宋军南下。但当时李煜优柔寡断，放弃了这次机会，最后又治罪潘佑、李平，致使两人自杀身亡。

李煜和徐铉的谈话原原本本地传到了赵光义的耳中，杀心由此而生。

> 你什么意思，是不是想复国？表面上北宋君臣对他放得很宽，照顾得很周到，实际上对他的监视是很严的。他一旦表现出对北宋王朝的不满，或者是对过去生活的怀念，有没有行动没关系，只要有这想法，就是十恶不赦的大罪。
>
> （陕西师范大学教授 王双怀）

公元978年的七夕，是李煜四十二岁的生日。当晚，随同李煜一道归降的后妃齐聚在院内，为李煜拜寿。

虽然场面、气氛无法同亡国前相比，但还像往常在金陵一样，庭院里张灯结彩，摆放好了祝福牛郎织女鹊桥相会的酒食瓜果。

酒过三巡，眼前的景象再次勾起了李煜对故国的回忆。他濡墨运笔、一气呵成，写下了一首千古绝唱：

春花秋月何时了？往事知多少。小楼昨夜又东风，故国不堪回首月明中。

雕栏玉砌应犹在，只是朱颜改。问君能有几多愁？恰似一江春水向东流。

——李煜《虞美人·春花秋月何时了》

> 这首词可以叫作反常合道，他通过自然的永恒和人生的短暂，反映出了人生的无奈。人们都说春花秋月太短，因为好的东西都是转瞬即逝，而李煜却觉得，春花秋月你何时了？春花太长了，秋月也太长了。他看到春花秋月就想起美好的过去，最后的“一江春水向东流”成为千古名句，一句话可以让一首词流传千古成为名作，何况这整首词是非常浑融完整的。
>
> （中南民族大学教授 王兆鹏）

李煜写完这首词后，交给通晓音律的后妃依调演唱。他万万没有想到，这首《虞美人》竟然成了他的绝命词。

据宋人记载，赵光义在宫中听说李煜命人高唱“故国不堪回首”之句时，再也按捺不住对李煜的杀心。他紧急宣召弟弟赵廷美入宫，让他代表天子前去给李煜祝寿，并赐了一壶下有牵机药的美酒。

赵廷美对赵光义假手杀人的阴谋毫无察觉，欣然接受了这个任务。

牵机，又名马钱子，中毒者先是强烈抽搐、辗转于地，最后头足相接，窒息而亡。

李煜饮过毒酒，当天夜里，在他刚刚跨入人生第 42 个年头时，气绝身亡。他生于七夕，也死在七夕。

李煜去世后不久，小周后也在绝望中离开人世。

> 李煜是赤子之心，他不会去保全自己。所谓赤子之心，作为词人来讲，是用真心和真情写出他的词作，非常天真，非常坦然。我自己内心深处是怎么想的，有什么感受，就直接表达出来，忘了他写出这首词以后，会给他带来什么。
>
> （中南民族大学教授 王兆鹏）

李煜死后，赵光义虚情假意地赠以太师头衔，又追封吴王，特诏辍朝三日哀悼，最后以王礼厚葬于洛阳北邙山。

千年之后，当时掩埋李煜的封土已被历史的风雨荡平，无法探寻。在今天的河南省洛阳市孟津区后李村有一座老坟台，疑似为李煜墓葬，但考古界尚无定论。

在李煜去世仅仅148年后，金兵大举南下，徽钦二帝连同后妃、宗室和数不清的宫中藏书、珍宝被押送北方。

北宋亡国的细节和北宋灭南唐惊人地相似，宋徽宗和李煜的命运也如出一辙。作为帝王，宋徽宗和李煜都是失败的，但是他们在文学、艺术的世界里开疆拓土。宋徽宗赵佶书法、绘画独步天下，而李煜则在词的世界里重获尊严。

做个才人真绝代，可怜薄命做君王。从李煜个人的特质和兴趣来讲，就该做一位词中的帝王，而不是做生活中、政治上的帝王。

（中南民族大学教授 王兆鹏）

李煜的词，历史上经多次遗失，目前学术界认定的只有30多首。而李煜一生的悲情与荣耀，都藏在了这30多首词中。

经历天崩地坼的人生巨变，深陷国破家亡的苦难深渊，李煜却直面人生长恨、命运无常，他用血泪真情书写的词作成了人类普遍情感的代言。

当花瓣飘落、春水东流时，当人生长恨、独自凭栏时，人们总会在帘外潺潺的细雨中，在异国他乡的东风里，想起李煜。

即使仕途不顺，在这群痴心人眼中，柳永也是比帝王更耀眼的存在。在中国文学史的词坛上，他是永远的白衣卿相。谁又能说这千年后依然动人的阙阙清词，不是他坎坷人生的最好陪葬？

第九章　柳永

可曾饮水？可曾读词？

第一节　奉旨填词

公元1018年，一年一度的科举考试落下帷幕，礼部向皇帝呈上了待录取的进士名单，宋真宗看到名单后，提笔划掉一个名字，说道：此人好去浅斟低唱，何要浮名？且去填词。

这个被皇帝御笔划掉的倒霉蛋，是一个叫柳三变的年轻人。这已经是柳三变第三次科考落第了，现在又得了皇帝金口指示“且去填词”，柳三变的仕途已然葬送殆尽。这一切，都源于一首词。

柳三变是柳永的原名，他还有两个哥哥，柳三复和柳三接，兄弟三个在福建崇安非常有名，都是大才子，号称“柳氏三绝”。

（福建武夷山柳永故里文化学者　常桂旭）

柳三变这个名字出自《论语》：“君子有三变：望之俨然，即之也温，听其言也厉。”

意思是说他的外表看起来很威严，接近他的时候很和蔼可亲，听他说话又非常地庄重。这是个有文化的家族，家人给他取这个名字，其实对他很有寄托。

（中南民族大学教授　王兆鹏）

崇安，就是今天的武夷山市。一千多年前，这里是江南一带士大夫的避乱隐居圣地。柳永的祖父柳崇，是五代时期著名的儒学大家。因为时局动乱，柳崇拒绝了朝廷召他出仕的邀请，在故乡隐居治学，布衣终老。

柳崇虽然无意于仕途，但并不阻止子孙科举入仕。柳永父辈六人都是朝廷命官，其中三个是进士出身。

在这样的家庭中，柳永从出生那天开始，面前就只有一条路：读书，科考，做官。

群山环抱处，这个曾经叫作白水的小村庄，就是柳永的故乡。

金鹅峰下，柳永故居早已荡然无存，只有两株千年罗汉松依然枝繁叶茂。松下，一条小路蜿蜒伸向金鹅峰。早年的柳永就是沿着这条曲折的山路，前往山顶的中峰寺求学读书。

深谷幽涧，远离尘嚣，竹木掩映处，景景可入画。闽西北的九曲流水和层峦叠嶂，常使柳永流连忘返。

读书之余，他写下了一首诗。

攀萝蹑石落崔嵬，千万峰中梵室开。
僧向半空为世界，眼看平地起风雷。
猿偷晓果升松去，竹逗清流入槛来。
旬月经游殊不厌，欲归回首更迟回。

——柳永《题中峰寺》

《题中峰寺》这首诗，是柳永传世不多的律诗中的一首，通过这首诗，柳永已经展现出了他独特的诗词天赋。因为这首诗，柳永被誉为“鹅子峰下一支笔”。

（福建武夷山柳永故里文化学者 常桂旭）

在武夷山的碧水丹崖间，柳永度过了无忧无虑的童年。武夷山的风骨和底蕴，对这位聪明好学的少年的诗眼词韵起到了陶冶作用。求学期间，柳永读到了一首《眉峰碧》。

蹙破眉峰碧，纤手还重执。镇日相看未足时，忍便使、鸳鸯只！
薄暮投村驿，风雨愁通夕。窗外芭蕉窗里人，分明叶上心头滴。

——无名氏《眉峰碧·蹙破眉峰碧》

这是一首无名氏的作品。柳永很喜欢，把它题在墙壁上，早晚来揣摩，从中感悟到了写作的一些方法，特别是结构和韵笔（脚）的变化，因此这一首词成了柳永作词的启蒙。

（中南民族大学教授 王兆鹏）

金鹅峰的四季轮回了十几载，转眼间柳永已经学有所成。他决定离开家乡福建，去京都赶考。从崇安到开封，一千多公里的路程，柳永这一走，就走了六年。

杭州，江南最富庶的地方，文人墨客、富商巨贾皆会聚于此。柳永赶考路途停驻的第一站，就是杭州。

初到杭州，柳永便被这座古老的南方城市深深吸引。乌篷船里飘出新酿米酒的甜香，灯火璀璨的秦楼中跃动着琵琶的曲调，桃花扇底，美人翩翩起舞，空气中到处弥漫着醉人的气息。年轻的才子看花了眼，一扇新世界的大门在柳永面前缓缓打开。

柳永什么时间第一次去青楼，谁也不知道，但是他逛青楼是肯定有的事。

（陕西师范大学教授 王双怀）

这是有一定的社会根源的，在古代，知识分子或是读书人逛楚楼妓馆是一个常态。

（中南民族大学教授 王兆鹏）

中国历史上，没有任何一个时期的青楼盛况可以比肩柳永所在的北宋。这是一个真正藏富于民的时代。社会的安定和城市经济的发展浇灌出了不断扩大的市民阶层，他们对于声色和娱乐的追求推倒了城市的坊墙，建起了一座座瓦肆、茶园、妓馆、酒楼。

宋代经济的繁荣，首先是城市经济的繁荣。唐代的城市是坊市制度，划成一块一块的，严格规定你在哪里活动，而且晚上宵禁，行人是不能随便活动的。到宋代解放了坊市，市场相对来说比较自由，用我们今天的话说，宋代城市的夜经济也非常发达。

（中南民族大学教授 王兆鹏）

在北宋，青楼是合法的产业，他们不仅有自己的经营场所，有时候还会应召，在一些餐馆、宴会或是一些重要的场合出现，从事专门的服务。

（陕西师范大学教授 王双怀）

公元 1003 年，两浙转运使孙何的府中，中秋节宴会的气氛到达最热烈的时刻，杭州城的著名歌妓楚楚登上舞台，开始表演助兴节目。

“东南形胜，三吴都会，钱塘自古繁华。烟柳画桥，风帘翠幕，参差十万人家。云树绕堤沙。怒涛卷霜雪，天堑无涯。市列珠玑，户盈罗绮，竞豪奢。

“重湖叠巘清佳。有三秋桂子，十里荷花。羌管弄晴，菱歌泛夜，嬉嬉钓叟莲娃。千骑拥高牙。乘醉听箫鼓，吟赏烟霞。异日图将好景，归去凤池夸。”

一曲唱罢，满场宾客无不动容，虽然早知杭州美，但这繁华景象作成词谱上曲，经美人之口唱出来，竟如此震撼人心。宴会的主人急切地想要见到这位作词者。

这首词实际上是柳永写给孙何的，《望海潮》是一首干谒词，所谓“干”就是拜托的意思，等于自我推荐，去拜访那些权贵，希望得到他们的认可。

（陕西师范大学教授 王双怀）

柳永大概是第一个歌唱都市风情的词人，原来的歌词都是抒发儿女情怀的，柳永开始把视野引向了自然，引向了都市，给人一种特别的新鲜感。那个时候不像我们现在有这样的媒体，能了解到其他地方的状况。我们可以设身处地地想一想，当杭州人或是外地人听着这首歌、唱着这首歌时，就会对那样的风景特别向往。

（中南民族大学教授 王兆鹏）

此时距离宋太祖赵匡胤立国不过四十余年，华夏大地在经历五代十国的战火后，又一次在大一统帝国的统治下开始新的复苏与繁荣。年轻的大宋王朝无疑是骄傲的，这是盛唐之后，九州大地再次以富庶和文明享誉世界。

古老的杭州城，就是其中的代表。柳永的《望海潮》一经写出，就立刻传唱开来。

孙何也为柳永的才华折服。公元 1004 年，孙何奉旨回京任太常礼院士，又嘉升为知制诰，赐金腰带，紫蟒袍。柳永在《望海潮》中对孙何的祝愿成了真，幸运之神，似乎已向柳永露出了半边笑脸。

然而，还未等到孙何的推荐，一个噩耗先一步传回了杭州：孙何因操劳过度，不幸病逝在汴京。

还未从孙何病逝的噩耗中回过神来，柳永又听到了一桩京城奇闻：这一年，一个叫晏殊的少年在江南按抚张知白的推荐下，以“神童”的身份入京参加殿试，结果一战成名，受到真宗的嘉赏，赐同进士出身。

到底是江南的烟雨朦胧更令人沉醉，还是京城的权力争夺更摄人心魄，柳永的心里，早有定夺。

饱食了苏杭的胭脂红粉，听尽了秦淮河上的吴歌艳曲，温柔乡只是让才子踟蹰，并没有削去年轻人的雄心壮志。

公元 1008 年，柳永通过秋季的乡试考中举人，赴京参加“春闱”。

一千多年前，繁华是河南开封的代名词。直到今天，这座城市不经意间显露出的大宋风采，仍然令人无限神往。

公元 1008 年，柳永初到开封，衣摆上还残存着绮罗丛中的清香，沿途的山水风物还未在脑海中停止翻涌，风尘仆仆的柳永按捺不住内心的激动站在这座雄伟的都市面前。

他已领略过武夷山的奇秀险绝，也看遍了江南的浓艳绮丽，但从未有一处地方，让他这样心驰神往，目眩神迷。他迫不及待地想要参与到这座城市中，化身为这座城市的一部分。

进入开封不久，柳永很快就声名远播。风流才子还未状元及第，就已经凭着他的词作名满京华。

宋代的流行歌坛，跟我们现在的有一点差异，我们现在崇拜的是歌手，而宋代崇拜的是写词的人。因为柳永到了汴京以后，很快就打响了名声，所以那些唱歌的歌妓就纷纷来请求柳永给她（们）写歌词。特别是，如果把一位歌女的名字带进歌词，就能一下子让她身价百倍。因此，那些歌女经常用财物来资助柳永。

（中南民族大学教授 王兆鹏）

年少轻狂的词人还不懂和氏美璧要宝光暗藏的道理，他肆无忌惮地散发着光芒，彰显着自己的才华。

虽然为他的才华传诵的不是谈经论史的文人士子，而是乐工和歌妓，但柳永仍然为此自得。

春闱在即，他仍将大把时间挥霍在舞姬歌女身上，日日沉迷在如花美人的轻歌曼舞间。

当时，进士科是春闱的主要考试科目，而进士科又考诗词，这是柳永的拿手项目，他胸有成竹。考试前，他给相好的歌妓写了一首词，自信地表示“定然魁甲登高第，等著回来贺喜”。

现实很快给了柳永一记响亮的耳光。放榜之日，柳永满心欢喜前去观榜，但并没有在上面找到自己的名字。

发榜以后，柳永一看到自己名落孙山，就想，怎么可能？我这么有才华，这样圣明的时代把我这种有才能的人抛弃了、遗漏了，一定是考官有眼无珠。

（中南民族大学教授 王兆鹏）

柳永难忍心头愤懑，挥笔写下一首词：

黄金榜上，偶失龙头望。明代暂遗贤，如何向？未遂风云便，争不恣狂荡？何须论得丧。才子词人，自是白衣卿相。

烟花巷陌，依约丹青屏障。幸有意中人，堪寻访。且恁偎红倚翠，风流事，平生畅。青春都一饷。忍把浮名，换了浅斟低唱！

——柳永《鹤冲天·黄金榜上》

这首词其实是宣泄他落第以后的不满，因为他起先特别自信，觉得凭自己的才华去参加进士考试唾手可得，结果放榜了却名落孙山，所以他非常失望。他这个时候失望而不绝望，只是“偶失龙头望”，当状元偶然失手而已。他期望值很高，失望也很大，所以整首词是宣泄他内心的不满，既然我考不取了，那就不用再考了，所谓的浮名也不要了，在词坛上做一个平民宰相就好，一样能够受人崇拜。

（中南民族大学教授 王兆鹏）

一年一度的礼部春闱，一人登科十人落榜，京城大大小小的客栈茶楼里，垂头丧气的考生比比皆是。他们借酒浇愁，寻花问柳，甚至聚众闹事。自有科举以来，这消极的情绪何曾间断过？就连曾被诗仙李白盛赞“风流天下闻”的孟夫子，也写过“不才明主弃，多病故人疏”那样发牢骚的文字四处流传。

柳永显然忘记了孟浩然的教训。对于那些窝了一肚子闷气的落第举子们来说，他这首词写得实在是淋漓痛快。加上柳永的青楼知己卖力传唱，《鹤冲天·黄金榜上》很快红极一时。

其实柳永一直都没有忘掉功名，他有时候跟歌女调情，还说道：等到我当官了以后，好好地奖赏你。他从来没有忘记功名，这种人一般都是知识分子，得不到的时候会有“酸葡萄效应”。这首词里，在“偶失龙头望”以后说的那些气愤的话，是不能当真的。但是没想到，偶然的牢骚给他种下了祸根。

（中南民族大学教授 王兆鹏）

公元1018年，柳永第三次参加科举，这次他本已考中，却在临放榜前被御笔除名。

这是柳永离梦想最近的时刻，那令人艳羡的乌纱帽几乎触手可及，可惜仍是一场幻梦。此时的他终于知道，因为那首《鹤冲天·黄金榜上》，柳三变这个名字早已进入了宋真宗的黑名单。

当年随手一写的牢骚之词，竟惹得皇帝记恨多年。浮名难求，仕途无望，难道真要从此一心浅斟低唱？

> 他干脆就自称为“奉旨填词柳三变”，皇上派我来填词，那我就干脆一心一意地来填词好了。我在政坛上没有了前途，就在歌坛上叱咤风云。
>
> （中南民族大学教授 王兆鹏）

重返烟花巷，无数红粉知己为柳永送上慰藉，她们既为他抱不平，又在心底暗自窃喜。虫虫请他吃酒、师师为他跳舞、香香为他抚琴，为的就是求一首柳永的词。

京城所有的妓馆都在盛传他奉旨填词，在开封城这个柳絮纷飞的春天，一个属于柳词的时代开启了。

第二节　白衣卿相

“不愿穿绫罗，愿依柳七哥；不愿君王召，只愿柳七叫；不愿千黄金，愿中柳七心；不愿神仙见，愿识柳七面。”

“柳七哥哥，你写的词，老百姓爱听，我们爱唱。”

这是原创越剧《柳永》的演出片段。这段曾风靡于大宋民间的歌谣，毫不夸张地唱出了柳永的受欢迎程度。

与柳永相比，世人神往的一切，美貌、皇权、金钱、神仙……通通微不足道。柳永，就是他那个时代声名最显赫的天王巨星。对于柳永的迷妹们来说，能与偶像共度良宵，才是天大的幸运。倘若能再求得一首柳词，在大宋娱乐圈走红便指日可待了。

因为一首《鹤冲天·黄金榜上》，柳永这只鹤没有冲上意想中的青天，只能无奈落入尘埃。“奉旨填词”的背后，是洒脱，更是自嘲。

或许，柳永也曾不甘心这种自我放逐，他走向茶楼酒肆的脚步多少带着点负气，但这点负气很快消融在红粉佳人的柔情蜜意中。柳永便无所顾忌地开始了“偎红依翠”的风流岁月。

> 歌楼妓馆本来是一个提供娱乐、教人挥霍、让人消沉的地方。任你有摩天之志，到了这个地方，也会销魂烁骨。对柳永来说，这里倒是给他提供了一个施展音乐才能的场所。
>
> （中南民族大学教授 王兆鹏）

烟花柳巷迎来了浪子柳永，混迹市井，柳永得到了真正意义上的解放。

京城的繁华绮丽，为柳永施展才华提供了无限的可能，在桃红柳绿的夜夜笙歌赏花对酒中，一首首凄美婉约的词横空出世：

伫倚危楼风细细，望极春愁，黯黯生天际。草色烟光残照里，无言谁会凭阑意。

拟把疏狂图一醉，对酒当歌，强乐还无味。衣带渐宽终不悔，为伊消得人憔悴。

——柳永《凤栖梧·伫倚危楼风细细》

长安古道马迟迟，高柳乱蝉嘶。夕阳鸟外，秋风原上，目断四天垂。
归云一去无踪迹，何处是前期？狎兴生疏，酒徒萧索，不似少年时。

——柳永《少年游·长安古道马迟迟》

这些脍炙人口又荡气回肠的千古佳句，被无数人追捧传唱。那是柳永生命史上的艳阳天。

> 在北宋时代，他应该是第一个专力为词的词人，写词创作比较多。而且他本身精通音乐，会编曲，会作曲，同时也会填词，应该相当于现在的音乐制作人吧。
>
> （中南民族大学教授 王兆鹏）

今天，我们已经听不到千年前的音乐究竟是怎样的曲调，只能凭借这些流传下来的文字，想象柳词在大宋风靡的盛况。

在柳永之前，词主要是小令，一般比较短小，不太容易表达丰富的感情。而柳永开始写作慢词，慢词比较长，按照一定的词牌、一定的格律，可以表达更加丰富的思想感情。

（陕西师范大学教授 王双怀）

其实在五代的时候已经有慢词了，只不过当时数量很少，到了柳永这个时候，他大量地创作慢词。词体体制变化了，方法也要跟着变化。小令因为很短小，更多地用比喻象征的手法来抒情，而柳永开始使用铺叙描写的手法。所以柳永不仅仅创调，而且还创法。

（中南民族大学教授 王兆鹏）

有人统计宋代的词牌，大概有 800 多个，其中有 100 多个是柳永创造的，也就是说这些词的写作格式、写作标准是由柳永决定的。

（陕西师范大学教授 王双怀）

如果没有柳永的探索，后来的苏轼、辛弃疾恐怕也只能在小令的世界里打转转。柳永在这方面开创了一种新的体制，为宋词的发展打下了良好的基础。

（中南民族大学教授 王兆鹏）

对于北宋的百姓来说，尽管并不懂这些理论知识，但一点也不妨碍他们欣赏柳词。

词本就来自民间，文人士大夫们用了高雅词汇，使用了赋比兴手法，将原本下里巴人的词写成了阳春白雪。是柳永，把词还给了民间。

柳永的创作目的、创作对象非常明确，他的歌词就是写给大众听的。就像我们现在开发一个产品，无论是商业产品还是其他产品，都有潜在的用户需求。柳永写歌词目的非常明确，就是对准普通的市井民众，我的歌词不是写给士大夫听的，而是写给那些文化层次、文化水准比较低的市井大众听的，所以市井大众一听就能懂。

（中南民族大学教授 王兆鹏）

在柳永所处的时代，国家统一，天下太平，经过多年休养生息，开国初年战争的痕迹已不复存在，赵宋王朝即将迎来发展的巅峰。尤其令人称赞的是，宋朝的文化继唐代之后，再次成为世界瞩目的中心。

那是一个重视人才、鼓励读书的时代。作为文人，生活在北宋是幸运的。即便是得罪了皇帝的柳永，也要感激自己生对了时代。北宋的官场对他关上了大门，但市井这块沃土堆拥着他，托举着他，他像田禾见了水肥一样拼命地疯长，淋漓酣畅地发挥着自己的才华。

每当有酒席歌宴，就到了柳永大展身手的时候。秦楼楚馆里，当红花魁争相传唱他的新词，市井巷陌中，百姓口中哼的都是柳词的调。

就连大宋邻国西夏都在盛传“凡有井水处，即能歌柳词”。

然而盛名之下的柳永，心底总还会涌起几分不甘，他始终对自己没有考取功名无法释怀。庙堂之上，最初的理想还在那里。

公元 1022 年，不喜欢柳永的宋真宗去世了，年仅十三岁的太子赵祯继位。柳永感觉到自己的机会来了，两年后，他再次走上了科举考场。

这次考试的结果，仍然是以落榜告终。柳永的心凉透了，歌舞升平的黑夜，尚能遮得住他的强颜欢笑，但当阳光再次洒满这座城市，他所有的遗憾和落寞都将无所遁形。该如何疗治内心的伤痛？柳永决定离开京城这个伤心地。

多年漂泊，早已将他乡认作了故乡，挥别故地，总是难免伤悲，更何况此处还有难舍之人。

寒蝉凄切，对长亭晚，骤雨初歇。都门帐饮无绪，留恋处，兰舟催发。执手相看泪眼，竟无语凝噎。念去去，千里烟波，暮霭沉沉楚天阔。

多情自古伤离别，更那堪，冷落清秋节！今宵酒醒何处？杨柳岸，晓风残月。此去经年，应是良辰好景虚设。便纵有千种风情，更与何人说？

——柳永《雨霖铃·寒蝉凄切》

直到今天，这首写于公元 1024 年深秋的词，仍然能够轻而易举地击中人心。

中国古代是农业社会，当时通信不发达、交通不方便，离别可以说是古人心里难以承受之重，因此送别是最能够打动人心的，任何人都会感受到离别带来的伤痛。而柳永能够把普通人的那种伤痛，那种每个人心里都能感受到但是一时又说不出来的情感表达得非常形象。所以这首词一写出来，就引起了轰动。

（中南民族大学教授 王兆鹏）

柳永并不知道，这首《雨霖铃·寒蝉凄切》在此后的千百年间，被多少离人一遍遍吟诵。对当时的他来说，这篇词作只是旅行日记中的一笔，如同《乐章集》中的其他词句一样，不过是宣泄心中情绪而已。只是这一天，他的感情格外浓烈。

古往今来，能够只凭歌颂青楼女子的婉约之词就立于华夏词坛千年不败的人，恐怕也只柳永一人而已。哪怕他生前身后曾有过许多的经历与争议，他始终是独一无二的传奇。

柳永身上总是充满了矛盾，他在市井中有多受欢迎，在士大夫中就有多受排斥。

为了谋求仕途，柳永曾试过托情“走后门”，他选择的攀关系的对象，就是那个当年因推荐参试而一举成名的“神童”晏殊。

晏殊可以说是少年得志，他十四岁就考中进士，然后做官一直做到了宰相。而柳永一直是在下层奔波，到处漂泊。因此他就想去找同样写词的词友晏殊，看看能不能够提携一下自己。

（中南民族大学教授 王兆鹏）

晏殊见到柳永的第一句话是个问句：“你写词吗？”站在晏殊面前的是全国著名的作词家，晏殊的问话显然并不友好。柳永的回答也很机智，他回答晏殊：“我同您一样，也是写点儿词的。”

晏殊终于忍不住鄙夷：“那还是不一样的，我虽然也写词，但我从来不写‘针线闲拈伴伊坐’这样的句子。”

“针线闲拈伴伊坐”出自柳永年轻时的词作《定风波·自春来》，是柳词中“俚词”的代表作。

自春来、惨绿愁红，芳心是事可可。日上花梢，莺穿柳带，犹压香衾卧。暖酥消，腻云亸，终日厌厌倦梳裹。无那！恨薄情一去，音书无个。

早知恁么，悔当初、不把雕鞍锁。向鸡窗，只与蛮笺象管，拘束教吟课。镇相随，莫抛躲，针线闲拈伴伊坐。和我，免使年少光阴虚过。

——柳永《定风波·自春来》

写的是一个闺中少妇思念丈夫，渴望夫妻长相厮守，悔恨让丈夫外出求取功名。

其实这个主题在唐代王昌龄的《闺怨》里也表达过，“忽见陌头杨柳色，悔教夫婿觅封侯”。这种观念在晏殊看来，可能不是很认同。你一个妇道人家，不鼓励丈夫出去积极进取，而让他在家里陪着你儿女情长，像什么话。如果说传统的女性在爱情当中都是被动地受支配的话，到了柳永笔下，她们就变成了主动的一方，她们会主动地追求自己的爱情，追求自己的幸福生活。柳永用他的笔来表达了这一类女性的诉求。他站在一个思妇的立场，化身一个女子的立场，我想这些普通女子听到以后，应该非常有情感共鸣。

（中南民族大学教授 王兆鹏）

像“针线闲拈伴伊坐”这一类的词，在柳永的词集《乐章集》中并不少见。他笔下的女性形象，对待感情热烈又大胆。

在漫长的男权社会里，女性总是作为男子的附庸出现。即使是正经人家的女子，也很难拥有话语权。更何况向来被认为卑贱的青楼女子呢？

玉冠缎靴的郎君公子来了又去，谁会聆听妓女的心事？千百年来，老天也就派了一个柳永来，他聪明博学、风流倜傥、妙解音律，最重要的是，他肯低下身来看她们心上的伤痕。在柳永眼中，歌妓不是仅供欢娱的玩物。他以平等的态度与她们往来，把她们当作知己。他用尊重与爱惜的态度为她们写词，哀叹她们的不幸，更歌颂她们的美好。

这个多才又多情的男人，总能赢得很多女人的芳心，也不吝奉献自己的真情。围绕在柳永身边的每个人，都以求得一首柳词为荣，柳永也从不敷衍，他为歌妓们写的诗词很多都是量身定制。

秀香家住桃花径。算神仙、才堪并。

——柳永《昼夜乐·秀香家住桃花径》节选

英英妙舞腰肢软。章台柳、昭阳燕。

——柳永《柳腰轻·英英妙舞腰肢软》节选

有美瑶卿能染翰。千里寄、小诗长简。

——柳永《凤衔杯·有美瑶卿能染翰》节选

心娘自小能歌舞。举意动容皆济楚。

——柳永《木兰花·心娘自小能歌舞》节选

佳娘捧板花钿簇。唱出新声群艳伏。

——柳永《木兰花·佳娘捧板花钿簇》节选

酥娘一搦腰肢袅。回雪萦尘皆尽妙。

——柳永《木兰花·酥娘一搦腰肢袅》节选

就中堪人属意，最是虫虫。有画难描雅态，无花可比芳容。

——柳永《集贤宾·小楼深巷狂游遍》节选

貌美如花的秀香，楚腰纤软的英英，文采斐然的瑶卿，能歌善舞的心娘，歌喉婉转的佳娘，舞姿优美的酥娘，在柳永笔下各具风韵。

而他最为中意的，还是知心的虫娘。

青楼女抚慰了柳永在仕途上的失意，给了他欢乐。柳永还给她们深切的同情，用饱含真情的笔墨描写她们的美好。淤泥深处，催生出了最纯洁的花。这份互动的感情稀贵而真诚，即使隔了千年看去，仍是脉脉动人。

公元 1033 年，垂帘听政 11 年的太后刘娥去世，宋仁宗赵祯亲政。第二年，朝廷开设“恩科”，对屡试不中的大龄举子放宽录取尺度，身在鄂州的柳永闻讯，迫不及待地赶赴京师。为了免除后患，他不再使用柳三变这个名字，改名柳永，甚至连原来的字“景庄”也改为“耆卿”。

几十年的苦苦追求终于得偿所愿，从意气风发的少年到两鬓斑白的暮年，这一刻，柳永等了太久。

卸去白衣，柳永进入了官场。他的仕途生涯从睦州团练推官开始，这个起点并不高，只是一个从八品的小官。

柳永最后也只做到一个从六品的屯田员外郎，所以世称柳屯田。

（中南民族大学教授 王兆鹏）

公元 1039 年，柳永任职浙江定海晓峰盐场的盐监。晓峰盐场位于舟山群岛附近，四周是汪洋大海，每逢涨潮，大浪翻涌，如万马奔腾千帆竞渡，场面十分壮观。

但此时的柳永眼中看到的，不再是“怒涛卷霜雪”，而是“晨烧暮烁堆积高，才得波涛变成雪”。

从清晨烧到夜晚，才将海水变成雪白的盐垛。如此辛勤劳作的盐民，因为官租私租的重重剥削，依然贫穷困苦。

走访了盐民之后的柳永愕然发现，原来在太平盛世背后，还有许多百姓生活在水深火热之中。

“煮海之民何苦辛，安得母富子不贫？”这是柳永对朝廷振聋发聩的质问。年轻时，他向朝廷写了不少投献诗词，大事歌颂这盛世王朝的永恒与伟大，如今成为地方父母官，他亦毫不掩饰自己的失望与愤怒。

这首为民请命的《煮海歌》，成了柳永文字生涯中的一朵奇葩。人们惊奇地发现，这个向来以“艳词”闻名的浪子，原来深藏着一颗勤政爱民的赤子之心。

与柳永在宋词上的成就相比，他的官声和政绩微不足道。一生漂泊，柳永写下了许多羁旅悲秋之词。

除了《雨霖铃·寒蝉凄切》，备受后人推崇的还有《八声甘州·对潇潇暮雨洒江天》和《戚氏·晚秋天》。

后来开创了豪放派宋词的苏轼评价《八声甘州·对潇潇暮雨洒江天》“‘霜风凄紧，关河冷落，残照当楼’，此语于诗句不减唐人高处”，将柳词推举到唐朝诗人的高度。

《戚氏》可以说是柳永一生的总括，长达212字的长词一韵到底。南宋词曲评论家王灼在《碧鸡漫志》中写道：“《离骚》寂寞千载后，《戚氏》凄凉一曲终。”

前半生浪荡花丛，后半生羁旅惆怅。柳永的词不是太过露骨，就是太过凄苦。即使到了今天，也很少被选入官方指定教学目录中。

提起柳永，人们口中津津乐道的，永远是他的风流往事和相思风月。就连他的死亡，也带有几分香艳色彩。

在明代小说家冯梦龙的《醒世恒言》中，柳永死在相好的名妓家，他既无家室，也无财产，死后无人过问。吟唱柳词的一班名妓感念他的才学和情痴，凑了一笔钱为他安葬。

“群妓合金葬柳七”，这不过是仰慕柳永的文人为他续写的一段风流。人们明知荒唐，却仍愿相信。或许，让这个风流儒雅的白衣书生，在红颜簇拥下死去才是更好的结局。

每逢清明，青楼人空，半城缟素；柳永墓前，千红一哭，万艳同悲。这是多么动人的一幕。

即使仕途不顺，在这群痴心人眼中，柳永也是比帝王更耀眼的存在。在中国文学史的词坛上，他是永远的白衣卿相。谁又能说这千年后依然动人的阙阙清词，不是他坎坷人生最好的陪葬？

他将平生所作的诗文，每一篇都仔细加以推敲，整日冥思苦想。夫人薛氏担心他的身体，劝阻道：“何必如此自讨苦吃？难道现在还怕先生骂不成？”欧阳修笑着回答：“不怕先生骂，是怕后生笑”。

第十章 欧阳修

千古文章，不过醉翁

第一节　征雁南飞

公元 1010 年，在随州的河畔沙地附近，人们时常看到一对母子的身影。因为家境贫寒，买不起读书所需的纸笔，这位睿智的母亲折来荻秆当笔，以沙子为纸，教导年幼的儿子识字。

故事中画荻教子的母亲，是历史上著名的四大贤母之一，而那个年幼好学的孩子，就是后来北宋的文坛领袖——欧阳修。

尽管这位文坛巨匠后来总喜欢在文章中自称“庐陵欧阳修”，但他记忆中的故乡，却是距离庐陵（今江西吉安）千里之外的另一座城市——随州（今湖北随县）。

欧阳修应该出生在今天的四川绵阳，那时候叫绵州，因为他的父亲在那个地方做官，后来在任上病逝了。

（中国欧阳修研究学会名誉会长　刘尚荣）

为官多年，欧阳观清正廉洁，没有留下任何积蓄，他的突然离世让一家人的生活陷入困境。在亲友的帮助下，守完父孝的欧阳修，跟随母亲前去随州投奔叔父。

公元 11 世纪，这里还是一座贫穷闭塞的偏僻小城。欧阳修的叔父欧阳晔在随州担任推官长达 25 年，他的清廉和兄长如出一辙，欧阳修的母亲曾对儿子说：“你想了解你父亲吗？看看你二叔就可以了。他的容貌举止和品行，都很像你父亲。”

叔父的关照，随州乡亲的帮衬，在欧阳修的成长中留下了深刻的记忆。他曾在后来的一篇文章里深情地写道：“随州虽然不发达，也不是我的故乡，却是我长大的地方，我怎能忘记随州对我的恩情呢？”

非予乡，然予之长也，岂能忘情于随哉？

——欧阳修《李秀才东园亭记》节选

《李秀才东园亭记》中的李秀才，就是欧阳修儿时最好的玩伴。

李秀才，本名李尧辅，是随州城南大户人家的孩子，李家家道殷实，藏书很多，欧阳修常与李尧辅在李家东园玩耍。有一天，他们在捉迷藏时偶然发现了一个盛满旧书的破书筐。

书筐中，一本残缺不全的《昌黎先生文集》吸引了欧阳修的注意。昌黎先生是唐代文学家韩愈的别称，欧阳修对这位大文豪早有耳闻。翻遍书筐，他和伙伴只找出了六卷文集，而且书页脱落，顺序颠倒。尽管如此，欧阳修仍然如获至宝，李家主人将书慷慨相送。

回到家中，欧阳修迫不及待闭门攻读。尽管还不能完全理解文章中的内涵，但他已被韩愈洒脱的文笔和开阔的境界深深吸引。这六卷文稿，成了欧阳修一生的珍藏，也为后来的北宋诗文革新运动埋下了种子。

韩愈这部文集就成了后来新古文运动的种子，也成了欧阳修人生写作的起点。

（中南民族大学教授 王兆鹏）

公元 1023 年，十七岁的欧阳修第一次参加了随州乡试，这是科举考试中地方举行的初试。考卷上有一道题目叫《左氏失之诬论》，要求考生评议书中的荒诞不经之处。

《左传》是解释《春秋》的,《春秋》是经,《左传》是三传之一,《左传》《公羊传》《穀梁传》都是解释《春秋》的。

（中国欧阳修研究学会名誉会长 刘尚荣）

《春秋》比较简约，打个比方说,《春秋》就像是一个标题，而《春秋左氏传》把这个标题展开详细地叙述。

（中南民族大学教授 王兆鹏）

《春秋》微言大义，尽管只是很简单的几句话，里边却蕴含了褒贬之意。《左传》如果只在这方面发挥的话，那是没问题的。但是它把《春秋》原有的自然现象记载作进一步的延伸，把民间流传的一些诡异的现象、不合逻辑的事情也都写进去了，这是违背了《春秋》原意的。

（中国欧阳修研究学会名誉会长 刘尚荣）

鲁昭公八年，晋国有块石头开口说话了；

鲁庄公十四年，郑国都城城门边两蛇相斗，城外的蛇咬死了城内的蛇，这预示着郑厉公复辟回国；

鲁庄公三十二年，神灵在莘地降临；

鲁文公二年，太庙祭祀时，新近死去的鲁僖公和早已过世的鲁闵公两个鬼魂竟然一大一小出现在人们面前。

欧阳修以极其简练的语言，概括了这四条虚妄神异的记载：石言于晋，神降于莘，内蛇斗而外蛇伤，新鬼大而故鬼小。

对仗精良，朗朗上口。考试结束后，这篇文章被四方传诵，然而欧阳修却落了榜。

欧阳修关于《左传》的那篇文章写得不错，很快就流传开来。但是他那篇诗赋本身没过关，出韵了。出韵在古代是要被人嘲笑的，不会写诗的人才会出韵。一旦出韵，哪怕文章写得再好，也不行。

（中国欧阳修研究学会名誉会长 刘尚荣）

初战不捷，年少气盛的欧阳修第一次尝到失败的苦涩。回到家中，他取出那本珍藏的《昌黎先生文集》，再三诵读韩愈的文章，欧阳修不禁开始怀疑，这次落第究竟是自己才华不足，还是考试制度不合理？

在欧阳修求学读书的时代，崇尚骈四俪六的风气非常盛行。北宋初年，一群文臣学士以晚唐诗人李商隐为榜样，追求华丽的辞藻、精巧丰富的典故，还要声律和谐、对仗工整。由此编写了一部诗集——《西昆酬唱集》。

西昆体本来是几个官员在朝廷编书时业余唱和而成的。

（中南民族大学教授 王兆鹏）

这些人的官职很高，又没有什么苦难和怨恨，写了一些无病呻吟的诗文，但在文字技巧上很有优势，对偶、用韵或者词语的表达都很优秀。所以它能够盛行一时。

（中国欧阳修研究学会名誉会长 刘尚荣）

西昆体不仅影响了后来的诗风，同时也影响到了文风。

（中南民族大学教授 王兆鹏）

对于从小倾心韩愈文章的欧阳修来说，实在很难认同这样的文坛风气。但此时的他并没有能力改变现状，必须得花费更多精力去雕琢时文，编织浮华的文字，挤上科举的独木桥。

三年后，欧阳修顺利通过了随州乡试，但在第二年京城举行的礼部考试中，他再次名落孙山。

两次落第让欧阳修非常沮丧，他不得不思考自己的出路。而且，这次赴京赶考之行也让欧阳修深刻意识到，天外有天，自己从前在随州获得的夸赞并不算什么。他打算外出游学，寻求良师指导。

他觉得湖北随州这个地方比较偏僻，见识有限，后来听说当时文坛有一位名流叫胥偃。这个人在现代影响不太大，大家不太知道他的名字，但他在当时影响很大。欧阳修从京城到了汉阳郡（湖北武汉）以后，就带上自己的文章去求见胥偃。胥偃非常欣赏欧阳修的文章，这个人很有识人之明，觉得欧阳修未来前途不可限量，就把他留在身边一对一辅导。

（中南民族大学教授 王兆鹏）

公元1030年，欧阳修再次走进了礼部贡举的考场。很快，他拿到了考试的题目《司空掌舆地图赋》。司空是古代官职名，舆地图就是地图。欧阳修细读一遍题目后，立即产生了疑问。因为周代和汉代均设有司空一职，职掌范围却不相同，这篇文章究竟是该写周司空，还是汉司空呢？

按照当时的考场规则，考生对试题有疑义，可以在答卷前请示主考官。主持这次贡举的考官是著名文学家、资政殿学士晏殊。

欧阳修向晏殊陈述了自己的疑问，晏殊听后不由颔首微笑，轻声赞许："我出题的意思，就是希望应试者能从细微处发现问题。今天这一场考生中，只有你一人看懂了题目。"

三上考场，二十四岁的欧阳修终于金榜题名，成为新科进士的一员，有资格跻身大宋的官场。

三月的开封春意融融，这一天，汴京城的市民争先恐后一睹新科进士的风采，而最令万众期待的节目，是即将上演的"榜下捉婿"。

宋代进士放榜时，京城有女待字闺中的家庭会全家出动到榜下挑选女婿，这就是榜下捉婿。那个时候的进士是抢手货，是人们择偶的重点人选。

（中南民族大学教授 王兆鹏）

宋朝的科举制度和唐代相比要发达得多，因为北宋政府特别重视知识分子，希望把有知识的人全部纳入统治阶级的范畴。当时考上科举的，尤其是考上进士的人可谓鲤鱼登龙门，将来可以做官，如果能把他抓在手中，成为自己的东床快婿，自己将来的前途就太好了。所以很多人刚刚考上进士就交了桃花运，被别人预定了。

（陕西师范大学教授 王双怀）

这一天，欧阳修的恩师胥偃府上也是张灯结彩，喜气洋洋。原来，早在两年前，胥偃就在心中选定欧阳修做乘龙快婿，只是当时女儿年纪尚幼，欧阳修也功名未定，所以不想分散他的注意力。如今女儿已满十五岁，到了法定婚龄，正是双喜临门的好时候。

洞房花烛夜，金榜题名时，欧阳修尽情享受着成功带来的喜悦。

暮春时节，古老的洛阳城仍是一片花的海洋。每年从清明开始，长达一个多月的牡丹花期，为这座古城吸引了不计其数的游人。

和许多外地游客一样，公元 1031 年三月，到洛阳赴任的欧阳修第一眼看到这朵雍容华贵的牡丹，就被她深深吸引。

刚刚踏入社会的青年欧阳修，对仕途的艰辛和挫折还完全没有概念，他担任的闲散官职并没有多少具体的政务，有大把的自由时光可以陶醉在洛阳才子的逍遥生活里。而且，欧阳修还遇到了一位非常宽厚的上司。

> 他的上司是钱惟演，当时东京汴梁是都城，而西京洛阳是陪都。钱惟演是西京留守，又叫洛阳尹。钱惟演本身是诗人，是西昆派的代表人物。他对手下的这一批年轻人非常看重，而且给他们提供了非常优越的经济条件。所以，洛阳生活是欧阳修人生中最快意的一段时光。
>
> （中南民族大学教授 王兆鹏）

在钱惟演的支持下，会聚洛阳的文士们有了一个宽松闲适、自由浪漫的文化环境。欧阳修在这几年中结识了许多好友，他们在文学上各有所长，没有了科考的束缚，不必担心韵脚，也无须考虑对仗，欧阳修笔下的文字开始显露出自己独特的风格。

> 这些人里有欧阳修、梅尧臣、尹洙等，他们是诗坛文坛的朋友。后来他推行古文运动，与他和朋友在这里所形成的共识是有关系的。
>
> （中南民族大学教授 王兆鹏）

三年时光转瞬即逝，又是一个牡丹盛开的春日，欧阳修即将离开这座风光旖旎的美丽城市。他曾在送别好友梅尧臣的词中叹息：今年花胜去年红，可惜明年花更好，知与谁同？如今轮到朋友们为自己饯行，他也只能满心不舍地写下了一首《玉楼春》：

尊前拟把归期说，欲语春容先惨咽。人生自是有情痴，此恨不关风与月。

离歌且莫翻新阕，一曲能教肠寸结。直须看尽洛城花，始共春风容易别。

——欧阳修《玉楼春·尊前拟把归期说》

把满城牡丹看尽，送别春风归去，洛阳城中这充实又浪漫的三年，成了欧阳修一生的回味。

公元 1036 年，这一年的正月特别寒冷，上元佳节快要到了，街巷上到处是结伴赏灯的男女，但热闹都是属于别人的，欧阳修的内心只有无限感怀与伤痛：

去年元夜时，花市灯如昼，月上柳梢头，人约黄昏后。

今年元夜时，月与灯依旧。不见去年人，泪满春衫袖。

——欧阳修《生查子·元夕》

这首词的作者是有争论的。有人认为是欧阳修写的，也有人说是朱淑贞写的。我觉得是欧阳修作的，因为这首词最早在北宋就流传了，而朱淑贞是两宋之交的人，她的主要作品是在南宋初期。从版本学的角度来论证，把它定为欧阳修的作品更有说服力。这首词可以说是白话，没有任何雕饰，但是感情写得很深挚，是为了纪念他的第二位夫人杨氏。欧阳修这个人很倒霉，他的第一位夫人，老师的女儿胥氏，婚后三四年就去世了，他的孩子也夭折了。胥氏去世第二年，欧阳修娶了杨氏，杨氏婚后不到一年就去世了。

（中国欧阳修研究学会名誉会长 刘尚荣）

家门多故，而令欧阳修更为忧心的是国家大事。此时，宋朝立国已有 70 余年，国家表面繁荣下累积了许多社会危机，其中最突出的矛盾就是吏治腐败。

当时的宰相是吕夷简，在朝中权势滔天，身边有许多趋炎附势的追随者。因为不满吕夷简把持朝政，培植党羽，吏部员外郎范仲淹向宋仁宗呈献了一幅《百官升迁次序图》。

范仲淹指明了哪些人是循序升迁的，哪些人是因为跟宰相有裙带关系、私人关系而升迁的。这引起了朝野的轰动，舆论哗然，纷纷指责吕夷简，吕夷简看到以后恼羞成怒。

（中南民族大学教授 王兆鹏）

为相多年，吕夷简早就摸透了皇帝的脾气，于是倒打一耙指控范仲淹荐引朋党，离间君臣关系，范仲淹果然遭到了贬黜。为范仲淹打抱不平的官员余靖和尹洙也相继被贬。慑于宰相的威权，满朝谏官和御史竟没有一人敢发表不同意见。

生性耿直的欧阳修对此愤怒不已，他给规谏朝政的官员高若讷写了一封言辞激烈的书信，指责他不敢主持公道，是谏官的失职。在当时严峻的政治形势下，欧阳修深知这封书信会给自己带来怎样的后果，他在文章的结尾大义凛然地讥讽道，可以将这封书信交给朝廷来治自己的罪。

那封信把高司谏骂得狗血淋头，最有名的一句话就是“不知人间有羞耻事”，这句话到现在还经常被引用。这样的重话把高司谏惹急了，在皇帝面前告了他一状。

（中国欧阳修研究学会名誉会长 刘尚荣）

这封震撼朝野的《与高司谏书》果真被送到了皇帝手中，欧阳修被视作范仲淹的同党，很快也被逐出朝廷，贬为峡州夷陵（在今湖北省宜昌市夷陵区）县令。

朝廷贬谪欧阳修的命令一下，御史台的官吏就百般催促，逼他上路。欧阳修一家简直是被驱逐出京的。年迈的老母、丧夫的寡妹，一家人匆匆收拾了几个简单的包袱，就被迫踏上离京的路途。

深秋时节，小船行驶在浩瀚的长江上，远征的大雁栖息在江边沙洲，多方围猎下，大雁的羽翼显得有些衰微。欧阳修目睹此景，不由联想到自己在政治上的遭遇，吟出了一首《江行赠雁》：

云间征雁水间栖，矰缴方多羽翼微。
岁晚江湖同是客，莫辞伴我更南飞。

——欧阳修《江行赠雁》

自己原本也是在京城做官的“云中雁”，岂料一朝被权奸排挤，沦落到这江中小船上，不知前路还有多少艰险在等待自己。同在江湖漂泊，欧阳修与大雁一样，都不能掌握自己的命运，只能结伴一起向南方前行。

第二节　宁鸣而死

经过整整五个月的水上漂泊，欧阳修一家终于抵达夷陵。

这里紧邻长江，潮湿多雾，物产贫瘠。初到夷陵，欧阳修很不适应，在这偏僻小城中，没有诗酒文会，也没有歌舞宴游，走出家门，终日相对的只有江上寒山和崖壁的野花。

更令欧阳修深受打击的是一封报丧信，谪居夷陵半年后，他的叔父欧阳晔在随州病逝。因为身负罪名，欧阳修不能为叔父奔丧，只能痛哭着写下书信“长养教育之恩既不可报”，只有“状貌起居言笑之可思慕”。

种种挫折下，欧阳修不止一次怀念起曾经在洛阳度过的美好时光。

须知千里梦，长绕洛川桥。

——欧阳修《初至夷陵答苏子美见寄》节选

结绶当年仕两京，自怜年少体犹轻。
伊川洛浦寻芳遍，魏紫姚黄照眼明。
客思病来生白发，山城春至少红英。
芳丛密叶聊须种，犹得萧萧听雨声。

——欧阳修《县舍不种花惟栽楠木冬青茶竹之类因戏书七言四韵》

曾是洛阳花下客，欲夸风物向君羞。

——欧阳修《夷陵书事寄谢三舍人》节选

仕途比较顺的时候，心情也比较好。在被贬的时候，他总是会回想并怀念当时得意的情景。他在夷陵很幸运地遇到了一个地方官，是当年同榜的进士朱庆基。欧阳修原来在京城馆阁校勘的时候，跟他是认识的。到了夷陵以后，朱庆基很照顾他，专门在县衙旁边给他筑了一个房子居住，这个房子叫“至喜堂”。欧阳修为此还写了一篇《至喜堂记》。朱庆基还建了一个至喜亭，现在在宜昌三游洞的边上，是一栋非常有特色的建筑。

（中国欧阳修研究学会名誉会长 刘尚荣）

这里是长江上游和中游的分界处，江水在上游浪高湍急，冲出峡口后水势逐渐平缓，江面豁然开阔。当那些与江水搏击、历经九死一生的船工到达三峡出口，走进这座亭子中休憩时，便会相互庆贺，如同再世为人。

夷陵为州，当峡口，江出峡始温为平流。故舟人至此者，必沥酒再拜相贺，以为更生。

——欧阳修《峡州至喜亭记》节选

欧阳修从这座至喜亭中看到了朱庆基善政亲民的为官理念，为父母官者，要以百姓之喜为乐，这与自己的思想不谋而合。

朋友热情礼遇，百姓安居乐业，夷陵淳朴的民风给了欧阳修极大的安慰。刚到这里时，他在诗中写道“春风疑不到天涯”，现在则是“须信春风无远近”。

夷陵不比京城，需要处理的公务不多。闲来无事，欧阳修就把架阁上的陈年公案取来阅读，发现其中有不少冤假错案。违法徇私、颠倒黑白，无所不有，他一边翻看一边感叹，夷陵荒远偏小尚且如此，以天下之大，又将如何？改革吏部弊政的念头，在欧阳修心中更加坚定。

也是在夷陵谪居期间，欧阳修开始着手编写《新五代史》。这是北宋设馆修史以后，唯一的私修正史。

欧阳修是一个文学家，也是一个史学家，他在史学领域的重要贡献之一就是修了《新五代史》，因为在他之前已经有《五代史》。五代是一个乱世，其实五代社会的变迁和宋朝的关系特别密切，需要好好总结。之前修订的《五代史》成书比较仓促，很多史料是照抄五代时期的文献，抄的时候挂一漏万，有抄错的地方。史学家需要站在公正的立场上来书写历史，不溢美不隐恶，但实际上很难做到。

（陕西师范大学教授 王双怀）

特别是当时的历史观念褒贬失当，五代时期政权不断更迭，知识分子没有一种正统的观念。他修史就是为了在现实树立一种正气，以史明鉴。

（中南民族大学教授 王兆鹏）

夷陵的古迹和民俗，也让爱好金石考古的欧阳修欣喜不已，他常常到野外去寻找石碑古帖，为此后编写《集古录》丰富素材。

谪居夷陵一年多后，欧阳修重新得到起用。夷陵小城见证了他的痛苦、落寞、坚韧和乐观。这期间的磨炼与反思，对欧阳修的政治思想和文学创作都产生了重要影响，成了他后来事业腾达的新起点。

公元 1040 年，春节刚过，西部边境就燃起了战火，西夏国王率军攻打延州（今陕西延安），宋军大败，连损两员大将。

面对西夏的进犯，朝廷决定派出韩琦和范仲淹，并为陕西经略安抚副使，赶赴前线坐镇指挥。

此时的欧阳修也接到了新的诏令，到滑州接任武成军节度判官。欧阳

修一直关注着边疆战事，韩琦、范仲淹同时受到朝廷重用，他为之欢欣鼓舞，更跃跃欲试，希望有机会能效命沙场。

范仲淹受命不久，果然向朝廷举荐了欧阳修，还给欧阳修写了一封信，邀请他共赴边疆。欧阳修接到信一看大失所望，原来范仲淹没有打算请他做军师参与战事谋划，而只是让他做个写公文的书吏。

> 欧阳修觉得自己没有获得重视，另外还有更深层的考虑。他后来私下跟朋友写信说，不想因为这个事情去沾范仲淹的光，他原来支持范仲淹是出于正义，如果范仲淹提携他到前线去，给他一个立功的机会，他们之间就变成了一种私人关系。所以他拒绝了。
>
> （中南民族大学教授 王兆鹏）

欧阳修借口母亲年迈需要奉养，回信婉拒了范仲淹的聘请。既已无缘从军边塞，欧阳修便将自己的热情和精力投入了建言献策和挖掘人才之中。

公元 1041 年，一位来自建昌南丰（今江西南丰）的青年叩响了欧阳修家的大门。青年名叫曾巩，时年二十三岁，这年春天刚到国子监广文馆就读。

> 曾巩是欧阳修的学生，是非常有才气的一个人。曾巩在历史上的影响、在当时的影响，其实要远远大于我们今天对他的印象。
>
> （中南民族大学教授 王兆鹏）

欧阳修早就知晓这位才子的名声，他热情接待了曾巩。这次谈话宾主尽欢，此后，曾巩便成了欧阳修门下的常客。

欧阳修在文坛声望日隆，慕名求教者络绎不绝，曾巩是他最欣赏的年轻人，他常跟人说：到我家拜访的后生成百上千，唯独识得曾巩最为欣喜。

但是，才华横溢的曾巩，在科举之路上一直不顺利。

> 曾巩考进士考了几次都没有考取。到后来三十七岁的时候，才跟苏轼一起考取了进士。要说起来，欧阳修自己也考了两三次。我经常对学生说，你们考试一两次失利很正常，人家文坛领

袖欧阳修都复读了好几回呢。

（中南民族大学教授 王兆鹏）

公元1042年，几位深受欧阳修赏识的年轻士子连同曾巩一起在春闱中落榜，他们都吃亏在不擅长写时文上。

送别这些考场失意的青年，欧阳修心中无限感慨，他想起自己三次科举才中第的坎坷经历，想起自己的好友梅尧臣文采斐然却屡试不中，至今仍无功名在身。

强烈的爱才惜才之心，使欧阳修不由得再次质疑考试制度的合理性，他期盼着建立一种更为合理的选拔机制，让所有的人才都能崭露头角、为国所用。

但是改革考试制度不能急于一时，况且，眼下国家正面临着一场更为严峻的危机。

西部边患未解，北方又传来警报。公元1042年，辽国趁宋朝忙于西夏战事，聚集兵马要挟宋朝割地。而在此时，京东、京西也正酝酿着大规模的农民起义。宋王朝腹背受敌，毫无招架之力，无奈之下，决定派使臣前往辽国求和。

经过多次针锋相对的谈判，最后虽然没有割地，但还是加大了赔款的力度。在“澶渊之盟”的时候，已经确定北宋王朝每年要向辽送大量的金钱、茶叶、绢帛。现在每年要再增加十万两银子、十万匹绢帛，这个数量给宋人造成了沉重负担。

（陕西师范大学教授 王双怀）

内忧外患的局面终于迫使皇帝下决心广开言路，寻求拯救危局的方略。欧阳修废寝忘食写了一篇文章，全面分析了宋朝官僚政治的症结所在，提出改革主张。在接下来的几个月里，他连续写了一系列论文。

三十多岁的欧阳修是激进的，三十多岁的宋仁宗又何尝不想积极革新？但当时国家的人力、物力、财力都要向边防前线倾斜，朝廷很难集中力量进行内政更新。

但欧阳修的文章还是被众口相传，他因此成为革新派的主要代言人，为即将到来的“庆历新政”做了积极而充分的思想舆论准备。

公元1043年，皑皑白雪依然覆盖着荒原与村落，春天的脚步已悄然走近。这是一个值得人们期待的年份，正月，西夏因久战困弊，终于决定派遣使者请求议和，历时四年的宋夏之战即将告一段落。

令人振奋的消息还不止于此。三月，执政20年的宰相吕夷简以年老多病为由辞去相位。

吕夷简跟宋仁宗之间有一种特殊的关系，仁宗上台的时候还是一个小孩，当时垂帘听政的是他的养母刘太后。仁宗成年以后，刘太后还舍不得交权，是吕夷简劝退了刘太后，把权力移交给了宋仁宗。吕夷简当宰相时间长了，难免任人唯亲，导致了吏治的腐败。

（中南民族大学教授 王兆鹏）

宋仁宗一方面很尊敬吕夷简，另一方面对吕夷简的专权非常不满，在这种尊敬与不满之间，他的态度也在逐渐发生变化。吕夷简很聪明，他知道皇帝对他不满了，坚持下去有什么好处呢？当然在辅佐皇帝的过程中，皇帝对他也有感情，他也不愿因此弄得两败俱伤，所以主动辞职。

（陕西师范大学教授 王双怀）

新上任的宰相晏殊推荐欧阳修进入了知谏院，同时上任的还有一群正直敢言的谏官，他们上任不久就被戏称为“一棚鹘”。

鹘就是隼，相当于老鹰。意思就是，这几个人是非常有攻击性的。

（中南民族大学教授 王兆鹏）

谏官是一种重要的官职，虽然品阶并不是很高，但是他们的意见往往能够直达天听，引起皇帝的重视。也正因为如此，历史上有不少名人都曾经当过谏官。

（陕西师范大学教授 王双怀）

在欧阳修之前，北宋朝堂最直言敢谏的大臣是范仲淹。因为一再上书劝谏，范仲淹屡次遭受贬谪，他曾在给朋友的信中写道：自己绝不会改变初衷，宁肯因直言而死，也不沉默偷生。

宁鸣而死，不默而生。这是范仲淹恪守的人生信条，也是刚刚踏入谏官行列的欧阳修信奉的准则。

不久，从西北回来的韩琦和范仲淹同时被任命为枢密副使。这是辅佐宰相、分掌军政的重要官职。

可是，即将出任枢密使的，却是声名狼藉的守旧派人物夏竦。

> 夏竦这个人非常精明，有政治手段，有心计。他特别能讨宋仁宗的喜欢，也去讨好吕夷简。吕夷简一直不搭理他，退下宰相的位子以后，才把夏竦推荐上去。
>
> （中南民族大学教授 王兆鹏）

任命夏竦的消息发布后，以欧阳修为首的谏官群体极力反对，他们一连上了 11 道奏疏，终于迫使皇帝收回成命。朝野上下，一大批关心国运、富有政治热情的士大夫无不为之欢欣鼓舞。

在国子监担任直讲的石介更是激情澎湃，写下了一首长达 190 句的古诗《庆历圣德颂》。诗中痛斥夏竦为朝廷大奸，同时热情讴歌范仲淹、富弼、韩琦、欧阳修、蔡襄等一众辅佐圣明君主的贤臣。

惟汝仲淹，汝诚予察。

…………

予早识琦，琦有奇骨。

…………

襄虽小臣，名闻予彻。

…………

众贤之进，如茅斯拔。

大奸之去，如距斯脱。

…………

——石介《庆历圣德颂》节选

由于紧跟时事热点，《庆历圣德颂》一经写出，就得到众口相传。就连远在偏僻的四川眉山、当时年仅八岁的苏轼，也从乡校老师那里读到了这首诗，从此记住了诗中一代名臣们的名字。

在舆论的鼓舞下，欧阳修等人更觉斗志昂扬，对于石介这位极富鼓动性宣传的思想家，他们十分推崇。因此，决定联名向朝廷推荐石介担任谏官，这个提议却遭到了范仲淹的坚决反对。

范仲淹觉得石介可能会坏事。石介这个人书生意气，又比较固执，认定的死理必须坚持到底。如果他来做谏官的话，可能会起副作用。毕竟范仲淹在官场上历练多年，从地方到中央，从内地到边塞，他对政治的运作更讲究策略性。而石介作为一个书生，往往会坏事，表面上好像引导了舆论，实际上引导的可能是一个错误的方向。政治这个东西，有时是能做不能说，有时是能说不能做，而石介没有这个头脑。

（中南民族大学教授 王兆鹏）

不过，此时的欧阳修还不善于从这样的高度来思考政治问题，和大多数人一样，他为每一次大大小小的胜利而欣喜，为改革事业的步步推进而激动。联手上疏罢免夏竦后，接下来的短短三个月时间里，欧阳修接连进谏，论罢了数位朝堂高官，被他参奏的官员不胜枚举。

如果发现了问题，谏官就要发表意见，这是他的职责所在。一般做谏官的人会看皇帝的脸色，皇帝讨厌谁就去攻击谁，皇帝喜欢谁就得夸奖谁。但是欧阳修不行，他这个人看到什么不平的、不满意的事情，都敢于公开提出来。这样一来得罪的人就多了。

（中国欧阳修研究学会名誉会长 刘尚荣）

欧阳修心里是很清楚的，尽管他得罪了人，但还是要履行自己的责任。刚正不阿，执道而言，就是范仲淹倡导的那种士大夫的责任感和使命感。既然我是谏官，就要承担起谏官的责任，就要站在国家的立场、皇帝的立场仗义执言，即使为此得罪了人，也在所不惜。宋仁宗也是很欣赏他的，而且不断地重用他。

（中南民族大学教授 王兆鹏）

春去秋来，庆历新政在范仲淹的领导下，进行得轰轰烈烈。激情燃烧的岁月中，欧阳修丝毫没有感受到时间的悄然流逝，更不知道，一场阴谋即将登场。

第三节 醉翁醒心

公元 1044 年，大宋王朝的庆历新政正如火如荼地进行，官场风气焕然一新。但是，朝中形势也发生了微妙的变化，新政的实施严重触犯了一些官僚权贵的利益，他们渐渐汇聚在夏竦的周围，等待时机，准备反攻。

这次，他们又把屡试不爽的“朋党”话题重新拾起，到处散播改革者结党的流言，人多势众的反对派不断煽动舆论蛊惑皇帝。

在历史上，“朋党”基本是一个负面的词，有一个成语叫“朋比为奸”。朋党其实都是利益集团，他们往往抱团来对付另外一派，或者对付皇帝。

（中南民族大学教授 王兆鹏）

告某某人结党营私、搞朋党，就会立即引起皇帝的警觉。有些人就以朋党的名义去揭露对手、攻击对手，这成为打击政敌的一种手段。

（陕西师范大学教授 王双怀）

多年前，欧阳修就曾吃过一次“朋党”罪名的亏，这一回，他决定化被动为主动，驳斥阴魂不散的朋党之说。于是，在一个万籁俱寂的深夜，欧阳修奋笔疾书，写下了著名的政论文《朋党论》。他在文章里正面迎战，直接承认“朋党”的帽子，但是，他给朋党一词赋予了新的含义。

欧阳修改变了说法，所谓朋党，君子与君子为朋，小人与小人为党。要分清是非，不是所有朋党都是坏的。

（中南民族大学教授 王兆鹏）

小人之党是以私人利益为前提的，君子之党是以国家利益为前提的。君子之党、小人之党的区别是他第一个提出来的，这种辩解在逻辑上也是讲得通的。《朋党论》无论在历史、文学还是政治方面，都是一篇优秀的文章。

（中国欧阳修研究学会名誉会长 刘尚荣）

这篇《朋党论》一经传出，立刻引起轩然大波。守旧派发起了更为猛烈的进攻，他们不停地弹劾以范仲淹为首的改革派，夏竦还暗中令人伪造了富弼授意石介起草的废立仁宗的诏书，虽然皇帝并不相信，但看到反对新政的势力这么强大，他开始动摇了，失去了改革的信心。

天子是最怕朋党的，历朝历代都是如此。

（中国欧阳修研究学会名誉会长 刘尚荣）

如果有人结党，就可能形成一个集团，就会产生一定的势力。这种势力形成之后，不仅可能造成朝野力量的分化，更可能影响到皇权。

（陕西师范大学教授 王双怀）

公元1045年初，曾经慷慨激昂、想励精图治的宋仁宗终于完全退缩，他下诏废弃一切改革措施，轰轰烈烈的庆历新政以失败告终。

范仲淹被赶出朝堂，贬至邓州（今河南邓州），韩琦、富弼等革新派人士也相继被逐出朝廷。

坏消息一个接一个传来，欧阳修深知政局已经无法逆转。但舍身报国之志和强烈的正义感，使他无法做到明哲保身，闭口不言。他上书为范仲淹辩护，又对朝廷废止新政发表异议，甚至指责仁宗改革之心不坚定，听信奸佞谗言。

欧阳修越刚直，对手越视他为眼中钉，他们下定决心要扳倒这个言辞犀利的激进者。但是欧阳修廉洁奉公，从政务公事上很难被抓把柄。

欧阳修有一个妹妹，妹妹有一个女儿，是她丈夫与前妻生的。妹妹守寡以后，欧阳修就把她接到自己身边一起生活，当然也把外甥女一起带来了。外甥女出嫁后跟自己的家奴私通，被人发现，抓到牢里去了。

（中南民族大学教授 王兆鹏）

当时的开封府尹名叫杨日严，曾因贪污渎职被欧阳修弹劾过，因此一直怀恨在心。接审张氏一案，他认为是报复欧阳修的天赐良机。于是，经过一番审问，张氏的供词中，和自己私通的人变成了舅舅欧阳修。

朝廷里曾被欧阳修抨击过的小人抓住了机会，他们上书弹劾欧阳修与外甥女通奸，甚至还从欧阳修的一首旧词里找到了“证据”。

江南柳，叶小未成阴。人为丝轻那忍折，莺嫌枝嫩不胜吟。留著待春深。

十四五，闲抱琵琶寻。阶上簸钱阶下走，恁时相见早留心。何况到如今。

——欧阳修《望江南·江南柳》

这首词就是在写早春。上阕写柳树，一是写柳树很小，二是写柳树很嫩。下阕是写一个十四五岁女孩子的形象，就像杨柳一样婀娜多姿。

（中南民族大学教授 王兆鹏）

完全就是传统的婉约词，以女性为中心表达感情。他的政敌歪曲了词意，认为词里所写的十四五岁小女孩就是张氏，欧阳修在她小时候就惦记她了。

（中国欧阳修研究学会名誉会长 刘尚荣）

如果把这个话头放到范仲淹身上，谁都不信。为什么放到欧阳修身上，就有人相信呢？这跟他早年的经历有关系。欧阳修年轻的时候在洛阳过着风花雪月的生活，行为是比较放荡的，用今天的话来说就是“花花公子”。欧阳修到了三十四岁的时候突然醒悟，改变了自己的作风。但这段经历给别人留下了印象，因此政敌老是拿这件事情攻击欧阳修。这就是一种政治斗争，一个政治人物如果有绯闻，对他个人形象的打击是非常大的。

（中南民族大学教授 王兆鹏）

事情愈演愈烈，朝野上下对此议论纷纷。虽然欧阳修和外甥女通奸的指控并没有实证，但是政敌好不容易抓到他的把柄，怎么肯善罢甘休？他们继续弹劾欧阳修，说他养育外甥女是为了霸占张家财产，有亏私德。

尽管仁宗皇帝也并不相信欧阳修会做出这等伤风败俗的事情，但人言可畏，落井下石的守旧派大臣纷纷上奏要求罢免欧阳修。无奈之下，朝廷宣布了对欧阳修的处分结果：罢免他在京师担任的一切职务，贬为滁州知州。

滁州是一座群山环抱中的小城，地处江淮之间，既是淮南的屏障，又是金陵的前卫，不管南伐北征都要争夺它。在和平年代，这里则是一方封闭安定的世外桃源。

公元 1045 年，庆历新政失败，改革的热潮褪去，欧阳修曾设想过各种各样的可能，却怎么也没有料到，会以这样不堪的方式被政敌击倒。他带着不光彩的罪名被赶出朝堂，来到这个偏僻的小地方。

作为知州，欧阳修是主管行政、司法的地方首长。不过，他并没有要建立一番丰功伟业的愿望，只是宽简施政，希望能尽力造福一方百姓，落个年丰民乐就心满意足了。

公务之余，欧阳修有了更多时间继续编修《新五代史》和《集古录》。

因为常到野外实地考察，很快，他就对滁州的环境熟悉起来，哪里有好花好树，哪里有好谷好泉，他都了如指掌。

到滁州不久，欧阳修就发现琅琊山中酿泉之水极为甘甜，非常适合用来煮茶。后来，每当有朋友相聚，他都会差人去取酿泉水回来煎茶待客。

有人给欧阳修献上一罐新茶，他邀请僚属前来品尝，衙吏照例到酿泉取水，不料返回途中摔了一跤，泉水泼洒一地，返回再取时间已来不及，只好灌上路边的泉水回去交差。

新茶奉上，欧阳修细细品尝，水质清美，但并不是酿泉水。一番询问下，衙吏才道出实情。欧阳修命衙吏带路，前去寻找路边那一泓清泉。这一找，就找到了崖壁山岭环抱的泉水源头，还找到了旅游资源和诗文素材。

欧阳修怀着满腹委屈和愤懑来到此地，没想到，朴实静谧的乡野抚慰了他的心灵，山壑林泉冲淡了他内心的愁闷。这不加雕琢的原生态风光，使他以一种高旷豁达的眼光来审视生命和生活，更激发了他的创作欲望。

欧阳修把新寻到的泉水命名为幽谷泉，写了一首诗来记载搜寻泉水的经过。又在幽谷泉旁边修建了一座亭子，还给亭子写了篇文章《丰乐亭记》。

踏石弄泉流，寻源入幽谷。
泉傍野人家，四面深篁竹。
溉稻满春畴，鸣渠绕茅屋。
生长饮泉甘，荫泉栽美木。
潺湲无春冬，日夜响山曲。
自言今白首，未惯逢朱毂。
顾我应可怪，每来听不足。

——欧阳修《幽谷泉》

很多中国古代的文人都有山水情结。入仕之前或者仕途遇到问题的时候，这种情结表现得更为突出。

（陕西师范大学教授 王双怀）

身处自然中更容易获得灵感，刚考中进士时在洛阳游览的伊阙山水，后来贬官夷陵见到的高江急峡，都曾在欧阳修的文学创作中形成潮头。这次贬官滁州，欧阳修迎来了他文学创作的一个高峰，这个高峰的标志性作品就是著名的《醉翁亭记》。

这篇文章写在庆历六年，宋人对此有很多记载。他一开始对滁州周围的自然环境有很长的一段描述，后来就改成了五个字：环滁皆山也。欧阳修的文章力求简约，一个字增不得，一个字减不得。

（中南民族大学教授 王兆鹏）

南宋文人朱弁在《曲洧旧闻》一书中记载，《醉翁亭记》写成后，“天下莫不传诵，家至户到，当时为之纸贵”。对此感触最深的应该是琅琊山的僧人，因为文章在醉翁亭畔刻石立碑，全国各地的人纷纷前来求取拓本，以至于寺内库存的毡子全部用尽，最后，不得不贡献出僧人睡觉用的毡子来满足人们的需求。

同一年，远在河南邓州的范仲淹，在看完友人寄来的一幅画作后，挥笔写下了与《醉翁亭记》同样不朽的传世名篇——《岳阳楼记》。

我觉得这两篇记在宋代散文史上应该是双峰对峙的，都是巅峰作品。

（中南民族大学教授 王兆鹏）

一个以百姓之乐为乐，一个后天下之乐而乐。逆境中，欧阳修和范仲淹这对患难知己不约而同地选择坚守本心。虽然处江湖之远，但济世安民的高尚情感，并没有因为自身遭遇而改变一丝一毫。

庆历新政的失败，造就了北宋两位名臣在文坛的千古美名。

从蝇营狗苟、明争暗斗的京都，来到风俗淳朴、美景如画的小城，不用再紧绷神经思虑朝堂烦忧之事，更不用编写那些一派官腔、了无个性血肉的古板文字。欧阳修逐渐回归自我，恢复他学者文人的本色。

经过欧阳修的妙笔点染，琅琊山、醉翁亭、酿泉，这些原本隐藏在偏僻山野中的风景，成了名扬天下的胜迹，令人无限神往。

滁州三年，欧阳修创作的诗有六七十首，和友人往来的书信文章超过百篇，这些文字中，出现越来越多的一个字眼，就是“乐”。做学问，赏风景，亲民众，所有的事情都值得乐上一乐。

山花徒能笑，不解与我言。
惟有岩风来，吹我还醒然。

——欧阳修《题滁州醉翁亭》节选

人生行乐在勉强，有酒莫负琉璃钟。

——欧阳修《丰乐亭小饮》节选

因为本其山川，道其风俗之美，使民知所以安此丰年之乐者，幸生无事之时也。

——欧阳修《丰乐亭记》节选

欧阳修在贬谪之地的“乐”有真有假，他很不光彩地来到滁州，是不可能快乐的。谁倒了霉被贬官能快乐呢？就算有乐也是强颜欢笑。而他写在文章里的“乐”是与民同乐，与民同乐只能发生在太平盛世，是自古以来的政治家们追求的场景。他这样写的目的就是夸当权者，甭管真心还是假意，我得夸夸你们。你们现在治理得好，是太平盛世，我在贬谪之地也可以跟老百姓一起欢乐，希望你们别再狠命地整我了。

（中国欧阳修研究学会名誉会长 刘尚荣）

君子长者的风度，独步当世的文章，加上长期在政治活动中建立起来的品行，铸就欧阳修无可争议的个人魅力。不管他走到哪里，总有仰慕者如影随形。尽管滁州地处偏远，交通不便，也丝毫不能阻挡青年士子们追随欧阳修的热情。

欧阳修对年轻后辈的提携不遗余力，而且他和梅尧臣两个人非常自觉地分工，我做文坛的领袖，你当诗坛的主帅，“文会忝予盟，诗坛推子将”。他还强调事业要后继有人，所以一直在选择接班人。

（中南民族大学教授 王兆鹏）

众多前来求学的弟子中，欧阳修最欣赏也最牵挂的，仍然是曾巩。谪居滁州的第三年，曾巩前来拜访欧阳修，师生重逢，不胜欢喜。恰好，欧阳修在琅琊山中新建了一座凉亭，取名“醒心”，便命曾巩作一篇《醒心亭记》。

虽自号“醉翁”，徜徉于山水之间，但作为一个深知民间疾苦的政治改革家，欧阳修仍然关心着国家大事。醉翁是表象，醒心才是实质。曾巩透过这座亭子，看懂了老师的内心。他在文章中深情地写了一段话：

若公之贤，韩子殁数百年而始有之。今同游之宾客，尚未知公之难遇也。后百千年，有慕公之为人而览公之迹，思欲见之，有不可及之叹，然后知公之难遇也。

——曾巩《醒心亭记》节选

曾巩说，欧阳修是韩愈以来最能够坚守道统和文统的文坛领袖。现在大家觉得欧阳修很平常，只是一个普通的知州而已，后人回过头来看时，会发现欧阳修是能与韩愈比肩的重要人物。曾巩对欧阳修文坛地位的评价是非常高的，不仅因为师生关系，还因为他的眼光独到。后来苏轼的表述更清楚，“文起八代之衰”，从韩愈之后，欧阳修振兴的不仅仅是宋代的文坛，还有整个中晚唐以来的文坛。

（中南民族大学教授 王兆鹏）

曾巩为自己能够和欧阳修同游琅琊山，并且在欧阳修的嘱咐下写出《醒心亭记》，感到无比荣幸和骄傲。

在滁州住了 20 多天，每日和老师一起谈诗论文，曾巩十分惬意。这次，他还带来了同乡好友王安石的诗文，欧阳修对王安石的才华非常欣赏，但此时的自己正处于贬谪期间，无法为王安石引荐，欧阳修深感遗憾。

送别曾巩，谪居滁州的生活也即将结束。按照规定，三年任期已满，欧阳修要被调往别处。公元 1048 年，在一派春和景明的气象中，欧阳修用饱蘸真情的笔墨，写下了辞别滁州的诗句：

花光浓烂柳轻明，酌酒花前送我行。

我亦且如常日醉，莫教弦管作离声。

——欧阳修《别滁》

滁州百姓对这位与民同乐的太守也极为不舍，欧阳修离开后，百姓自发在琅琊山中为他建立生祠，深情而长久地怀念他。

第四节　一代文宗

公元 1057 年，宋仁宗嘉祐二年，北宋建国将近百年，政权稳固，国泰民安。在欧阳修的一生中，这是极其重要的一年；在宋代文化史、教育史上，也是值得载入史册的一年。这一年的北宋堪称人才大爆炸，这一届的科举考试堪称科举制历史上的最高峰，被誉为“千年科举第一榜”。

这份名单几乎囊括了那个时代最杰出的人才，横跨了文学、政治、思想、军事等诸多领域。这里面有 3 人位列“唐宋八大家”，3 位理学创始级大师，9 人先后出任宰相，还有 1 位历史名将。据后人统计，这榜进士中，在《宋史》中立传的就有 24 人。

这一榜科考所取，也让“唐宋八大家”中的宋六家齐聚文坛，宋代文化发展，步入了一个辉煌灿烂的巅峰时期。

推动如此空前盛况的，正是这届科举的主考官欧阳修。

在当时的科举场上，讲究骈俪雕琢的西昆体时文早已消歇了，新的流行风向标是一种叫“太学体”的文风。

太学体文章奇奇怪怪的，有话不好好地说，没有什么真实的内容，空洞无物。其实从某种意义上讲，有一点类似于后来的八股文。

（中南民族大学教授　王兆鹏）

太学体的创始人，就是曾写下《庆历圣德颂》的石介。他和欧阳修是同榜进士，两人都是反对西昆体的健将。太学体就是石介对西昆体矫枉过正的产物。

后人有个评价，在宋朝，文章写得最好的是欧阳修，学问最高的是石介。石介这个人很有才华，又是太学院的老师，所以他倡导的这种古怪的太学体文风很快盛行起来。

（中国欧阳修研究学会名誉会长 刘尚荣）

早在景祐年间，欧阳修就写信对他的倾向提出批评，无奈石介自诩太高，根本不愿接受。

在唐朝，韩愈曾经发起了古文运动，当时的古文运动虽然声势比较大，但是因为韩愈的弟子矫枉过正，没有得到很好的传承。

（陕西师范大学教授 王双怀）

韩愈的后继者发挥了韩愈的另外一面，文风非常生僻怪诞。所以古文慢慢地销声匿迹，骈文复辟，古文就没能够占领文坛的主流。

（中南民族大学教授 王兆鹏）

历史出现了惊人的相似，宋代古文运动的成果也面临着自毁于艰涩的危险。欧阳修不得不考虑利用行政权力保卫诗文革新的成果，担任科举主考官是一个绝佳的机会。

因为他是知贡举，负责主持这场考试，相当于阅卷标准是由他确定的。再加上还有梅尧臣这样的老友来支持他，考官和阅卷官形成了共识，我们应该录取什么样的人，录取什么样的文章。

（中南民族大学教授 王兆鹏）

这场考试，欧阳修再次展示了他过人的胆略。阅卷时，他将险怪奇涩的文章一律黜落，改录文风平实的考生。张榜之日，一大批被预测上榜的热门人选全部名落孙山，落地的举子们气势汹汹，要讨个说法。

学子们反应很激烈，围攻欧阳修。欧阳修走到大街上，会遭到痛骂，有的人甚至拿着石头来砸欧阳修。

（中南民族大学教授 王兆鹏）

有人甚至写了一篇《祭欧阳修文》，隔着墙扔到他的宅院里面去。还有学生模仿欧阳修的文笔写了一些艳词，署上欧阳修的名字散布到社会上。因为欧阳修有名气，只要署名欧阳修，无论是文章还是诗词，大家都会争相传抄。后来一些版本的欧阳修词集收录了这些词，比如最早的《平山堂集》。把假货掺到你的文章里，让人难辨真假，借此败坏你的声誉。这一招太狠了。

（中国欧阳修研究学会名誉会长 刘尚荣）

沉寂许久的欧阳修再次成为舆论中心，经历了多年宦海沉浮，这点纷扰对他来说并不算什么大事。况且，朝廷也对他极力支持。

无论当时的风暴来势多么凶猛，这次贡举还是狠狠打击了盛行多年的不良文风，在某种程度上实现了“庆历新政”时提出的科举改革任务。经过二三十年的努力，欧阳修终于将宋代古文运动引入了健康发展的轨道。平实朴素、自然流畅成为宋代散文的群体风格，也是后世散文家学习的主要方向。作为开创一代文风的宗师，欧阳修对中国散文史的影响不可估量。

按照北宋的惯例，金榜题名之后，主考官和新科进士之间便有了师生的名分和情谊。

这一天，欧阳修收到了一封书信，呈递者是新科进士苏轼。他在信中对恩师的知遇之恩表达了诚挚谢意。苏轼还在信中极为精炼地概述了宋朝立国以来文学发展的艰难进程，文字简要透辟。欧阳修读后赞不绝口。

欧阳修就跟儿子说："汝记吾言，三十年后，世上人更不道著我也！"三十年以后，写文章的人不会再提起我欧阳修的名字，人们只会谈论苏轼。欧阳修还说了一句话："读轼书，不觉汗出，快哉快哉！老夫当避路，放他出一头地也。"

（中南民族大学教授 王兆鹏）

后生可畏，而欧阳修宽广的胸怀、提携人才的热忱更令人敬佩。作为当时的文坛盟主，以欧阳修的声望，一句褒贬之词足以关乎青年学子一生的荣辱成败。而他对苏轼毫不吝啬的夸赞，让这个初出茅庐的年轻人迅速名满天下。

欧阳修完全是文坛的伯乐，他提携了太多人，比如王安石、曾巩、三苏。不仅仅苏轼兄弟两个，苏轼的父亲苏洵刚到汴京的时候还是一个布衣，欧阳修把苏洵的文章推荐给汴京的学界，一下子扩大了他的影响，还给了他一个官做。

（中南民族大学教授 王兆鹏）

正当三苏名动京师、准备大展身手时，突然传来苏轼兄弟的母亲病故的噩耗。苏家父子三人来不及与欧阳修告别，便仓惶返回蜀中。欧阳修得知后，主动写信表示关怀，苏洵在回信中十分伤感地叹息：眉山与京城相隔千山万水，他担心自己迟暮衰病，无缘与欧阳修再聚首了。

此时的欧阳修，也正在遭受疾病折磨。这年夏天，开封酷暑难耐，暴发了疾疫，欧阳修的家人染上了疫气，他自己也中了暑，好几天水米难进。

欧阳修自幼身体就不是很好，长期以来一直有心脏病，头晕。工作很忙很累又得罪人，身体又不好，他希望能早一点致仕，就是退休。朝廷不让他退休，他就希望能做一个清闲点的官。

（中国欧阳修研究学会名誉会长 刘尚荣）

第二年，欧阳修的身体状况更加不好了，在原来疾病的基础上，又得了风眩症。他常常怀念在滁州时那种闲云野鹤般的自在生活：

滁南幽谷抱千峰，高下山花远近红。
当日辛勤皆手植，而今开落任春风。
主人不觉悲华发，野老犹能说醉翁。
谁与援琴亲写取，夜泉声在翠微中。

——欧阳修《忆滁州幽谷》

匆匆十多年光阴飞逝，如今满头华发的欧阳修成了名副其实的“醉翁”。他的好友苏舜钦、尹洙都在四十来岁的壮年去世，他的母亲郑氏和知己范仲淹也在同一年先后辞世，子女们的身体也不好，他更是数次经历丧子之痛。离开滁州这些年来，欧阳修的官职越做越高，但他身边的人却越来越少，也再没有感受过当年的山水之乐，退休的念头在他心中一日日加剧。

北宋规定官员七十岁退休，欧阳修在五十几岁的时候就开始申请退休，但是一直没有批准。

（中国欧阳修研究学会名誉会长 刘尚荣）

公元 1067 年，已逾花甲的欧阳修，再次陷入一场桃色风波中。

欧阳修的妻弟薛宗儒，因为一桩贪赃枉法的案件受到牵连，他原想依仗姐夫的权势获得赦免。谁知，欧阳修并没有出面为他说话，反而郑重申明，不能因为自己的缘故徇私，结果薛宗儒被罢免了官职。

薛宗儒怀恨在心，造谣欧阳修跟他的媳妇有染，这个事情当然查无实据，就是编造出来污蔑欧阳修形象的。

（中南民族大学教授 王兆鹏）

谣言很快传入欧阳修政敌的耳中，他们添油加醋写下弹劾奏章，请求朝廷将欧阳修处以极刑。

欧阳修得知情况后，无比震惊和愤慨。他连上 7 道奏折，请求彻查此事。并且闭门不出，请求罢去自己身上的职务，以便办案人员无所顾忌。

迟暮之年，再一次蒙受如此污秽的诋毁，欧阳修本已衰颓的心境更加惨淡。独坐书斋，退休的念头从没有哪一刻比此时更强烈。

欧阳修一辈子很爱惜自己的名声，结果两次栽在这里，对政治心灰意冷。到了六十一岁的时候，他又提出要退休，致仕，不干了。

（中南民族大学教授 王兆鹏）

朝廷的调查很快恢复了欧阳修的清白，但这件事在他心灵上留下的伤口久久无法平复。他早就有致仕归田的想法，此番枉遭奇耻大辱，欧阳修去意已决。

宋神宗不得已，只能恩准了这位倔强的老臣离开京城，但没有同意他退休的申请，只是准许他到地方做官。

临别开封，欧阳修百感交集。回想当年高中皇榜，初入仕途，多么意气风发，如今离开这座让他充满眷恋和倦怠的城市，欧阳修不无人生的怅憾。此一去，不像当年贬夷陵、谪滁州，再不可能有回朝的机会了。他想到昭君出塞时的心情，吟出一首《明妃小引》：

汉宫诸女严妆罢，共送明妃沟水头。
沟上水声来不断，花随水去不回流。
上马即知无返日，不须出塞始堪愁。

——欧阳修《明妃小引》

回望路已断，只能向前去寻求新的慰藉。

地方政务清闲，欧阳修开始着手整理自己的文集。他将平生所作的诗文，每一篇都仔细加以推敲，整日冥思苦想。夫人薛氏担心他的身体，劝阻道："何必如此自讨苦吃？难道现在还怕先生骂不成？"欧阳修笑着回答："不怕先生骂，是怕后生笑。"

欧阳修有一部笔记小说叫《归田录》，是宋代第一本野史笔记，影响也很大。

（中南民族大学教授 王兆鹏）

《归田录》中记载了一个卖油翁的故事，“无他，唯手熟尔”是卖油翁的经验，更是欧阳修的写作经验。他曾多次将这一经验毫无保留地传授给前来求教的晚辈。

欧阳修虽然是文坛领袖，但他不是那种一挥而就型的，不是急才，不是快才。欧阳修写下文章以后，都要贴在墙上反复地修改。

（中南民族大学教授 王兆鹏）

当欧阳修在地方上整理学问、静等退休时，千里之外的京城，一场轰轰烈烈的变法运动开始了。这场变法的主持者，正是曾受到欧阳修赏识和推荐的王安石。

北宋建国以来积贫积弱的局面一直不曾改变，宋神宗即位后，宋王朝虽然表面上一派繁荣，其实内部的矛盾和问题已经非常严重。

年轻的宋神宗和激进的王安石一拍即合，一场历史上著名的变法运动拉开了帷幕。

王安石变法的主要目的是富国强兵，在动机方面无可非议，但在顶层设计方面是有问题的，还有就是急于求成。

（中南民族大学教授 王兆鹏）

面对王安石雷厉风行、大刀阔斧的改革，欧阳修的内心十分复杂。他回想起了当年那个热血冲动的自己，以及那场无疾而终的“庆历新政”。

庆历新政的失败其实跟宋仁宗有关系，因为他当时急于求成，把韩琦和范仲淹从前线调回来以后，就要推行新政。他希望能改变这种多年以来形成的冗官冗兵局面，恨不得让他们当天晚上就拿出改革方案。改革哪是那么简单、那么容易的事情呢？

（中南民族大学教授 王兆鹏）

在王安石变法的过程中，欧阳修是沉默的。他希望王安石的变法能够成功，但又不希望他影响民生。为什么他最后很反感王安石变法呢？因为王安石变法主要是解决国库空虚的问题，更多地考虑国计，而欧阳修更多地考虑民生。

（中国欧阳修研究学会名誉会长 刘尚荣）

王安石非常信任的一位学生郑侠画了《流民图》，表现了青苗法改革导致很多农民家破人亡的场景。

（中南民族大学教授 王兆鹏）

变法很快出了问题，宋神宗决定起用欧阳修。道不同，不相为谋，欧阳修坚定了退隐之心，迟迟不肯进京。他在给朝廷的辞呈中明确表示，自己“守拙”，反对“新奇”和“功利”。

公元1071年，欧阳修如愿以偿接到朝廷准予致仕的诏命。回到了他魂牵梦萦的颍州。早在20多年前，欧阳修就将颍州选做自己退休后的养老地。颍州西湖的美丽风光，曾无数次激起他盎然的诗兴。此番从充满风波的政治生活中解脱出来，欧阳修感到无比自在。

九月，欧阳修迎来了他的两位高足，苏轼、苏辙。因为上书反对王安石变法，兄弟俩都被排挤出了朝堂，结伴前来颍州拜望恩师。几年不见，六十五岁的欧阳修已是步履维艰，一副衰弱无力的龙钟老态。

苏轼兄弟的到来令欧阳修分外高兴，他们兴致勃勃地游览西湖，饮酒赋诗，开怀畅谈。谈笑之余，欧阳修也有十分郑重严肃的话题要和苏轼说。

从成为文坛盟主开始，欧阳修就在有意识地挑选后继者。他曾经考虑过曾巩，后来是王安石，最终却是最晚出现在他视野中的苏轼。

曾巩的性格可能不如苏轼活络，而王安石的兴趣主要是在政治方面。

（中南民族大学教授 王兆鹏）

这两个人（曾巩和王安石）都很有才华，综合考察之后，又觉得他们都有所欠缺。直到嘉祐二年这次考试，欧阳修见到了苏轼。

（中国欧阳修研究学会名誉会长 刘尚荣）

苏轼是一个全才，是一个多面手，更符合文坛领袖的气质。从这一点上也可以看出，欧阳修第一有知人之明，第二提拔后继不遗余力。苏轼终生都感念欧阳修。

（中南民族大学教授 王兆鹏）

许多年前，欧阳修就预言未来的文坛属于苏轼。如今 15 年过去，苏轼已经成长为新一代的文坛巨匠。对于苏轼在变法斗争中能坚持刚直敢言，欧阳修更是深表赞赏。

趁这次难得的相聚，深感自己时日无多的欧阳修，将引导和统率文学发展的重任托付给了苏轼。

心愿已了，欧阳修平静地迎来生命旅程的终点。公元 1072 年七月，许多积年旧疾并发，欧阳修终于卧床不起。病床上的欧阳修思路清晰，心境平和，对于生死，他早已泰然处之。人生一世，草木一秋，最后都不免一死，唯有圣贤可以凭借道德、功业和文章青史垂名。虽然不敢以圣贤自居，但回顾平生，欧阳修坦然无悔。他平静地交代了后事，向儿子要过纸笔，挣扎着写下了生命中最后的绝句：

冷雨涨焦陂，人去陂寂寞。
惟有霜前花，鲜鲜对高阁。

——欧阳修《绝句》

公元 1091 年，已经成为新一代文坛领袖的苏轼出任颍州太守，泛舟西湖时，苏轼听到了熟悉的歌声，那是欧阳修在此地的旧作《木兰花令》，他为老师写下了一首追和之词，轻轻地慨叹：43 年过去了，除了映在西

湖水底的明月，以及我这个白发门生，不知这世间还有几人，记得曾经的醉翁？

霜余已失长淮阔。空听潺潺清颍咽。佳人犹唱醉翁词，四十三年如电抹。

草头秋露流珠滑。三五盈盈还二八。与余同是识翁人，惟有西湖波底月。

——苏轼《木兰花令·次欧公西湖韵》

自二十岁之后，他在大半个中国间往复飘零。可贵的是，在经受万千沉浮之后，苏东坡仍然保持着一颗燃烧的赤子之心。他用常人难以估量的胸襟，释怀了许多难以忍受的冤屈和折辱。

第十一章 苏轼

此心安处是吾乡

第一节　诗酒年华

景祐三年腊月（1037 年 1 月），一个婴儿降生在四川眉山，这一天没有电闪雷鸣，也没有七彩祥云，普通得如同每一个平凡的日子。

64 年后，这个人与世长辞。有人说，他出生那天，是天上文曲星下凡的日子；还有人说，他出生那年，眉山一座原本郁郁葱葱的大山忽然草木尽枯。人们相信，只有这些神秘又浪漫的传说，才配得上这位旷古奇才。

四川眉山，古称眉州，位于四川盆地南部，源源不断的岷江水滋润着这座西南小城。江水流经眉山东郊的一段支流，水色十分澄澈，名为玻璃江。距离玻璃江不到两公里，这座位于纱縠行南街上的建筑就是苏家老宅。一门三进士的佳话，就出自这座老宅。

> 我们眉山是一个有着深厚文化底蕴的地方，比方说在两宋年间，以三苏为代表的眉山文人考中进士的总人数是 885 人，一个州县有那么多人考中一甲进士，这在整个宋朝的历史上是绝无仅有的。
>
> （眉山三苏祠博物馆苏学学者　徐丽）

在“进士之乡”的文化熏陶下，年少的苏轼早早便显露出过人的才能，公元 1056 年，寒窗苦读十几年后，苏轼离开眉山老家赴京赶考。

当时，北宋文坛流行险怪奇涩、空洞浮华的文章。文坛领袖欧阳修决心扭转这股风气，苏轼幸运地遇上了这位主考官，他的文章在一众考卷中脱颖而出。

> 苏轼当时引用了一段材料，尧的大臣皋陶对一个人“杀之者三”。皋陶要处死一个人，说了三次。尧要赦免那个人，“宥之者三”。
>
> （中南民族大学教授　王兆鹏）

判卷的时候，梅尧臣就觉得这话说得很巧妙，放在这里很有说服力，但是他想不起来出处。后来欧阳修也提到了这件事，也想不起来这个典故的出处。梅尧臣就说，哎呀我们都年老了，只知道有这么一件事，却想不起在哪本书里。等到这孩子登科拜谢的时候，咱们问一问他吧。

（中国苏轼研究会顾问 刘尚荣）

按照北宋的惯例，放榜之后，新科进士与主考官之间便有了师生的名分。这一天，苏轼前来拜谢恩师时，欧阳修忍不住问他："你文章里写的典故出自哪里？"

苏轼就说，想当然耳，何必要出处。苏轼这个人很善于创造，他的想象力非常丰富。哪怕在这么严肃的考卷中，他也能够编一些这样的史料或是故事。

（中南民族大学教授 王兆鹏）

欧阳修听完苏轼的解释不仅不生气，反而非常欣赏。后来，他时常对别人提及此事，说道："苏轼这个人真是善于运用知识，把书读活了，以后写文章肯定独步天下。"

苏轼一举成名，顺利地完成了人生中最重要的一场考试。在守孝三年后，他成为大宋的一名公务员，任职签书凤翔府判官。

弟弟苏辙一路相送，直到140里外的郑州，才与苏轼惜别。同为唐宋八大家之一，苏辙同样出类拔萃。无论经历怎样的顺逆枯荣，兄弟俩的感情始终如一。

苏轼一生宦海沉浮飘摇不定，到哪儿都能走出"天下何处不为家"的气势，唯有在弟弟面前，他总是掩饰不住脆弱与依赖，每每与苏辙分离，都令他伤怀不已。

苏轼和苏辙从小就在一起，读书在一起，学习在一起，做作业在一起，玩耍在一起，游戏在一起，惹祸也在一起。

（中国苏轼研究会顾问 刘尚荣）

这一次两个人分开得比较久，当时没有电话，兄弟两个差不多每天都要写诗。诗是日记性质的，这一天我去了哪里、干了什么、跟谁在一起、写了哪些诗歌……把自己的行踪原原本本地、详细地告诉对方。

（中南民族大学教授 王兆鹏）

人生到处知何似，应似飞鸿踏雪泥。
泥上偶然留指爪，鸿飞那复计东西。
老僧已死成新塔，坏壁无由见旧题。
往日崎岖还记否，路长人困蹇驴嘶。

——苏轼《和子由渑池怀旧》

丙辰中秋，欢饮达旦，大醉，作此篇。兼怀子由。

明月几时有？把酒问青天。不知天上宫阙，今夕是何年。我欲乘风归去，又恐琼楼玉宇，高处不胜寒。起舞弄清影，何似在人间！

转朱阁，低绮户，照无眠。不应有恨，何事长向别时圆？人有悲欢离合，月有阴晴圆缺，此事古难全。但愿人长久，千里共婵娟。

——苏轼《水调歌头·明月几时有》

春荑秋荚两须臾，神药人间果有无。
无鼻何由识薝卜，有花今始信菖蒲。
芳心未饱两蛱蝶，寒意知鸣几蟪蛄。
记取明年十二节，小儿休更镊霜须。

——苏轼《和子由盆中石菖蒲忽生九花》

有人统计，苏轼的诗词中，出现频率最高的词是“子由”二字，竟有229次之多。

此时，苏轼面临人生中与弟弟的第一次分离，回望苏辙远去的背影，苏轼忍不住吟出一首诗。他在诗中重提去年的兄弟之约：

不饮胡为醉兀兀，此心已逐归鞍发。
归人犹自念庭闱，今我何以慰寂寞。
登高回首坡垅隔，惟见乌帽出复没。
苦寒念尔衣裘薄，独骑瘦马踏残月。

路人行歌居人乐，僮仆怪我苦凄恻。
亦知人生要有别，但恐岁月去飘忽。
寒灯相对记畴昔，夜雨何时听萧瑟。
君知此意不可忘，慎勿苦爱高官职。
——苏轼《辛丑十一月十九日既与子由别于郑州西门之外》

苏轼兄弟考中进士之后，有一天在风雨夜里一起读书，读到了唐代诗人韦应物的一句诗，“宁知风雨夜，复此对床眠”。兄弟俩意识到，不知以后是否再有这样的风雨之夜，还能对床而眠吗？

他读了诗以后，心有戚戚焉。兄弟两个约定，等我们功成名就，实现了政治理想，或者说完成了对社会的责任以后，就早一点退休，早一点回到家乡。

（中南民族大学教授 王兆鹏）

苏轼刚刚踏入官场，就开始憧憬退休后的生活。“夜雨对床”的约定也在后来兄弟俩的互答诗中不断提起。

此时的苏轼才二十四岁，退休还是遥不可及的未来，眼下，为国效力、出仕济世才是苏轼应有的抱负。

公元 1061 年，苏轼到任凤翔，正式开始了仕宦生涯。苏轼的官职是判官，负责协助知府陈希亮掌理日常事务。府衙中一些仰慕苏轼的小吏，尊称苏轼为“苏贤良”。平日受人恭维惯了，苏轼不免也有些飘飘然，坦然受之。

不料，陈希亮听到后勃然大怒，当着苏轼的面下令杖责小吏，并怒斥：“判官就是判官，有什么贤良不贤良的。”令苏轼十分难堪。

苏轼一向以文章自负，但他写的公文经常被陈希亮毫不客气地涂抹删改。

种种矛盾令苏轼认为，上司是在无端打压自己，于是与陈希亮交恶，如果没有公事往来，他尽量不与陈希亮接触。

其实陈希亮另有考虑。苏轼少年暴得大名，陈希亮怕他骄傲自满，所以有意地压制他，让他能够收敛自己的锋芒。

（中南民族大学教授　王兆鹏）

但是苏轼那个时候不能完全理解，总觉得这个上司太难伺候了，是有一些埋怨情绪的。

（中国苏轼研究会顾问　刘尚荣）

后来，陈希亮在凤翔境内建了一座凌虚台，让苏轼撰文记录，年轻气盛的苏轼决定借机“报复”上司，他在文章中洋洋洒洒写下几百字，大讲兴废之理。

他表达的意思是：好的东西不大可能是永恒的，再好的东西也只是一个过程，人生也是一个过程。有一点借古讽今的意思。

（中南民族大学教授　王兆鹏）

苏轼本以为陈希亮又会像以往那样，对文章进行大肆修改。没想到，陈希亮让人一字不改地把《凌虚台记》刻在石碑上。

后来他终于明白了陈希亮的用意，对陈希亮表示了感谢。

（中国苏轼研究会顾问　刘尚荣）

与苏轼同榜录取的好友章惇当时也在陕西做官，公务之余，两人经常结伴出游。有一次，两人一起游览南山，走到一根独木桥前，桥下是万丈深渊。章惇怂恿苏轼一起到对面的崖壁上题字留念。

苏轼一看，腿就发抖，他不敢去。章惇爬到树上一荡就过去了，还在上面写了几个字“章惇苏轼同来”，然后面不改色地回到了苏轼的身边。苏轼说，章惇啊，你今后是能够杀人的。章惇问，为什么这么说？苏轼笑着说，你连自己的命都不顾，更何况是别人的。

（中南民族大学教授 王兆鹏）

此时的苏轼无论如何也想不到，这句玩笑话竟在多年后应验到了自己的身上。

苏东坡入仕之初的宋仁宗年间，一派繁荣的太平之下，掩盖的是积贫积弱的王朝。公元 1067 年，年仅二十岁的宋神宗即位，第二年，任用王安石为参知政事，准备进行变法。

王安石写过《上神宗皇帝书》，苏轼也写过《上神宗皇帝书》，两个人都是主张改革的。王安石急着要国库充盈，苏轼却主张一切不要太急，用人不要太锐，要缓一些。所以他只是一个持不同政见者，并不是一个严格意义上的反对派或者保守派。

（中国苏轼研究会顾问 刘尚荣）

苏轼觉得王安石太急，而且一些具体的措施其实是扰民害民的。他的改革是要富国强兵。怎么富国？不像现在要提高生产力，他只是把钱从老百姓口袋里搜刮出来，国家的钱是多了，老百姓却更穷了。

（中南民族大学教授 王兆鹏）

新法施行得并不顺利，王安石的做法没有让局面好转，反而让整个国家陷入一片混乱。

王安石在社会顶层看不到这种现象，或者说人家告诉他，他也不相信。而苏轼在底层直接面对老百姓，能够看到青苗法给老百姓带来的实质性危害。苏轼一开始的反对还有些情绪性，后来他看到新法实质性的危害，就更坚决地反对新法。所以我说王安石变法是为国，苏轼反变法是为民。

（中南民族大学教授 王兆鹏）

新法开始的一个月内，王安石就罢免了 14 个御史，迅速把反对他的人排除出权力中心。

公元 1071 年，苏轼陷入变法的斗争旋涡，无奈申请外任，避开是非。

公元 1074 年秋，苏轼在杭州三年任期将满，为了与弟弟苏辙近一些，他申请改任密州（今山东诸城）知州。

远离了繁华热闹的江南，来到贫穷偏僻的密州城。虽然有了充足的思想准备，但严峻艰苦的现实还是让苏轼大吃一惊。

苏轼来密州的时候，正逢密州大旱，因旱生蝗，旱灾和蝗灾都非常严重。苏轼上任以后第一件事就是灭蝗，他带领属僚和百姓亲自下到田野里灭蝗，另外还上书朝廷重臣，请求免除一定的赋税。

（诸城市苏轼文化研究会会员乔云峰）

密州出现灾情，他要全力救助，因为他那个时候是全盘负责的，行政上是他负责，军事上也是他负责。

（中国苏轼研究会顾问 刘尚荣）

刚刚解决灾害问题，西北边境又燃起了战火，听闻消息后，报国心切的苏轼组织了一场狩猎活动，希望自己也能奔赴疆场弯弓杀敌。

传统的词题材很窄，苏轼第一次把狩猎这样的大场面写到词里，扩大了词的题材。他的词写得豪气冲天，主题也升华了。“西北望射天狼”，西北指的是西夏，那边战事比较紧，我既能打猎也能打敌人，只要朝廷信任我，我就可以去指挥打仗。这种豪放的气概、爱国主义的主题，都是词里所没有的。以前诗可以这样写，词是不这样写的。他以诗为词，把写诗的题材和技巧都用到词里，他被认为是豪放词的鼻祖，是有一定道理的。

（中国苏轼研究会顾问 刘尚荣）

到密州短短半年，接二连三的考验令苏轼不免有些心力交瘁。公元1075年元宵节这天，苏轼做了一个梦，几天后，他将那个肝肠寸断、椎心泣血的梦写成了一首词：

十年生死两茫茫。不思量，自难忘。千里孤坟，无处话凄凉。纵使相逢应不识，尘满面，鬓如霜。

夜来幽梦忽还乡，小轩窗，正梳妆。相顾无言，惟有泪千行。料得年年肠断处，明月夜，短松冈。

——苏轼《江城子·乙卯正月二十日夜记梦》

这首词表现了苏轼在婚姻方面的际遇，他一生有三位夫人，词里写的是他的第一位夫人王弗。王弗跟他可以说是少年夫妻，伴随了他的青年时期和壮年时期。苏轼对她的感情是最深的。

（眉山三苏祠博物馆苏学学者 徐丽）

他们两个人的感情一直很深，相爱又相知，王氏夫人死了以后，苏轼一直不能忘怀。

（中国苏轼研究会顾问 刘尚荣）

第一句是“十年生死两茫茫”，其实这个“十年”包括两个十年，一个是他们共同生活的十年，另一个是从她去世到苏轼写这首词时，差不多也是十年。

（眉山三苏祠博物馆苏学学者 徐丽）

以词悼亡，苏轼是第一家。

（中国苏轼研究会顾问 刘尚荣）

这首词被誉为千古绝唱，也被称为“千古第一悼亡词”。后人追捧这首词，一是要表达对苏轼的敬仰，二是因为人性的光芒在这首词中体现得淋漓尽致。

（眉山三苏祠博物馆苏学学者 徐丽）

经过一年的治理，第二年，密州的情况终于有所好转。苏轼终于可以享受到安宁悠闲的生活，他游遍了周遭的山水，还把城北一个荒废的台子修葺了一番。

苏轼在修葺好北台以后，写信给他的弟弟苏辙，请弟弟给北台取个名字。苏辙考虑到苏轼的政治处境和他的心情，于是从《道德经》里取了两小句，“虽有荣观，燕处超然”，取名为超然台。并且作《超然台赋》，寄给了苏轼。

（诸城市苏轼文化研究会会员 乔云峰）

超然台修好的第二年春天，苏轼登上高台尽赏密州春光，正值春雨纷纷，风吹柳斜，苏轼借酒自娱，极力表达自己“超然”的境界。

春未老，风细柳斜斜。试上超然台上看，半壕春水一城花。烟雨暗千家。
寒食后，酒醒却咨嗟。休对故人思故国，且将新火试新茶。诗酒趁年华。

——苏轼《望江南 · 超然台作》

这一年，苏轼四十岁了。人生到了不惑之年，许多曾经想不通的事也都释然了。超然台见证了苏轼的洒脱，也成为苏轼后来的主要文化活动场所。

公元 1076 年中秋，苏轼和一众高朋雅士在超然台饮酒赋诗，那是一个诗酒唱酬的不眠之夜。高台之上，把酒临风，笔走龙蛇，一首名垂千古的词随着月亮的升起诞生了，历史从此定格在那个千年前的夜晚。

明月几时有？把酒问青天。不知天上宫阙，今夕是何年。我欲乘风归去，又恐琼楼玉宇，高处不胜寒。起舞弄清影，何似在人间！
转朱阁，低绮户，照无眠。不应有恨，何事长向别时圆？人有悲欢离合，月有阴晴圆缺，此事古难全。但愿人长久，千里共婵娟。

——苏轼《水调歌头 · 明月几时有》

一曲《水调歌头》，唱尽了人世间的悲欢离合。思念借着月光传递千年，向一切经受着离别之苦的人，表达最真诚美好的祝愿。

南宋文学家胡仔曾这样评价这首词：中秋词，自东坡《水调歌头》一出，余词俱废。

（诸城市苏轼文化研究会会员 乔云峰）

这首词被认为是中秋词里写得最好的。一开头就是“明月几时有，把酒问青天”，问问青天，明月是从什么时候开始有的？然后提出了一个富有哲理而且很有想象力的问题，“不知天上宫阙，今夕是何年？”下阙提出了更有哲理的问题，“不应有恨，何事长向别时圆？”月亮本身不应该有什么情感，为什么偏偏在我们生离死别的关头是圆的？他又觉得这问题问得没道理，于是说“人有悲欢离合，月有阴晴圆缺”，这两者自古难全。他提出了一个问题，自己又给予了解答。结尾是“千里共婵娟”，尽管与弟弟相隔千里，但是我们今天晚上赏着同一个月亮，我们的心是靠近的。这首词无论是感情、表达方式，还是其中的人生哲理，都是很绝妙的。

（中国苏轼研究会顾问 刘尚荣）

灿如明月的才华，并不能阻止一个人陷入命运的泥淖。月缺复圆，不能阻止，苏轼在官场漂泊的脚步也无法停下。很快，他将要迎来人生中巨大的转折。

第二节　拣尽寒枝

公元1079年的一天，刚调任到湖州不久的苏轼收到了一封急信。来信的人是苏轼的弟弟苏辙：“兄被小人污蔑，朝廷已派钦差赶赴湖州捉拿兄长，兄暂放宽心，且看事态发展。”

苏轼不清楚的是，其实在接到苏辙的告急信之前，朝廷早已为此事闹得不可开交。事情的导火线，是苏轼刚到湖州时写的一篇文章《湖州谢上表》。

宋朝的官员每到一个地方上任，都要给皇帝写一篇表，叫《谢上表》，表示感谢皇帝封他到一个地方做官，是例行公事的文章。但苏轼这个人写文章，哪怕是官样文章，他都倾注了自己的思想感情。

（黄冈市东坡文化研究会副秘书长 冯扬）

他有时候会在谢表中发一些牢骚，这和一般人写谢表不太一样。王安石变法的时候，他这样写没人管。王安石罢相之后，宋神宗就是变法的靠山，现在再去发牢骚就是表示对皇帝的不满，皇帝对你能有好脸色吗？

（陕西师范大学王双怀）

对变法不满的牢骚话，被新党抓住了把柄，他们指责苏轼愚弄朝廷，包藏祸心。紧接着，他们开始翻查苏轼的诗集，从中挑出隐含讥讽新法之意的句子，一时间，苏轼成了朝堂上人人喊打的对象。

汗流肩赪载入市，价贱乞与如糠粞。
卖牛纳税拆屋炊，虑浅不及明年饥。
官今要钱不要米，西北万里招羌儿。
龚黄满朝人更苦，不如却作河伯妇！

——苏轼《吴中田妇叹》节选

竹篱茅屋趁溪斜，春入山村处处花。
无象太平还有象，孤烟起处是人家。

——苏轼《山村五绝·其一》

烟雨濛濛鸡犬声，有生何处不安生。
但教黄犊无人佩，布谷何劳也劝耕。

——苏轼《山村五绝·其二》

老翁七十自腰镰，惭愧春山笋蕨甜。
岂是闻韶解忘味，迩来三月食无盐。

——苏轼《山村五绝·其三》

杖藜裹饭去匆匆，过眼青钱转手空。
赢得儿童语音好，一年强半在城中。

——苏轼《山村五绝·其四》

其实《湖州谢上表》的问题并不是很严重，虽然有一点牢骚话，关键是他的诗歌被人从政治的角度去解读了。后来苏轼自己也承认，有一些诗是讽刺新法的。后来的“乌台诗案”跟苏轼讽刺新法的诗有密切关系。

我们现在研究发现，按照当时的法律条文来讲，“乌台诗案”不是一个冤案，苏轼确实是妄议朝政。其实宋朝本来对士大夫是比较开明的，言论上过激一点根本不是问题，只是恰好这件事被新法派利用，来打击当时反对变法的旧党人士，苏轼成了一个靶子。

（中南民族大学教授 王兆鹏）

湖州知州府中，一向淡定的苏轼变得有些慌乱。没过几日，朝廷钦差皇甫遵抵达湖州知州府衙。大难临头，苏轼手足无措，甚至不知道自己还能不能穿官服去见钦差。犹豫许久才战战兢兢出门。

皇甫遵当时就给了他一个下马威，铁青着脸站在那里，也不开口说话。苏轼有点慌了，想着平常自己逞口舌之快，没少得罪朝廷，这回把他抓去必死无疑。苏轼对皇甫遵说，故不敢辞，但是容我去与家人诀别。他当时以为要永别了。

（黄冈市东坡文化研究会副会长 郭杏芳）

皇甫遵这才让随从宣读圣旨，原来圣旨只不过是苏轼“诗文讪谤朝廷，传唤进京”而已。但此时，府衙内外被皇甫遵故意营造的恐怖气氛所笼罩，苏轼的同僚亲友都不敢相送。

公元 1079 年七月二十八日，苏轼上任湖州才三个月，就被御史台的吏卒逮捕，押解往京师。

在被押解赴京的途中，苏轼的内心十分煎熬，这一去吉凶未卜，又担心亲友会受到牵连，不禁产生了悲观的想法。一天晚上，他们乘坐的船只因故障被迫停留在太湖芦香亭。夜色渐浓，苏轼却辗转反侧，无心入睡。

当时在太湖的芦香亭，苏东坡就有一种轻生的念头，想投湖。他一直是比较乐观豁达的性格，但是轻生这种想法，恰恰体现了苏轼作为一个人的本性。他也像一个普通人一样，遇到危机

的时候也会害怕，也会担忧。

（黄冈市东坡文化研究会副秘书长 冯扬）

人要有一个成长的过程，他并不是一生来就豁达乐观。他年轻的时候其实也好胜，突然一下子受到打击，他内心受不了，一下子想不开，就想自杀。

（中南民族大学教授 王兆鹏）

吏卒看守严密，苏轼求死不能。二十天后，苏轼被押解到京城，立即关进御史台的大牢中。

御史台的四周遍植柏树，树上终年栖居着许多乌鸦，所以又被称为“乌台”。

御史台的官吏用尽各种手段来审讯苏轼，用不堪入耳的语言对他进行通宵达旦的辱骂。苏轼的肉体和精神都遭受着痛苦的折磨，轻生的念头愈发强烈，他把含有剧毒的丹药埋在地下，预备有朝一日自行了断。

他感觉到政敌要置他于死地。

（中南民族大学教授 王兆鹏）

他跟儿子苏迈约定了，如果皇帝要杀他，就送鱼给他。

（黄冈市东坡文化研究会副秘书长 冯扬）

这样我能有个心理准备，安排一下家里的后事。

（中南民族大学教授 王兆鹏）

有一天他家里的钱用完了，苏迈去找亲戚借钱。

（黄冈市东坡文化研究会副秘书 冯扬）

苏迈就委托一个朋友去给苏轼送饭，可是这个朋友不知道父子俩有这个约定。朋友给苏轼做了好吃的，里面有鱼，苏轼看到送鱼来了，以为完蛋了。

（中南民族大学教授 王兆鹏）

苏轼以为自己必死无疑，便以极度悲伤的心情给苏辙写下了两首诀别诗。他在诗中感叹自己先一步离开人世，待到他年风雨之夜，弟弟只能独自伤神，夜雨对床的约定再也无法实现了。这份遗憾只能寄希望于来生弥补。

圣主如天万物春，小臣愚暗自亡身。
百年未满先偿债，十口无归更累人。
是处青山可埋骨，他年夜雨独伤神。
与君世世为兄弟，更结来生未了因。

——苏轼《狱中寄子由二首·其一》

里面有两句："与君世世为兄弟，更结来生未了因"。

（黄冈市东坡文化研究会副秘书长 冯扬）

意思就是，下辈子我们两个还做兄弟。人在患难时候更能见真情，苏轼无时无刻不想到他的弟弟。

（中南民族大学教授 王兆鹏）

看守苏轼的狱卒不敢私传信件，诗句到了皇帝手中。宋神宗本就对苏轼的判决犹豫不定，看到这首感人肺腑的绝命诗，也忍不住为之动容。

实际上，害苏轼的人多，救他的人也多。其中就有苏轼的两大政敌，变法派前后两大领袖——王安石和章惇。

王安石知道这个消息之后立刻给神宗写了一封信，中心思想就是"盛世不杀才士"，如果我们通过变法让宋朝变成了一个太平盛世，那就不能杀害有才华的知识分子。神宗不可能说现在不是盛世，变法之后反而变成了乱世，他怎么可能会承认？

（中国苏轼研究会顾问 刘尚荣）

对苏轼的指控中有一项罪名是叛逆谋反，证据是他的诗句："根到九泉无曲处，世间惟有蛰龙知"。宰相王珪以此构陷苏轼大逆不道，有不臣之心。

王珪对皇帝说，苏东坡对皇上不忠心，皇上不理解他，他就想去找地下的蛰龙。章惇说，称龙的人有很多，诸葛亮自称卧龙，刘备怎么没处置他呢？

（黄冈市东坡文化研究会副秘书长 冯扬）

龙可以比喻为天子，也可以比喻为人臣。龙不像朕、寡人只能用于天子自称，别人不能乱用，龙只是一个比喻。这样一来，就给了神宗一个台阶下。

（中国苏轼研究会顾问 刘尚荣）

众人的救援终于起了作用，在监狱中度过了三个多月后，苏轼终于等来了朝廷的判决。他被贬往黄州（今湖北黄冈）充团练副使，一个并无实权的小官，实际上属于朝廷的监管人员，不准擅离该地区。而且按照当时的规定，被贬谪的罪官必须奉召即行，不得在京城逗留。

公元 1080 年的新岁第一天，当开封城的百姓沉浸在欢乐的热闹中时，苏轼顶着漫天风雪，踏上了前往黄州的路程。

黄州地处湖北东部，长江中游。相对公元 11 世纪的中原地区而言，这里属于"穷乡僻壤"的落寞地带，很适合收留政治失意的落寞官员。

谪居黄州，苏轼迎来了人生的最低谷。但也正是在黄州，一个属于苏东坡的时代即将来临。

由于是犯官身份，没有官舍居住，初到黄州的苏轼只得暂时借住在一座山间旧庙里，这就是后人熟知的"定慧院"。

在出狱后以及初到黄州的日子里，苏轼写给朋友的信件，一封都没有得到回复。

"乌台诗案"给苏轼带来的打击远没有结束，孤立的生活，无法填补的精神空虚，对于天生热爱社交的苏轼来说，痛苦感不亚于遭受刑罚折磨。

因为他在黄州是政治犯，没有人敢跟他来往。他无聊到什么程度，有时候他一个人到江边去打水漂，路上拉着一个老百姓聊天，让人家给他讲个故事。人家说，我不会讲故事。他说，随便讲，哪怕讲个鬼故事或者瞎编一个都行，要不然我讲三个故事，你给我讲一个故事。苏轼这个人特别有亲和力，爱跟人聊天，可是到了黄州以后，读书人都不敢理他。

（中南民族大学教授 王兆鹏）

从前无论是在政坛还是文坛，他都是一个万众瞩目的“明星”，如今沦为边远地区的犯官，甚至失去了人身自由，生活突然安静了下来。巨大的孤独感包围之下，苏轼开始反省自己，过去的确是有些锋芒毕露了。

寄居定慧院时，苏轼的心理状态尚未恢复平静，只敢等到夜晚才独自溜出山门走走。残酷的政治迫害让苏轼的心如惊弓之鸟一样，惶恐又孤寂：

缺月挂疏桐，漏断人初静。谁见幽人独往来，缥缈孤鸿影。
惊起却回头，有恨无人省。拣尽寒枝不肯栖，寂寞沙洲冷。

——苏轼《卜算子·黄州定慧院寓居作》

苏轼用《卜算子》这个词牌，我觉得是有一定用意的。他到黄州的时候非常茫然，觉得生活怎么会变成这个样子。他一方面很痛苦，另一方面也茫然，不知道未来的路是什么样的。尽管他很超然旷达，但在受到沉重打击的时候也会仓皇失措。“缥缈孤鸿影”其实就是他自己生活境遇的一种写照。但苏轼又保存了一份骨气和傲气，最后两句“拣尽寒枝不肯栖，寂寞沙洲冷”，我宁可受这一份寂寞，受这一份孤独，我也绝不向政敌投降。

（中南民族大学教授 王兆鹏）

“乌台诗案”之前，他的性格是张扬的，不掩饰自己的锋芒。他很有实力，又是少年得志，二十多岁就中了进士走上仕途。他很有抱负，曾对他的弟弟说，自己“致君尧舜”也不是难事。

（黄冈市东坡文化研究会副会长 郭杏芳）

“乌台诗案”断送了苏轼的仕途，浇灭了他致君尧舜的抱负。初贬黄州，苏轼尚在盛年，四十五岁正是施展政治理想的黄金时间，却被放逐到这个文化落后的江城蛮瘴之地来。每日除了三餐一宿，没有任何事情可做，时间却如江水滔滔，不舍昼夜。眼睁睁看着头上的白发越来越多，苏轼怅然慨叹，自己的生命正在被一把无形的利剪一节一节地剪落。

谪居黄州的第二年中秋，苏轼对月独酌，节序带来时间流逝的警觉，令他深感胁迫，酒入愁肠，苏轼写下了一首《西江月》：

世事一场大梦，人生几度秋凉。夜来风叶已鸣廊，看取眉头鬓上。
酒贱常愁客少，月明多被云妨。中秋谁与共孤光，把盏凄然北望。

——苏轼《西江月·世事一场大梦》

不得志的心情是最煎熬的，然而生活并没有给苏轼那么多时间来感伤。因为罪官的身份，苏轼没有俸禄，也没有其他经济来源。他的家眷已经来到黄州与他相聚，苏轼的钱很快用完了，眼看就要面对无米之炊的窘境。幸而，他还有一位忠实的追随者——马梦得。

苏轼说他们两个人是同年同月生，马梦得只比他小了几天。马梦得可以说是苏轼的铁杆粉丝，他曾在太学里做官，“学生既不喜，博士亦忌之”。既不讨学生的欢迎，也不受上司的信任。但是他跟苏轼很投缘，后来干脆就不做官了，一直追随苏轼。既是他的粉丝，又是他的管家，又是他的随从。

（中南民族大学教授 王兆鹏）

马梦得真是他的铁粉，苏轼在黄州境况那么凄惨，他还是跟着苏轼一起受苦，自己一点也不在意。

（黄冈市东坡文化研究会副会长 郭杏芳）

在黄州的时候，苏轼写了《东坡八首》，其中有一首说：“马生本穷士，从我二十年。”马梦得天天盼望着苏轼富贵发达，然后分一点钱给他买一个山头，但是苏轼一直没有富起来，反而一贬再贬。苏东坡在诗里边笑马梦得跟错了老大，说：“可怜马生痴，至今夸我贤。”

（黄冈市东坡文化研究会副秘书长 冯扬）

痴情的马梦得并不计较偶像的贫穷，反而竭尽所能改善苏轼的生活。在马梦得的努力争取下，官府给苏轼批了一块荒地，让他自种自足。

公元 1081 年，苏轼开始真正务农了。过去他曾多次说过想弃官归隐，却没想到是在这种情形下被迫成为农夫。

这块位于城东的无名高地，从此有了一个响亮千古的名字——“东坡”。东坡，也让苏轼的生命之光变得更加灿烂。

在贬谪黄州之前，他是眉州才子，是耿直敢言的书生，是汴京有名的学士。因为偏僻黄州的这块土地，苏轼有了一个新的身份，农民。也正是这个最接地气的身份，造就了我们热爱千年的“苏东坡”。

第三节　此心安处

公元 1081 年，大宋王朝的朝堂上少了一个叫苏轼的官员，远在湖北黄州的一片荒地上多了一个叫苏东坡的农夫。

良农惜地力，幸此十年荒。
桑柘未及成，一麦庶可望。
投种未逾月，覆块已苍苍。
农夫告我言，勿使苗叶昌。
君欲富饼饵，要须纵牛羊。
再拜谢苦言，得饱不敢忘。

——苏轼《东坡八首·其五》

苏东坡虚心地向当地老农请教耕种技术，荒地上的瓦砾和杂草渐渐被清理掉，开始有了丰收的模样。

第一年种下的麦子在时光中发育，不断抬高他的视线，让他对未来的每

一天都怀有乐观的想象。孔孟老庄、四书五经，此时都没了用场。苏东坡日复一日地观赏着眼前这部天然大书，对它在每个瞬间里的细微变化深感痴迷。

土地是讲理的，它至少会承认一个人的付出。一分耕耘，一分收获，这种简单而淳朴的劳动方式，蕴含着无可比拟的道德感。土地征用了他的身体，却使他的精神得到了解放。苏东坡在田野迈出的每一步，都是远离朝堂纷争的一次突破，这让他感觉自己离偶像也更近了一步。

别人以他为偶像，他也有偶像，他特别羡慕陶渊明，却又不能像陶渊明那样。陶渊明可以不为五斗米折腰，挂冠而去，过他的田园生活。苏东坡却不能挂冠而去，他是被贬到黄州的，一大家子人生活困难，他不得不为了五斗米开荒种地。面朝黄土背朝天，那就是折腰。这种折腰跟官场上那种完全不一样，他是以务实的态度来解决自己的问题。

（黄冈市东坡文化研究会副会长 郭杏芳）

苏轼其实是不想做官的，他就想在家里读书，过很普通的日子，陶渊明的生活理想其实就是苏轼的生活理想。这也是宋代人普遍的矛盾心理。从本性来说，苏轼希望能追求个体心灵的自由，当个隐士在家里闲居；但是作为一个读书人，作为一个男人，又要承担对社会的责任，即范仲淹所主张的“先天下之忧而忧，后天下之乐而乐”。

（中南民族大学教授 王兆鹏）

这是田野上最动人的时刻，苏东坡经历了一次神奇的萃取，用他艰辛而诚实的劳动，把大自然的精华萃取出来。

妻子王闰之用大麦与小红豆掺杂，做成了熟饭。孩子们觉得难以下咽，说是在“嚼虱子”，但苏东坡吃得很香，还给这种新研发的餐食取名“二红饭”。他心中充满无法形容的自我满足，过去他用官家的俸禄养家糊口，现在他才真正知道五谷的香甜。

苏东坡对农夫的身份适应得很快，这个身份充实了苏东坡的生活，给了他不同的生命体验。与贩夫走卒、村夫农妇相往来，他少了为官时的谨言慎行，可以以本色示人。苏东坡很满意这样的生活，他在给朋友的信中写道：自己被人推搡漫骂，人们不识得他是个官。

在这之前他好歹是个中层干部，官职也不小，离普通百姓是有一段距离的。现在被贬为黄州团练副使的虚职，就不得不放低身段，跟普通老百姓混在一起。大概他此前还没有意识到这一点，觉得哪怕贬官也还是个官，直到一些以前想象不到的事发生在他身上——一个醉汉把他推倒了。他突然发现自己不是一个正经的官了，但他并不生气，放下身段以后反而更加接地气了。他的心态从一个官员变成了普通人，支撑他在苦难中度过贬谪生涯。

（中国苏轼研究会顾问 刘尚荣）

苏东坡很喜欢这种“不为人识”的新奇感受。他满怀善意与世界相处，每天流连在黄州的山水之间，扁舟草履，与渔樵杂处。

苏东坡这个人一生喜欢交朋友，在交朋友方面曾说过一句话：吾上可以陪玉皇大帝，下可以陪卑田院乞儿，眼前见天下无一个不好人。

（黄冈市东坡文化研究会副秘书长 冯扬）

他仿佛从出生起就生活在这样的场景中。回想起繁华的汴京、皇宫、朝堂，已是恍如隔世，像一场不切实际的梦。在黄州的生活是如此真实，如此自然，季节的轮回里蕴藏着未来的无限希望。

烫皮、刮毛、焯水、切块、翻炒、加入灵魂料汁红曲米水、大火收汁，繁复的工序，精湛的厨艺，成就了一份正宗的东坡肉。

900 多年前，苏东坡不会想到，他在困顿中发明的食物，竟有风靡千年的魅力。他在发明这道菜的时候，做法也并没有那么复杂。

净洗锅，少著水，柴头罨烟焰不起。待他自熟莫催他，火候足时他自美。黄州好猪肉，价贱如泥土。贵者不肯吃，贫者不解煮，早晨起来打两碗，饱得自家君莫管。

——苏轼《猪肉颂》

他当时就说，黄州的物价很便宜，猪肉呢，富人不愿意吃，穷人不会做。他写了一篇《猪肉颂》，实际上就是做猪肉的整个过程。

（黄冈市东坡文化研究会副会长 郭杏芳）

苏东坡不仅是一个文人，还是一个美食家。他到黄州留下了很多美食，比如说东坡肉、东坡羹、东坡鱼、东坡肘子。

（厨师 王细中）

在那个君子远庖厨的时代，苏东坡不仅爱吃，更精通厨艺。

初到黄州，俯瞰浩浩江水，远眺群山上的竹林，苏东坡就开始盘算将来的口食：“长江绕郭知鱼美，好竹连山觉笋香。”后来，这两种食材果然常常出现在苏东坡的餐桌上。

苏东坡很喜欢吃肉，初到黄州，他因为水土不服得了红眼病，医生告诫他不能吃肉。

他就对医生说，我的眼睛生病了，跟我的嘴巴有什么关系？为什么不让我的嘴巴吃呢？要是我的嘴巴生病了，眼睛是不是就不能用了？我的眼睛还是要到处看看。苏东坡是一个很幽默风趣的人。

（黄冈市东坡文化研究会副秘书长 冯扬）

黄州西北的长江岸边，有一片壁立的断崖，山石颜色赤红，传说是周瑜大破曹军的古战场。公元 1082 年，苏东坡第一次站在赤壁面前，面对惊涛拍岸的江水，仰天长叹：“大江东去，浪淘尽，千古风流人物！”从此，他的名字就和这里紧紧联系在了一起。

大江东去，浪淘尽，千古风流人物。故垒西边，人道是，三国周郎赤壁。乱石穿空，惊涛拍岸，卷起千堆雪。江山如画，一时多少豪杰。

遥想公瑾当年，小乔初嫁了，雄姿英发。羽扇纶巾，谈笑间，樯橹灰飞烟灭。故国神游，多情应笑我，早生华发。人生如梦，一尊还酹江月。

——苏轼《念奴娇·赤壁怀古》

江水滔滔，千年不竭，月缺复圆，万古不改。公元 1082 年，黄州赤壁的清风明月，抚平了苏东坡在尘世的伤痛。

在海阔天空的环境里，苏东坡的心灵与大自然互相呼应，“江山风月，本无常主，闲者便是主人”。在对大自然的观照中，苏东坡悟出了万物运行变化的奥秘。

在《赤壁赋》中，苏轼对江水明月的变与不变进行了思辨，获得了一些人生启示。其实江山是永恒的，苏轼也好，伟人也好，普通人也好，都只是历史的过客。活在当下，我们要能充分享受人生的快乐。“惟江上之清风，与山间之明月”，我们要从大自然获得心灵的安慰，这是苏轼的过人之处。

（中南民族大学教授 王兆鹏）

这篇赋是很有哲理的，也蕴含了他的人生感悟。“苟非吾之所有，虽一毫而莫取”，不是属于他的东西，他绝不去强求掠夺。而清风明月（大自然的美景）是大家共享的，所以他也愿意欣赏。他的心态就是，该收的时候收，该放的时候放。

（中国苏轼研究会顾问 刘尚荣）

苏州舟山村，核雕大师周福林正在向女儿传授核舟的雕刻技法。

我从小就生长在核雕世家，核雕作品就摆在家里面，每天都可以看见。我真正了解核雕是在上初中的时候，学到了一篇课文《核舟记》。还记得当时老师讲这个课的时候，提前跟我沟通了一下，让我把核雕原材料带去学校展示。我的父亲能雕核舟，这件事当时让我感觉蛮自豪的。

（核雕工艺美术师 周频）

近千年来，人们通过各种方式还原苏东坡泛舟赤壁的情景，试图找寻他的身影。处在人生低谷，仍能收获旷达超脱的生命感悟。这份浪漫，或许才是苏东坡赠予世人最好的礼物。

2020 年 9 月，故宫博物院曾以苏东坡为名举办了一场大展。由于种种原因，《寒食帖》的真迹并没有出现在展厅中，但它的临摹卷仍然吸引了许多“东坡迷”驻足。

这篇作品不是那种很规范的写法，一般人把它看作行书，也有人把它看作行草，具有草书的风味。字也不是很规整的，而是一种很飘逸的、有些出格的、无拘无束的感觉，不受什么书法作品的规范要求。他在写的时候，心情应该很不平静。

（中国苏轼研究会顾问 刘尚荣）

谪居黄州的第三年，看见乌鸦衔着未燃尽的纸钱从窗前飞过，苏东坡才惊觉又是一年寒食节来临。绵绵细雨引发了流放诗人豁达下隐忍的委屈，惆怅孤独的情绪凝在笔尖，一泻而下。

苏轼到黄州以后，经过了一些激烈的思想斗争，慢慢地参悟他的人生。在写《赤壁赋》的时候，他其实还没有完全走出来，到了写《定风波》的时候，他就走出了心灵的困境。

（中南民族大学教授 王兆鹏）

这一年春天，苏东坡和友人在沙湖道上漫步，不巧赶上了下雨，面对狼狈的友人，苏东坡淡然微笑，吟出一首《定风波》：

莫听穿林打叶声，何妨吟啸且徐行。竹杖芒鞋轻胜马，谁怕？一蓑烟雨任平生。

料峭春风吹酒醒，微冷，山头斜照却相迎。回首向来萧瑟处，归去，也无风雨也无晴。

——苏轼《定风波·莫听穿林打叶声》

经历了险些置他于死地的政治风雨后，苏东坡越来越享受这种平淡真切的生活，无论命运如何变幻莫测，他都可以欣然接受。

不久，苏东坡接待了自岭南北归的好友王定国。

王定国的爷爷是宋朝的一个宰相，所以王定国的社会地位一直是比较高的。他跟苏轼的交往一直很密切，“乌台诗案”发生的时候，王定国也出来救助苏轼。有些涉案诗就是写给王定国的，被人抓住了把柄，王定国也被牵连了进去。在“乌台诗案”牵涉的人里，除苏轼以外，王定国是被定罪较重的。

（中国苏轼研究会顾问 刘尚荣）

王定国定案后被贬到宾州（今广西宾阳），在古时，岭南是蛮荒之地，人人避之唯恐不及。王定国家中的歌女侍妾纷纷散去，但侍妾柔奴毅然坚持陪伴王定国，踏上了前往岭南的路途。

宴饮中，柔奴为苏东坡献唱。

苏轼总觉得王定国被贬是被他牵累的，而且还贬得那么远、罚得那么重，因此感到很愧疚。苏东坡就问柔奴，岭南是不是生活条件不太好，会不会不习惯？

（中国苏轼研究会顾问 刘尚荣）

柔奴淡淡一笑，回答道：此心安处，便是吾乡。

这个回答，让苏东坡大为意外。想来柔奴只是一个柔弱女子，对于命运加之于身的苦楚，却能如此豁达地看待。

心安定的地方，就是故乡。可以想见，这句回答让苏东坡愧疚的心得到了多大的安慰。他为柔奴这句话写下了一首《定风波》：

常羡人间琢玉郎，天教分付点酥娘。自作清歌传皓齿，风起，雪飞炎海变清凉。

万里归来年愈少，微笑，笑时犹带岭梅香。试问岭南应不好？却道，此心安处是吾乡。

——苏轼《定风波·南海归赠王定国侍人寓娘》

苏轼这个时候本来已经对人生看淡了，他慢慢悟出了一个心理公式，就叫“譬如当初”。原来拥有的地位、财富被剥夺了，就回到原点。为什么他被贬到黄州以后会痛苦？因为他原来是湖州的知州，现在变成了一个阶下囚，地位一落千丈。他就假设自己是一个黄州落第的秀才，只不过是出去赶考转了一圈，现在要回到自己的家乡了。“譬如当初”就是“此心安处是吾乡”的另外一种表达方式。柔奴的这句话让他心有戚戚焉，他们找到了一种心灵的共鸣。

（中南民族大学教授 王兆鹏）

这句“此心安处是吾乡”的感慨，苏轼不光把它写到了词里边，而且还活学活用，用到了自己的人生经历当中。

（中国苏轼研究会顾问 刘尚荣）

初任杭州，苏东坡总感觉对杭州的事物很熟悉，深信自己前世是杭州人。

前生我已到杭州，到处长如到旧游。
更欲洞霄为隐吏，一庵闲地且相留。

——苏轼《和张子野见寄三绝句过旧游》

被贬黄州，苏东坡全身心投入农业劳作，尽力融入当地生活。

雨洗东坡月色清，市人行尽野人行。
莫嫌荦确坡头路，自爱铿然曳杖声。

——苏轼《东坡》

此后的人生中，再贬惠州，因为美味的荔枝，他欣然表示“不辞长作岭南人”。

罗浮山下四时春，卢橘杨梅次第新。

日啖荔枝三百颗，不辞长作岭南人。

——苏轼《食荔枝二首（并引）》节选

流放海南，苏东坡很快适应海岛生活：“我本海南民，寄生西蜀州。”

我本儋耳人，寄生西蜀州。
忽然跨海去，譬如事远游。
平生生死梦，三者无劣优。
知君不再见，欲去且少留。

——苏轼《别海南黎民表》

此心安处是吾乡，苏东坡用一生完美诠释了这句话。他随缘自适，内心平和。把一蓑烟雨过成了诗与远方。

公元 1083 年，侍妾王朝云为苏东坡生下了第四个儿子苏遁。苏东坡为这个新生儿，写下了一首与从前风格截然不同的诗作：

人皆养子望聪明，我被聪明误一生。
惟愿孩儿愚且鲁，无灾无难到公卿。

——苏轼《洗儿戏作》

木秀于林，风必摧之。苏东坡不希望孩子重蹈自己的覆辙，他自己也已下定决心，从此就在黄州安心做一个农夫。

然而命运并不由苏东坡自己掌握，公元 1084 年，宋神宗下诏“人才实难，不忍终弃”，将他调离黄州。

送别苏东坡的人群里有士绅，有农人，还有和尚和道士。面对这些真挚的面孔，苏东坡心中百感交集。

谪居黄州的岁月，苏东坡在政治上毫无建树，但他的诗、词、文、赋、书、画，还有思想境界，都达到了令世人惊叹的高度。或许，这是命运给他的另一种补偿。

而最令他欣慰的，是与黄州百姓亲密无间的相处，他带着不安和迷茫来到这个偏远小城，黄州人满怀善意接纳他，带他走离人生低谷的痛苦。此后的岁月里，每当绝意仕途时，苏东坡总会想起黄州，如果不能归乡，他情愿再回黄州，重新做他的东坡老农。

第四节　逆旅行人

公元1084年，苏东坡调任汝州，上任之前，他向朝廷申请先到江西看望弟弟苏辙。

途中，有朋友热情邀请苏东坡同游庐山。苏东坡远远望见这座名山的巍峨气势，为大自然的神奇所慑伏，觉得庐山是造物主的杰作，不是人类的语言文字所能描摹的。赞叹顶礼之余，苏东坡和同行的人说："此行决不作诗。"

庐山脚下，这座小小的寺院，因为一首诗名扬天下。

横看成岭侧成峰，远近高低各不同。
不识庐山真面目，只缘身在此山中。

——苏轼《题西林壁》

庐山是中国山水诗和田园诗的发祥地，从古至今，描写庐山的诗歌多达4000余首，其中有两首可谓家喻户晓，尽人皆知。

一个是李白的《望庐山瀑布》，一个是苏轼的《题西林壁》。这两首诗，一个代表唐诗，一个代表宋诗。唐诗有一种气象，写景写情，而宋代的诗歌里有思想，有智慧。

（中南民族大学教授　王兆鹏）

不同于李白的浪漫夸张，苏东坡用浅显的语言写出了深刻的哲理。不管身处庐山哪个位置，所看不过一石一树，一壁一壑，并不能窥得全貌。评判世间之事也是如此，角度不同，答案不同。这正是苏东坡勘透世情后的杰作。

辞别庐山，苏东坡路过金陵时，前去拜访隐居多年的王安石。

王安石曾掌握相权，主持变法大局，权倾朝野。但晚景凄凉，罢相后归隐金陵，不再过问世事纷争。因为反对王安石变法中的伤民政策，苏东坡吃尽了苦头。

从前身在政治旋涡中，两人曾有过多少是非矛盾，而今时过境迁，金陵重见。悠游林下的王安石与谪居多年的苏东坡，得以把盏言欢，前尘往事一笑了之。

这两个人真是相逢一笑泯恩仇，把以前变法当中的不愉快都抛到脑后了。

（中国苏轼研究会顾问　刘尚荣）

苏轼跟王安石的和解，也体现了宋人的另外一种风格。政治是政治，私交是私交。两个人在经历了这场政治斗争以后，都觉得应该放下，这也体现出他们两人的胸怀。

（中南民族大学教授　王兆鹏）

这就是中国古代的君子，我可以和你政治主张不同，但是我和你是好朋友。

（陕西师范大学教授　王双怀）

公元 1085 年，曾经轰轰烈烈的王安石变法随着宋神宗的驾崩正式宣告结束。年仅十岁的太子赵煦继位，高太后垂帘听政，重用保守派大臣司马光。在司马光的建议下，一批因反对新法被贬的大臣纷纷被召回朝中。

苏东坡获得了东山再起的机会，短短一年半，苏东坡从一个犯官一路直升到三品大员，提升了六个品级。外任十多年，苏东坡吃尽了“变法派”的苦头，但是，当司马光决定废除新法时，他又唱起反调。

多年的贬谪生活中，苏东坡长期与下层百姓接触，他看到新法中有一些举措确实对百姓有利，他将自己的所见所闻一一列举，希望司马光能够保留这些举措。这个举动惹怒了司马光。

从这可以看出，苏轼不是那种见风倒的人。王安石主持变法的时候，他反对变法，觉得变法对老百姓是有害的。王安石变法里有一些举措对老百姓有好处，而司马光彻底废除了新法，苏轼就很不满。坏的东西你去改，好的东西还是要把它坚持下来。他骂司马光是“司马牛”，说他顽固不化。为此，苏轼又得罪了那些旧党人士，这恰好体现出了苏轼的可爱之处。

（中南民族大学教授 王兆鹏）

苏东坡有一套自创的养生法，每日餐后在屋内拍着肚皮来回走动。有一天，他突然指着自己的肚皮问身边的人：“你们且说，此中所装何物？”众人都恭维是满腹经纶，唯有爱妾朝云回答道：“学士一肚皮不合时宜。”苏东坡捧腹大笑，引朝云为知己。

不合时宜的苏东坡再次陷入政治斗争的旋涡，他不愿意在朝堂上逞无谓的口舌，于是上书请求到地方去做些实事。

公元 1089 年，朝廷批准苏东坡出任杭州太守。18 年前，苏东坡第一次来到杭州西湖。他为西湖美景写下了一首诗：

水光潋滟晴方好，山色空蒙雨亦奇。
欲把西湖比西子，淡妆浓抹总相宜。

——苏轼《饮湖上初晴后雨·其二》

再到杭州，淡妆浓抹总相宜的西子湖成了一潭淤塞不通的死水，苏东坡到杭州的第二年，开始治理西湖。

苏轼是一位非常务实的政治家。相比较而言，李白是一位浪漫的、纯粹的诗人，只会空谈政治；而苏轼是很务实的，在实操方面是很能干的。

（中南民族大学教授 王兆鹏）

苏东坡让人将西湖中的淤泥全部挖掘清理出来，堆积如山的淤泥筑起一道长堤，横跨西湖南北，沿堤两侧栽种了许多观赏花木。每年春季，堤上绿柳如烟、红桃如雾，拂晓时分湖面水气弥漫，远处的青山、湖中的小岛以及亭台楼阁，全都披上了一层轻纱，组成“西湖十景”之首的“苏堤春晓”。

为了显示湖泥再度淤积情况，苏东坡让工匠在堤外湖水最深的三处地方建立了三座瓶形石塔作为标记，小石塔后来逐渐演变为最著名的西湖美景“三潭印月”。

外放的日子总是过得很快，尽管苏东坡很不情愿，公元 1091 年，他再次接到回朝的诏令。

好友钱穆父几乎同时被召，自越州北徙途经杭州。苏东坡为他摆酒饯行，酒过三巡，苏东坡乘兴写下一首《临江仙》，赠别钱穆父。

一别都门三改火，天涯踏尽红尘。依然一笑作春温。无波真古井，有节是秋筠。

惆怅孤帆连夜发，送行淡月微云。尊前不用翠眉颦。人生如逆旅，我亦是行人。

——苏轼《临江仙·送钱穆父》

逆旅，就是旅店的意思。人就是过客，无论走到哪里，都像是住旅店一样，今天在这个地方，明天到那个地方，所以要随遇而安。

（中南民族大学教授 王兆鹏）

关于人生，苏轼从很早就开始探讨，也有过各种不同的比喻。“人生如梦”“人生如朝露”“人生如逆旅”，他把各种各样的比喻都用在人生上，写了很多诗。“人生如逆旅，我亦是行人”，我这一生已经一段一段地走下来了，有些东西生不带来死不带走，我已经想通了，就这样走下去吧。

（中国苏轼研究会顾问 刘尚荣）

经过了这么多风风雨雨以后，他已经把人生看得非常透彻。苏轼给了我们一个人生启示，就是不要太在意一时的得失。既然人是过客，你在不断地变化，就不要为此感到焦虑了。遇到挫折磨难的时候，不要失去自信、失去信念。

（中南民族大学教授 王兆鹏）

此时的苏东坡或许已经料到，此去京城，必然不会是一帆风顺。但顺境或逆境都已不重要，他早已坚定了自己内心的选择，无论前路是崎岖或平坦，他都会坦坦荡荡地走下去。

苏东坡的直觉没有出错，公元 1091 年，苏东坡被调离杭州召回京城，受到重用不足一个月，就再次遭受政敌攻击。

攻击苏东坡的正是他在凤翔府的故友，曾在“乌台诗案”中向他伸出援手的章惇。此时的章惇已经官至宰相，是新法的坚定拥护者。章惇毫不手软地将苏东坡贬往岭南。

公元 11 世纪，在苏东坡来到这里之前，这片水草丰茂的湖泊名叫“丰湖”。

抵达惠州三个月后，苏东坡与友人游丰湖，登高览胜，见疏林如画、烟波浩渺，苏东坡兴致盎然作诗曰：“人间胜绝略已遍，匡庐南岭并西湖。西湖北望三千里，大堤冉冉横秋水。”

此后，文人雅士为了附和，将错就错把丰湖称为西湖。

惠州也有一个湖，他把自己的钱拿出来，疏浚了一下惠州的西湖，也像杭州西湖一样修了一个长堤，造福惠州的老百姓。

（中南民族大学教授 王兆鹏）

东坡处处修长堤，如今，这条苏堤在惠州西湖入口处，像一条绿带横穿湖心，将湖水一分为二，为惠州百姓增添了一道观赏千年的风景。

唐宋时期，荒凉偏僻的岭南是被贬官员的流放地。在迁客骚人的眼中，这里埋葬的是去国怀乡的悲凉戚切。但在苏轼的生命里，惠州却是西湖水色、荔枝之味。

到达惠州的第二年初夏，恰逢侍妾朝云生日，苏东坡以荔枝为其祝寿。兴之所至，提笔写道：

罗浮山下四时春，卢橘杨梅次第新。
日啖荔枝三百颗，不辞长作岭南人。
——苏轼《食荔枝二首（并引）》节选

谪居惠州两年后，朝云因病去世。苏东坡按朝云遗愿，将她葬在西湖孤山南麓栖禅寺下的松林中。附近的僧人在墓上修筑了一座亭子以纪念她，亭柱上是苏东坡撰写的楹联：不合时宜，唯有朝云能识我；独弹古调，每逢暮雨倍思卿。

朝云去世以后，苏轼非常伤心。苏轼有一首特别有名的词叫《蝶恋花》，就是写给王朝云的。“花褪残红青杏小，燕子飞时，绿水人家绕，枝上柳绵吹又少，天涯何处无芳草。”其实这句“天涯何处无芳草”就是在眷恋朝云，她就是他的红颜知己。朝云去世以后，苏轼终生不复念此词，就是再也不唱这首词了。

（眉山三苏祠博物馆苏学学者 徐丽）

还未从失去朝云的悲痛中走出来，苏东坡的人生再次遭遇不幸，他被贬到更加荒远的儋州（今海南儋州）。

在唐宋时代，特别是宋代，士大夫是没有死刑的。贬到海南，其实就意味着判死刑。从北方去海南的人，一是受到精神层面的打击，只有罪特别重的人会被流放到海南地区；二是北方人受不了海南的气候，特别潮湿，还有瘴气，很少有人能够活着回来。

（中南民族大学教授 王兆鹏）

春牛春杖，无限春风来海上。便丐春工，染得桃红似肉红。
春幡春胜，一阵春风吹酒醒。不似天涯，卷起杨花似雪花。
——苏轼《减字木兰花·立春》

这是词史上第一首描绘海南之春的赞歌。公元 11 世纪的海南，还是中原人口中的“蛮荒瘴炎之地”，是死囚流放之所。这个闭塞落后的荒岛，与京城相去几千里，处在文明的边缘。

公元 1097 年，年逾花甲的苏东坡到达海南儋州，为这个偏远的海岛带来了一股春风。他教百姓重视农耕，为百姓开方治病，还在儋州开办学堂，以致许多人不远万里追至儋州从师东坡。儋州因此成了海南全岛的文化中心。

> 在宋朝的时候，海南的文化是比较落后的。别说进士了，连秀才都很少。苏东坡来到海南儋州以后开办学堂，教了很多学生，为儋州本地的教育事业提供了很大的帮助。后来我们海南儋州出了第一个举人姜唐佐、第一个进士符确。
>
> （游客）

几百年来，这里的人们一直把苏东坡看作是儋州文化的开拓者、播种者，对他怀有深深的崇敬。直到今天，苏东坡当年授业讲课的学堂，仍是儋州一代代学子心中的圣地。

在苏东坡心里，儋州三年也是他平生最奇绝的经历，尽管历经磨难，但他初心不改，为官一任、造福一方。“我本儋耳人，寄生西蜀州”是他对这片土地最深厚的情谊。

他后来遇赦，渡海回来的时候写了一首诗：“九死南荒吾不恨，兹游奇绝冠平生。”我虽然九死一生来到海南，却没有任何的遗憾，这是我平生最绝妙的一次旅行。

（中南民族大学教授 王兆鹏）

谪居海南三年后，宋徽宗即位，大赦天下，苏东坡再次被朝廷起用，他从海南岛渡海北归，返回内地。

途中路过镇江的金山寺，苏东坡看到了许多年前好友李公麟为自己画的像，无限感慨涌上心头，他在画像上题了一首诗：

心似已灰之木，身如不系之舟。
问汝平生功业，黄州惠州儋州。

——苏轼《自题金山画像》

这是一种自嘲，是对自己人生的一种调侃。问，苏轼你这一辈子做了什么功业？答，我被贬官三次。

（中南民族大学教授 王兆鹏）

他本来是忠心报国的，只因为一句话说得不对，就被抓住并排挤到了外地。他连续遭受贬谪，就等于连续遭受了冤屈和迫害。

（中国苏轼研究会顾问 刘尚荣）

这三个地方给他带来了意外的收获，把原来才子型的苏轼，变成了责任型的苏轼。

（中南民族大学教授 王兆鹏）

在贬谪之地，他有丰富的文学创作，诗写得更好了，词写得更妙了，文章也写得更加精彩了。他还在当地教书育人、开凿西湖等等，为百姓做了一些好事。在偏远荒凉的地方，你做一点好事就能被百姓记住。

（中国苏轼研究会顾问 刘尚荣）

或许，重病缠身的苏东坡已经预感到自己时日无多，他听说眉山老家的祖坟边，曾经枯竭的一眼泉井忽然重新涌出泉水，心里觉得很奇怪，于是写信去问代他照料墓园的朋友。

当地传说，苏东坡出生时，眉山附近彭老山的花草树木一夜之间全部枯死。如今，草木返青，泉水复溢，是苏东坡要将灵气归还山林的征兆。

当年他和弟弟跟着父亲从四川眉山一同走出来时，没有想到此生再也无法回去。大宋朝堂的滔天巨浪，一次又一次劈头盖脸打向苏东坡。

自二十岁之后，他在大半个中国间往复飘零。可贵的是，在经受万千沉浮之后，苏东坡仍然保持一颗燃烧的赤子之心。他用常人难以估量的胸襟，释怀了多少难以忍受的冤屈和折辱。

上千年来，他的经历和文字、独特的人格魅力、超然的人生境界，赢得了无数人的尊敬和喜爱。

苏轼的影响延续了千百年，大家一直不能将他忘怀，这一点很值得思考。他就是一个封建社会的普通官吏，诗词写得很好。但是诗词写得好的、为百姓做过好事的、做官到他这个级别的人也很多。真正能够让全国的学者百姓年年都纪念他的人，除他以外绝无仅有。苏轼的作品、苏轼的为人，确实有一些与众不同的地方值得后人怀念。

（中国苏轼研究会顾问 刘尚荣）

在中国文学史上，有两位公认的神仙。一位是大唐的谪仙，一位是大宋的坡仙。不同的是，李白是天上的仙被贬谪下凡，苏东坡是地上的人修炼成仙。仙人乘风归去，魂归琼楼玉宇，化身星辰，星光洒落大地，那光柔和、温暖，在中国人的心田浸润千年。

前半生幸福美满，后半生孤苦无依。世人都说，大喜大悲丰富了李清照的生命；世人都说，大起大落帮助她登上了文学的殿堂；世人都说，她是千古第一才女，她是婉约词宗。终其一生，太多的幸运与不幸，一起降临到了李清照的身上。

第十二章 李清照

清丽清照，易安难安

第一节　知否知否

世人道她才华横溢，是公认的千古第一才女。世人也叹她晚岁失节，传者无不哂之。

她现存可考的作品仅约七十篇，无论男人们愿不愿意，自她之后，古代文学史上从此有了女人的位置。她就是易安居士——李清照。

常记溪亭日暮，沉醉不知归路。兴尽晚回舟，误入藕花深处。争渡，争渡，惊起一滩鸥鹭。

——李清照《如梦令·常记溪亭日暮》

很多人与李清照的初次照面，就是从这首《如梦令》开始的。那时的李清照是如此天真开朗，没有人会想到，许多年后的遭遇会让她清朗秀丽的眉宇再难舒展。

公元 1084 年的春天，李清照出生于山东章丘一户李姓人家，饱读诗书的父母为女儿取了一个精雕细琢的名字，清照。

李清照自己说，李、赵两家都是出身寒族，经济不算非常富裕，但也是书香门第、诗书传家。

（中国李清照辛弃疾学会会长　王兆鹏）

位于山东章丘百脉泉公园内的李清照故居，其实是李家老宅，在这里，李清照度过了大约 16 年的快乐时光。眼前的院落、走廊以及随处可见的易安词，像是在亲切地讲述 900 多年前这里发生的一个个故事。

和宋朝大多数女子相比，李清照有着令人羡慕的身世。父亲李格非是北宋有名的学者，凭借一篇《洛阳名园记》闻名天下。母亲王氏是北宋初年汉国公王准的孙女，岐国公王珪的长女，一位名门千金。历史学家缪钺在《诗词散论》中写道：“易安承父母两系之遗传，灵襟秀气，超越恒流。”

相门之后的母亲和才华横溢的李格非结合，一定遗传给了她优秀的文学基因。

从宋代人的教育背景来看，一般是母亲教育子女更多一些。

（中国李清照辛弃疾学会会长 王兆鹏）

她的父亲李格非因为做官经常会被调来调去，他不太可能会经常把女儿带在身边。

（中南大学教授杨雨）

李清照除了天赋才华之外，还有非常理解她、支持她的父亲和母亲。

（中国李清照辛弃疾学会会长 王兆鹏）

不幸的是，幼年时期，李清照失去了生母。几年后，李格非续弦迎娶北宋状元王拱辰的孙女王氏为妻。这又是一位了不起的女性，她甚至还被写进了历史，《宋史》在写李格非一章中提到：“妻王氏，拱辰孙女，亦善文。”

一位是生母，一位是继母，这两位母亲应该在教育方面给了她很深刻的影响。李清照喜欢文学创作，既受到父亲的影响，也受到母亲的影响。

（中国李清照辛弃疾学会会长 王兆鹏）

可以想象，在王氏的陪伴下，她每天都泡在父亲的书房里。想必就是这样一个个看似平常的日子，给小清照带来了巨大的文学启发。

公元 1099 年的一天，李家府邸的一间闺房里，一位小姐正在对镜梳妆。李清照十六岁了，出落成了一位端庄清丽又率性活泼的少女。

此时，在汴京闯荡多年的父亲李格非已经稳定下来，并且有了自己的府邸。就是在这一年，李清照离开了生活近十五年的故乡明水，和母亲一起前往汴京与父亲团聚。

初到汴京，李清照就以一句“何为出战辄披靡，传置荔枝多马死”，一语点破了大唐灭亡的根本原因。打仗的战马专门用来给杨贵妃运送荔枝，唐军出战怎能凯旋？

她超越年纪乃至性别局限的政治眼光，很快在士大夫阶层赢得美誉，南宋《碧鸡漫志》卷二中称赞李清照：“自少年便有诗名，才力华赡，逼近前辈。在士大夫中已不多得。”

文坛有美名，父亲是汴京城里的高官，二八年华的李家大小姐开始了良辰美景、赏心乐事的少女生活。即便如此，李清照还是会常常想起自己的老家——明水。

于是，就有了那首家喻户晓的《如梦令》。

那是一个夏日的午后，我们的李小娘子划着小船和朋友一同游湖去了。不仅划船，她还饮酒。不但饮了，她还醉了。就是这样宽松自由的成长环境，给了李清照率真、大胆、特立独行的个性。

我们经常说程朱理学“存天理灭人欲”，那是明代以后的事情。其实宋代女子到了节假日，是可以自由出去玩的。

（中国李清照辛弃疾学会会长 王兆鹏）

大多数情况下，这种大家族的女性在礼仪方面的要求是比较严格的。我们在李清照的身上却没有看到太多礼的束缚，反而看到了更多天性的、本真的性格流露。

（中南大学教授 杨雨）

在这首词里，我们既能看出李清照的生活状态，也能感受到她的心理状态。她是放飞自我的，是非常自由、无拘无束的。我们能够推断她的创作环境也是不受压抑的，只要她的父亲或母亲其中一人压抑了她的天性，李清照就很难成为后来的李清照。

（中国李清照辛弃疾学会会长 王兆鹏）

第一个看到《如梦令》的人，是李清照的父亲李格非，据说他手捧女儿的词惊叹不已。李格非掩盖了女儿的名字，把《如梦令》带到了一些文人雅士中，没有人相信，这首小令竟然出自一位十六岁的少女之手。

在整个宋代，社会是不认同女性从事文学创作的。女孩子可以读书，但是不能写作。即使写了也只能关着门自娱自乐，不能够拿出去给人看，这在当时被认为是一件丢人现眼的事情。但李清照的父亲是鼓励她自由发展个性的，你喜欢写作，你就写好了。这一点我觉得很不容易。

（中国李清照辛弃疾学会会长 王兆鹏）

自古“词为艳科”，李清照所处的宋朝，艳词更是盛极一时。柳永、秦观、晏殊等，无不善写男女艳丽恋情之词。而清新活泼的易安词，像是忽然吹来的一阵奇异的风，为北宋词坛注入了一股青春的气息。

从温庭筠花间词以来，词是一个虚拟性的代言体，男人写的词都是代女性言情，写的不是自己的真实情感。温庭筠等人把词当作歌来写，表现大众的共同情感。而李清照是把词当作诗来写，抒发的是自己独特的人生感悟。

（中国李清照辛弃疾学会会长 王兆鹏）

我们通常会有一个误区，认为男人从旁观者的角度去看女人，会更懂女人。比如柳永写女性的词、秦观写女性的词，给人感觉他们好像很懂女性，但毕竟还是隔了一层。女性由内而外地表达自己，和男性由外而内地按照自己的理想构筑女性形象，是不一样的。我觉得李清照是在代表女性，表达我们想要成为什么样子。

（中南大学教授 杨雨）

写完《如梦令》的李清照一定想不到，后人因一句“沉醉不知归路”，把她推上了酒仙榜。

事实上，李清照确实爱酒，对于酒的钟情，这位女词人丝毫不加掩饰。

在《新荷叶》中，李清照写道：“花柔玉净，捧觞别有娉婷。”她说，优雅的女子如花一样柔美，玉一样纯净，即便只是端着酒杯不喝，也别有一番楚楚动人的风情。

在她仅存的40多首词中，约一半与饮酒有关。李清照说，“东篱把酒黄昏后”，酒在她的文字里，散发着一种令人销魂的香气。

梅花开了，她说：“年年雪里，常插梅花醉。”

赏牡丹的时候，她说：“金尊倒，拼了尽烛，不管黄昏。”

给我们的感觉是，她没有辜负一年四季的花开花落，而不辜负的表现形式就是喝酒、赏花，并用文字将这样美好的瞬间记录下来。

（中南大学教授 杨雨）

李清照喜欢喝酒，喝酒看起来好像是男人的事，但是她的词里经常写喝酒。

（中国李清照辛弃疾学会会长 王兆鹏）

我们始终一厢情愿地认为，女人喝酒简直不像话。但是我们忘了，李清照不仅是一个女人，她还是一个诗人、一个词人、一个文人。在我们中国古代诗歌的发展历史中，酒和文人是一种唇齿相依的关系。酒和苏轼的关系、酒和李白的关系、酒和杜甫的关系，其实也是酒和李清照的关系。

（中南大学教授 杨雨）

昨夜雨疏风骤，浓睡不消残酒。试问卷帘人，却道海棠依旧。知否，知否？应是绿肥红瘦。

——李清照《如梦令·昨夜雨疏风骤》

在一个小雨淅沥的晚上，我们的女词人又喝多了。

风吹了一夜，醉酒酣睡的李小娘子醒来，忽然想起了院子里的海棠花，她猜想那些花一定经受不了风雨，变得一片狼藉。于是，怀着忐忑的心情，她连忙询问旁边的侍女。

她问丫鬟，你看看外面的海棠花怎么样了？那丫鬟无心地说，跟昨天晚上一样没什么变化。李清照很生气："知否？知否？应是绿肥红瘦。"你好好看看，昨天下了那么大的雨，肯定把花都打得凋零了。她在关心体察着花的命运。这首词在意境上有点接近孟浩然的《春晓》："春眠不觉晓，处处闻啼鸟。夜来风雨声，花落知多少。"

（中国李清照辛弃疾学会会长　王兆鹏）

因为李清照融入了自己的亲身体验和情感，让我们能够代入一种情境，和她一起去感受那种春来又春去的惜春情结，生出惜取女性红颜的共鸣。肥和瘦本来是形容人或者动物的词，她却用来形容颜色，在修辞手法上出人意料。

（中南大学教授　杨雨）

一句"绿肥红瘦"让李清照成为众多文人粉丝心中的偶像，在那个时代，粉丝们希望自己的偶像不但文采斐然，还要安分守己。然而这位一贯特立独行的小娘子，可能要让他们大失所望了。

她不走寻常路，如果走寻常路，她就不创作了。而且她的创作也不是沿着前人的路子走，她要走自己的路子。

（中国李清照辛弃疾学会会长　王兆鹏）

明代赵世杰所著的《古今女史》里，称李清照为"精妙于博者"，即十分擅长于博戏。年轻时期的李清照，尤其喜欢一种名叫"打马"的游戏。后来，李清照还亲自写了一本名叫《打马图经》的游戏攻略，在文章中，她列举了二十多种博戏。

予性喜博，凡所谓博者皆耽之昼夜，每忘寝食。但平生随多寡未尝不进者何，精而已。自南渡来流离迁徙，尽散博具，故罕为之，然实未尝忘于胸中也。

——李清照《打马图经序》节选

我这个人生性喜欢博弈，一到赌桌上就废寝忘食，不管是什么形式的赌，不管赌多赌少。我赌了一辈子，从来都没输过。北宋末年金兵入侵，我在南渡中颠沛流离，四处迁徙，博具都遗失了，赌得也就少了，但其实我心中从未忘记。

文章的结尾，她还不忘告诉世人自己写《打马图经》的目的：

使千万世后，知命辞打马，始自易安居士也。

——李清照《打马图经序》节选

赌博这个词不太准确。李清照称其为博弈，是一种智力活动、技术活动。她对这个爱好非常专心致志，用今天的话打个比方，只要是打扑克、下围棋之类的，她都喜欢。只要能够展现自己的才能、智能、技术的活动，她都能玩得很有竞争力、进攻力、创造力。这就是李清照的个性，做什么都要把它做到最好。

（中国李清照辛弃疾学会会长　王兆鹏）

可以想象，少女时期的李清照过得何等洒脱恣意。

我们想象一下，李清照晚年生活很凄惨，心情很压抑，寻寻觅觅，冷冷清清，凄凄惨惨戚戚。如果她天天都是这个样子，她早死掉了，她有能让自己快乐开心的娱乐方式。

（中国李清照辛弃疾学会会长　王兆鹏）

豆蔻年华，家境优裕，鲜花美酒任其享用。年轻时期李清照的生活是如此地灿烂而美好，以至于身边的一草一木都能温柔地进入她的文字。

面对日渐萧条的晚秋景，杜甫曾说：

万里悲秋常作客，百年多病独登台。

——杜甫《登高》节选

柳永说：

多情自古伤离别，更那堪，冷落清秋节！

——柳永《雨霖铃·秋别》节选

李清照却说：

秋已暮、红稀香少。水光山色与人亲，说不尽、无穷好。

——李清照《双调忆王孙·赏荷》节选

李清照的审美情趣、生活情趣是非常丰富的，她的生命不是单一的，是丰富的、多元的，这也成就了李清照。

（中国李清照辛弃疾学会会长 王兆鹏）

有人说，易安词是李清照心性的自然流露，纯净清澈。她在《渔家傲》里说：

造化可能偏有意。故教明月玲珑地。共赏金尊沈绿蚁，莫辞醉，此花不与群花比。

——《渔家傲·雪里已知春信至》节选

我李清照是不跟别人比的，我做什么都要争第一流。她平常最爱两种花，一种是桂花，一种是梅花。这也体现出李清照的审美趋势，她强调的是内美，内秀。追求内在的品格之美，而不是讲究耀眼的外表，这跟李清照的词是一样的。李清照的语言不是很华美的，而是一种简约之美，用现在的话说是一种极简风。

（中国李清照辛弃疾学会会长 王兆鹏）

李清照搁下女红，饮酒读书；走出闺阁，看烟雨长亭。一句“此花不与群花比”，道出了李清照不愿随波逐流的自信与孤傲。她坚持追求自我，书写自己，这样的风姿，无论在哪个年代都显得独特美丽。

第二节　青梅之涩

蹴罢秋千，起来慵整纤纤手。露浓花瘦，薄汗轻衣透。

见客入来，袜刬金钗溜。和羞走，倚门回首，却把青梅嗅。

——李清照《点绛唇·蹴罢秋千》

不甘心一走了之的她，假装嗅着青梅，对他有了一次饱含深情的偷望，只见那位客人衣冠楚楚，眉清目秀。

那位风度翩翩的少年名叫赵明诚，生于官宦之家，却没有纨绔子弟的不良习气。他喜爱收藏古物、品书观帖，因为家学渊源，年纪轻轻就在金石界小有名气，后来更是成为继欧阳修之后的一大金石学家。

> 赵明诚是一位学者，是一位文物收藏家。他从十七岁就开始收集文物，包括名人的手记，如苏轼、黄庭坚的只言片语，他只要见到了，就一定收集起来。
>
> （中国李清照辛弃疾学会会长　王兆鹏）

赵明诚的父亲赵挺之曾是李格非的上司，两家自然时有来往。十八岁这一年，赵明诚随父亲到李家拜访，风度翩翩的少年郎走入了少女的视线，拨动了情窦初开的心弦。

这大概就是李清照与赵明诚的第一次相遇。自此，一份特别的情思便在双方的心底滋生、蔓延。

这次的李家拜访，赵明诚意外地见到了自己心仪已久的才女，回家之后的很长一段时间，他的眼前总会出现李家小姐的身影。但封建社会都是“父母之命，媒妁之言”，他该怎么向父亲开口呢？

他做梦梦见了几个字，他的父亲给他解梦，用拆字法合起来是“词女之夫”，意思就是赵明诚要成为一个女词人的丈夫，但这肯定是野史。他们两个人诠释了一种完美的婚姻形象，所以后人在赵李二人身上寄予了美好的婚姻理想。

（中南大学教授 杨雨）

公元 1101 年的四月，十八岁的李清照和大她三岁的赵明诚结为夫妻。洞房花烛，良辰美景。从此，李清照的词里多了一份相思。

夫妻二人情投意合、志趣相投，这在古代社会里是很难得的。用我们今天的话说，两个人在事业上是朋友，是战友。

（中国李清照辛弃疾学会会长 王兆鹏）

李清照曾把两人的日常写进了《金石录后序》里：

侯年二十一，在太学作学生。赵、李族寒，素贫俭。每朔望谒告出，质衣，取半千钱，步入相国寺，市碑文果实归。

——李清照《金石录后序》节选

那时明诚还在太学读书，每隔半个月回家一次。每次回来，便去当铺当衣服，拿着换取的钱到大相国寺淘取碑文，临走时还会给我买些零食果实。

宋代官员的收入应该是比较高的，赵家这边是吏部侍郎，李家那边是礼部员外郎，一般的家居过日子是没问题的。为什么赵明诚要把衣服拿去典当呢？因为他买金石文物需要钱。李清照在《金石录后序》里也说到，有一幅徐熙的牡丹图要价二十万，他们拿不出来。今天也是一样，我们普通人拿工资过日子可以，要是去玩文物，动不动一幅画几千万，你买得起吗？

（中国李清照辛弃疾学会会长 王兆鹏）

受赵明诚的感染，李清照婚后也喜欢上了古文字画。对于丈夫带回家的这些“碑文果实”，夫妻二人总是挑灯夜看，反复摩挲观赏，直到心满意足。甜蜜的新婚生活，就这样在诗书、学术的氛围中度过。

我觉得，与其说李清照在这段婚姻中得到幸福，还不如说赵明诚更加幸运。因为在那个时代，娶一个通情达理、善于治家理财的妻子也许不难，但是要娶一个既有生活情趣、又能在事业上充当得力助手的伴侣，是很难的。

（中南大学教授 杨雨）

赵明诚喜欢收集这些文物，李清照经常把自己的衣服拿去典当换钱，才能买得起。如果李清照是一个很狭隘的妇女，认为收集那些文物没有用，不支持，还能把自己的衣服拿去典当吗？

（中国李清照辛弃疾学会会长 王兆鹏）

春天到了，李清照到街上买了一枝鲜花，望着娇艳的花儿，她开始担心起来：“他看到花，会不会觉得我的面容不如花好看呢？”这种担心让她有了与花比美的雅兴，女为悦己者容，何况这还是一位爱美的新妇。

卖花担上。买得一枝春欲放。泪染轻匀。犹带彤霞晓露痕。
怕郎猜道。奴面不如花面好。云鬓斜簪，徒要教郎比并看。

——李清照《减字木兰花 · 卖花担上》

这首词写出了李清照的自信，她把花戴在头上说：你看看，是花漂亮还是我漂亮？这是一种撒娇，用我们今天的话说是调情，这恰好说明他们夫妻两个非常恩爱。我们据此推测，李清照应该是容貌姣好的。假如李清照长得不好看，她敢说这样的话吗？长得又漂亮，又有才华，李清照太幸福了，上天一开始就把好事都给了她。

（中国李清照辛弃疾学会会长 王兆鹏）

这是一位不受封建礼教约束的女子在恋爱中的本真体现。她不仅能把自己对丈夫的爱意表露出来，还敢于将夫妻间的情意绵绵行于笔端：

晚来一阵风兼雨，洗尽炎光。理罢笙簧，却对菱花淡淡妆。
绛绡缕薄冰肌莹，雪腻酥香。笑语檀郎：今夜纱厨枕簟凉。

——李清照《丑奴儿·晚来一阵风兼雨》

王仲闻先生认为这应该不是她的作品，但是也有学者认为这恰恰是她非常大胆的作品。

（中南大学教授 杨雨）

柳永的词已经写过妓女调情。男人写可以，女人写就不可以，世人觉得这样有些伤风败俗。这也表明了李清照的大胆，她很坦诚地把自己的感情、欲望表现得非常诗意化，用我们今天的话说，一点都不黄。

（中国李清照辛弃疾学会会长 王兆鹏）

李清照如此大胆的行文方式，曾招致同时期文学家王灼的不满，王灼曾斥责李清照说："闾巷荒淫之语，肆意落笔，自古搢绅之家能文妇女，未见如此无顾忌也。"

王灼就说，自古搢绅家的妇女，没有像李清照这么放肆的。

（中国李清照辛弃疾学会会长 王兆鹏）

所以我相信，即便这些词不是李清照写的，她也一定写过一些类似风格的作品，才会让当时的词评家对她的道德有很低的评价。

（中南大学教授 杨雨）

其实李清照的作品写得比较含蓄，这种指责用今天的话来讲就是男性霸权话语。欧阳修写得那么露骨，也没有人骂过欧阳修，而且还为欧阳修开脱。"欧阳公怎么会写这样的词呢？肯定是小人嫁祸的。"但其实欧阳修早年是个花花公子。

（中国李清照辛弃疾学会会长 王兆鹏）

相比陈规戒律中的女子，李清照的爱情是人性的自由舒展，水到渠成。她喜欢将内心世界袒露在作品之中，也正是她“无所顾忌”的个性，成就了她文学上的独辟蹊径。

我们今天说，一个成功的男人背后一定有一个成功的女人。反过来说，一个成功的宋代女性背后一定有一个非常理解支持她的男人。当时的社会是不允许、不支持女性创作的，以前我们可能没有关注到这一点，我们了解到当时的社会道德观念、价值观念以后，就会更加感谢赵明诚。没有家庭的支持，李清照少女时代就很难成长为一位女词人。婚后没有赵明诚的支持，这些作品可能都被烧掉了，我们不可能知道历史上有李清照这个人。

（中国李清照辛弃疾学会会长 王兆鹏）

公元1102年七月，北宋朝廷的党争愈演愈烈，在新党领袖蔡京的鼓动之下，宋徽宗决定追随父兄，推行新政。

建中靖国元年，宋徽宗刚刚上台，正好是调和两党的时候。新党一个宰相，旧党一个宰相，形成了平衡，他们的婚姻在当时应该不太受政治的影响。然而一年以后宋徽宗改元崇宁，崇宁什么意思，就是崇尚熙宁，皇帝完全倒向了新党。

（中国李清照辛弃疾学会会长 王兆鹏）

新党领袖蔡京和李清照的公公赵挺之很快获得提拔，并开始对旧党人物进行报复打压。

公元1102年九月，宋徽宗亲自列出120位旧党人物的名字刻于碑上，树立在宫殿门外，李格非名列其中。

当时蔡京跟赵挺之两人联合执政，蔡京为了打压旧党列了个元祐党人籍，写在一个石碑上，让他们遗臭万年永世不得翻身。包括苏轼在内的旧党人基本全部被列入党籍，一网打尽，本人包括子女都不能做官，不得进入京城。李格非当时是属于旧党的，是“苏门后四学士”之一。

（中国李清照辛弃疾学会会长 王兆鹏）

听到如此巨变，李清照心惊胆战，此时她刚嫁进赵府不过一年光景。眼看着婆家权倾朝野，娘家却一落千丈，本来门当户对的婚姻，瞬间成了天上地下。

不谙世故的李清照哪里想得到，自己的父亲就是在公公等人的一手导演下，陷入了水深火热的境地。这一年，李清照十九岁，在温馨的生活之外，她第一次感受到了现实生活的残酷。

处于两家矛盾之中，心存幻想的李清照曾希望公公赵挺之能对父亲手下留情，以弥合两家的裂缝。于是她上诗公公婉转求情，这首诗的全貌已经丢失，今天的我们只能看到其中的一句："何况人间父子情。"

女适赵相挺之子，亦能诗上赵，相救其，父，云"何况人间父子情"。识者哀之。

——张琰《洛阳名园记》序节选

这个时候，她的新党公公正在打压旧党，她当然希望公公能够放父亲一马。但在这种政治斗争里，亲情可能就要退居二线。其实假如他想关照的话，还是可以的。我们举一个反证的例子就是叶梦得，苏门四学士里受打压最轻的是晁补之，晁补之为什么受贬比较轻？是因为他的外甥叶梦得在暗中保护他。叶梦得是为元祐党人碑出谋划策的人之一。

（中国李清照辛弃疾学会会长 王兆鹏）

这封充满哀恳的信，最终未能获得公公的怜悯。倔强的李清照无法默默承受这份委屈与不堪，冒着以下犯上的风险，带着满腔的愤怒与不满，李清照以一句"炙手可热心可寒"给予公公赵挺之深深的讥讽。

公元 1102 年九月，李格非被罢免官职，驱逐出京，只得携带家眷返回原籍明水，李清照从此没有了家门的依靠。

公元 1106 年，赵挺之在北宋朝廷里终于位居宰相，当他的权力能与蔡京抗衡时，已然成为蔡京的眼中钉、肉中刺。公元 1107 年，宋徽宗大观元年，蔡京取代赵挺之担任宰相，五天后，被迫离职的赵挺之病逝于家中。

5 年前父亲李格非被罢免离京时，李清照已经出嫁，侥幸逃过了党争的株连。如今公公又遭此横祸，李清照明白，这一次，自己不能置身事外了。

赵家被抄家了，后来被赶出京城。蔡京这个人对政治对手毫不留情，恨不得斩尽杀绝。

（中国李清照辛弃疾学会会长 王兆鹏）

公元1107年的夏末，赵家昔日门庭若市的盛况一去不复返。赵挺之死后，赵家所有子弟都被罢免了官职，李清照和赵家所有人一起被逐出了汴京，前往千里之外的青州。这一年李清照二十四岁。在这急剧变化的境况下，李清照逐渐走向成熟，世事的风雨沧桑，开始一点一点进入李清照的笔墨里。

青州虽然偏远，却是李清照人生旅途中的重要驿站，身心俱疲的她终于可以停下脚步，等待着时间的疗愈。

也是在青州，李清照在翻阅陶渊明的《归去来兮辞》时，看到了那句“倚南窗以寄傲，审容膝之易安”。她崇尚这位前辈隐居田园、豁达率性的处世态度，于是给自己的居室取名“易安室”，自号“易安居士”。

李清照故居位于今山东青州市一座普通的公园内，青州本是赵明诚外祖母的家乡，或许是女词人的光环太过耀眼，热情的青州人以李清照的名字命名了这座建筑。

就是在这个院子里，李清照和丈夫赵明诚度过了十年安逸的青州岁月。

在青州的小院里，夫妻俩置办了一个颇具现代管理理念的“赵氏图书馆”，赵明诚是图书馆馆长，李清照是管理员。收藏书册字画是一笔不小的开支，为此，李清照节衣缩食。

始谋食去重肉，衣去重采，首无明珠、翡翠之饰，室无涂金、刺绣之具。

——李清照《金石录后序》节选

闲暇之时，李清照还为诗词之别首创界碑，写出了在中国词坛上有“补天”之功的《词论》。

李清照在《词论》中说，柳永的词“词语尘下”，太俗。张先的词“虽时时有妙语，而破碎何足名家”，偶有佳句，但总体不成气候，算不上名家。而晏殊、欧阳修、苏轼的词“皆句读不葺之诗尔”，根本就不算词，只不过是句子形式不整齐的诗而已。至于王安石，写文章堪称一绝，“若作一小歌词，则人必绝倒，不可读也”。

> 她把当下的名流都批判一通，言下之意是我李清照的词才是正宗的，才是“本色当好”。这也体现出李清照的自信。
>
> （中国李清照辛弃疾学会会长 王兆鹏）

最后，李清照在《词论》中说，和诗不一样，词“别是一家”。能用一篇《词论》俯视词坛群雄的，放眼整个词坛，恐怕只有李易安了。创作《词论》这一年，李清照二十五岁。

在青州十年隐居的日子里，夫妻二人赌书泼茶，收集金石书画，撰写了金石碑刻研究专著《金石录》。

公元1117年前后，北宋政坛再次风起云涌，随着蔡京被驱逐出政治舞台，赵明诚再次重返仕途，两人在青州十年安逸的生活结束了。依照宋代当时的律例，赵明诚去任何地方做官，都可以携家眷同行，由于种种原因，他还是把李清照独自留在了青州。

这一次，是她与丈夫结婚以来最长时间的分离，她不知道丈夫在外为官需要多长时间，也不知道自己何时可以前去相聚。离别最能烹心，李清照的词中开始出现离情别绪。

第三节　瘦比黄花

古代车马慢，一封书信往往要在路上辗转多时，每日的焦灼等待以落空居多。重阳节这日，李清照把思念写进一首词，同一块手帕一起寄给了自己的丈夫。

> 薄雾浓云愁永昼，瑞脑销金兽。佳节又重阳，玉枕纱厨，半夜凉初透。
> 东篱把酒黄昏后，有暗香盈袖。莫道不销魂，帘卷西风，人比黄花瘦。
>
> ——李清照《醉花阴·薄雾浓云愁永昼》

当赵明诚读到“人比黄花瘦”时，内心会涌起多大的波澜，我们不得而知。但这五个字，终在历代文人的追捧中，成为不朽的经典名句。

> 人比黄花瘦，这个黄花是菊花，菊花是一种高洁的象征。词里还有一层意思是说：赵明诚，我在家里为你守节情不移，你在外面是否也是如此？柳永的词里直接说“衣带渐宽终不悔”，这句话放在李清照这种情景里完全合适。李清照的“人比黄花瘦”比“衣带渐宽终不悔”更有韵味。柳永是直接说：我瘦了几圈了，原来的腰带是合适的，现在腰带松了。李清照的则是：菊花已经够瘦了，我人比菊花还瘦，你可以想象我现在是个什么情况。
>
> （中国李清照辛弃疾学会会长 王兆鹏）

书信已寄走多日，始终不见丈夫的回信，李清照在相思痛苦中渐渐有了埋怨之意：

> 生怕离怀别苦，多少事、欲说还休。新来瘦，非干病酒，不是悲秋。
>
> ——李清照《凤凰台上忆吹箫·香冷金猊》节选

她最近确实消瘦了许多，不是因为喝酒，也无关悲秋。她担心丈夫会像汉明帝永平年间，刘晨、阮肇入天台山那样，遇上仙女，流连忘返。更何况，他们所处的宋代，纳妾被视为天经地义的事情，这让敏感多情的她，尝到了另一种酸楚。

青州的姐妹们常常去看望独居的李清照，并鼓励她前往莱州与丈夫团聚。

宋徽宗宣和三年，公元 1121 年，赵明诚任莱州知州。第二年，李清照离开生活了十几年的青州，风尘仆仆前往莱州与赵明诚相聚。

八月十日这天，李清照到达莱州，没有体会到与丈夫久别重逢的喜悦，迎接她的只有一间简陋的房屋。失望的李清照，用一首诗记录下了自己初到莱州的感受：

寒窗败几无书史，公路可怜合至此。
青州从事孔方兄，终日纷纷喜生事。
作诗谢绝聊闭门，燕寝凝香有佳思。
静中吾乃得至交，乌有先生子虚子。

——李清照《感怀》节选

寒窗败几，既没有书籍，也没有字画。一个人面对如此冷清的地方，她调侃说道："你别以为我很孤单，我有两个好朋友呢，一个叫子虚，一个叫乌有。"

这一年，李清照三十八岁。

那就是女人的小性子呀，不要说他们已经是多年的夫妻，哪怕是现在热恋中的少男少女，如果男朋友三天没有发短信，你觉得你会容忍吗？我肯定心里特别难过，可能真的就跟他闹分手了，你心里还有没有我？何况是多年的夫妻。她跟着丈夫去了他的官邸，那几天赵明诚可能正好有公事，或者去收集文物了，把她一个人扔在那里，甚至说不定还有小妾。李清照心里肯定很难过。

（中南大学教授 杨雨）

古往今来，人们常常把赵明诚这一时期的情感转移，归咎于李清照无子嗣。但也并没有任何文字记载赵明诚和其他妾室曾有子女。在封建夫权社会里，人们只会将责任推卸在女子头上。

我们根据她用的一些典故猜测，他们的婚姻在中后期有一些龃龉。最主要的矛盾可能是婚后无子，而且在那个时候，丈夫纳妾是一种常态。我相信李清照应该能将妻妾的关系处理得很不错，但是这不意味着她内心的情感不会失落。尤其是这样一位才女，她的情感应该会比一般的女性更敏感、更脆弱一些。

（中南大学教授 杨雨）

公元 1127 年，北方的金国长驱直入，攻占了北宋都城汴京，北宋王朝在屈辱中结束，史称“靖康之祸”。在战火纷飞的岁月，夫妻间昔日的矛盾已然不在，取而代之的是老夫老妻间相濡以沫的深情。

北方战火绵延，李清照和赵明诚准备南下躲避战乱。就在此时，赵明诚母亲去世的消息从江宁传来，他只能先行离开，南下为母奔丧。而处理青州书库的重担，就全部落在了李清照一个人肩上。

听说金兵正在逼近京师，李清照重返青州，夜以继日地挑选文物，准备南运江宁。在难以计数的文物字画中，她除去一些体积过大过重的、器皿中没有落款和标记的，再排除一些比较容易得到的，依然装了满满十五车。

既长物不能尽载，乃先去书之重大印本者，又去画之多幅者，又去古器之无款识者，后又去书之监本者，画之平常者，器之重大者。凡屡减去，尚载书十五车。

——李清照《金石录后序》节选

剩下的十余间文物，李清照准备来年开春再用船只运到丈夫所在的江宁。

青州故第，尚锁书册什物，用屋十余间，冀望来春再备船载之。

——李清照《金石录后序》节选

运送文物的车队刚刚离开青州，这里就发生了兵变，那些还未来得及转移的十余间文物，全部在战火中化为灰烬。

凡所谓十余屋者，已皆为煨烬矣。

——李清照《金石录后序》节选

公元 1127 年，在战马嘶鸣中，李清照跟随马车踏上了从江北到江南的驿道。他们从陆路转水路，渡淮河，过长江，一路颠沛流离，风餐露宿。

那时候赵明诚不在身边，李清照一个女人押送这些车在旅途中颠簸，又在战火中逃难，这是很艰辛的事情。她既要操心自身的安全，又要操心这些文物的安全，这是夫妻两人一辈子共同的心血。

（中国李清照辛弃疾学会会长 王兆鹏）

这一年李清照四十三岁。此时，她已褪尽汴京少女时期的娇媚，也不再有青州归来堂中的悠闲。乱世的硝烟战火，把一个温婉多情的女词人渐渐历练成一位内心无比强大、目光更加高远的千古词宗。

宋高宗建炎二年春，历经数月长途跋涉，李清照终于到达江宁，可惜十五车文物已经所剩无几，但这段漂泊不定的流离生活，终能告一段落。

她后来回顾这件事情的时候似乎写得很轻松。那个时候不像我们今天坐高铁、汽车，从山东青州到南方有一两千里的路，赶着马车一路奔波在战火之中，设身处地地想一想，那是一种什么样的感受？

（中国李清照辛弃疾学会会长 王兆鹏）

此时，丈夫赵明诚已经担任江宁知府，这是江宁的最高长官，李清照也一跃成为知府夫人。再次回归富足安逸的生活，她的心情却难以平静。金人连年南侵，朝廷却不思反击收复失地，只是一味地用土地、金钱等求和投降，眼前这片南宋的大好河山，何时才能得到真正的安宁？

李清照再也不能像从前那样安逸地坐于家中收藏字画、赏识花月。隆冬时节，内心悲愤无处排解的她，常常在大雪天戴上斗笠，披上蓑衣，登城远眺以觅诗。得到满意的诗句，便邀请丈夫唱和。赵明诚的诗才远远不如妻子，虽然“每苦之也”，但他还是陪在了妻子身边。

公元 1129 年三月的一天，江宁城内发生暴乱，整整一夜，李清照都忧心如焚。而天刚微亮，她却接到了身为江宁知府的丈夫在暴乱前夜弃城而逃的消息。一向爱憎分明的李清照，对于这件事只是简单带过：

建炎戊申秋九月，侯起复知建康府。己酉春三月罢。

——李清照《金石录后序》节选

或许，李清照不想在丈夫犯错落难之时再给他更大的打击，毕竟赵明诚也因此被罢免了官职。

我觉得李清照应该是有所不满的。

（中国李清照辛弃疾学会会长 王兆鹏）

她一定希望自己的丈夫表现得更像男人一点。

（中南大学教授 杨雨）

赵明诚作为一个男人却逃跑了，我想李清照骨子里是有一点瞧不上赵明诚的，但这毕竟只是我们的一种猜测。

（中国李清照辛弃疾学会会长 王兆鹏）

公元 1129 年三月的一个微雨天，整个江宁古城还笼罩在黎明前的一片朦胧中，李清照和赵明诚早已起床，悄然和这座古城告别。

亲眼看到了腐败昏庸的朝廷在金人的大举进攻面前土崩瓦解，李清照难以抑制心中的忧愤。船行至乌江时，李清照想起了那位拔剑自刎的项羽，面对着浩浩乌江水，她写下了《夏日绝句》：

生当作人杰，死亦为鬼雄。
至今思项羽，不肯过江东。

——李清照《夏日绝句》

曾经，失败后的项羽一路逃到了乌江边，最后悲壮地拔剑自刎。

但李清照不以成败论英雄，项羽是人中豪杰，是她心目中敬佩的英雄。此时朝廷里软弱的君臣早已沦为金人的阶下囚，像项羽一样的人物又在哪里呢？

公元 1129 年五月，李清照和赵明诚到达了池阳，此时，一纸官文从建康城传来，赵明诚被重新任命为湖州知事。为复职而欣喜若狂的赵明诚，准备奔赴建康受诏觐见。

为赶时间，赵明诚从水路改走陆路，他走得那样匆忙又满怀期待，甚至都没有来得及与妻子郑重道别。

葛衣岸巾，精神如虎，目光烂烂射人，望舟中告别。

——李清照《金石录后序》节选

公元 1129 年七月底，暂留于船上的李清照，意外收到赵明诚途中染病、病重建康城的消息。李清照又惊又怕，她后来回忆说：“念侯性素急，奈何。病痁或热，必服寒药，疾可忧。”

赵明诚性子比较急，打个比方，他中暑了，用寒药来泄，药性和病症就不兼容了。等她到了以后，果然听说他用了柴胡之类的药，病入膏肓。这也说明，李清照是懂中医的。

（中国李清照辛弃疾学会会长 王兆鹏）

于是，李清照于慌忙之中连夜乘舟出发，日行三百里赶往建康。

可当她赶到时，不出所料，赵明诚已经服用了大量凉药，病入膏肓，回天乏术。

公元 1129 年八月十八日，赵明诚带着无限遗憾，满怀牵挂地撒手而去，这一年他四十九岁，李清照四十六岁。

对李清照而言，这一次是人间天上、相见无日的诀别。思之悼之，悲痛之情不能自已，二十八年的婚姻就结束在这戎马倥偬、动荡不安的岁月之中。年少时的甜蜜，中年里的酸楚，都随着那个人的远去，永远消逝。

一个女人，又没有子女，她唯一的伴侣又去世了。

（中国李清照辛弃疾学会会长 王兆鹏）

我觉得这个打击是致命的。

（中南大学教授 杨雨）

对李清照来说天塌了，但她还是非常坚强的，一个人带着文物继续往前走。哪怕是和平时代，一个女人死了丈夫、没有子女，我们都可以想象她是何等孤单，何况在战争年代。

（中国李清照辛弃疾学会会长 王兆鹏）

赵明诚离世后，零星散落的资料记载很难勾勒出李清照晚年生活的概貌，但我们可以想象，她一定是极度孤独的。这一时期，无法走出悲痛的李清照曾写了大量词作来回忆、悼念丈夫赵明诚：

藤床纸帐朝眠起，说不尽无佳思。沉香断续玉炉寒，伴我情怀如水。

笛声三弄，梅心惊破，多少春情意。

小风疏雨萧萧地，又催下千行泪。吹箫人去玉楼空，肠断与谁同倚，一枝折得，人间天上，没个人堪寄。

——李清照《孤雁儿·藤床纸帐朝眠起》节选

南渡之后，他们在建康生活期间依然处于妇唱夫随、琴瑟相谐的状态。战乱没有从根本上影响他们的生活质量，真正让她的心境进入无边无际黑暗悲凉的，是赵明诚的去世。

（中南大学教授 杨雨）

如果说原来她词中的情感基调是亮色的，后来就全都变成了灰暗的。

（中国李清照辛弃疾学会会长 王兆鹏）

这也让我们看到，她其实从来没有对他们的婚姻彻底失望，那反而是她一生的精神寄托。

（中南大学教授 杨雨）

天上星河转，人间帘幕垂。凉生枕簟泪痕滋。起解罗衣聊问、夜何其。

翠贴莲蓬小，金销藕叶稀。旧时天气旧时衣。只有情怀不似、旧家时。

——李清照《南歌子·天上星河转》

李清照已经快五十岁了，孤苦伶仃，身心俱疲，在这战火纷飞的乱世里，她该去哪儿呢？

第四节　寻寻觅觅

公元1129年，赵明诚离世这年，金兵再一次南侵，他们此次甚至渡过了长江，意在抓获宋高宗。

就在此时，朝廷上突然冒出一种传闻，说赵明诚生前曾将一把珍贵的玉壶献给了金国人。李清照在《金石录后序》里这样描写自己的心情：“余大惶怖，不敢言，亦不敢遂已。”

为给赵明诚洗刷清白，李清照决定把所剩文物全部献给朝廷。她跟随宋高宗的足迹，在战火纷飞的岁月里，开始了人生中最艰难的一次旅程。

公元1129年四月，宋高宗离开临安（今浙江杭州），过常州、镇江，到了建康（今江苏南京）。闰八月，高宗启程，继续南下，九月逃到平江府（今江苏苏州），十月到越州（今浙江绍兴），十二月到明州（今浙江宁波）。金兵则紧追不舍，相继攻破建康、临安、越州，随后向明州进发，在明州沦陷的前一天，宋高宗乘船出海，沿着海岸线南下了。

此时，追随御驾的李清照已是一位年近半百的病妇，为了赶上宋高宗的队伍，她丢弃了衣物被褥，仅剩一些冒死守护的文物。这是她与丈夫二十多年爱情的见证。

周围风声鹤唳，草木皆兵，为了确保文物的安全，李清照决定派家中两位旧吏先行护送文物去往洪州，投奔赵明诚的妹夫。岂知，建炎三年（1129年）十二月，金兵攻陷了洪州，李清照送去的书籍与金石，全部化为灰烬。

此时，亲人里唯一可依赖的，就是时任敕令局删定官的弟弟李迒，循着弟弟的足迹，李清照来到了台州。

但台州的形势已岌岌可危，地方长官已弃城而逃，无奈之下，李清照只能将准备献给朝廷的铜器古董和一封辩白信，一起托人带往剡溪交给当地县令，令李清照想不到的是，这批文物最终也不知去向。

所谓岿然独存者，无虑十去五六矣。

——李清照《金石录后序》节选

绍兴元年（1131年），李清照再度迁居绍兴，租赁一位钟姓人的房屋住下，一天夜里，小偷挖墙而入，又盗走了她五箱收藏。

一年多的逃亡生活，使李清照饱尝战乱流离之苦，辗转途中，她用一首词表达了自己的苦闷心情。

年年雪里，常插梅花醉。挼尽梅花无好意，赢得满衣清泪。

今年海角天涯，萧萧两鬓生华。看取晚来风势，故应难看梅花。

——李清照《清平乐·年年雪里》

往年，每当雪如飞絮，梅吐清芬，她便以应时香梅作为饰品插于自己的发间。今年又到了梅花开放的时节，可国势动荡，她远离故乡一个人住在偏远的地方，耳鬓的头发也已斑白，哪里还有什么心思去插梅呢？

绍兴二年（1132 年），南方局势稍微稳定，高宗和逃亡政府回到了临安，李清照也从越州迁居到临安。

此时，有一个男人走进了李清照的世界，他就是当时担任监诸军审计司官吏的张汝舟。李清照接受了他，在四十九岁这年，走进了第二段婚姻。

为什么最后张汝舟能够走进李清照的生活？人在最痛苦的时候需要感情的安慰，一个女子孤身在战乱中漂泊了那么多年，恰好现在有一个男人向她献殷勤，她能不动心吗？她希望有一个人能支撑自己。而且在宋代，女性改嫁不是一件见不得人的事情，是受社会认可的、很常见的事情。

（中国李清照辛弃疾学会会长 王兆鹏）

张汝舟或多或少想骗她手里的金石文物，尽管那个时候已所剩无几，但她依然会用生命来守护这些东西，绝对不会让它们流入另外一个人的手中。

（中南大学教授 杨雨）

李清照为什么要冒着毁灭自己名誉的危险，坚决告倒张汝舟？因为张汝舟家暴，他把李清照往死里打，李清照随时都有生命危险。李清照为了活命，宁可不要一个女人的名誉，也一定要离婚。

（中国李清照辛弃疾学会会长 王兆鹏）

于是，刚结婚三个月，李清照便提出了离婚请求，而这一请求却被张汝舟断然拒绝。无奈之下，李清照检举了张汝舟虚报举数入官的事情，此案甚至惊动了宋高宗。张汝舟最终被查实罪行，开除公职发配到了广西柳州。李清照终于脱离了这段不堪的婚姻。但依据《宋刑统》，她也要承受两年的牢狱之苦。

当时宋代的法律规定，儿子检举父亲、妻子检举丈夫，如果罪名成立，是要连坐的。所以张汝舟罪名成立的时候，李清照也同样被抓去坐牢。

（中国李清照辛弃疾学会会长 王兆鹏）

但是她没有办法，如果要离婚只有这一条途径，她没有别的方式可以摆脱那个无赖的纠缠。

（中南大学教授 杨雨）

李清照那时在精神上痛苦不堪，她心里肯定非常清楚，只要去告张汝舟，就一定要付出名誉扫地的代价，但是她义无反顾。

（中国李清照辛弃疾学会会长 王兆鹏）

宁为玉碎，不为瓦全。她知道，如果史书中有她的一席之地，这场离婚诉讼一定会让她背上万世的骂名，但她依然要做。我觉得这就是李清照，她不在乎别人骂她。

（中南大学教授 杨雨）

这件事情传到了李清照在朝中为官的亲戚那里，因他们施以援手，李清照在狱中关了九天后被释放。当她走出监牢的那一刻，恍若隔世。

同时代的王灼说李清照“晚节流荡无归”；陈振孙说“晚岁颇失节”；胡仔说“传者无不笑之”。

关于晚年再嫁的是非，李清照本人并没有留下太多文字，也许在李清照心里，这是一段她不愿再提及的往事。

绍兴二年（1132 年）九月，待李清照从那段苦难中走出来，已是临安的深秋，经历过这场婚变，原本就疾病缠身的她越发虚弱，几乎终日与药炉为伴。

病起萧萧两鬓华，卧看残月上窗纱。豆蔻连梢煎熟水，莫分茶。
枕上诗书闲处好，门前风景雨来佳。终日向人多酝藉，木犀花。

——李清照《摊破浣溪沙·病起萧萧两鬓华》

然而即使病痛缠身，李清照依然豁达，当身体稍微康复，她就强撑着下床活动了。

晚年，孤苦中的李清照主要通过回忆她与赵明诚的点点滴滴，来打发日常的寂寞无聊。两人在青州十年安逸的生活，是最治愈她的记忆。

余性偶强记，每饭罢，坐归来堂烹茶，指堆积书史，言某事在某书、某卷、第几叶、第几行，以中否角胜负，为饮茶先后。中即举杯大笑，至茶倾覆怀中，反不得饮而起。

——李清照《金石录后序》节选

我天生记忆力好，每次饭后，就和明诚坐在归来堂上烹茶，指着堆积的书史，问对方某一典故出自某书某卷第几页第几行，以猜中与否决定胜

负，作为饮茶的先后。有时因猜中了举杯大笑，以至于把茶洒入怀中，反而饮不到一口。

赌书消得泼茶香，当时只道是寻常。她多想那样过一辈子啊！她把夫妇二人所藏金石书画的经过、与丈夫的悲欢离合、最后物散人亡的悲痛欲绝全部写进文字，完成了《金石录后序》。

绍兴四年（1134 年）秋天，金人再度南下，战火弥漫。跟随逃难的人流，李清照从临安来到了金华，在一户姓陈的人家暂时安定下来。

位于今天浙江金华的八咏楼，是一处著名的登临胜地，此楼坐北朝南，楼高数丈。曾几度历经沧海桑田，又见证多少浮世悲欢。

那一日，李清照登楼凭吊，但谁又能懂得她此刻的心情？家国之愁，涌入李清照的心头。

千古风流八咏楼，江山留与后人愁。
水通南国三千里，气压江城十四州。

——李清照《题八咏楼》

若南宋朝廷依旧不思反击，收复失地，眼前的大好河山怎会有安全保障。这位年过半百的老妇，以笔为戈，发出了让无数男儿汗颜的忧国忧民之音。

靖康之难这样一个历史事件，起到了举足轻重的作用。从文学创作而言，这是一个时代赋予一个女词人的“红利”，请记住这个“红利”是要打引号的。因为它造成了国家和个人的极度痛苦，但是又催生了文学的伟大。如果没有这样一个历史事件，我们看到的可能就是一个才情横溢、吟风弄月的女词人而已，绝对上升不到伟大的高度。正是因为这种历史事件赋予她家国之思，她才会获得更高的道德评价和伦理评价。

（中南大学教授 杨雨）

绍兴五年（1135 年）的暮春，无心赏春的李清照写下了《武陵春》：

风住尘香花已尽，日晚倦梳头。物是人非事事休，欲语泪先流。
闻说双溪春尚好，也拟泛轻舟。只恐双溪舴艋舟，载不动许多愁。

——李清照《武陵春·春晚》

她一直在漂泊，到金华以后，生活终于安定下来了。但她毕竟是一个孤寡老人，生活的艰难困苦可以想象。她在这里的物质生活应该不会太差，随便拿一件文物出去换点钱都不是问题，宋高宗曾经让一个太监到她家里购买文物。我觉得不是钱的问题，她是精神生活孤单。

（中国李清照辛弃疾学会会长 王兆鹏）

同年四月，被掳去北方的徽宗，在疾病中走完了他五十四岁的生命。大约这一年夏秋间，李清照由避乱之地金华重返临安。彼时的她，也已经五十二岁了。

又到了一年一度的元宵节，被朝廷定为新都的临安城里一派节日盛景，其繁华热闹竟丝毫不逊于当年的汴京。而这一切却没有给她带来一丝一毫的喜悦，倒勾起了她心底无边的思念与愁绪。

落日熔金，暮云合璧，人在何处。染柳烟浓，吹梅笛怨，春意知几许。元宵佳节，融和天气，次第岂无风雨。来相召、香车宝马，谢他酒朋诗侣。

中州盛日，闺门多暇，记得偏重三五。铺翠冠儿，撚金雪柳，簇带争济楚。如今憔悴，风鬟霜鬓，怕见夜间出去。不如向、帘儿底下，听人笑语。

——李清照《永遇乐·落日熔金》

中州盛日之时，一到元宵节，大家就结伴而游。现在她却是孤寡一人，没有任何人陪伴，也没有几个知心的朋友，还出去干什么？出去看到眼前的快乐只会想起往日的欢乐，更加深了当下的痛苦。这里还表现了她的忧患意识，其中有一句“次第岂无风雨”，今天是晴天，明天可能就下雨。经历过战争的人，很难发自内心地获得快乐和安慰。今天这种过年过节已经不是当年在汴京的繁华，无论今天的灯怎么好看，时代已经变了，已经回不去了。

（中国李清照辛弃疾学会会长 王兆鹏）

一再的颠沛流离，婚变的残酷打击，晚年的凄凉无依，人世间种种苦难劫数她都尝了个遍：

寻寻觅觅，冷冷清清，凄凄惨惨戚戚。乍暖还寒时候，最难将息。三杯两盏淡酒，怎敌他、晚来风急！雁过也，正伤心，却是旧时相识。

满地黄花堆积，憔悴损，如今有谁堪摘？守着窗儿，独自怎生得黑！梧桐更兼细雨，到黄昏、点点滴滴。这次第，怎一个愁字了得！

——李清照《声声慢·寻寻觅觅》

晚年，回到临安的李清照生活相对安定，而那却是南宋历史上最黑暗的日子。绍兴十一年（1141 年），在秦桧等人的谗言下，宋高宗与金签订绍兴和议，甘心对金称臣赔款，还额外送上了抗战派将领岳飞父子的性命，换来了东南暂时的安定。

晚年的李清照也喝酒、插花、赏春，但终究还是无法掩盖内心的凄凉悲苦。

一个文人，尤其是一个女性文人，她命运的悲苦反而成就了她文学的伟大，这是一个永恒的悖论，我们没有办法解决。

（中南大学教授 杨雨）

从现存作品看，李清照在六十岁前后似乎已经搁笔，如同谢绝香车宝马贵人的邀约，她用孤独和沉默来表示对现实社会的不满和抵触。

宋高宗绍兴二十五年（1155 年），李清照在临安一处安静的院落里孤独寂寞地离去，享年七十三岁。而李清照具体葬于何处，学术界至今没有定论。

前半生幸福美满，后半生孤苦无依。世人都说，大喜大悲丰富了李清照的生命；世人都说，大起大落帮助她登上了文学的殿堂；世人都说，她是千古第一才女，她是婉约词宗。

终其一生，太多的幸运与不幸，一起降临到了李清照的身上。

“这真是漫长的一生啊。”

陆游活了八十五岁，一生曾驻足停留过许多地方，却唯独对沈园和南郑魂牵梦绕，至死不休。这两个地方，一个关乎唐琬，一个关乎国仇。爱与恨，激荡出不朽的文字，成就了顶级的诗人。

第十三章　陆游

喝酒练剑，撸猫失恋

第一节　山重水复

眼前的宋式园林名为沈园，南宋时，这里曾是一位沈姓富商的私家花园。在江南众多如画的园林中，沈园出名的原因独树一帜。

它源于陆游的一首词和他的一段爱情。

陆游活了八十五岁，一生曾驻足停留过许多地方，却唯独对沈园和南郑魂牵梦绕，至死不休。这两个地方，一个关乎唐琬，一个关乎国仇。

爱与恨，激荡出不朽的文字，成就了顶级的诗人。

公元 1125 年，是宋徽宗宣和七年。这一年的十月十七，淮河上狂风卷着暴雨。突然，位于中流的一条官船上，传来了新生儿的啼哭。

婴儿在惊涛骇浪中诞生，父亲为他起名为陆游，字务观。

陆游祖上是绍兴人，但是他出生在淮河上的一条船上。当时他父亲正在北方淮河那边做官，从淮河到京城的路上，在一个风雨之夜，陆游诞生了。他的父亲希望陆游一生当中内外兼修，所以借用了《列子·仲尼》里的一句话“务外游，不知务内观”为他取名。

（绍兴陆游研究会会长 高利华）

陆游出生的这一年，宋金联手击败了共同的敌人辽。就在宋徽宗得意扬扬、大肆庆祝时，金人正在盘算吃掉宋朝这块更大的肥肉。

宣和七年（1125 年）十月初七，就在陆游出生的十日前，金兵开始攻宋，并迅速拿下燕京（今北京），进军太原。

靖康元年（1126 年），金兵铁骑先后两次渡过黄河，开封陷落。

翌年三月，金军在大肆搜掠后，携徽钦二帝和机要大臣、嫔妃、百工等三千余人，满载金帛、珍宝北上。北宋就此灭亡，史称“靖康之难”。

这一年，英雄岳飞刚满二十五岁，而陆游尚在襁褓之中。

靖康之耻是整个汉民族历史上前所未有的事件。“靖康耻，犹未雪”，不仅仅是岳飞，一直到辛弃疾、陆游，他们都觉得这种民族的耻辱始终是要去雪恨的。

（中南民族大学教授 王兆鹏）

仿佛命运注定，陆游的一生要被伤国之痛所纠缠。

靖康之难发生时，陆游的父亲陆宰携家眷仓促南归，一路上东躲西藏，饱受凄惶惊吓之苦。这一段逃难的经历，给幼小的陆游留下了刻骨铭心的记忆。

我生学步逢丧乱，家在中原厌奔窜。
淮边夜闻贼马嘶，跳去不待鸡号旦。
人怀一饼草间伏，往往经旬不炊爨。
呜呼！乱定百口俱得全，孰为此者宁非天！

——陆游《三山杜门作歌》

历尽千辛万苦，南宋建炎元年（1127 年），陆宰带着家人终于回到了老家山阴（今浙江绍兴）。

就在陆游跟随父亲辗转避祸的岁月，南宋政权建都临安（今杭州）。

面对金人的进一步侵略，宋高宗赵构为了保住自己的皇位，以秦桧为独相，采取了消极作战、积极求和的政策。

在这种形势下，陆宰的政治热情逐渐低落，再也无心仕途，开始在山阴老家过起了隐居著书的生活。

陆游曾经在诗里说，他的家庭是“七世相传一束书”，就是往上数七代都是以诗书传家的。朝廷有时候要从民间征集书，陆游的家就是一个非常重要的对象。他们家向朝廷捐献了一万三千多卷书，可见他家的文化底蕴和实力。

（绍兴陆游研究会会长 高利华）

在家庭环境的熏陶下，陆游的童年弥漫着书香，据《宋史》记载，陆游“年十二，能诗文”。山阴老家的阳光，照耀着书生意气。

然而，靖康之耻的阴影笼罩着南宋士人，陆宰虽然在家闲居，但往来的朋友多是期盼恢复中原的主战派。

这些来到家中的客人，每当说到国事时局总是情绪激愤，食不下咽，恨不得人人以杀身来报效国家。此情此景，深深地烙印在了陆游的脑海里。

绍兴初，某甫成童。亲见当时士大夫相与言及国事，或裂眦嚼齿，或流涕痛哭。人人自期以杀身翊戴王室，虽丑裔方张，视之蔑如也。

——陆游《跋傅给事帖》节选

他们觉得，国家灭亡，士大夫文人也没什么好日子过了。他们的命运跟国家是联系在一起的，所以激发了文人士大夫的一种家国情怀、政治责任感，觉得收复中原就是他们一生的使命。在文学当中体现出的爱国主义精神空前高涨。

（绍兴陆游研究会会长 高利华）

前辈们的忠义之情、凛然之气，激发了陆游抗金复国的壮志。床头案前，除了诗书还有兵书。

在老家安静的时光中，陆游渐渐长大。为了实现“上马击狂胡”的宏愿，陆游选择出仕为官。然而，在科考的道路上，他遇到了最大的敌人。

绍兴二十三年（1153 年），南宋都城临安，一场锁厅试刚刚举行完毕。主考官陈子茂正在审阅试卷，这次考试，第一名早已被内定。

然而，阅卷时，陈子茂发现其中一份考卷诗文俱佳，叹为观止，犹豫再三，顶着巨大的压力，陈子茂还是决定将这份考卷列为第一名。

考卷的主人便是陆游。事实上，这是陆游第三次参加科考。

此时，他已经二十九岁，在当时广有诗名。当状元的桂冠近在眼前时，意外地，陆游在殿试中被除名落第了。

而陆游这次的失败，与一个人有关，这个人就是当朝宰相秦桧。

> 不巧的是，陆游科考的那一年，正好秦桧的孙子秦埙也来应试。秦桧上蹿下跳，将主考官逐一打点，他以为孙子秦埙这次科考拿状元已如探囊取物。结果没想到，那一届的主考官陈子茂特别有骨气，看到陆游的试卷，就觉得这个人才应该是第一名，所以把陆游点为第一名。
>
> （中南大学教授 杨雨）

主考官陈子茂的行为让秦桧大为震怒，次年呈报礼部殿试时，秦桧以喜论恢复鼓动抗金为由，公然把陆游的名字剔除，同时问罪陈子茂。

> 特别有意思的是，秦桧做了这一番手脚，他的孙子秦埙依然没有拿到状元。因为宋高宗也洞若观火，知道秦桧为什么这样做，他其实也不满意秦桧这种一手遮天的做法，所以那一年的状元是张孝祥，是另一位主战派的爱国人士。
>
> （中南大学教授 杨雨）

绍兴二十五年（1155 年），经历第三次科考的失败，刚满三十岁的陆游来到沈园散心，却没料到，在这里，他遭遇了人生的另一场黯然伤怀。

陆游的原配妻子唐琬，正同现任丈夫赵士程一起在沈园游玩。

意外地，陆游见到了唐琬，千言万语，无法开口。

赵士程向陆游行礼后，携唐琬匆匆离去。剩下陆游在原地久久凝神，他想起了自己和唐琬在一起的日子。

南宋绍兴十四年（1144 年），二十岁的陆游和表妹唐琬成婚。在陆游看来，唐琬是堂舅的女儿，母亲的侄女，两人青梅竹马，一切都应当是令人满意的。

唐琬不仅容貌姣好，而且风雅多才。婚后的陆游和唐琬情投意合，恩爱缠绵。

春日料峭时，他们兴致勃勃地踏雪探梅：

莫遣扁舟兴尽回，正须冲雪看江梅。
楚人原未知真色，施粉何曾太白来！

——陆游《雪中寻梅》

夏日炎热时，他们一起荡舟赏荷：

三更画船穿藕花，花为四壁船为家。

——陆游《同何元立赏荷花追怀镜湖旧游》节选

秋日来临，他们采集菊花的清香，缝制枕囊，两人一起沉浸在花前月下、诗茶风流中：

采得黄花作枕囊，曲屏深幌閟幽香。
唤回四十三年梦，灯暗无人说断肠。

——陆游《余年二十时尝作菊枕诗颇传於人今秋偶复采菊》

偏偏陆游的母亲对这样一位媳妇非常不满，逼迫陆游休妻。

好多人认为唐琬被休弃，主要是因为她不生育，其实不然。陆游是二十岁时娶的唐氏夫人，二十一岁时，两个人其实已经分开了，从头到尾也就是一年多的时间。在一年多的时间中不生育，这是很正常的。

（绍兴陆游研究会会长 高利华）

陆游的父母，尤其是他的母亲认为他们俩感情太好了，好到陆游可能一度沉迷于爱情当中，荒废了学业。

（中南大学教授 杨雨）

陆游的父母家族出于对陆游仕途经济的考虑，他们是不允许这种风花雪月的生活的。

（绍兴陆游研究会会长 高利华）

在封建社会，家族的利益高于一切，陆游不敢违背父母之命，在万般无奈之中忍痛与唐琬分离。之后不久，陆游续娶王氏，唐琬亦改嫁越中名士赵士程。

年轻时的这场婚变，成了陆游终身难愈的伤口。

时隔多年，沈园的意外重逢让陆游百感交集，千种情愁、万种怨苦一起涌上心头。在酒后微醉时，陆游在沈园的墙壁上题写了一首《钗头凤》：

红酥手，黄縢酒，满城春色宫墙柳。东风恶，欢情薄。一怀愁绪，几年离索。错，错，错。

春如旧，人空瘦，泪痕红浥鲛绡透。桃花落，闲池阁。山盟虽在，锦书难托。莫，莫，莫！

——陆游《钗头凤·红酥手》

相传，唐琬看到陆游的题词后，也曾和写了一首。

南宋陈鹄的《耆旧续闻》中，唐氏夫人的和词只有六个字：世情薄，人情恶。只有两句，后面就没有了。后来怎么到了清代人手里就越来越圆满了？我觉得是好事者为了使他们的爱情对话更加完整，由后人补写的。但是也很有才，写得也不错，使这个爱情悲剧有了一个呼应。

（绍兴陆游研究会会长 高利华）

沈园重逢后不久，唐琬一病不起，郁郁而终。

在今天的网络话语中，有人将陆游和赵士程对比，指责他抛弃唐琬，是一个情场懦夫。

然而，我们无法超越时代评价陆游，重回历史的语境，800 多年前，唐琬从未在陆游的生命中消失。

城上斜阳画角哀，沈园非复旧池台。
伤心桥下春波绿，曾是惊鸿照影来。

——陆游《沈园二首·其一》

沈家园里花如锦，半是当年识放翁。
也信美人终作土，不堪幽梦太匆匆。

——陆游《春游》

陆游跟唐琬离婚之后，他对于唐琬的思念持续了一生。先撇开《钗头凤》这首词不说，他还有很多诗词与唐琬相关，比如《沈园》。他在七十多岁、八十多岁还不断地去沈园写下一些凭吊的作品。

（中南大学教授 杨雨）

他一生当中都在愧疚，说得大一点，他是为了事业和功名舍弃了爱情。最后，当功名和事业没有完全如愿的时候，他觉得非常对不起唐氏夫人。其实在夫人王氏健在的时候，他对这种伤痛的表达还是很隐晦的，直到夫人过世以后，他才非常淋漓尽致地表达出内心的这份伤痛。

（绍兴陆游研究会会长 高利华）

屡败考场，痛失所爱，诗人的心境是郁闷的，但个人之上还有国家。他跑到了绍兴的云门草堂，在那里一边读书、一边习武，期待着有朝一日能够报效国家。

很快，机会来临了。绍兴二十五年（1155 年），南宋朝廷发生了一件大事，秦桧去世了，高宗趁机铲除了秦桧朋党，朝廷形势开始出现转机。

秦桧死后第三年，三十四岁的陆游在老师曾几的保荐下，终于可以做官。他先被任命为福州宁德县的主簿。两年后，又调入京城，担任敕令所删定官，主要负责修改审定律令。虽然官不大，但作为京官，可以接触到很多国家的军事信息，陆游很是高兴。

就在陆游满怀热情投入自己的工作时，绍兴三十一年（1161 年）九月，金主完颜亮率领 60 万大军分三路大规模南侵，打算百天之内灭掉南宋。在情势所逼下，宋高宗决心迎战。

消息传来，陆游激动万分，他做好了一切准备，打算请缨北伐。恰巧这时，陆游接到了高宗的召对。于是，在南宋的最高统治者面前，陆游干了一件出格的事情。

当时朝廷上下还是主和派声音最高，陆游对此非常不满，所以他“泪溅龙床请北征”，慷慨陈词。这时他是逆潮流而行，而此时朝廷上下还是主和，都觉得我们逆来顺受算了。

（绍兴陆游研究会会长 高利华）

这次战争因金人的内讧很快结束，之后，宋高宗赵构急忙与金国重修旧好，宋金之间再一次达成协议。陆游泪溅龙床的行为，不仅没有得到回应，反而导致他被罢官。

绍兴三十二年（1162 年）六月，宋高宗赵构退位，接替他的是年轻的赵昚，历史上称为宋孝宗。孝宗即位后，首先为岳飞父子平反，开始起用主战派，决心对金朝采取强硬措施。

在这种形势下，陆游得到了觐见宋孝宗的机会，并获得一个天大的喜讯。

史浩、黄祖舜等人推荐说，陆游这个人很不错，善词章而且谙典故，文笔很好。宋孝宗接受了史浩以及黄祖舜的推荐，就把陆游赐为进士出身。

（绍兴陆游研究会会长 高利华）

孝宗的恩情给了陆游巨大的鼓励，也弥补了他三败考场的遗憾。赐进士出身后，陆游继续留在临安任枢密院编修官。为了报答孝宗的知遇之恩，陆游更加积极地献言献策，谋划对金作战。

然而，在主和派仍旧占据上风的南宋朝堂，陆游的行为势必遭到排挤。仅仅第二年，陆游就因得罪了孝宗的亲信大臣，再次被贬黜出京。

重入修门甫岁余，又携琴剑返江湖。
乾坤浩浩何由报，犬马区区正自愚。
缘熟且为莲社客，伻来喜对草堂图。
西厢屋了吾真足，高枕看云一事无。

——陆游《出都》

经此打击，陆游怀着苦闷的心情离开了临安。

之后，陆游辗转镇江、隆兴（今江西南昌）任通判。

乾道二年（1166 年），四十二岁的陆游再次被罢黜，回到了故乡山阴，在镜湖畔的三山别业开始了隐居生活。

不同于之前，这一次罢免归乡，陆游心里坦然而平静，甚至还有几分解脱的欣喜。

此时，陆游的第五个儿子刚刚出生，在江南水乡优美的环境中，陆游和家人一起过起了轻松愉快的田园生活。

莫笑农家腊酒浑，丰年留客足鸡豚。
山重水复疑无路，柳暗花明又一村。
箫鼓追随春社近，衣冠简朴古风存。
从今若许闲乘月，拄杖无时夜叩门。

——陆游《游山西村》

然而，山水之乐、老庄之道并不能磨平诗人个性的棱角。时间一长，投闲置散的痛苦，开始萦绕在陆游的心中。

慷慨心犹壮，蹉跎鬓已秋。
百年殊鼎鼎，万事祗悠悠。
不悟鱼千里，终归貉一丘。
夜阑闻急雨，起坐涕交流。

——陆游《闻雨》

时光流逝，功名未成，现实的境遇引发了志士的怅恨和悲鸣。

幸好，在四川的南郑（今陕西汉中），陆游等来了柳暗花明。在那里，他将迎来诗歌的高潮，也是他人生的高潮。

第二节　亘古男儿

南宋乾道八年（1172 年），在四川南郑（今陕西汉中），一只老虎正对眼前的一行人虎视眈眈。就在这时，队伍中有一个人手持长矛，向着老虎猛刺过去。

这个人就是陆游，当时他四十八岁，这是他生命中最闪光的一年。

乾道五年（1169 年），陆游已经在山阴度过了四年的赋闲生活，没有俸禄作为保障，陆游一家的生活已经窘迫得无法支撑，一连数月靠喝粥度日。

为了生计，陆游反复上书朝廷，希望得到一个官职。这一年的年底，陆游接到了朝报，获任夔州（今重庆奉节）通判，这是一个正八品的官职。能够重新为官，陆游的内心却充满了犹疑。

> 陆游到了夔州以后也是个散官，而且夔州这个地方非常偏远，远离政治文化中心。当时杜甫在夔州的时候，流落在三峡口，也是非常凄惨。从山阴到夔州，万里入蜀非常艰辛。他自己有一句诗，“残年走巴峡，辛苦为斗米”，其实当时他并不老，还不到五十岁，只有四十六岁。“辛苦为斗米”，为了五斗米折腰，他是很不情愿的。
>
> （绍兴陆游研究会会长　高利华）

前途未卜，忧虑重重，乾道六年（1170 年）闰五月，陆游怀着万般惆怅的心情，带着一家老小，踏上了万里入蜀的旅程。

从山阴到夔州，陆游沿着长江逆流而上，一路上历尽艰险，走走停停。途中，陆游将每天的见闻，以日记的形式记录了下来，总称为《入蜀记》。这是中国第一部长篇游记，极具史料和文化价值。

五日，大风，将晓，覆袂衾，晨起凄然如暮秋。过龙湾，浪涌如山。

望石头山不甚高，然峭立江中，缭绕如垣墙。

——陆游《入蜀记》节选

乾道六年（1170 年）十月底，经过长达半年的跋涉，陆游和家人终于到达了夔州任所。

在孤城落日、清冷闭塞的环境中，陆游感觉自己像是被放逐遗弃。官场受挫，报国无门，在夔州任期将满时，陆游无奈之下写信给当时的左丞相虞允文，请求援手。

三年流落巴山道，破尽青衫尘满帽。身如西瀼渡头云，愁抵瞿塘关上草。春盘春酒年年好，试戴银旛醉倒。今朝一岁大家添，不是人间偏我老。

——陆游《木兰花·立春日作》

这其实也是一封求职信，希望自己能够继续有官做，因为还要养家糊口。这个时候他儿女已经长大了，儿子已经三十了，女儿已经二十了，儿女到了谈婚论嫁的年龄，但是他缺少经济来源，这也是一个非常现实的问题。后来虞允文也觉得他很值得同情，这么万里入蜀，还不是去做一把手，而是二把手，过得比较憋屈。于是虞允文说，王炎现在刚好在川陕地区，要不你到王炎那里去吧。所以后来他就到了南郑前线。

（绍兴陆游研究会会长 高利华）

南宋时，宋金西北边境以秦岭为界。王炎就任四川宣抚使后，将办公驻地从四川的广元北迁到南郑（今陕西汉中），以便突进到边境前沿，规划和指挥对金的战事。

乾道八年（1172 年），因为王炎的招请，陆游来到南郑，担任四川宣抚使干办公事兼检法官，相当于军事参谋兼管法律事务。

来到了梦寐以求的抗金前线，走马在秦岭古道上，陆游生命中所有的激情都被点燃。在陆游的眼中，当兵打仗成了世间最快乐的事。

投笔书生古来有，从军乐事世间无。

——陆游《独酌有怀南郑》节选

南郑靠近秦岭，这一带经常有老虎出没。在巡逻侦察时，陆游还亲手刺死过一只哺乳期的老虎，这件事让陆游骄傲了一辈子，直到晚年还反复写诗回忆。

挺剑刺乳虎，血溅貂裘殷。
至今传军中，尚媿壮士颜。

——陆游《怀昔》节选

南郑前线的生活可以说是他一生当中最意想不到的，却也给了他一个施展自己平生才情的舞台。这八个月是他入蜀以后最灿烂的时间。

（绍兴陆游研究会会长 高利华）

在南郑，除了迎来人生的高潮，陆游还觉得自己找到了写诗的真谛，他的诗气概沉雄、轩昂，每一个字都从纸面上直跳起来。

他原来是像杨万里一样从书本学习创作，现在是到火热的生活中学习创作，他被战士的激情所感染。

（中南民族大学教授 王兆鹏）

他突然找到了让自己独一无二的个性释放的方式，找到了让真情肆意流露的状态。

（中南大学教授 杨雨）

他说自己这个时候“诗家三昧忽见前”，就是感觉自己的诗歌升华了，境界一下子就开阔了。所以陆游对到南郑以后的诗歌很满意，他《剑南诗稿》中所选的诗就是从中年开始的，他觉得可以入眼了。

（绍兴陆游研究会会长 高利华）

正当陆游在南郑踌躇满志时，朝廷发生了重大的人事变动。西北前线紧张的备战氛围刺激了朝廷当权者的神经，宰相虞允文被免职，主和派又重新占据主导。

乾道八年（1172 年）九月，四川宣抚使王炎被调回京城，明升暗降，南郑幕府被遣散。

南郑八个月的备战，换来的不是北伐，而是匆匆撤退。理想眼看要实现，却又顷刻间化为乌有。就这样，怀着万般惆怅和遗憾，陆游离开了南郑，结束了他人生最辉煌的一段岁月。

乾道八年（1172 年）十一月，在细雨中，陆游骑着毛驴行走在崎岖的蜀道上，此时的他已经离开南郑，正前往成都接受新的任职。

离开前线，可能再也没有机会保家卫国，陆游的心情糟糕透了。在经过剑门关时，他留下了一首广为人知的诗：

衣上征尘杂酒痕，远游无处不消魂。
此身合是诗人未？细雨骑驴入剑门。

——陆游《剑门道中遇微雨》

陆游本来想做一个战士为国出力，收复中原，跃马疆场。但是最后，这个社会把他打磨成一个诗人。“衣上征尘杂酒痕”，我现在像不像一个诗人的样子？驴背上的诗人，那是唐代诗人李贺的形象，他不愿像李贺一样，终其一生只是做一个诗人。所以他到了成都以后，内心是很不满意的，很失落的。在万人欢祝、别人很高兴的地方，他一个人非常落寞。

（绍兴陆游研究会会长 高利华）

离开南郑，进入蜀地后，陆游辗转在成都、蜀州、嘉州等地，担任一些并不重要的官职。

冷官无一事，日日得闲游。

——陆游《登塔》节选

兴来买尽市桥酒，大车磊落堆长瓶。

——陆游《长歌行》节选

为了消解心中的痛苦，陆游将自己沉湎在歌楼酒肆之中，为了痛快淋漓地抒发，他恨不得买尽街市上的酒，一醉方休。

淳熙三年（1176 年），言官们弹劾陆游任职期间“燕饮颓放”。陆游被免去正式官职，只得了一个主管庙观的虚衔，发半份工资。

收到被免官的消息，陆游自嘲罪名别致，干脆给自己取了个别号叫放翁。从此，陆放翁这个名号伴随了陆游一生。

中年入蜀，从江南到西北，人生的大起大落激发了诗人的创作激情。

驿外断桥边，寂寞开无主。已是黄昏独自愁，更著风和雨。
无意苦争春，一任群芳妒。零落成泥碾作尘，只有香如故。

——陆游《卜算子·咏梅》

陆游活了八十五岁，留下了9000多首诗，是中国文学史上流传诗歌最多的诗人。其中有关南郑和蜀中生活的创作，是陆游诗中最富激情的篇章。

对此，清代梁启超在读陆游诗集时，曾有过一个中肯的评价，“集中什九从军乐，亘古男儿一放翁”。

这是《剑南诗稿》给梁启超的一种主观印象。其实在陆游的《剑南诗稿》中，真正写军中生活的诗并不多，因为写得很出色，才以质量压倒了数量。数量不多，但是给人留下强烈的印象。

（绍兴陆游研究会会长 高利华）

前后在蜀地客居九年，就在陆游渐渐适应蜀中生活，准备在四川安家落户时，来自临安的调令又送到了陆游的面前。

淳熙五年（1178年），因为对陆游作品的欣赏，宋孝宗将陆游召回临

安奏对。外放多年，陆游本以为这次可以留在临安任职，奏对以后，孝宗却让他到福建担任提举福建常平茶盐公事。

朝野上下对陆游的赏识仅限于文采，这种认知让陆游感到愤懑，在福建和江西任上，他时常想弃官不做。

淳熙七年（1180年），陆游循例请求罢免归乡，这一次，孝宗批准了。

十年走万里，何适不艰难。
附火财须臾，揽辔复慨叹。

——陆游《雪后苦寒行饶抚道中有感》节选

行走在返乡路上，萦绕在陆游心头的，除了未能抗战的悲叹，还有对前路的彷徨。

风卷江湖雨暗村，四山声作海涛翻。
溪柴火软蛮毡暖，我与狸奴不出门。

——陆游《十一月四日风雨大作·其一》

南宋绍熙三年（1192年），外面狂风怒号，雨声如海浪翻滚，陆游却在屋内抱着狸奴，烤着柴火取暖。

此时陆游已经六十八岁了，当年在南郑射虎的英雄变作了猫奴。陆游为自己的爱猫起了很多小名，小老虎、雪儿、粉鼻，并为它们写了许多赠词。

事实上，自淳熙八年（1181年）罢官回乡，除了到严州和临安短暂出仕，陆游从六十岁到终老，二十多年的光阴，几乎完全消磨在了山阴的农村。

在老家赋闲的岁月，读书是陆游每日的必修课。他取师旷“老而学如秉烛夜行”之语，将书斋命名为“老学庵”。

在老学庵中，陆游不舍昼夜，神游百家。诗人有意避世，然而那些无法了却的心愿，却一次次出现在陆游的梦中。

僵卧孤村不自哀，尚思为国戍轮台。
夜阑卧听风吹雨，铁马冰河入梦来。

——陆游《十一月四日风雨大作·其二》

当年万里觅封侯，匹马戍梁州。关河梦断何处？尘暗旧貂裘。
胡未灭，鬓先秋，泪空流。此生谁料，心在天山，身老沧洲。

——陆游《诉衷情·当年万里觅封侯》

就在陆游寤寐辗转、念念不忘国忧时，南宋朝廷因为孝宗的去世，兴起了一场轩然大波。

孝宗去世之后，光宗赵惇即位。赵惇因为受制于悍妻，所以在孝宗去世之后对丧事不管不问不理，甚至连大殓的时候都不出现在现场。人们议论纷纷，这件事在整个临安城中引起了一场风波，以至连当时的宰相都辞职不干了。后来枢密使赵汝愚挺身而出，他强迫光宗退位，另立赵扩为帝，就是历史上的宋宁宗。

（陕西师范大学教授 王双怀）

这场因孝道引发的政变结束后，参与的几位主要人物随即相互对立，大权落入了韩侂胄的手中。

庆元三年（1197 年），韩侂胄获赐土地经营南园，邀请陆游作记。正是这篇《南园记》给陆游晚年留下了阿谀权臣的议论，甚至连朋友杨万里都专门寄诗相讥讽。

那时候陆游并不觉得是降低自己的人格去卖乖、去向他示好，不是这样的。我们要把一件事放到一个特定的时间里分析，要设身处地、用同情和理解的心情去看待。后来韩侂胄被认为是一个负面人物，但当时韩侂胄主战准备北伐，是很能赢得陆游、辛弃疾这一批主战派的认同和好感的。

（中南民族大学教授 王兆鹏）

这是陆游一生当中最后一次能够看到北伐的机会，作为一个战士的陆游希望能够恢复中原，他的理想还有一线的希望可以实现。所以在这个情况下，他为韩侂胄写《南园记》也是一种很正常的交往，而且《南园记》本身也没有什么阿谀奉承之词。

（绍兴陆游研究会会长 高利华）

嘉泰二年（1202 年），七十八岁的陆游重新得到起用，前往临安参加修史的工作。

也是在这一年，北伐的号角隐隐地吹响了。

> 韩侂胄没有军事才能，他北伐完全是为了邀功。南宋没有经过认真的准备，仓促出兵，导致战争失败，造成了非常严重的后果，使宋人心中北伐的热情、北伐的火焰又被浇灭了。
>
> （陕西师范大学教授 王双怀）

这次北伐的结果是南宋向金增岁币三十万，外加犒军费三百万两，韩侂胄的头颅，也在金的要挟之下一并献出。陆游人生最后一次实现梦想的机会彻底落了空。

嘉定二年（1209 年），农历腊月底，八十五岁的陆游留下临终绝笔，带着一生未尽的梦想，在老家山阴离世。

死去元知万事空，但悲不见九州同。
王师北定中原日，家祭无忘告乃翁。

——陆游《示儿》

陆游终究没有成功北伐。幸而，他的武器不只是剑，还有一支笔。在诗歌史上，他用毕生的心血，把爱国主义提升到一个前所未有的高度。

今天，当我们再吟诵起那些勇武悲壮的诗句，有一种力量，仍旧奔腾在血脉之中：

黄金错刀白玉装，夜穿窗扉出光芒。
丈夫五十功未立，提刀独立顾八荒。
京华结交尽奇士，意气相期共生死。
千年史册耻无名，一片丹心报天子。
尔来从军天汉滨，南山晓雪玉嶙峋。
呜呼！楚虽三户能亡秦，岂有堂堂中国空无人！

——陆游《金错刀行》

他既是大将军，又是大文豪。驰骋疆场、恢复中原，是他一生未了的夙愿。那充斥在作品中飞动跳荡的生命激情和悲愤，像是词人与生俱来的一种本能。而这种伴随了辛弃疾一生的理想和抱负，都与他年少时的经历有关。

第十四章　辛弃疾

曾是桀骜少年臣

第一节　金戈铁马

公元 1207 年，一位白发苍苍的老人又一次登上他常站立的山峰，遥望北方。此时的他，即将走到生命的尽头。

驰骋疆场、恢复中原，是他一生未了的夙愿。

回光之中，他仿佛回到了二十三岁，那一年，他手持金戈、足跨铁马、气吞万里……

公元 1162 年，距离北宋灭亡的“靖康之难”已经过去了 35 年。这一年闰二月的一个晚上，在金人占领区的山东济州城里（今山东巨野），新任知州张安国正在宴请几位金国将领，帐外有 5 万金兵驻扎，宴会已经进入了高潮。

就在这时，一个高大的身影跃马挥枪来到金兵营帐外，声称要见张安国。张安国出帐，还没来得及反应，便被一把拎起，扔到了马背上。

等金兵反应过来时，这个抓了张安国的人已经在城外和一小队骑兵会合，马不停蹄地向南方奔去。

这个人就是辛弃疾。这一年，他二十三岁。

在宋代文学史上，辛弃疾是个传奇式的存在，大将军兼大文豪，他被认为是豪放派的领袖，和苏轼并肩而立，撑起了宋词的一片天空：

醉里挑灯看剑，梦回吹角连营。八百里分麾下炙，五十弦翻塞外声，沙场秋点兵。

——辛弃疾《破阵子·为陈同甫赋壮词以寄之》节选

我最怜君中宵舞，道“男儿到死心如铁”。看试手，补天裂。

——辛弃疾《贺新郎·同父见和再用韵答之》节选

不恨古人吾不见，恨古人不见吾狂耳。知我者，二三子。

——辛弃疾《贺新郎·甚矣吾衰矣》节选

千古兴亡多少事？悠悠。不尽长江滚滚流。

——《南乡子·登京口北固亭有怀》节选

欲说还休，却道“天凉好个秋”！

——《丑奴儿·书博山道中壁》节选

宁作我，岂其卿。人间走遍却归耕。

——《鹧鸪天·博山寺作》节选

明月别枝惊鹊，清风半夜鸣蝉。稻花香里说丰年，听取蛙声一片。

——《西江月·夜行黄沙道中》节选

辛弃疾天生就是个英雄，他既有勇气，又有智慧谋略，同时他还有那样的本事（武艺）。

（中国李清照辛弃疾学会会长 王兆鹏）

我觉得辛弃疾没有很老过，到了六十多岁起用他，他依旧是一个年轻人，一个少年。

（江西上饶师范学院教授 汲军）

他确实是一个古今罕有的、具有英雄气概的词人，但是不能把这一点夸大了。

（山东大学教授 孙学堂）

他能够写英雄气，也能够写乡村语，也能够写儿女情。

（山东大学教授 刘培）

辛弃疾平生以英雄自许，渴望在战场上建功立业，收复中原。那充斥在作品中飞动跳荡的生命激情和悲愤，像是词人与生俱来的一种本能。而这种伴随了辛弃疾一生的理想和抱负，都与他年少时的经历有关。

在今天山东济南市历城区东北，有一个叫四风闸的小村庄。公元 1140 年五月，这里的辛氏家族诞生了一名男婴。家中长辈希望他能一生健康平安，为他起名为弃疾。

祖父希望这个孙子长大后，能够像汉代的名将霍去病一样，驰骋疆场、保家卫国。

（中国李清照辛弃疾学会 邹卫平）

辛弃疾出生时，距离金兵攻汴京、北宋覆亡已经过去了 13 年，在这 13 年中，南宋和金国在事实上已经划淮水为界。

然而，就在辛弃疾出生的这一年，宋金之间再次爆发了战争。战场上，正当岳飞率领的岳家军节节胜利时，朝廷却打算见好就收。在秦桧等人的谗言下，宋高宗赵构答应同金国议和，称臣赔款，还额外送上了抗战派将领岳飞父子的性命。于是南宋的都城临安（今杭州）又讨来了临时的安宁，西湖之畔又开始歌舞升平。

宋高宗有一个既定的国策，就是要确保他自己的统治地位。按照常理，徽钦二帝被掳了，宋朝应该不断北伐，迎还二圣。宋高宗不是这样做的，他不能迎还二圣，如果迎还了二圣，他这个皇帝的位置就可能坐不稳，所以他就在战与和之间争取一种平衡。

（陕西师范大学教授 王双怀）

当南宋偏安一隅时，在北方包括山东在内的金人占领区，汉族人民并没有顺服于金人的统治。面对民族压迫，抗金起义时有发生，辛弃疾就成长在这样一片土地上。

后来在辛弃疾关于北方成长时期的记忆里，有一位老者的形象经常出现，这位老者是他的祖父——辛赞。

由于父母早逝，辛弃疾由祖父抚养长大。受族众所累，皇室南渡时，辛赞并没有举家南迁，仍旧留在北方。

虽然在金朝为官，但辛赞在内心深处始终做着反正的打算，他在等待一个起义抗金的时机。

据辛弃疾后来回忆，为了激励家中子孙不忘宋金之间的仇恨，闲暇的时候，辛赞会带领辛弃疾登高望远、指画河山，告诉他哪些地方曾经做过战场，哪些地方可做起事的凭借。

大父臣赞，……每退食，辄引臣辈登高望远，指画山河，思投衅而起，以纾君父所不共戴天之愤。

——辛弃疾《美芹十论》节选

除了培养武学，祖父还特地请了名师刘瞻来教授辛弃疾学业。就这样，在祖父和老师的双重教导下，辛弃疾无论文才、武略，都表现出了惊人的天赋。

少年握槊，气凭陵、酒圣诗豪余事。

——辛弃疾《念奴娇·双陆和坐客韵》节选

此时在北方，金朝的统治正悄然发生着改变，历史的洪流中，辛弃疾逐渐长大，在悸动地等待着属于他的时代到来。

公元 1154 年，辛弃疾已经十五岁了，因在乡试中选，辛弃疾得到了去金朝首都燕京参加科举考试的机会。与其他的学子不同，辛弃疾对自己能否考中进士并不关心，或者，他压根希望自己考不上。

去往金国首都，他有着更重要的任务。

去收集情报，去进行勘查侦察，这才是他祖父辛赞真正的用意。

（中国李清照辛弃疾学会 邹卫平）

这次考试，辛弃疾果然落榜，3 年后，他又再次借科考之名前往燕京。正是这两次“007 式”的任务执行，让辛弃疾对于金人统治区的山川形势、统治者内部的矛盾，还有部队的调动情况，都有了深入的了解。

后来正是根据这些资料，辛弃疾写成了自己重要的军事论文《美芹十论》和《九议》，并由此养成了重视情报工作的习惯，以至在以后的岁月，辛弃疾对宋金之间的战争常常有着未卜先知的看法。

然而令人遗憾的是，辛弃疾的这些情报并没有给他的祖父辛赞帮上忙，辛赞还没来得及等到一个起义的机会，就在公元 1160 年去世了。

祖父的离世，让辛弃疾失去了稳定的生活依靠和良好的精神导师，他开始思考自己未来的道路。

就在这时，命运给了他一个神秘的指示。

据《宋史·辛弃疾传》记载，有一次他和同学党怀英用锯齿草茎占卜各自的运势，结果，“怀英遇坎，因留事金，弃疾得离，遂决意南归”。

> 乾坎艮震、巽离坤兑，每一个卦象指代一个方位。辛弃疾正好抽了个离卦，离卦指的是南方，党怀英抽了一个坎卦，坎卦指的是北方。卜卦真正的用意还是“相由心生”。
>
> （济南稼轩书院院长 马涛）

就这样，两位少时的好友在命运的安排下，上演了一场风流云散的别剧，从此天涯路远、再无相见。

后来，党怀英在金朝平步青云，官至翰林学士，成为著名的书法家、金朝的文坛领袖。

而对辛弃疾来说，与党怀英别离后，等待他的是一场血与火的冒险。

公元 1161 年九月，金主完颜亮率领 60 万大军分四路大规模南侵，打算百天之内灭掉南宋。金人繁重的赋税、差役和各种名目的烧杀抢掠进一步激起了民间的怨愤，中原一带的豪杰义士纷纷举兵反抗。

其中声势最为浩大的是山东以耿京为首的起义军，人数一度壮大到 20 多万人。

面对风起云涌的局势，立志要收复中原的辛弃疾热血沸腾，他在家乡召集了一支 2000 多人的队伍，投奔了耿京。

耿京十分器重辛弃疾，让他在军中担任掌书记一职，将大印交给他保管。然而不久后，一场突如其来的变故让辛弃疾在耿京军中陷入了信任危机。

辛弃疾有一位僧人朋友，名义端，在辛弃疾投奔耿京后，义端也跟随辛弃疾一起加入了耿京义军。

让辛弃疾没料到的是，义端是一个十足的投机分子。一天，义端偷偷跑了，还顺手偷走了辛弃疾保管的起义军大印。

面对首领耿京的暴怒，辛弃疾当即立下了军令状：三天之内一定擒拿义端归案，否则甘受军法处置。

义端偷取大印，给辛弃疾带来了麻烦，却也给了辛弃疾一个展示自己武力的机会。

在通往金营的必经之道上，辛弃疾截住了义端。《宋史》记载，面对杀气腾腾的辛弃疾，义端跪地求饶，说道："我识君真相，乃青兕也，力能杀人，幸勿杀我。"

青兕是古代神话中的一种神兽，力大无比，就像犀牛一样。

（江西上饶师范学院教授 汲军）

作为一个英雄，辛弃疾的身材非常魁梧强悍，红颊青眼，满面泛红。眼睛特别有杀伤力，好像能看穿人一样。

（中国李清照辛弃疾学会会长 王兆鹏）

面对求饶，辛弃疾不为所动，搜出大印，一剑砍杀了义端。

这次事件让辛弃疾在起义军中的名声大震，首领耿京从此也对辛弃疾刮目相看。就在辛弃疾崭露头角的时候，起义军的形势却发生了变化，辛弃疾的命运也将迎来巨大转折。

完颜亮被杀以后，新的金国君主觉得派兵南侵已经不能实现灭宋，他要安抚北方统治区的这些人民，不能让他们再起义造反。

（陕西师范大学教授 王双怀）

金世宗下达了一个赦令：在山为寇，下山为民。原来的起义军只要放下武器回乡，既往不咎。这样就让北方的很多军队土崩瓦解。

（中国李清照辛弃疾学会会长 王兆鹏）

面对金人的威逼利诱，耿京的起义军生存日益艰难。辛弃疾劝说耿京投奔南宋，与朝廷联络抗金。耿京采纳了辛弃疾的建议，委派副手贾瑞和辛弃疾一起去往南宋与朝廷接洽。

公元 1162 年正月，辛弃疾一行 11 人到达了建康（今南京）。巧合的是，宋高宗赵构正好在这里视察工作，就这样，生平第一次踏足南宋领土的辛弃疾，直接见到了最高统治者。

面对意外归顺的臣子，宋高宗十分高兴。一场皆大欢喜的赏赐后，辛弃疾等人带着朝廷的文书和任命准备返回山东，却在返乡的途中得到了耿京被叛徒张安国杀害的消息。

> 这件事对辛弃疾震动很大，辛弃疾劝耿京把这 25 万军队带回南宋，用我们今天的话说，相当于一个投名状。就在要回去的时候，25 万军队土崩瓦解了，他是想回到南宋发展的，现在又该怎么证明自己呢？
>
> （中国李清照辛弃疾学会会长 王兆鹏）

为了替耿京报仇，辛弃疾身上的热血再次燃烧起来，他拍案而起，立即招募了 50 名骑兵径直插向济州（今山东巨野），去捉拿叛徒张安国。

> 他只有 50 人，要从 5 万军队中活捉张安国，以一敌千，那是不可思议的。他绝对不会强攻，而会智取。辛弃疾是精通兵法的，他绝对不会带着 50 人摇旗呐喊“冲呀，活捉张安国”，那是不可能的。他肯定会事先做好侦察，了解敌军何时防备最松懈，再在酒席上出其不意，像抓小兔子一样把张安国活捉，用绳子一捆，迅速飞奔而去。敌人当时没有什么防备，等反应过来的时候，他已经跑远了。
>
> （中国李清照辛弃疾学会会长 王兆鹏）

50 人对 5 万金兵，历史的细节究竟如何，我们不得而知。但这件事被写进了《宋史》，为辛弃疾的传记添上了最富英雄浪漫主义色彩的一笔。

公元 1162 年，二十三岁的少年英雄带着传奇式的开场，正式踏入了南宋的政治中心。

而在北方的这段峥嵘岁月，也成了辛弃疾一生中最快乐、最灿烂的记忆。晚年的辛弃疾回忆起这段岁月，写下了一首《鹧鸪天》：

壮岁旌旗拥万夫，锦襜突骑渡江初。燕兵夜娖银胡䩮，汉箭朝飞金仆姑。

追往事，叹今吾，春风不染白髭须。却将万字平戎策，换得东家种树书。

——辛弃疾《鹧鸪天·有客慨然谈功名因追念少年时事戏作》

是怎样的经历，让辛弃疾从气吞万里的少年将军，一步步变成种树的老翁？

蓦然回首，站在灯火阑珊处的那个人，究竟是谁？

第二节　英雄揾泪

杭州自古人杰地灵，这里演绎过许多有名的传说，也在烟雨朦胧中见证着朝代的变迁。

公元 1162 年五月，已经当了 36 年皇帝的宋高宗赵构正缓缓地走出皇宫，在新的住所里，他将以太上皇的身份度过余生。接替他的是太子赵昚，历史上称为宋孝宗。

年轻的宋孝宗继位后，决心对金国采取强硬措施。一时间举国上下充满了“恢复中原，报仇雪恨”的主战气氛。

此时，刚刚踏入南宋官场的辛弃疾正在江阴做签判，这是一个文官，主要负责起草、书写来往公文。面对主战的局面，辛弃疾接连上书朝廷，提出分兵杀戮的方法。可他的计策没有被采纳。

因为辛弃疾是从当时的金朝统治区来到南宋的，所谓归正，从字面上解释叫弃暗投明。

（中国李清照辛弃疾学会会长　王兆鹏）

南宋朝廷对归正的人总是心存疑虑的，辛弃疾到南宋以后，很长一段时间是做闲官。

（江西上饶师范学院教授 汲军）

公元 1163 年，在对金的战争中，因为将领的轻敌，13 万宋军在符离集（今安徽宿州北）不战而溃，兵器粮草尽失，这就是历史上著名的“符离之败”。南宋在无可奈何之下，再次和金国签订了《隆兴和议》。

此役之败，让主战派的士气降到了最低点，朝廷中弥漫着对金兵的畏惧情绪，几乎再也没有人敢谈论北伐的事情。

就在这个时候，年轻的辛弃疾再一次站了出来。他以江阴签判的身份向朝廷献上了十篇关于抗击金兵的军事论文，即著名的《美芹十论》。

美芹是一个典故，是自谦之词。它出自《列子·杨朱》，水芹是穷人认为的好东西，但是富人吃了以后，不一定感觉是好的。这里除了自谦之外，还有一种担忧，害怕君王不重视他的观点。

（山东大学教授 刘培）

他都是讲怎样打（金兵），讲很具体的战略战术。既然讲了，就肯定有打的把握，对手是可以战胜的。

（江西上饶师范学院教授 汲军）

天下无难能不可为之事，而有能为必可成之人。意思是天下没有做不成的事情，关键是要有这个人。辛弃疾能说这么牛气哄哄的话，表明他是非常自信的。

（中国李清照辛弃疾学会会长 王兆鹏）

《美芹十论》虽然得到了宋孝宗的赞赏，但在议和派占据上风的南宋官场，这些谏言没有得到实践的可能。

长达 8 年的时间，辛弃疾始终在地方担任小官，远离军务。

寓居京口时，同样主张抗战的范邦彦，因为欣赏辛弃疾的才气，将女儿嫁给了他。范氏知书达礼，时常陪伴在辛弃疾左右。

安乐平静的生活，没有磨灭辛弃疾心中的理想。公元 1170 年，辛弃疾迎来了他梦寐以求的一场会面。

经过七年的休养生息，宋孝宗再次燃起了北伐抗金的冲动，这一次，他直接召见了辛弃疾。面对宋孝宗，一直在等待机会的辛弃疾，表现得却令人意外。

在北伐问题上，辛弃疾和宋孝宗之间有一些分歧。因为辛弃疾在金国生活过，了解情况，他认为不应该着急，稳扎稳打。而宋孝宗则不同，他即位后血气方刚，急于求成。

（陕西师范大学教授 王双怀）

这次召见后不久，辛弃疾被调进南宋的都城临安，做了司农寺的主簿。司农寺主要负责粮食储备、仓库管理以及京城官员的禄米供应。

由地方调入京城，某种程度上算是升迁。然而，对三十一岁的辛弃疾来说，他的人生理想是做统兵的将领，现实的无奈令他失落。

在临安的繁华灯影里，辛弃疾写下了著名的《青玉案 · 元夕》：

东风夜放花千树，更吹落、星如雨。宝马雕车香满路。凤箫声动，玉壶光转，一夜鱼龙舞。

蛾儿雪柳黄金缕，笑语盈盈暗香去。众里寻他千百度，蓦然回首，那人却在，灯火阑珊处。

——辛弃疾《青玉案 · 元夕》

灯火阑珊是灯火昏暗之处，他是在寻找自我呢，还是在寻找同道呢？或者他只是在表达自己对爱情的一种期许？

（山东大学教授 刘培）

按照梁启超的说法，这首诗就是在讲他自己。自怜幽独，伤心人别有怀抱，只有他落落寡合。

（山东大学教授 孙学堂）

因为他能力太强了。从某种意义上讲，没有一个人是被他瞧得上的。今天我们是仰望辛弃疾的，但在当时的同僚看来，你就是我的政敌，是我的同事，你让我不舒服，我才不理解你是不是英雄，所以他的工作做得不愉快。

（中国李清照辛弃疾学会会长 王兆鹏）

作为现存宋词数量最多的词人，辛弃疾的创作冲动是什么时候形成的？我们无法确切知道。

据研究学者统计，辛弃疾留存下来的620多首词，全部作于南下之后。

从北方的粗犷到江南的妩媚，当将军挥笔如刀，将英雄气原封不动落于纸上，文豪悄然登场。

淳熙元年（1174年），在建康（今南京），辛弃疾登上赏心亭。落日楼头、断鸿声里，诗人的情绪逐渐变得愤慨。生命流逝，抱负却不能施展，他的痛苦与寂寞只能倾泻在词句中。

楚天千里清秋，水随天去秋无际。遥岑远目，献愁供恨，玉簪螺髻。落日楼头，断鸿声里，江南游子。把吴钩看了，栏杆拍遍，无人会，登临意。

休说鲈鱼堪脍，尽西风，季鹰归未？求田问舍，怕应羞见，刘郎才气。可惜流年，忧愁风雨，树犹如此！倩何人唤取，红巾翠袖，揾英雄泪！

——辛弃疾《水龙吟·登建康赏心亭》

他虽然在词当中开拓了豪放派，是个豪放词人，但是他的豪放词不像后来刘过等人的词一味地粗豪，而是非常深微细腻。

（山东大学教授 刘培）

“把吴钩看了，栏杆拍遍”这句词，有一脉相承的东西在里面，高调的情怀最后总是以失意和惆怅结尾。

（江西上饶师范学院教授 汲军）

我们更多地把辛弃疾词的风格称为沉郁悲壮，他的词最终是走向不平静的，是一种力量更大的感情的抒发。

（山东大学教授 孙学堂）

辛弃疾最痛苦的是什么？他看出了这个社会的病症所在，而且他觉得他有药可以治疗，但是没人信他。我开出了药方，但没人用我这个药方。所以，辛弃疾跟当时的时代是不合拍的。

（中国李清照辛弃疾学会会长 王兆鹏）

乾道八年（1172 年）的春天，辛弃疾获得了一个新的任命，他被派到滁州去做知州。这是他南下为官后，第一次当上一个地方的一把手。

当他满怀激动来到滁州，眼前的景象却是一片荒凉。由于地处抗金前线，经历多次战火，欧阳修《醉翁亭记》中优雅的滁州已经荡然无存。

为了振兴滁州，辛弃疾下令减免赋税，招募流散在外的百姓回乡种田，同时大力扶持商业发展。由于这一系列措施，加上当年风调雨顺，不到半年的时间，滁州的面貌便焕然一新。

对自己初次在地方执政所取得的成绩，辛弃疾十分满意，他用结余下来的收入，在滁州修建了一座奠枕楼。奠枕，是安枕的意思，意喻这片土地上物阜民康、人们安居乐业。

在落成典礼上，辛弃疾和百姓一起登楼畅饮。眼前的安乐、繁华让辛弃疾感受到了久违的成就感，内心深处的豪情再次涌动。

正是在滁州，辛弃疾向朝廷提出了一个惊人的预言。

他说：“仇虏六十年必亡，亡后国家之患始忧。”意思是说，我们的仇敌金朝是会灭亡的，但是金朝灭亡之后，我们会有更大的敌人，这个敌人就是蒙古。

（陕西师范大学教授 王双怀）

辛弃疾那时候才三十多岁，他把未来的前途看得很透。而宰相们却没有那样的胸襟——原来你比我高明呀，我在这个朝廷历练了那么多年，我对国家不清楚吗，还要你来教训我？辛弃疾一腔热血，却贴到人家冷屁股上了，没有人信他。他最后说“不念英雄江左老，用之可以尊中国”，我这英雄老在江边，没人信任我，信任我就可以让中国雄起。

（中国李清照辛弃疾学会会长 王兆鹏）

果然，60 年后，南宋和蒙古联合灭金，又 45 年后，南宋被蒙古所灭。历史完美地证明了辛弃疾的预言。

可惜在当时，辛弃疾的报告没有得到任何重视。

一轮秋影转金波，飞镜又重磨。把酒问姮娥：被白发，欺人奈何？
乘风好去，长空万里，直下看山河。斫去桂婆娑，人道是，清光更多。
——辛弃疾《太常引·建康中秋夜为吕叔潜赋》

从山东到江南，从刀枪到笔墨，辛弃疾将不被理解的愁苦化作了满腔的悲愤，他想要抡圆了斧头去砍掉那月宫里的桂树，因为它枝繁叶茂，遮去了人间太多的清光。

就在辛弃疾因抱负不能施展日渐感到悲愤时，一场出人意料的变乱给他带来了希望。

淳熙二年（1175 年）六月上旬的一天，宋孝宗正对着面前的一堆奏章大发雷霆。两个月前，在江西、湖南一带出现了一股武装走私茶叶的“茶寇”，朝廷派了近万人去围剿，不但没有成果，反而越闹越凶。

面对孝宗的怒火，新任宰相叶衡站了出来，向孝宗推荐了一个人——辛弃疾。

就这样，三十六岁的辛弃疾升任江西提点刑狱，节制诸路军队，前去讨伐茶寇。这是南下之后，辛弃疾第一次与南宋军队亲密接触。

南宋的茶叶政策过于严苛，想卖茶首先要到政府去买茶引，相当于专销证明。比如，我从政府买一百斤茶叶的茶引，这等于先交税，利润就很薄了。税本来就很重，再加上交通费等等，最后这些茶商们几乎无利可图。

（中国李清照辛弃疾学会会长 王兆鹏）

有些茶叶商人为了获得更多的利益就走私茶叶，官府去镇压的时候，他们就组织武装力量和官府对抗。

（江西上饶师范学院教授 汲军）

以赖文正为首的一股茶商军，利用自己熟悉的地形和政府军展开游击战，多次以少胜多，声势越来越大。

辛弃疾到任后，命人颁下重赏，从当地的驻军、民兵还有土豪武装中招募敢死队员，很快便组织了一支剽悍勇猛的精锐部队。

在辛弃疾机动灵活的军事部署下，茶商军的活动范围越来越小，无奈之下，首领赖文正只好向辛弃疾投降，其余小股茶商军也闻风而逃。就这样，不到三个月的时间，曾经令朝廷焦头烂额的茶商军就被辛弃疾彻底平定了。

平定茶商动乱之后，辛弃疾重新调任文职，仕途得到了升迁，然而他仍旧痛苦。三十六七岁正值壮年，辛弃疾跃跃欲试，想要在战场上与金人比高下。英雄气调动起来却落不到实处，辛弃疾将满腹豪情都付与荆楚的山水。

在赣江边，辛弃疾听到鹧鸪“行不得也哥哥”的叫声，百感交集，写下了充满悲愤和无奈的词句：

郁孤台下清江水，中间多少行人泪。西北望长安，可怜无数山。
青山遮不住，毕竟东流去。江晚正愁予，山深闻鹧鸪。

——辛弃疾《菩萨蛮·书江西造口壁》

根据《鹤林玉露》的记载，金人追踪隆祐太后到了这里，隆祐太后弃辇乘舟。所以叫“郁孤台下清江水，中间多少行人泪”。

（山东大学教授 孙学堂）

对南宋的君臣来说，这是一个让他们倍感耻辱的地方，在这个地方来抒发自己的情怀，本身就有深刻的用意。

（山东大学教授 刘培）

他的期望值是很大的，觉得这一次因为平叛有功，他一定能够回到朝廷，能够得到重用。可是最终，朝廷还是任命他到湖北襄阳做一个转运判官，还是一个文职，发挥不了作用。一开始有极高的希望，突然又失落，在这个节骨眼上，他写了这首词。

（中国李清照辛弃疾学会会长 王兆鹏）

朝廷也知道他的才能，往往把他当一个救火队长使用，有急事难事才想到他。

（中国李清照辛弃疾学会 邹卫平）

朝廷高层本质上是不太信任他的。往往他在一个职位上还没坐稳，还没熟悉情况，就被调走了。这跟他归正的身份有关，同时跟他自己的个性也有关系。

（中国李清照辛弃疾学会会长 王兆鹏）

事实上，从二十九岁到四十二岁，辛弃疾 13 年间调换了 14 任官职，无法在任职上有大的建树和作为。辛弃疾武艺高强，谋略过人，但一身本领闲置。

淳熙五年（1178 年），朝廷主和派重新掌权，大环境逐渐变得消极。

但辛弃疾没有放弃希望。在湖南，他将迎来南归之后的事业高峰，而他人生的光荣与梦想、起伏与转折，也将由此展开。

第三节　几度秋凉

淳熙六年（1179 年），暮春三月，在湖北境内的一处凉亭里，辛弃疾将要前往湖南任职，同僚正在为他送别。

想到自己饱受打击的政治遭遇，辛弃疾一气呵成，写下一首著名的词：

更能消、几番风雨，匆匆春又归去。惜春长怕花开早，何况落红无数。

春且住，见说道、天涯芳草无归路。怨春不语。算只有殷勤，画檐蛛网，尽日惹飞絮。

长门事，准拟佳期又误。蛾眉曾有人妒。千金纵买相如赋，脉脉此情谁诉？君莫舞，君不见、玉环飞燕皆尘土！闲愁最苦！休去倚危栏，斜阳正在，烟柳断肠处。

——辛弃疾《摸鱼儿·更能消几番风雨》节选

怨春不语，春天代表着时光无言地流逝。我的青春年华就这么流逝了，到现在一事无成。据说后来宋孝宗看到“烟柳断肠处”心里不爽，但其实辛弃疾是不会去埋怨宋孝宗的。辛弃疾到了南宋以后，与一般人相比，他的仕途还是比较顺利的。我们过去说辛弃疾怀才不遇，其实不是的，他的升迁还是很快的。

（中国李清照辛弃疾学会会长 王兆鹏）

辛弃疾有文韬武略、满腔激情，却无法在疆场上实现抱负，仕途的升迁并不能减轻他的痛苦。

带着满腔愁怨，辛弃疾来到湖南。当时的他没有想到，在这里，他将迎来南归之后的事业高峰，与此同时，他的人生也将发生更大的起伏和转折。

当时湖南一带因为各种原因，经常发生武装暴动。辛弃疾刚到湖南，便碰上了一次农民起义，这时他的职务是转运副使，主要负责财赋。在镇压农民起义的过程中，辛弃疾只能旁观。

正是旁观者的视角，让辛弃疾对农民起义有了新的理解。于是，他给宋孝宗打了一份报告——《论盗贼札子》，提出了“官逼民反”的论点。

为什么接连不断地有那么多盗贼出现？用现在的话说，为什么有那么多武装叛乱出现？是因为老百姓要受到四层剥削，首先是州府，二是县，三是下层官吏，四是土豪劣绅。老百姓没有活路怎么办，只能铤而走险，去当盗贼。

（中国李清照辛弃疾学会会长 王兆鹏）

他认为要治理盗贼，就要先治官吏。

（江西上饶师范学院教授 汲军）

辛弃疾的报告虽然刺痛了朝廷的一些官员，却感动了宋孝宗，他亲自给这份报告作了批复，让辛弃疾按照自己的想法处理政务。

有了最高领导的支持，辛弃疾升了官，成为潭州知州兼湖南安抚使。就这样，辛弃疾在湖南大刀阔斧地行动起来。

当时的湖南一带有很多地主豪绅控制的“乡社”，乡丁达到数百人，经常为了豪强的利益与政府抗衡。

为了让乡社减员，辛弃疾邀请这些地方豪强参观军营，亲自向他们表演百步穿杨。被震慑住的豪强们纷纷在减员书上签字。

乡社整顿成功，辛弃疾又向朝廷提出了一项新的计划——建立飞虎军。

辛弃疾一直希望能有一支强悍的军队归自己领导，他的目的有两个：对内可以保一方平安、平盗贼；对外可以在战争爆发的时候抵抗强敌。

（江西上饶师范学院教授 汲军）

由于在湖南政绩突出，宋孝宗对辛弃疾十分满意，同意了他组建军队的想法。

得到皇帝的首肯，辛弃疾立马开始实施，他选定了五代时期留下的旧营址建造营寨，同时招兵买马，强化训练。很快部队就初具规模，有了步兵 1000 多人，骑兵 160 多人。

就在建军如火如荼时，一道意外的命令给辛弃疾带来了巨大的麻烦。

淳熙七年（1180 年）秋初，一道“御前金字牌”送到了辛弃疾的面前。这是宋代皇帝用来紧急传递公文的木牌，接到金字牌的官员必须立即服从皇帝的命令。

通过金字牌，宋孝宗命令辛弃疾立刻停止建造飞虎军军营。无疑，这会让辛弃疾的全部心血毁于一旦。

是什么原因，让原本支持辛弃疾的宋孝宗紧急颁下这道命令？

据《宋史》记载，在创建飞虎军的过程中，“经度费巨万计，弃疾善斡旋，事皆立办”。善斡旋，是说辛弃疾善于通权达变，处理各种关系。

事实上，建立飞虎军虽然得到了宋孝宗的首肯，但朝廷并没有给任何经费，一切开支需要辛弃疾自己想办法。

> 他要修路，路的石料不够的时候，他就让犯人拿石料来抵罪。所以在长沙城的麻潭，日夜都有采石之人。
>
> （江西上饶师范学院教授 汲军）

> 军营建好了，到了雨季没有瓦怎么办？辛弃疾问：要多少瓦？二十万。辛弃疾说：三天之内，给你搞定。辛弃疾第二天对部下说：把府库里的钱拿出来，出一个布告，用现金兑换瓦片。谁家里有剩下的瓦，可以拿来卖，没钱的人可以从自家屋顶上弄几片瓦换点钱用。于是几天之内，想要的瓦全部到位了。
>
> （中国李清照辛弃疾学会会长 王兆鹏）

辛弃疾超越常规的一系列举措让政敌抓到了把柄。于是，朝廷有人上书弹劾辛弃疾胆大妄为，利用建“飞虎军”的名义大搞摊派，搜刮民脂民膏。

宋孝宗相信了这些状告，担心闹出更大的麻烦，立即颁下“御前金字牌”，命令辛弃疾停止建军。

面对皇帝的命令，辛弃疾不能正面违抗，又不愿自己的心血付诸东流，这时，他想了一个办法。

辛弃疾恭恭敬敬地接受了金字牌，但是却“受而藏之”，把它藏了起来，不让别人知道。随后，辛弃疾把主管建设的官员叫来，命令他一个月之内必须把“飞虎军”的营寨建好，否则军法从事。

果然，在一个月内建好军队以后，他再向宋孝宗禀报。这时生米已经煮成熟饭了，宋孝宗也很认可他的做法。

（江西上饶师范学院教授 汲军）

就这样，顶住重重压力，依靠胆识和智谋，辛弃疾建立了一支可以亲自指挥的精锐部队。这支规模有限的队伍，一直到南宋末年，都是湖湘一带远近闻名的铁军，人称“虎儿军”。

“不恨古人吾不见，恨古人不见吾狂耳。”这是辛弃疾晚年时写下的词句。无论是填词、治军还是为政，辛弃疾皆不按常规，不管舆论。

在《论盗贼札子》中，辛弃疾曾对宋孝宗表达：“臣生平刚拙自信，年来不为众人所容，顾恐言未脱口而祸不旋踵。”

辛弃疾是一个战略家，他能看到六十年之后的事，太超前了。他的能力和理想得不到别人的理解，因为他的强势，他很难跟上司、同僚和睦相处，所以每到一个地方总是被人排挤。

（中国李清照辛弃疾学会会长 王兆鹏）

辛弃疾的担忧成了真。湖南成就了他事业上的高峰，也为他的仕途埋下了祸根。

在湖南任上不满两年，辛弃疾还没来得及过上一把指挥飞虎军作战的瘾，朝廷便来了一纸调令。

然而，离开并不是结束。在接下来的岁月，湖南建军的风波，还将给辛弃疾带来更为致命的打击。

上饶，古称信州。在这里，有一泓清澈的湖水因辛弃疾而闻名。800多年前，辛弃疾给这块原本无名的湖泊取名为“带湖”。

淳熙八年（1181 年）的秋天，辛弃疾已经离开湖南，任江西安抚使。

在信州的带湖边，辛弃疾为自己营造了一座庄园。房子即将落成，辛弃疾为它取名为“稼轩”。表达人生应当勤奋，以种田为先。

从此，“稼轩”成了辛弃疾的别号。

为了庆贺稼轩庄园的落成，辛弃疾写了一首词：

三径初成，鹤怨猿惊，稼轩未来。甚云山自许，平生意气；衣冠人笑，抵死尘埃。意倦须还，身闲贵早，岂为莼羹鲈脍哉。秋江上，看惊弦雁避，骇浪船回。

东冈更葺茅斋，好都把轩窗临水开。要小舟行钓，先应种柳；疏篱护竹，莫碍观梅。秋菊堪餐，春兰可佩，留待先生手自栽。沉吟久，怕君恩未许，此意徘徊。

——辛弃疾《沁园春·带湖新居将成》

在词的上阕，辛弃疾写道，隐居的地方已经准备好了，自己却迟迟没有回去，猿和鹤都以为自己是贪恋官场的名利，不肯回来。秋江上的雁听到弓弦的响声都知道要惊慌地躲避，船遇到惊涛骇浪要赶快回港，何况自己一直都处在一个危险的处境。

整首词体现了他处于进退之间的矛盾，当时他正做着安抚使，但他已经意识到了危机。是自己主动退隐，还是继续在官场上寻找机会？他有一些犹豫不决。

（中国李清照辛弃疾学会会长 王兆鹏）

“沉吟久，怕君恩未许，此意徘徊。”诗里写的是他害怕皇帝不答应他归隐，实际上他期望的是皇帝不答应他归隐。

（山东大学教授 孙学堂）

据南宋洪迈《稼轩记》记载，辛弃疾的这所庄园占地将近 170 亩，装潢别致，房屋有上百间。

新居落成，就在辛弃疾为是否归隐犹豫的时候，对他的攻击又一次升级了。

淳熙八年（1181 年）的冬天，朝廷的监察御史以稼轩庄园过于豪华为由，向宋孝宗狠狠地告了辛弃疾一状，重新翻出了他在湖南期间的旧账，攻击他聚敛民财，贪婪残暴。

不是有人弹劾就存在事实，宋朝的弹劾有它的特点。宋代给文人的俸禄是很多的，辛弃疾做了 18 年的官，有丰厚的积累。说他是贪官，就要拿出证据。

（江西上饶师范学院教授 汲军）

因为他这种人太能干了，赚点钱对他来说绝对是小菜一碟。他还是军人出身，用治理军队的手法来治民是很危险的。他的手段毒辣，很有效果，但也容易引起人家对他的反感。他被弹劾，一方面是因为归正的身份，另一方面，他的做法确实有些超越常规。

（中国李清照辛弃疾学会会长 王兆鹏）

在这次政治风波中，辛弃疾被罢免了所有官职。渡淮南下，四十二岁的辛弃疾，被迫过上了隐居的生活。

然而，官帽飞了，风景来了。

先生杖屦无事，一日走千回。凡我同盟鸥鹭，今日既盟之后，来往莫相猜。

——辛弃疾《水调歌头·盟鸥》节选

800 多年前，辛弃疾在带湖边“一日走千回”，同往来的鸥鹭结盟，亲自耕田栽柳，打理自己的稼轩庄园。闲适的生活激发了辛弃疾的创作热情，田园四季风光、民风乡俗，无不形于笔端。

茅檐低小，溪上青青草。醉里吴音相媚好，白发谁家翁媪?
大儿锄豆溪东，中儿正织鸡笼。最喜小儿亡赖，溪头卧剥莲蓬。

——辛弃疾《清平乐·村居》

明月别枝惊鹊，清风半夜鸣蝉。稻花香里说丰年，听取蛙声一片。
七八个星天外，两三点雨山前。旧时茅店社林边，路转溪桥忽见。

——辛弃疾《西江月·夜行黄沙道中》

辛弃疾的这两首小词描写了乡村日常景象，美到极致却又显寻常，无论哪个年纪，读来便心生喜爱。

柳永第一次把词从闺房引到了自然，苏轼又将其拓展到了社会。辛弃疾在柳永和苏轼的基础上，把词的题材作了进一步的拓展，既有对战场的描写，又有对社会官场的描写，也有对自然山川和农村生活的描写。在对农村生活的描写方面，辛弃疾的开拓是最大的。

（中国李清照辛弃疾学会会长 王兆鹏）

他闲居带湖和铅山期间创作了大量的闲居词，这些词的内容包含着许多方面。

（山东大学教授 孙学堂）

尽管他有很多田园的、婉约的诗词，但那只是他生活的一个方面。激情是自始至终没有被磨灭的，是在他的词里一以贯之的。

（江西上饶师范学院教授 汲军）

淳熙十一年（1184 年），在给朋友韩元吉的贺寿词中，辛弃疾写道："算平戎万里，功名本是，真儒事、君知否。……待他年，整顿乾坤事了，为先生寿。"虽然闲居，报国的火焰却没有熄灭，他还期待着东山再起。

然而辛弃疾没有料到，他在江西的隐居生活将长达 20 年。

当英雄暮年，留给辛弃疾的还有最后一次机会。

第四节 醉里看剑

辛弃疾："杯汝来前！老子今朝，点检形骸。"

酒杯："醉后何妨死便埋。"

辛弃疾："与汝成言，勿留亟退，吾力犹能肆汝杯。"

这是 800 多年前，辛弃疾与酒杯产生的一次对话。在拟人化的情景中，辛弃疾怪酒杯始终跟随自己，扬言要摔碎它。

总把平生入醉乡。大都三万六千场。

——辛弃疾《浣溪沙·总把平生入醉乡》节选

辛弃疾始终没有戒成酒，他找了各种各样的原因，屡戒屡破。

据资料统计，在辛弃疾传世的620多首词中，涉酒词超过一半。酒已经融入了辛弃疾的作品与生命当中。

在隐居的生活里，他也离不开酒。起初，他徜徉在乡里田间，与友人赋诗饮酒：

午醉醒时，松窗竹户，万千潇洒。野鸟飞来，又是一般闲暇。却怪白鸥，觑着人、欲下未下。旧盟都在，新来莫是，别有说话。

——辛弃疾《丑奴儿近·博山道中效李易安体》节选

在鱼米之乡的宁静悠远中，辛弃疾感受到了前所未有的轻松和愉快。然而，寄情山水之余，心中的理想与悲愤却时常出来作祟，辛弃疾有意忘却，却忘不掉。

他努力想要学习陶渊明做一个真隐士，然而“东篱多种菊，待学渊明，酒兴诗情不相似”，他无法做到像陶渊明一样纯粹。平静有生趣的农村生活，并不是辛弃疾真正想要的。

陶渊明的隐居是很彻底的，很主动的。主动辞官归来，不为五斗米折腰。辛弃疾是被迫的，是遭到了弹劾才回来的，他时时刻刻都希望有个机会让他报效国家、东山再起。

（江西上饶师范学院教授 汲军）

在带湖闲居的10年，辛弃疾居而不隐，频频会客，朋友来了，他慷慨陈词。他要借官场和学界的朋友发出他的声音，希望朝廷能注意他的存在。

然而，无事可做的漫长岁月，在识尽愁滋味后，辛弃疾只能“欲说还休，却道天凉好个秋”。

少年不识愁滋味，爱上层楼。爱上层楼，为赋新词强说愁。
而今识尽愁滋味，欲说还休。欲说还休，却道“天凉好个秋”！

——辛弃疾《丑奴儿·书博山道中壁》

朝廷里有一派觉得辛弃疾太能干了，这种人才，不用是一种可惜。叶衡想要用他，周必大却说，如果你用他，辛弃疾杀的人是要记在你我的账上的，叶衡就不敢说话了。每次朝廷或宋孝宗想用他时，总会受到阻挠。

（中国李清照辛弃疾学会会长 王兆鹏）

他性格上比较刚愎自用，比如把金牌藏起来，拒不执行命令。将在外，君命有所不受，他很难驾驭，这才是不用他的原因。

（江西上饶师范学院教授 汲军）

在不甘心与寻求解脱的矛盾冲突中，辛弃疾的词作数量开始增多，内容和风格变得多样化。他一生绝大部分的词都写于隐居的 20 年里。

没有知音，饮酒便成了解愁的唯一手段。闲居带湖的岁月，他常常狂饮，喝得大醉。

醉里且贪欢笑，要愁那得工夫。近来始觉古人书，信著全无是处。

昨夜松边醉倒，问松我醉何如。只疑松动要来扶，以手推松曰去。

——辛弃疾《西江月·遣兴》

辛弃疾的报国理想在现实生活中无法实现，唯有把它付于酒中。

醉里挑灯看剑，梦回吹角连营。八百里分麾下炙，五十弦翻塞外声，沙场秋点兵。

马作的卢飞快，弓如霹雳弦惊。了却君王天下事，赢得生前身后名。可怜白发生。

——辛弃疾《破阵子·为陈同甫赋壮词以寄之》

灯下看剑，号角长鸣，大块吃肉，令人兴奋。然而酒醒之后，一切都是幻觉，唯有自己白发已生。这是最极致的愁苦之醉！

幸好，除了酒，他还有朋友。

淳熙十五年（1188 年），在漫天的大雪中，辛弃疾正在追赶一位刚刚分别的朋友。

由于雪深泥滑，天色已晚，实在没有办法前进了，辛弃疾只好在旁边的村子里喝了一气闷酒，写下一首《贺新郎》。

佳人重约还轻别。怅清江、天寒不渡，水深冰合。路断车轮生四角，此地行人销骨。问谁使、君来愁绝？铸就而今相思错，料当初、费尽人间铁。长夜笛，莫吹裂。

——辛弃疾《贺新郎·把酒长亭说》节选

辛弃疾为自己没能挽留住朋友感到遗憾，他甚至埋怨朋友不该来。这个让辛弃疾恋恋不舍的朋友，名叫陈亮。

辛弃疾一辈子的真心朋友是陈亮。陈亮有才，而且两个人志同道合，“只使君、从来与我，话头多合”，两个人有共同的话题，就是主张抗金，收复失地。

（中国李清照辛弃疾学会会长 王兆鹏）

罢官后，辛弃疾先是住在上饶带湖边的稼轩庄园里，几年后，在鹅湖山附近，辛弃疾偶然发现一处泉水，将它命名为“瓢泉”。

因为喜欢瓢泉一带的风景，辛弃疾在这里营造了一所新居，时常过来小住。

淳熙十五年（1188 年）的冬天，陈亮长途跋涉，专程来拜访辛弃疾。在瓢泉的新居，辛弃疾终于等到了陈亮。

英雄怜惜英雄。抑郁多年的两人，彼此得到了痛快抒发的机会。他们同游鹅湖山，共饮瓢泉，留下了一段文学史上著名的佳话。

辛弃疾与陈亮两个人，更多的是在谈国事，国家大事。

（江西上饶师范学院教授 汲军）

他们两个人在一起分析敌我双方的形势、战略战术，讨论更多的是军事话题，而不是文学话题。尽管最后呈现的结果是，他俩唱和了好几首《贺新郎》词。

（中国李清照辛弃疾学会会长 王兆鹏）

陈亮在辛弃疾这里逗留了十天，终于要告别回乡了。辛弃疾觉得意犹未尽，在陈亮走后的第二天又顶风冒雪去追，最终没有追上。

几天后，辛弃疾将写好的词作寄给陈亮，陈亮和韵回赠，如此往复，留下了许多动人的篇章。

老大那堪说。似而今、元龙臭味，孟公瓜葛。我病君来高歌饮，惊散楼头飞雪。笑富贵千钧如发。硬语盘空谁来听？记当时、只有西窗月。重进酒，换鸣瑟。

事无两样人心别。问渠侬：神州毕竟，几番离合？汗血盐车无人顾，千里空收骏骨。正目断关河路绝。我最怜君中宵舞，道"男儿到死心如铁"。看试手，补天裂。

——辛弃疾《贺新郎·同父见和再用韵答之》

5 年后，陈亮在临安去世，此时辛弃疾远在福建，得知噩耗悲痛欲绝，与自己瓢泉共饮的知音再也没有了。

庆元二年（1196 年），辛弃疾在带湖边的房屋失火，损失严重。带着仅剩的书籍，辛弃疾举家搬到了瓢泉。

在瓢泉居住时，隐士辛弃疾代替了战士辛弃疾，他在思想意趣上越来越明显地归于庄子、陶渊明。

他在这个时候觉得人生的机会不太多了，对未来、前途不说完全绝望，也已经大失信心。

（中国李清照辛弃疾学会会长 王兆鹏）

总的来说，在瓢泉生活的这段时间，他的词比较平和，比较沉稳，也比较沉郁。

（江西上饶师范学院教授 汲军）

他的很多词都是看上去很达观，一句一句地用道理把自己的感情引向达观。但是在读完以后，你会觉得他只是在理性层面自我劝说，他的感情最终是不能够达观的。

（山东大学教授 孙学堂）

辛弃疾的生存脉络清晰，山东 20 年，南方做官 20 年，江西隐居又是 20 年。

甚矣吾衰矣。怅平生、交游零落，只今余几！白发空垂三千丈，一笑人间万事。问何物、能令公喜？我见青山多妩媚，料青山见我应如是。情与貌，略相似。

——辛弃疾《贺新郎·甚矣吾衰矣》节选

在漫长的闲居岁月里，辛弃疾逐渐衰老，然而热血难凉。

嘉泰三年（1203年），辛弃疾已经六十四岁了。在铅山家中，辛弃疾接到了朝廷重新任命的诏书。

此时的社会环境已经发生改变，北方蒙古的崛起让金国感受到了压力，南宋察觉了这种变化，朝堂上开始萦绕久违的北伐氛围。

新任宰辅韩侂胄上位后，企图以对金作战为自己捞取政治资本，为了拉拢人心，他再度将辛弃疾推上了政坛。

社会对他的定位是一个将领，他给自己的定位也是一个将领，可以说他当时是北伐的一个旗帜。

（山东大学教授 刘培）

辛弃疾期待了一辈子，这个北伐的机会终于来了，所以开始他是充满着希望去出山的。

（中国李清照辛弃疾学会会长 王兆鹏）

嘉泰四年（1204年）的三月，辛弃疾被派到镇江任知府。这是抗击金兵的前线重镇，辛弃疾很高兴。上任之后，他立即招兵买马、搜集情报、开始了一系列的备战工作。

就在备战的过程中，辛弃疾和韩侂胄在北伐的问题上产生了分歧。

时光流逝，虽没有将辛弃疾的抱负消磨干净，对于宋金交战的形势，辛弃疾却比年轻时审度得更加细密客观。

当辛弃疾到了镇江，做了很多军事上的准备后，再看韩侂胄的所作所为，就觉得有些失望。所以他预言北伐一定会失败，因为韩侂胄他们并没有做好充分的战斗准备。

（中国李清照辛弃疾学会会长 王兆鹏）

辛弃疾虽然在写词时很有英雄气概，很有激情，但在打仗的时候很理性。他知其（北伐）不可为，所以在韩侂胄让他去做兵部侍郎的时候，没有去赴任。

（江西上饶师范学院教授 汲军）

南宋开禧元年（1205年）六月，宋宁宗下了一道密令：诏内外诸军，密为行军之计。南宋对金的北伐，就要付诸实施了。

听到这一消息，辛弃疾在镇江的北固亭写下一首著名的词作。

千古江山，英雄无觅孙仲谋处。舞榭歌台，风流总被雨打风吹去。斜阳草树，寻常巷陌，人道寄奴曾住。想当年，金戈铁马，气吞万里如虎。

元嘉草草，封狼居胥，赢得仓皇北顾。四十三年，望中犹记，烽火扬州路。可堪回首，佛狸祠下，一片神鸦社鼓。凭谁问：廉颇老矣，尚能饭否？

——辛弃疾《永遇乐·京口北固亭怀古》

他开始是充满着希望的，也希望做英雄，希望这个社会有刘裕、孙权那样的英雄出来“坐断东南战未休”，能够挥师北伐。最后看来这个仗是没办法打的，所以辛弃疾非常失望。这首词在豪迈的表象中隐抑着一种苍凉和悲伤。

（中国李清照辛弃疾学会会长 王兆鹏）

用典用得特别多，内涵特别丰富，你可以这样理解，也可以那样理解。廉颇老矣，尚能饭否？在词的最后用了这个典故，我觉得辛弃疾是在大发悲声。

（江西上饶师范学院教授 汲军）

你要用自己的话去表达的话，要用多少字才能把这个意思讲清楚？他自比廉颇，希望在老年有所作为，但又受到朝廷的疑忌，不知最后会是什么样的结局，一句话就把这些意思全部表达出来了。

（山东大学教授 孙学堂）

就在辛弃疾期待朝廷能够进一步重用他的时候，一纸调令让他所有的期待落空。他被迫离开了前线。

南宋开禧二年（1206 年），宋宁宗下达了北伐诏书。经过 40 多年的沉寂，南宋终于再次对金宣战，历史上称这次北伐为“开禧北伐”。

此时，一生都梦想着恢复中原的辛弃疾正在江西铅山家中，以旁观者的身份关注着这场战争。

韩侂胄没有军事才能，他北伐完全是为了邀功，没有经过认真准备仓促出兵，导致战争失败，造成了非常严重的后果。国家几十年的积蓄，国家的军队、兵器、粮帐，几乎丧失一空。

（陕西师范大学教授 王双怀）

当南宋军队接连失败，朝廷又想起辛弃疾时，一切已经来不及了。

开禧三年（1207 年）九月初十，在大喊几声“杀贼”后，辛弃疾病逝于铅山家中，终年六十八岁。

在他去世 27 年后，金朝灭亡。

辛弃疾终究没有当上将军，却在词的世界中横绝六合、扫空万古，赢得了“词坛飞将军”的美誉。

在词中，他迸发的豪气与激情，800 多年来不断地让人们激动和惋惜。

辛弃疾把他的全部生命、全部人格都展现在他的词里面，辛弃疾的词是有传记性质的。

（中国李清照辛弃疾学会会长 王兆鹏）

辛弃疾（对词坛）的一个巨大贡献是，让词可以无所不能地表现生活。

（山东大学教授 刘培）

他将可贵的激情一直保持到最后，没有被岁月消磨。

（江西上饶师范学院教授 汲军）

现在一般认为，辛弃疾是对宋词影响最大的一位词人。

（山东大学教授 孙学堂）

用定量分析的方法、用具体的数据来衡量，苏轼在中国古代文学史上的地位是很少有人能够比拟的，但论在词史上的影响力，辛弃疾是大于苏轼的。豪、放，这两个字组合起来就是豪放派，辛弃疾更偏于豪的一面，苏轼更偏于放。

（中国李清照辛弃疾学会会长 王兆鹏）

辛弃疾的一生激情始终涌动，世事苍茫，他不停失望，但从未绝望。

今天的我们不必在醉梦中怀念家园，一阵清风，一口清茶，在和煦的阳光下，当指尖划过历史，眼前已是万里江山。

所不朽者，垂万世名。孰谓公死，凛凛犹生！

——辛弃疾《祭朱晦庵文》节选